"十二五"国家重点图书出版规划项目

中·国·省·市·区·地·理

丛书主编 ◎ 王静爱

江西地理

JIANGXI DILI

主　编 ◎ 蒋梅鑫
副主编 ◎ 钟业喜
吕建星

北京师范大学出版集团
BEIJING NORMAL UNIVERSITY PUBLISHING GROUP
北京师范大学出版社

图书在版编目（CIP）数据

江西地理 / 蒋梅鑫主编．—北京：北京师范大学出版社，2020.5

（中国省市区地理丛书/王静爱主编）

ISBN 978-7-303-19536-7

Ⅰ.①江…　Ⅱ.①蒋…　Ⅲ.①地理—江西　Ⅳ.①K925.6

中国版本图书馆 CIP 数据核字（2015）第 243979 号

营销中心电话　010-58805385

北京师范大学出版社
主题出版与重大项目策划部　http://xueda.bnup.com

JIANGXI DILI

出版发行：北京师范大学出版社　www.bnup.com
北京市西城区新街口外大街 12-3 号
邮政编码：100088

印　　刷：北京溢漾印刷有限公司

经　　销：全国新华书店

开　　本：787 mm × 1 092 mm　1/16

印　　张：24.75

字　　数：453 千字

版　　次：2020 年 5 月第 1 版

印　　次：2020 年 5 月第 1 次印刷

定　　价：98.00 元

审 图 号：赣 S（2016）021 号

策划编辑：胡廷兰　　责任编辑：马力敏　申立莹

美术编辑：王齐云　　装帧设计：王齐云

责任校对：陈　民　　责任印制：陈　涛

中国省市区地理丛书

编辑委员会

总　序

地理的区域性始终是地理学者关注和探讨的重要论题。编纂一套关于中国省市区的地理丛书，对认识中国地理的区域规律和区域发展战略有重要的学术价值，对加深理解中国国情也有着极为重要的现实意义。

中国地域辽阔，南北跨越约 5 500 km，东西跨越约 5 200 km，陆地面积约 960×10^4 km^2，内海和边海水域面积约 470×10^4 km^2。由于中国地域差异大，自然地理呈现出极为丰富的多样性特征；由于中国历史悠久，人文地理也呈现出一派绚丽多姿的景象。自然地理与人文地理在一个行政区内叠加，构成一部丰富多彩的省市区地理，即组成了环境、资源、人口与发展的区域格局。“中国省市区地理丛书”正是从综合集成的角度，系统地梳理了中国 23 个省、4 个直辖市、5 个少数民族自治区、2 个特别行政区的环境、资源、人口与发展特征，并从全国的角度，阐述了其区域时空变化规律。

中国国情特色鲜明，人口众多、地区发展不平衡、环境分布地带性明显、资源保障不平衡等因素较为突出。“中国省市区地理丛书”正是从历史透视的角度，分析了省、直辖市、少数民族自治区、特别行政区地理过程的形成与发展规律，特别是经济与社会的发展格局。在这个意义上说，丛书是对已完成的《中国地理》《中国自然地理》《中国经济地理》等重要著作的补充。

“中国省市区地理丛书”的主要功能：一是中国地理课程和乡土地理课程的教学用书和教学参考书，完善高校师生和中学教师的区域地理教学的教材支撑体系；二是降尺度认识区域地理的科学著作，为区域研究者提供参考；三是从地理视角对中国国情、省情、县情的系统总结，为国民尤其是各级管理人员提供地理信息和国情教育参考。

“中国省市区地理丛书”的编纂，对深化辖区主体功能区的规划，加快缩小区域差异，特别是城乡差异，探求可持续发展的区域模式，加强生态文明建设等有着极为重要的意义。科学发展模式的确立，需要客观把握国情、省情、县情，也需要认识辖区的地理规律。经过改革开放和经济发展，中国各省市区的地理格局也发生了重大变化，对于任何一个省市区来说，今天的发展都离不开与相邻的省市区甚至国家和地区的密切合作。了解邻接省市区的地理格局，对构建相互合作的区域模式和网络有着重要的实践价值。特别是处在同一个大江大河流域，或处在受风沙影响的同一个沙源区，或处在共同受益的一个高速交通线或空港枢纽区的省市区，更需要相互间的了解和理解、合作与协同，以追求共同发展，实现双赢或多赢的目标。

“中国省市区地理丛书”可以使读者更全面地认识中国的地理时空格局，加深对中国国情方方面面的理解；也能在省市区的尺度上，对中国地理进行系统而综合的深化研究；并能帮助决策者从省市区对比的角度，更客观地审视和厘定本辖区的发展模式。

“中国省市区地理丛书”由35本组成，包括1本《中国地理纲要》和23个省、5个少数民族自治区、4个直辖市和2个特别行政区的34本分册。每一本省级辖区地理图书都突出其辖区的地理区位，区域环境、资源、人口与发展的总体特征，区域地理的时空分异规律，区域生态文明建设与可持续发展的对策和建议等。此外，对省级区域地理，在突出辖区整体性特征的同时，更要重视辖区的区域差异，特别是城乡差异；对直辖市的区域地理，在突出其城市化的区域差异的基础上，高度关注城市可持续发展遇到的突出的地理问题；对少数民族自治区的区域地理，在高度关注其自然环境多样性的同时，突出其民族自治区域的特色，特别是语言、文化等文化遗产的区域特征；对特别行政区地理，更加关注其特殊发展历程及国际化进程的地理特色和人口高度密集区域的可持续发展模式等。

大部分分册具有统一的体例和结构框架，包括总论、分论和专论三个部分。

总论，是各分册的地理基础，是丛书各分册之间可比较的部分，主要阐述各省市区的地理区位、地理特征和地理区划。地理区位是区域地理的出发点，强调从自然生态、文化和经济等多个视角，理解地理区位的特点和优势，结合行政区划与历史沿革，凸显各省市区的国内地位与区际联系。地理特征是区域地理的基础和重点内容，也是传统地理描述的精华，强调以自然地理和人文/经济地理要素为基础，以人口、资源、环境与发展(PRED)为综合的地理概括，结合专题地图和成因分析，凸显区域人地关系地域系统特征。地理区划是承上(总论)启下(分论)的重要部分，也是区域地理的理论体现，强调从自然生态、文化与经济的地域差异分析入手，梳理前人对区域划分的认识，凸显自然与人文的综合，最终提出地理分区的方案。

分论，是各分册辨识省市区内地域差异的主体，属乡土地理范畴，具有浓郁的乡土意蕴。依据地理分区方案，各地理区单独成章。每个地理区主要阐述：区域概况、资源与环境特征、产业发展与规划、人地关系与可持续发展、最突出或最重要的地理现象等。

专论，是各分册彰显区域综合分析和深入研究的部分，主要阐述省市区有特色的地理问题。这些特色问题大多是与区域发展联系密切的，在全国范围内具有重要地理意义或地位，有多地理要素相互作用、相互影响产生的区域综合问题，也有自然地理与人文地理相结合的综合命题。这部分内容具有特色性、综合性、研究性，同时展现了具有一定权威性的研究新进展。

组织编纂“中国省市区地理丛书”，需要多方面的合作和投入。北京师范大学区域地理国家级教学团队、全国高校中国地理教学研究会、北京师范大学区域地理研究实验室，承担了这项编撰任务的组织工作。2005 年开始筹备，2006 年由北京师范大学出版社立项资助，后组织包括全国 30 多所师范大学和综合性大学的地理相关专业院系的教师参编本丛书。共分四个组织层次：一是编辑委员会，由王静爱教授担任编委会主任，由各分册主编和北京师范大学区域地理国家级教学团队中的教师共同担任编委会成员；二是审稿专家群，丛书邀请各省市区的区域地理专家，全国高校中国地理教学研究会部分教授，北京师范大学区域地理国家级教学团队中的教授和民俗文化、历史方面的专家担任审稿人，分别审阅丛书部分书稿；三是编务工作组，由苏筠教授担任负责人，由北京师范大学区域地理研究实验室师生组成工作团队；四是出版编辑部，北京师范大学出版社高度重视本丛书，将其列为社内重大选题，先后指派王松浦、胡廷兰、关雪菁、尹卫霞负责协调全套书的编辑出版工作。全套丛书已被评为“‘十二五’国家重点图书出版规划项目”。

“中国省市区地理丛书”在由北京师范大学出版社资助的基础上，得到了北京师范大学区域地理国家级教学团队、教育部“211 工程”和“985 工程”项目经费的支持，还得到了北京师范大学地理科学学部、地表过程与资源生态国家重点实验室、环境演变与自然灾害教育部重点实验室和国家自然科学基金委员会创新研究群体科学基金项目(41321001)在人力和物力方面的支持。当“中国省市区地理丛书”呈现在读者面前时，我要感谢全体编著者的辛勤工作与团结合作；感谢各分册的审稿人，他们是(以汉语拼音为序)：蔡运龙教授、崔海亭教授、董玉祥教授、樊杰教授、方修琦教授、葛岳静教授、江源教授、康慕谊教授、梁进社教授、刘宝元教授、刘连友教授、刘明光教授、刘学敏教授、马礼教授、史培军教授、宋金平教授、孙金铸教授、王恩涌教授、王卫教授、王玉海教授、王岳平教授、吴殿廷教授、武建军教授、伍永秋教授、许学工教授、杨胜天教授、袁书琪教授、曾刚教授、张科利教授、张兰生教授、张文新教授、张小雷教授、赵济教授、周涛教授、邹学勇教授等。他们认真、严谨的审稿工作是丛书科学性和知识性的保障。特别感谢赵济教授和史培军教授在丛书编纂、审稿和诸多区域地理科学认识方面的重要贡献和指导；特别感谢编务工作组的青年教师苏筠教授，她为丛书庞大而复杂的编纂工作得以有序进行付出了巨大的精力；特别感谢董晓萍教授和晁福林教授对丛书区域民俗文化和历史相关部分的审阅和提出的宝贵意见。在此我谨向上述各位专家、学者对“中国省市区地理丛书”的指导与支持表示深深的谢意；在全体编著者和审稿专家工作的基础上，“中国省市区地理丛书”还得到了各分册主编所在单位及其他许多单位和专家的大力支持和帮助，特此一并郑重致谢！

“中国省市区地理丛书”的编纂工作十分庞杂和艰巨，编著者虽然尽了最大的努力，但由于研究内容涉及面广，经济社会发展变化迅速，加上经验与水平有限，会存在诸多不足和遗憾，尚祈广大读者批评指正。

2017 年 5 月

前　言

“乡土地理”是地理学科必不可少的组成部分，是区域地理的核心课程之一。1975 年，江西师范学院地理编写组编著的《江西地理》，成为江西省乡土地理教学的主要教材，产生过很大影响。1987 年国家教委召开“全国乡土教材工作会议”以后，全国各地纷纷编写乡土地理教材。1989 年，由谭矩生、林文荣、黄际民等教授编著的《江西省地理》，再次成为广大读者了解江西的重要教材，为江西省高等教育的发展作出了很大贡献。

乡土地理教材具有实践性、时代性和实用性，具有其他教材无法取代的意义和作用。改革开放以来，江西省社会经济快速发展，江西省的自然和社会面貌均发生了巨大变化，原有的江西地理教材已难以充分反映江西省的发展现状，迫切需要对江西地理进行全面、系统的修改和补充。借助这次“中国省市区地理丛书”的编撰机会，江西师范大学地理与环境学院重新组织编写人员，按照丛书统一的编撰体系和内容安排，以编撰能系统全面反映江西社会经济发展，具有一定研究深度，适合高校本科生使用的教材为目标，完成了本书的编撰工作。

《江西地理》在编撰过程中，坚持了传承与发展相结合，理论研究与社会需求相结合的基本思路，体现了以下指导思想。一是强调了区域地理综合性特点，将乡土地理单元中的人口、资源、环境和社会充分融合，体现文理交叉、学科综合的特点，强调区域综合研究。二是充分吸收区域地理学的新理论和新观点，以人地关系为主线，关注人的发展，更加指向区域经济建设和社会发展的需求，紧紧围绕江西省经济社会发展的特点和问题进行研究，认真剖析江西人地系统的运行机理，注重综合分析和区域差异分析。

《江西地理》编写体系采用“总论—分论—专论”的体系结构。总论部分包括江西的地理区位、自然地理特征、社会经济地位、地理区划等。分论部分介绍了赣东北区、赣西北区、鄱阳湖区、赣中区、赣南区的区域概况、自然与资源特征、产业发展与布局、人地关系与可持续发展等内容。专论部分结合江西省的国家级区域发展战略以及江西特色资源特点，设置了城市发展、苏区振兴、旅游业、历史文化等专题。为了方便学生学习，各章节均设有章前语、关键词，全书最后列出了思考题和参考文献。

本书由蒋梅鑫教授任主编，负责全书的写作组织、提纲拟定、统稿和审定工作。全书按篇章顺序，分别由吕建星老师负责总论部分，其中第一、二章由郑晨、吕建星编写，第三、四章由王琪、吕建星编写。蒋梅鑫教授负责分论部分，第五章由赵丽丽、蒋梅鑫编写，第六章由李佩、车恬豫、蒋梅鑫编写，第七章由徐小兰、车育婧、蒋梅鑫编写，第八章由杨蕊、袁艳琴、蒋梅鑫编写，第九章由姚期文、欧阳彩红、蒋梅鑫编写。钟业喜教授负责专论部分，其中第十章由黄洁、钟业喜编写，第十一章由郭泉恩、钟业喜编写，第十二章由黄哲明、钟业喜编写，第十三章由李建新、钟业喜编写。冯兴华、钟业喜、卢成芳负责本书的部分图件编制。刘影为本书封面提供了照片。

在本书的编写过程中，我们参阅了许多专家、学者的著作和成果，吸收利用了他们的某些观点、数据和图表，主要参考文献等在书后列出，其中难免有遗漏，在此谨向所有参考资料的作者表示衷心的感谢。

限于编者的学识和经验，书中肯定会存在不足之处，敬请广大专家和读者予以批评指正。

蒋梅鑫

2019 年 7 月 25 日

目　录

第一篇　总　论

第一章　地理区位

章前语

江西省位于长江中下游南岸，中国东南部。因公元733年唐玄宗设江南西道，简称为江西道，故名江西；又因为江西最大河流为赣江，故简称赣，别称豫章、江右。

江西省介于24°29′N～30°05′N，113°34′E～118°29′E。全省总面积为16.69×10^4 km^2，约占全国土地总面积的1.74%。总人口为$4\,456.74\times10^4$人(2010年第六次全国人口普查)，全省人口平均密度为267人/km^2。2015年江西省地区生产总值16 723.8亿元，占全国国内生产总值的2.47%，经济总量位居全国第18位，全省人均国内生产总值36 819元。江西省作为传统的农业大省，经济欠发达。同时，江西省地处我国中部地区，与浙江省、安徽省、湖北省、湖南省、广东省及福建省相接，地理、经济、交通区位十分重要。江西省连接中国沿海三大经济地区，是连接东西部地区的纽带，是推进我国经济由东向西发展的中间地带。

关键词

中部地区；经济纽带；吴头楚尾，粤腹闽庭；东部腹地

第一节　自然位置

一、优越的地理位置

江西省位于我国东南部的中低纬度地区，南北纵跨621 km，东西横亘约469 km，轮廓南北狭长，北宽南窄，略呈一个不等腰倒梯形。全省面积为16.69×10^4 km^2，是一个中等面积的省份。

江西地处长江中下游平原南岸，属江南地带，四周以天然界限和邻省相接：东依武夷仙霞连闽、浙，南负南岭山地邻广东，西傍罗霄山脉毗湖南，

北隔长江水道接鄂、皖。控长江，下通宁、沪，上达鄂、蜀；出梅关，过南岭，通抵广东和港澳；穿武夷，过仙霞，连接东南沿海；出鄱湖，渡长江，直驱中原。江西历史上被称为“吴头楚尾，粤腹闽庭”之地，地理位置十分优越。国家提出促进中部崛起战略，江西独特的区位优势必将发挥重要的作用。

江西为“吴头楚尾，粤腹闽庭”的“豫章故郡”之地，位置优越，历史悠久，山川壮丽，资源丰富，“物华天宝，人杰地灵”。

二、地处第三级阶梯

我国整体地势西高东低，呈阶梯状分布，分为三级阶梯。江西处于第三级阶梯，总体位于中国江南丘陵地带，是一个以山地、丘陵为主的省区。省境东、南、西三面山丘环抱，层峦叠嶂；中南部丘陵起伏，盆地相间；北部平原坦荡，河湖交织。整体地势南高北低，四周高中间低，从南向北由周边向中间缓缓倾斜，天然构成一个以鄱阳湖平原为底部的向北敞口的大盆地。江西省内山地丘陵约占总面积的78%，丰富的立体地形为山区农业提供了有利的条件。赣北鄱阳湖盆地适宜粮、棉、油、水产的发展。

三、地处中亚热带湿润地区

从气候因素来看，江西位于长江以南，南岭以北，亚热带季风气候区的中部，地跨我国中亚热带和北亚热带南缘，季风气候显著。省内东、南、西三面环山，北面为鄱阳湖及滨湖平原地区。受东亚季风环流形势的影响，全省中亚热带湿润季风气候十分显著，形成了与同纬度的阿拉伯、北非撒哈拉等干旱沙漠区截然不同的气候，且由于下垫面性质的不同，因而形成了复杂多样的气候类型。这些不同下垫面所形成的小气候，对于区域资源的开发利用具有重要影响。

从干湿程度来看，江西全省处于湿润区，是全国多雨省区之一，多年平均降水量为1 400～1 900 mm，降水丰沛，雨热同季，四季分明，但降水的时空差异较大，易涝易旱。总体而言，江西省气候得天独厚，具有较大的优越性，可为农业生产提供良好的生态环境。

四、位于长江中下游，分属长江、珠江两大流域

从水系的流域分布看，江西省跨越了长江流域和珠江流域两大水系。江西省位于我国东南近海内陆，居我国第一大河流——长江的中下游南岸，是长江流域的重要省份之一。长江自西向东从江西省北部穿过，省内的鄱阳湖水系(属于长江流域)面积为156 743 km^2，水资源比较丰富。

江西省内水系发达，河流众多。赣江、抚河、信江、饶河和修河五大河流为省内主要河流，纵贯全区，五河来水汇入鄱阳湖后经湖口注入长江。省内水系主要属于长江流域，省内长江流域面积 16.25×10^4 km^2，占全省土地总面积的 97.4%，其中绝大部分属鄱阳湖水系。江西省南端属于珠江流域，省内珠江流域面积 3 338 km^2，占全省土地总面积的 2%。江西省东部有约 285 km^2 的面积属于东南沿海的钱塘江及韩江流域诸水系。

综上所述，江西省位于我国东南部的中低纬地区，地处我国第三级阶梯的东南丘陵地区，地势南高北低，四周高中间低，并向北倾斜，构成一个不规则环状地貌，状若盆地。同时，江西地跨我国中亚热带、北亚热带两个气候带和长江、珠江两大水系，降水充沛，水资源丰富，热量适中。优越的自然地理位置和环境，为江西省经济的发展，尤其是为农业的发展创造了有利条件。此外，江西与浙江、福建、广东等沿海省份相邻，距珠海、深圳、厦门等经济特区和一些开放城市较近，是中国开放总体格局的后方腹地，同时连接着中国沿海三大经济地区，地理区位优势明显。

第二节 经济位置

江西省山地丘陵环绕，河网纵横，水热条件优越，资源丰富，是中国开发较早的地区之一，为传统的农业省份。省内森林覆盖率高，是我国重要的农林产区。千百年来，江西人民利用这片土地，依靠自身的辛勤努力，创造出了光辉灿烂的古代文明。新中国成立以后，江西凭借优越的地理区位和丰富的资源，成为中国中部经济带过渡到东部沿海经济带的接合部，连接东西部的重要纽带，重要的能源产地和旅游胜地。

一、早期经济开发

江西省开发历史悠久，从已发掘的文化遗址可以看出，人类早已在这片土地上繁衍、劳动、生息。万年县仙人洞、吊桶环文化遗址中，考古学家已发现有栽培稻的证据，很可能这里是中国的一个水稻发源地。到了新石器时代晚期，今赣西北修水县的山背遗址中，在草拌泥中发现稻谷壳、稻秆，同一时期的樟树市的樊城堆遗址，永丰县尹家坪遗址，萍乡市新泉、赤山遗址中也有稻谷和稻秆。商周时期这一地区的制陶和铜开采冶铸业已达到相当高的水平。从原始社会的石器时代，进步到文明社会的夏商周时期，赣江—鄱阳湖流域已经是物质文明开发区，居民聚落比较多，原始种植业已越过萌芽阶段，开始向上发展。两汉至六朝时期，今江西省内的经济开发明显加快，在地势平坦、交通便利的大小河流岸边，有了更多的居民区和耕作地。唐宋时期，江西经济繁荣，人才辈出，被世人赞誉为“物华天宝，人杰地灵”之地，文化交往空前频繁，社会发展迅速，且由于粮食充足，江西成了国家漕粮的主要供应区。同时，采矿、冶铸、烧瓷、印刷、纺织、造船等手工制造业也全面兴旺。明清时期，木材贸易、开矿、烧瓷等行业兴旺，造纸生产在这一时期也超越了前代。然而到了近代，在外来资本的刺激下，沿海及内陆一些省份逐渐地由自然经济走向商品经济，而曾一度领先全国其他省份经济发展的江西却落伍了，经济逐步走向衰败。

二、“吴头楚尾，粤腹闽庭”的中部地区

我国地域辽阔，经济发展水平悬殊，地区发展不均衡。因此，国家根据各地经济发展的状况及海陆位置把全国划分为东部沿海经济发达地区、中部经济较发达地区、西部内陆经济欠发达地区三大经济地带。江西省地处中部地区，为“吴头楚尾，粤腹闽庭”“豫章故郡”之地，与浙江、福建、广东等沿海省份相邻，距珠海、深圳、厦门等经济特区和一些开放城市较近，同时连接着中国沿海三大经济地区，是连接东西部地区的纽带，是推进我国经济由东向西发展的中间地带。

江西是传统的农业省份，工业落后。江西省在中部省份生态经济发展水平中列第一位，但低于全国平均水平。在五个类别中，江西生态环境水平、资源消耗水平、生态保护能力都列中部第一位，有明显优势，但经济发展水平和资源综合利用水平处于明显劣势。因此，大力推动环鄱阳生态经济圈发展，提高经济发展水平和资源综合利用能力，提高江西经济生态化水平是江西未来的发展方向。

三、矿产资源丰富

江西省矿产资源丰富，分布广泛，种类较多，自古享有“物华天宝”之誉，是“资源大省”。

江西省内地下矿产资源为环西太平洋成矿带的重要组成部分，也是中国矿产资源种类较齐全的省份之一。目前全省已发现各类矿产 158 种，探明有工业储量的矿产 95 种。探明保有储量居全国前 5 位的有 35 个矿种，其中居第一位的有铜、银、钽、铷、铯、伴生硫、生化用白云岩、滑石、粉石英 9 种。有色金属是江西省传统的优势矿产资源，其中已探明铜矿储量居全国首位，钨矿储量居全国第二位，黑钨矿居全国第一。贵金属矿产前景良好，全省金矿保有储量居全国首位，银矿探明的储量列全国第一。稀土矿产品种齐全，已探明储量的重稀土总量居全国第一位。此外，非金属矿产的潜在经济效益

较好，且能源矿产中的铀、钍等放射性矿产在全国也占重要地位。铜、钽铌、钨、稀土、铀、金、银矿被誉为江西省的“七朵金花”。

四、传统的农业大省

江西农业在全国占有重要地位，是新中国成立以来我国两个从未间断向国家贡献粮食的省份之一，对全国经济发展有着重要影响。江西地处长江中下游南岸的东南丘陵地区，以山地丘陵为主。由于受到耕地总量的限制，农业生产规模偏小，总量不大。但近几年来，在推进全省农业结构战略调整中，农业获得了较快增长，在中部地区的地位得到巩固提高，尤其是以粮食、水产、山林产业为主体的特色农业优势较强，生态农业前景可喜，绿色农产品成为重要增长点，农业发展潜力较大，前景广阔。

五、便捷的交通条件

自古以来，江西就是沟通我国中原地区和岭南地区的必经之地，在我国古代道路网和内河水运网中都居于重要地位。现今，江西接中部腹地，是沿海发达的长江三角洲、珠江三角洲和闽南三角地区三大经济圈的共同腹地，也是东部向西部战略转移推进的过渡地带，处于枢纽位置，是中国“合纵连横”的重要纽带。

江西省内的铁路主要是京九线和浙赣线的中段，以南昌为中心形成南北和东西“十”字架主干铁路网，此外还有东南走向的鹰厦线、武九线及东北走向的横南线。省内公路系统相当发达，随着一批高速公路的建成通车，全省“三纵四横”主骨架基本建成，承东启西、贯通南北、便捷通达、快速高效的交通运输大格局初步形成，江西一跃成为全国高速公路建设速度最快的省份之一，实现了出省主通道和省会到各设区市道路全部高速化，形成了省内4 小时、省际 8 小时经济圈。预计到 2020 年，江西高速公路通车里程将达 6 050 km，形成“四纵六横八射”加 14 条联络线组成的网络。

江西省航空运输事业迅速发展，有南昌昌北机场、赣州黄金机场、吉安井冈山机场、九江庐山机场、景德镇罗家机场和宜春明月山机场等。其中，南昌昌北国际机场是江西唯一的国际机场。

六、红色摇篮、绿色家园、古色厚土

江西旅游资源丰富，历史悠久，山川秀丽，人文荟萃，名胜古迹众多。2000 年，江西率先提出“红色旅游”的概念，以大力发展红色旅游为龙头，引领和带动绿色、古色旅游快速发展，挖掘绝特山水、瓷都文化、道教文化、民俗风情等特色旅游资源，建设重点旅游城市和景区。江西省内现有世界遗产、世界地质公园、国际重要湿地、国家级风景名胜区、国家级森林公园及自然保护区等众多旅游资源。其中，庐山、井冈山、景德镇、鄱阳湖、婺源等一批旅游产品在国内外享有较高知名度。江西已经开发形成了南昌—九江、庐山—景德镇—婺源名山瓷都名村文化旅游线，南昌—吉安和井冈山—赣州—瑞金红色文化旅游线，南昌—龙虎山—龟峰—三清山名山道教文化旅游线三条旅游精品线路和一批专项旅游线路。全省已经构建七大旅游圈，资源开发已经具有一定规模，旅游产品基本成型且有一定的影响力。

江西旅游特色可以概括为红色摇篮、绿色家园、古色厚土。

“红色摇篮”指“四大摇篮一座丰碑一条小道”，即中国革命摇篮井冈山、人民军队摇篮南昌、共和国摇篮瑞金、中国工人运动摇篮安源、血染的丰碑赣东北革命根据地(上饶)、小平小道。

“绿色家园”概括为“一湖清水三颗明珠四大世界遗产六座名山一个最美乡村”，一湖清水——鄱阳湖；三颗明珠——柘林湖、仙女湖、陡水湖；四大世界遗产——庐山、三清山、龙虎山、龟峰；六座名山——武功山、明月山、三百山、大觉山、灵山、三爪仑；一个最美乡村——婺源。

“古色厚土”概括说是“七个千年十大历史名人”，千年瓷都——景德镇，千年宋城——赣州，千年药都——樟树，千年名楼——滕王阁、浔阳楼、郁孤台、八境台，千年书院——白鹿洞书院、鹅湖书院、白鹭洲书院，千年古村——流坑古村、理坑古村、渼陂古村、钓源古村、竹桥古村，千年古寺——九江市能仁寺、庐山东林寺、九江市永修县真如寺、吉安市青原山净居寺、鹰潭市龙虎山天师府，十大历史名人——陶渊明、欧阳修、曾巩、王安石、黄庭坚、朱熹、文天祥、汤显祖、宋应星、朱耷。

江西省利用丰富多样的旅游资源，将资源大省转化为产业优势，旅游业迅速发展。2015 年，江西省共实现旅游总收入 3 637.7 亿元，比上年增长 37.3%。接待旅游总人数 38 569.1 万人次，比上年增长 23.2%。国内旅游收入 3 600.5 亿元，比上年增长 37.7%。接待国内旅游人数 38 392.2 万人次，比上年增长 23.3%。旅游外汇收入 56 700.2 万美元，比上年增长 2.0%。接待入境旅游人数 176.9 万人次，比上年增长 3.1%。旅游业的发展对促进江西社会经济的发展起到了重要作用。

第三节　文化位置

江西素有“雄州雾列、俊采星驰”之称，地处长江黄金水道的中间地带，位居鄱阳湖畔赣江两岸，有着丰富的自然资源和便利的交通条件，孕育了这里“文章节义之邦”的人民。经千百年齐力开拓，江西成为江南著名文化中心之一，以其“物华天宝，人杰地灵”著称于世。

一、悠久的文化

江西自古文化昌盛，人文蔚起。除灿烂的原始文化外，东汉至清末的文明史里，有著述的名人贤士数千人，著述更是不计其数。其中不少名篇出自名士、文学家、诗人、学者、理学家等之手，这些丰硕的文化瑰宝，汇成隽永流长的江西文明。

奴隶社会时期商周的江西先民，已从蛮荒时代进入了文明时代。江西新干大洋洲商代青铜器、樟树吴城商代遗址、瑞昌铜岭商周冶矿遗址的发现，证明今江西地区当时已有的青铜文化。铜器品种之多、制作之精美、造型之奇特、纹饰之瑰丽均可与中原青铜文化相媲美。

春秋战国时期，今江西地区为吴、越、楚三国争霸之地，其文化错综纠合。

两汉至南北朝时期为江西文化之先端。东晋九江陶渊明如奇峰异突般屹立于江西文坛，为中国古代田园山水诗派的开创者，影响文坛深远。此时亦为中国书法艺术中字体演变的重要时期，从今江西两汉至南北朝时期的墓葬中出土的版牍、印文及摩崖石刻上的篆、隶、行、草等字迹上可见一斑。

隋唐时期，江西地区的文坛已出现较大型的文人群体，且文学形式多种多样，除诗文外，开始出现小说作品等。众多文人墨客旅居江西时，亦有不少名篇问世。其中著名的有王勃的《滕王阁序》，李白咏庐山的千古名作《望庐山瀑布》，白居易的长篇抒情诗篇《琵琶行》等。唐代江西为佛教重要传播地，江西众多寺院，孕育了一代宗师行思、良价、希运、慧寂等，为中国佛教文化的发展写下了光辉一页。

宋代社会经济的高速发展使江西文化进入黄金时代，江西文化跃居中华民族文化的前列。文化形式极为丰富，除传统诗得到进一步发展外，词亦达到空前绝后的艺术高度，小说和笔记此时空前繁荣。当时全国篇幅最长的笔记小说集《夷坚志》就出于江西洪迈之手。

元朝建立后，江西文化成就中元代散曲最为突出。南昌人刘时中的套曲《端正好·上高监司》，褒贬政绩，针砭时弊，是元曲中优秀的现实主义作品。

明代戏剧成就尤为文艺之冠，被誉为“东方莎士比亚”的汤显祖，是其中的杰出代表，其诗文重文采，反对拟古和拘于格律，形成了独立的“临川派”，对后世影响很大。明代江西戏曲家新建人魏良辅为昆曲集大成者，他统一了南曲的乐曲与唱法，增强了南曲的音乐魅力，使南曲规则严整、乐调高雅，后人奉他为昆曲之“鼻祖”。明代江西文坛上出现了一批纵横文坛的重臣、哲学家、思想家、理学家、科学家、史学家、抗倭将领等，他们的主要成就并非诗文，但他们的诗作具有一定的思想性和艺术性。明末江西古文学派的艾南英、陈际泰、章世纯、罗万藻等构成了带有政治性的文学集团“豫章社”，他们效法唐宋派归有光的散文，反对前后七子的文学复古运动，推崇古文旧法，为清代江西古文的发展奠定了基础。

清代是中国封建文化的最后阶段，此时江西文坛从总体来看，已不如宋、明两代昌盛，但文人雅士仍清光照人。清代书画以南昌明宗室后裔号八大山人的朱耷最为著名，八大山人，长于水墨花鸟，行笔简括夸张，意境冷寂怪癖，开一代写意画之先河。江西画派始祖宁都罗牧，工山水，笔意空灵在黄筌、董源之间，楷书亦工整。

二、丰富的文化资源

赣文化，作为中华民族文化的代表与结晶，以其灿烂的历史，彪炳于世界民族文化之林，并以其辉煌的业绩、丰厚的文献与历史遗存，给人们留下了极为宝贵的文化财富。

(一)灿烂的文化遗产

几千年来文化发达、人文荟萃的江西，孕育了一代又一代英杰。而山环水抱和遍布各地的风景名胜，更吸引了众多人士的造访。今江西有著名古建筑 30 余处，且坐落于圣地胜景之中，幽情雅趣盎然，风景名胜相得益彰。

滕王阁位于赣江边，为历代文人雅士驻足盘桓，吟诗作赋之佳地。唐上元二年(675 年)，唐代诗人王勃为滕王阁作序，滕王阁因而声名大振，被誉为“江南三大楼阁”之一。赣州通天岩，由忘归岩、同心岩、通天岩和翠微岩组成，岩上布满各式石刻造像、题刻，为江西古代文化艺术的一颗宝珠。赣州的八境台、郁孤台等亦名扬四海。

铅山县的鹅湖书院，因南宋淳熙二年(1175 年)由吕祖谦邀请，朱熹和陆九渊在此进行过一次针锋相对的著名哲学辩论，从而成为文人墨客造访寄兴的胜地。庐山五老峰下的白鹿洞书院，为朱熹任南康太守时的讲学之地，因皇帝赐额及御书而声名大振。吉安的白鹭洲书院、兴国的潋江书院等，都名扬海内。

江西宗教建筑众多，庐山、云居山、合皂山、麻姑山、杨岐山、龙虎山、三清山、西山都建有众多寺庙。宗教建筑在这些名山中与自然景观相互依托，构成一幅幅壮观的景象。

(二)著名的陶瓷艺术

江西万年仙人洞遗址出土了江西新石器时代早期的原始陶器，后经历代工匠的不断创新，江西陶瓷艺术有了很大的发展并名扬中外。江西景德镇窑、湖田窑、吉州窑、七星镇窑、白舍窑等制作的陶瓷工艺美术精品，有的雍容华贵，有的浑厚淳朴，有的精美绝伦，有的粗率奔放，显示了历代工艺美术家炉火纯青、巧夺天工的超群技艺。

光辉灿烂的历史文化，得天独厚的风景名胜资源，独具特色的诸腔剧种和陶瓷、工艺美术，垫托着“物华天宝、人杰地灵”的江西史实。近现代江西文化艺术的业绩，就是在此基础上发展起来的。

(三)多样的民间艺术

钟灵毓秀的江西，孕育了独具特色的江西民间文艺。《尚书》所记载的“巫风”，经商周传遗至今，形成了今天江西省各地的祭祀舞蹈“跳傩”，被誉为“古代舞蹈活化石”。南丰、婺源每逢新春，从正月初一开始，百姓就群集而舞。

宋始在今江西南昌街头出现的“瓦子”，即后来南宋盛极一时的“瓦舍”。“来时瓦合，去时瓦解”，内有乐舞的伎人、百戏、民间舞队争相献艺。今南昌市中山路有街名“瓦子角”，便是当年“瓦子”的所在。

自明代开始，采茶舞蹈在赣县王母渡成熟起来，成为赣南民间文化的重要组成部分。每年在开园摘茶前，有唱茶歌和舞茶灯的习俗，后经民间艺人潜心锤炼，形成了集矮子步、扇子花、单袖筒等表演艺术手法为一体，具有浓郁赣南地方特色的民间舞蹈，并从舞蹈发展为有人物、情节的采茶戏，成为江西的两大剧种之一。在后期发展中，受各种影响分为各具特色的赣南采茶戏、抚州采茶戏、高安采茶戏、南昌采茶戏等。

南戏四大声腔之一的弋阳腔，源于江西弋阳县。这种腔调以宋元时期形成的目连戏为基础，吸收北曲杂剧的唱腔而发展起来，成为南戏诸腔中，流传最广、影响最大的剧种。

中国古老剧种赣剧(新中国成立后定名)是在明代弋阳腔的基础上，于清代吸收了昆曲和乱弹诸腔，形成兼唱高腔、昆曲和乱弹等腔的剧种，并分为“饶河班”“广信班”两大流派。赣剧内容丰富，题材相当广泛，在表演艺术方面，运用了程式化的形式来刻画人物，接近生活，表演细腻逼真。

江西彩灯是模仿动植物外形，以花鸟鱼兽的模型为道具，由人借助并运用这种道具来模仿动物的动作、习性和形态进行表演的一种灯舞。江西万载的花灯戏有300余年的历史。清代，当地人们在用花灯调演唱的对子戏的基础上加以改进，发展成了“三角班”，演出故事情节较强的戏本，成为江西传统节令社火中的主要活动形式。

除此之外，江西都昌高腔、婺源徽剧、东河戏、宜黄戏、三星鼓、丰城大班等传统剧种，也别具特色。

三、文化艺术的不断发展

新中国成立后，江西受近代文化影响和社会经济发展的推动，文化事业出现了新局面。

党的十一届三中全会之后，文化科研事业有了新的发展。江西省研制的化妆塑形胶、开闭式头套、瓷瓯、中音四弦胡琴等均获文化部科技成果奖。江西省十大集成工作进展较快。江西省文艺研究所主编的《江西古代文化名人丛书》1988 年获江西省第二次社会科学优秀成果二等奖。

江西省委、省政府长期高度重视文化建设，把大力发展文化产业，促进文化事业繁荣作为全面建设小康社会，实现江西在中部地区崛起的战略目标之一。江西文化呈现出事业欣欣向荣，产业后劲勃发的喜人局面，各项工作取得了令人瞩目的辉煌成就。大型原创舞剧《瓷魂》、新编历史赣剧《詹天佑》双双荣获文化部第十一届“文华新剧目奖”。李渡元代烧酒作坊遗址、景德镇陶瓷御窑遗址先后被评为“全国十大考古新发现”。“井冈山精神大型展览”在北京、天津、上海等地展出，引起强烈反响和巨大轰动。全省文化系统产业总收入连续多年以 20%以上的幅度递增。2015 年年末有艺术表演团体 85 个，文化馆 104 个，公共图书馆 113 个，博物馆 138 个，广播电台 8 座，电视台 10 座，有线广播电视用户 677.0×10^4 户，数字电视用户 580.6×10^4 户。广播节目综合人口覆盖率 97.6%。电视节目综合人口覆盖率 98.6%。全年出版各类报纸 11.2 亿份，各类期刊 $7\,878\times10^4$ 册，图书 1.9×10^8 册。

赣文化是个博大精深的文化体系，是凝聚江西人的黏合剂，赣文化生于红土地，长于红土地，其语言、文学、艺术等深受广大江西人民喜爱，对江西人民的精神发展具有极大的亲和力。倡导赣文化恰是结合爱国主义教育，对江西人民热爱家乡教育的一种具体形式，发扬赣文化特有的文化价值，是江西社会主义精神文明建设的一个重要组成部分。

第四节　行政区划沿革

江西省北起彭泽县，南达龙南县，东始广丰区，西至萍乡市湘东区，总面积为 $16.69\times10^4\ km^2$，约占全国总面积的 1.7%。截至 2015 年，全省共设南昌、九江、景德镇、萍乡、新余、鹰潭、赣州、宜春、上饶、吉安、抚州11个设区市，11个县级市，70个县，19个市辖区。江西省人民政府驻南昌市。江西先民开发这块土地，已有1万余年的历史，而行政区的设置晚至夏商之后，距今不超过3 000年。最早的统辖全省的豫章郡，是西汉初年才设立的。但是后来发展迅速，很快成为一个完整的地方行政区单元。

一、夏商周时期

各个地区的自然条件不同，生产状况很不一致，经济发展水平不平衡，由此带来政治上的差异，造成行政区设置的不平衡。江西地处长江中下游的南岸，既非边沿省份，又不是中心区域。本地区的生产环境优良，但是早期的社会进步较慢。行政区出现的时间比中原地区更晚，夏商周时代还是一片“空白”。现有的考古成果已证明，商周时代江西地区的农耕生产、青铜文化比较发达，具有和中原地区接近的水平，但是没有发现设置行政区的记载。战国时期今江西地区仅有艾、番2个县邑。

二、秦汉晋隋时期

西汉初年开始设立豫章郡，由于历史久远，资料缺乏，其界线无法准确划出。当时实行郡县二级制，郡是最高的地方行政区，所以汉代的豫章郡是江西最早的全省性行政单位，下辖18县，与后来的江西省区大致相当。汉武帝划分13个监察地区，称州部，简称“州”，严格监督郡县的统治状况，各州部设1名刺史，定期巡视地方，掌握吏治民情，上达朝廷。各州部有特定名称，豫章郡所隶称扬州。

东汉后期，刺史州演化成最高地方行政区，郡县二级制成为州郡县三级制。东汉以后，江西社会发展加快。由于国家政治局面的变化，南北力量趋于平衡，西晋以今江西地区的郡县为主体设置江州，确认了这个地区政治上的战略地位。西晋统一全国以后，今江西地区内郡县大部分属扬州，小部分属荆州。惠帝元康元年(291年)，以“荆、扬二州疆土广远，统理尤难”，分出10郡组建江州，江西地区的6个郡全在江州治下。南北朝时期，州级行政区空前增多，而辖境普遍缩小，与众多的郡县并存，共同构成民少官多，区划过滥的弊病。

隋代曾作行政区划调整，州的级别降与郡同，裁闲并小，改行郡县二级制，诸郡直属朝廷，经过调整，当时今江西地区剩下7郡23县。

三、唐宋时期

唐以后，州县区划稳定发展，江西成为江南西道的核心部分，南昌成为镇南军节度使镇守之地。唐朝承继隋制，又有新的改革，各郡都改称为州，州之上划分为“道”，太宗时期分10道，玄宗开元二十一年(733年)改为15道，江南道分为东西2道，江西地区的8州都隶属江南西道。

两宋时期，全国的经济重心移往江南，赣江航道是南北交通系统中的主干区段，航道的南北两端和中腰各增设了一个“军”，以加强统辖。江西的州县，分隶于江南西路和江南东路。江西地区设置9州、4军、68县，其大部分隶属于江南西路，另有一部分隶属于江南东路。江南西路辖10州军，9个为今江西地区，1个(兴国军)在今湖北省内。江南东路所辖10州军之中，饶州、信州、江州、南康军为今江西辖地。南宋以后，江州改隶于江南西路。

五代时期，今江西地区先辖于吴后辖于南唐。这个时期出现了相当于下等州的新的行政区划6州、4军、55县。交泰元年(958年)，南唐中主决定建南都于洪州，并因此升洪州为南昌府。

江西地区内州县的数量不断在发生变化，经过唐朝前期100多年的停滞，然后转为恢复发展，并且普遍稳定，不再出现下降现象。从唐中期以后开始稳步上升，从8州37县，增为南唐时10州军55县，再升到宋代13州军68县。

北宋崇宁元年(1102年)今江西地区有13州军，共计200余万户，南宋嘉定十六年(1223年)增至240余万户。而在唐元和年间，今江西地区总共29万余户。人口众多，村落密集，生产开发区扩大，必然使行政区数量上升。万安县原是南唐设的市镇，于北宋熙宁四年(1071年)升万安镇为县。永丰县原属吉州吉水县，由于生产开发迅猛，在至和元年(1054年)从吉水县11个乡中，划出5个乡计3.5万户居民，组建新县，就近治理。凭借优越的经济条件，宋代新增建的州县都稳定地维持了下来。

四、元明清时期

元朝对行政区进行了新的改革，一是将路降格为州级，宋时的州统一改称为路。二是实行“行中书省”制度，全国共设11个行中书省。行省之下为路、县，二级制再变为三级制。江西行省于至元十九年(1282年)最终确立以后，下分两个肃政廉访司，共辖18路、9州。由于属下有广东的15路、州，所以全称“江西等处行中书省”。江西行省下辖龙兴、吉安、南康、赣州、建昌、江州、南安、瑞州、袁州、临江、抚州、饶州、信州13路和南丰、铅山2直隶州以及48个县、16个县级州。江西行省没有包含今江西地区全部，江西地区的信州路、饶州路及铅山州隶属于江浙行省。由此可见，在元朝及其以前的漫长历史时期，江西地区的郡(州)县，多数时候不属一个大行政区单元。

明朝虽然基本上保留了元朝的省区建制，但改行中书省为布政使司(习惯上仍然称省)，改路为府，改州为县，省与府之间划分为道，分片督责办理各项行政、按察事务。江西布政使司辖南昌、瑞州、饶州、南康、九江、广信、抚州、建昌、吉安、袁州、临江、赣州、南安13府，下辖78县，地域基本等同今天的江西省区。从明中期开始，江西陆续增设万年、东乡、安义、崇义、峡江、兴安、定南、长宁、泸溪9县。南丰、铅山两个直辖州仍降为县。江西省的省域与隶属统辖关系，在明朝以后稳定了下来，与现今一致。

清承明制，行省之上设总督、巡抚，独揽军政大权。江西省与江南行省同在两江总督统治下。后江南行省分为江苏、安徽2省，而总督仍是一个。并在78县的基础上再增加莲花厅、虔南厅、铜鼓厅，又将宁都县改为省直隶州，把定南县改为厅，进一步加强对边远山区的统治力量。这些厅都是与县同级的行政区，但是不称县，不派遣知县莅任，而是由府的"同知"前去驻守。至此，清朝的江西省有14个府级政区(13府、1直辖州)，80个县级政区(75县、1州、4厅)，达到饱和状态。

明清时期，东南沿海和西部地区的发展都在加快，全国的政区划分趋向稳定，江南诸省的界域无大变动，江西的省域已经和今天一致，兼辖与分属邻境的情况不复出现。

五、近代

中华民国成立后，对于行政区划，进行因时而异的改革。开始时废除府、州、道、县、厅多种层次，实行省县两级制，清朝的府、州、厅一律改为县，隶属关系简明划一。然而，江西省共辖81县(宁都州恢复为县)全都由省直辖，将会力量分散，管理难于周遍。几年后，在省之下划分监督区，分别统辖各县。先是沿用旧名称设"道"，全省划为豫章道、九江道、庐陵道、南赣道。后来废道，划10个左右的"行政区"。"行政区"是省政府的派出机构，实际的权限很大，在省县二级之间起着重要的连接作用。从管理效果上看，"行政区"介于明清时代的道、府之间，代表省政府对各县实行分片管辖。

第二次国内革命战争时期，中国共产党领导人民群众先后在江西建立了大片革命根据地。其中，著名的有赣西井冈山革命根据地(包括宁冈、永新、莲花3县和吉安、安福、遂川与湖南炎陵县的一部分)，湘赣革命根据地，赣东北革命根据地(包括弋阳、横峰、贵溪、德兴、余江、万年、上饶、铅山等县，后发展为闽浙赣革命根据地），以及包括铜鼓、修水、万载、宜丰等县的湘鄂赣革命根据地。当时的中央革命根据地占赣南和闽西地区的21县（包括江西的瑞金、安远、信丰、广昌、石城、黎川、宁都、兴国、于都、会昌、寻乌11县）。中华苏维埃共和国临时中央政府设在瑞金，故瑞金有红都之称。

1931年冬，赣南、闽西根据地连成一片，中央根据地拥有人口300多万，县级苏维埃政区25个。1933年春第四次反“围剿”胜利后，江西各苏区进入全盛时期。这时中央苏区下辖江西、福建、闽赣、粤赣、赣南5个省级苏维埃政区，辖区在江西省内者达70个县。1934年10月红军反“围剿”失败，实行战略大转移，苏区逐一被摧残而消失。苏维埃政区受历史条件限制，没有走上正常的发展轨道。1931—1935年，先后设过东固、慈化、藤田等9个县级特别区。

六、新中国成立后

新中国成立后，行政区划建设进入新的历史阶段，社会发展突飞猛进，行政区建设必然变动较大，新旧更替，难拘一格，在固有的客观规律的支配下，适应新时代社会条件，有了崭新的区划内容。这主要表现在以下三个方面。一是崛起了一批新型工业城市，根本改变了其隶属关系。萍乡县因煤炭工业著称，景德镇以陶瓷业闻名于世，他们发扬传统行业优势，工业水平迅速提高，经济和实力空前增强，于是，萍乡改县为省辖市，景德镇则从浮梁县辖的镇跃为省辖市，浮梁县为其下属。鹰潭镇从1958年以后成了华东铁路交通枢纽、赣东北物资集散和商品贸易基地。新余县从20世纪五六十年代起建设成为新型的钢城，由钢铁工业引发而兴的电力、化工也蓬勃兴起，因而鹰潭镇、新余县都改成省辖市。贵溪县从鹰潭的上级变为其下属。襟江带湖的九江，因水路交通便捷，成长为贸易、旅游和工业生产综合发展的港口城市，由县改为省辖市。二是由于乡镇企业勃兴，经济结构大幅度调整，一批农业县的城镇人口迅速增加，工业产值比重明显上升，陆续改制为县级市，如乐平、瑞昌、贵溪、德兴、丰城、樟树、高安、瑞金、南康、井冈山等。宜春、上饶、抚州、吉安、赣州5市，兼具作为行政、文化中心和工商业发达诸种优势，分别从所在县分离出来，提升为县级市，显示出较强的辐射能力。三是实施以市带县的行政区隶属体制。为了发挥中心城市的辐射功能，促进工农业全面发展，并保证城市的工业原料供应，提供工业产品销售市场，各省辖市领导了附近几个县。九江市兼领10县，取代了原有的九江地区。在缩小城乡差别，加快城镇发展的大潮流推动下，以市带县的体制将普遍实行开来。

中华人民共和国成立后，江西省的行政区划曾经有过多次调整和变动。

1949年6月，江西省人民政府成立，省会南昌。当时江西省辖南昌市和南昌、袁州、九江、抚州、上饶、乐平6专区及赣西南行署区(辖吉安、赣州、瑞金3专区)，共1行署区1地级市9专区3县级市82县。

20世纪50年代至60年代期间，赣州专区、庐山管理局、抚州专区、鹰潭专区、井冈山管理局等都先后经历了撤销、恢复、合并等过程。1970年，萍乡市升格为地级市；九江、上饶、抚州、赣州、宜春5专区分别更名为地区。1979年，井冈山地区更名为吉安地区，10月设立县级宜春市。

1980年3月，撤销庐山行政建制并入九江市，九江市升格为地级市。1983年7月，撤销新余县，恢复地级新余市；抚州地区的进贤县和宜春地区的安义县划归南昌市；上饶地区的乐平县划归景德镇市；赣州地区的广昌县划归抚州地区；鹰潭市升格为地级市，上饶地区的贵溪、余江2县划归鹰潭市；宜春地区的分宜县划归新余市；撤销九江地区并入九江市。1984年至1996年，先后设立了井冈山市、宜春市、临川市、丰城市、樟树市、瑞昌市、德兴市、乐平市、高安市、瑞金市、南康市、贵溪市(县级市)。1998年设立地级赣州市，赣州市设立章贡区。

2000年5月，撤销吉安地区和县级吉安市，设立地级吉安市，吉安市设立吉州区和青原区；撤销宜春地区和县级宜春市，设立地级宜春市，宜春市设立袁州区；6月，撤销抚州地区和县级临川市，设立地级抚州市，抚州市设立临川区；撤销上饶地区和县级上饶市，设立地级上饶市，上饶市设立信州区。2004年9月，国务院批准调整南昌市市辖区部分行政区划。2010年9月，共青城设县级市。

截至2015年，全省共设南昌、九江、景德镇、萍乡、新余、鹰潭、赣州、宜春、上饶、吉安、抚州11个设区市，10个县级市，68个县，22个市辖区(表1.1)，省会驻南昌市。

表1.1　江西省行政区划简表

省辖市	市辖区、县级市、县	次级行政区数目
南昌市	东湖区 西湖区 青云谱区 湾里区 青山湖区 南昌县 新建区 进贤县 安义县	6市辖区 3县
九江市	浔阳区 庐山区 瑞昌市 共青城市 九江县 武宁县 修水县 永修县 德安县 星子县 都昌县 湖口县 彭泽县	2市辖区 2市 9县

续表

省辖市	市辖区、县级市、县	次级行政区数目
景德镇市	昌江区 珠山区 乐平市 浮梁县	2 市辖区 1 市 1 县
萍乡市	安源区 湘东区 上栗县 芦溪县 莲花县	2 市辖区 3 县
新余市	渝水区 分宜县	1 市辖区 1 县
鹰潭市	月湖区 贵溪市 余江县	1 市辖区 1 市 1 县
赣州市	章贡区 南康区 瑞金市 赣县 信丰县 大余县 上犹县 崇义县 安远县 龙南县 定南县 全南县 兴国县 宁都县 于都县 会昌县 寻乌县 石城县	2 市辖区 1 市 15 县
宜春市	袁州区 樟树市 丰城市 高安市 靖安县 奉新县 上高县 宜丰县 铜鼓县 万载县	1 市辖区 3 市 6 县
上饶市	信州区 广丰区 德兴市 上饶县 玉山县 婺源县 鄱阳县 余干县 万年县 弋阳县 横峰县 铅山县	2 市辖区 1 市 9 县
吉安市	吉州区 青原区 井冈山市 吉安县 新干县 永丰县 峡江县 吉水县 泰和县 万安县 遂川县 安福县 永新县	2 市辖区 1 市 10 县
抚州市	临川区 东乡县 金溪县 资溪县 南城县 南丰县 黎川县 广昌县 崇仁县 乐安县 宜黄县	1 市辖区 10 县

第二章　自然地理特征

章前语

自然地理环境是区域地理过程的产物，是人类活动、区域发展的自然基础。江西省自然地理环境主要表现在地貌格局、水热条件、水资源以及植被土壤地带性格局等方面。江西省地势南高北低、四周高中间低，形成一个以鄱阳湖平原为底部的向北敞口的大盆地。江西省地处中亚热带地区，季风气候显著，水资源时空差异显著。同时，由于受到水热条件差异及地形地貌的影响，江西省土壤类型和植被类型呈现出明显的地带性差异。

山地丘陵为主的地貌格局、显著的亚热带季风气候、时空差异显著的水环境、纬度地带性差异显著的植被是江西省自然地理环境的主要特征。

关键词

鄱阳湖平原；山地丘陵；中亚热带季风气候；长江流域

第一节　自然特征

一、地貌格局

江西位于中国江西丘陵地带，是一个以山地丘陵为主的省区。省境东、南、西三面山丘环抱，层峦叠嶂；中南部丘陵起伏，盆地相间；北部平原坦荡，河湖交织；整体地势南高北低，四周高中间低，从南向北由周边向中间缓缓倾斜，天然构成一个以鄱阳湖平原为底部的向北敞口的大盆地。与此相联系，三大地貌单元及各类地貌形态也大体呈不规则的环状结构形式展布：以鄱阳湖为核心，向外推进依次是鄱阳湖平原—赣中南丘陵—边缘山地；山地、丘陵和盆地多呈北东向(或北北东向)相间排列；穿流山丘间的河川呈辐合状汇注鄱阳湖，并纽带般地把孤立的盆地以及其他各类地貌串联为一整体。此乃江西山川之大势，全省地貌格局的基本特点。江西省地形分区图见图 2-1。

图 2-1　江西省地形分区图

（资料来源：《江西省地图集》）

(一)以山地丘陵为主的地貌

根据江西省地貌形态类型的面积量算，仅海拔500 m 以上的中、低山与300～500 m 的高丘陵的面积之和为 92 959.84 km^2，约占全省土地总面积的55.7%。由此可见，江西是一个以山地丘陵为主的省份。

(二)地貌类型复杂多样

在五种基本地貌类型中，除了高原，其他四种在江西省内均有分布。江西省的山地主要分布于省境边陲，中南部地区地貌主要为丘陵，且丘陵中还错落分布着许多大小盆地，赣北则分布着江西省最大的平原——鄱阳湖平原。

边缘山地　江西的边缘山地主要有武夷山脉、大庾岭和九连山、罗霄山脉、九岭山与幕阜山、怀玉山和鄣公山，它们分别展布于东、南、西、西北和东北面省境边陲，构成天然的省际界线与水系分水岭。边缘山地中，除了南部的大庾岭和西部的万洋山、诸广山等构造较杂乱外，其余走向多为北东或北北东向，山脊线与构造线大体吻合，背斜成山，向斜为谷，岭谷相间，脉络颇为清晰；山体多由变质岩组成，核心部分常有花岗岩等侵入岩体，往往形成崇山峻岭，主要山峰海拔多在 1 000 m 以上，少数高达2 000余 m。

武夷山　又名虎夷山，介于江西与福建之间。山体呈北北东向，沿赣闽省界蜿蜒，东北延展接浙赣间的仙霞岭，西南伸至赣粤边界的九连山。南北纵贯，长达 550 km，为江西最长的山地。武夷山地势高峻雄伟，层峦叠嶂，许多山峰海拔均在 1 000 m 以上。其中，屹立于铅山与崇安交界的黄岗山，海拔达 2 158 m，为武夷山主峰，江西的“屋脊”，也是中国东南部最高的山峰，号称“华东第一峰”。该山东西两坡呈明显不对称，这是武夷山脉形态上的一个显著特征。面对福建一面的武夷山东坡，坡度较为和缓，地面相对上升，形成一列列北东—南西向的山岭并从西北向东南呈波浪状逐级降低，直至递降成为低矮岗丘；面对江西一面的西坡，地面却相对下降，以致峰麓间的相对高度增大，山脉中的一些山岭则从河谷平原拔地而起。武夷山脉两侧发育的地貌也表现为不同发展阶段：山脉以东为闽西山区，万山丛杂，峡谷深切，代表少年期地貌；山脉以西，系赣东丘陵盆地，虽亦有山丘起伏，但冲积层较厚，红色盆地广布，颇显壮年期地貌。武夷山脉逶迤赣闽之交，成为江西的信江、盱江、贡水、琴江与福建的闽江、汀江的分水岭。

大庾岭与九连山　属南岭山脉的东段分支，盘桓于江西和广东之间，为赣粤两省的天然界线，以及赣江与北江、东江的分水岭，我国南部重要的地理分界线。大庾岭为南岭中的“五岭”之一，因岭中多梅花，亦称梅岭。山体大致呈北东—南西走向，并分两支展布：东支沿大余南的赣粤边境绵亘，经信丰后折向东南行，入全南境内与九连山衔接；西支由崇义、大余向西南延伸，在湘粤边陲与诸广山斜交。大庾岭山体较为破碎，地势不太高，多数地区海拔在 600～800 m，尤其是山间的小盆地、谷地、隘口，地势更低。如小梅关、池江谷底等，就是现今赣粤省际公路所经之地，成为岭南与岭北的交通要道。大庾岭盛产钨等有色金属，尤其是岭中西华山钨矿，驰名中外。九连山山体走向大致为北东—北北东，略分 3 支伸展：中支蜿蜒于定南、连平、和平之间，北延至于都与雩山连接；西支盘亘于翁源、全南、龙南之间，向西接大庾岭；东支绵延于和平、寻乌、安远等县境，东延与武夷山脉相连。该山地势较高，且产钨、钼、锡等有色金属，是著名的“有色金属之乡”。

罗霄山脉　耸峙赣湘边陲的武功山、万洋山、诸广山等，统称为罗霄山脉。整个山脉走向大致呈北北东—南南西向，地势高峻，海拔多在 1 000 m 以上。其中，武功山属罗霄山脉北段。山体呈北东东—北东向，西起湖南茶陵、攸县交界的杨柳山、岩公山，东至清江、丰城、新干之交的玉华山，逶迤延绵长达 290 km。武功山地势峻拔，峰脊迤逦起伏。主峰白鹤峰(位于萍乡、安福间)海拔达 1 918 m，为江西高峰之一。万洋山为罗霄山脉中段，山体沿北北东向延伸，大致北起永新，经井冈山，南入桂东的八面山。万洋山地势巍峨，层峦叠嶂，主峰南风面，海拔达 2 120 m，为赣西之屋脊。屹立于万洋山北端的井冈山，山势险峻，在军事上进可攻，退可守。诸广山为罗霄山脉南段，山体呈北北东向，地势较高，多数山峰海拔在 1 000 m 以上。主峰齐云山，海拔达 2 061 m。

九岭山与幕阜山　绵亘于赣西北，为赣、鄂、湘 3 省的天然屏障。两山呈北东向南北平行对峙：九岭山居南，为修河与锦江的分水岭；幕阜山列北，位处赣鄂之交，向西蜿蜒入湘。九岭山为北东—南西走向，分布范围较广，地势峻拔，主峰九岭尖海拔达 1 794 m，其他的山峰海拔多在 1 000 m 以上。幕阜山呈北东—南西走向，虽然高度不及九岭山，但主要山峰亦均在 1 000 m 以上。主峰老鸦尖(位于武宁、通山之间)，海拔 1 657 m。其他主要山峰有湖南平江境内的幕阜山，海拔 1 596 m。此外，幕阜山的东延余脉庐山，海拔 1 474 m，襟江带湖平地突起，集雄奇锦绣于一体，1996 年被列入世界文化遗产，成为驰誉中外的世界级名山。

怀玉山与鄣公山　蜿蜒于赣东北。两山平行分列南北：怀玉山居东南；鄣公山列西北。怀玉山为北东—南西走向，东北伸展与浙江境内的天目山相连，向西南斜延入余江县境，长约 150 km，为鄱阳湖水系和钱塘江水系的分水岭。怀玉山山势不高，多为低山丘陵，仅一些山峰海拔较高，怀玉山主峰玉京峰海拔 1 819.9 m。因山体上升，断层节理发育，形成造型奇特的锯齿状峰林地貌，从而造就了奇峰绝景、堪称“江西独步”的三清山风景区。此外，由于岩浆侵入与围岩变质的相互影响，怀玉山间产铜、铅、锌、金、银等矿产，尤以德兴铜矿著称。鄣公山属黄山西南延伸的支脉，山体呈北东—南西向。鄣公山地势较为低缓，以 800 m 以下的低山地貌为主。山间多小盆地，景德镇即是其中之一。主要山峰有婺源与安徽间的擂鼓尖(海拔 1 630 m)，婺源、景德镇间的三花尖(海拔 1 057 m)等。

中南部丘陵　位于鄱阳湖平原东南缘与武夷山、九连山、大庾岭、罗霄山脉等山地内侧之间，是山地与平原的过渡地带。展布范围较广，面积达 7 万多 km^2，约占全省土地总面积的 42%。由于整个丘陵区(除雩山)红色岩系遍布，故有“红色丘陵”之称。

纵列于中南部丘陵中的雩山山脉，呈北北东—南南西向伸展。该山地势峻拔，主峰军峰山，海拔达 1 761 m。其他山峰海拔也多超 1 000 m，如宜黄境内的鱼牙嶂，海拔 1 468 m。

在整个中南部丘陵中，除有中低山、高丘、低丘和岗地等地貌类型外，还错落着较多的盆地。其中，面积较大的有吉泰盆地（4 500 km^2）、清江盆地（3 600 km^2）、宜黄盆地（2 880 km^2）、赣州盆地（1 570 km^2）、南丰盆地（1 230 km^2）、信丰盆地（700 km^2）、瑞金盆地（670 km^2）、会昌盆地（300 km^2）等。这些盆地镶嵌于丘陵之间，形成多列丘陵（或山地）与盆地（或谷地）呈北东或北北东向相间排列的格局，这是该区地貌格局的最大特点；各个盆地形态各异，大小悬殊，海拔却多在 50～100 m；盆地内水泊交错，耕地连片，历来是粮油的重要生产基地，城镇、聚落和人口集中之处，也是经济较为发达的地区。

在丘陵区内有较多赤壁奇峰的丹霞地貌点缀其间。如赣州的通天岩、宁都的翠微峰、南丰的戈廉石、南城的麻姑山等，均因丹霞地貌发育、地貌形态独特、自然景观神奇而成为著名风景区。

鄱阳湖平原　地处长江中下游南岸，江西省北部，亦称“赣北平原”。地域范围大致北起长江，南达樟树、临川，东抵乐平、万年，西至安义、高安，行政区域包括 25 个县市，即通常所谓的“鄱阳湖地区”，面积达 3.85×10^4 km^2。若不含分布区的其他地貌类型面积，纯属平原面积为 12 636 km^2。该平原为江西第一大平原，并与江汉平原、洞庭湖平原合称为长江中游三大平原。鄱阳湖平原是以鄱阳湖为中心，由长江和江西的五大河流的泥沙沉积而成的冲积淤积平原。该平原包括河谷平原和滨湖平湖两大部分。其中，河谷平原为鄱阳湖平原的主要组成部分，面积 9 603 km^2，主要包括沿江河呈长带状分布的五河下游及省内长江段冲积形成的谷地平原和心洲平原；滨湖平原包括五河入湖尾闾三角洲平原与滨湖湖沼平原，面积为 3 033 km^2。滨湖平原面积虽不及河谷平原，但分布范围相对集中于入湖河流的尾闾区，尤其集中分布于鄱阳湖南岸滨湖区，连片较完整，地势尤为低平（一般海拔 14～16.8 m），港汊河道如网，湖沼水泊密布，可谓“水乡泽国”。

鄱阳湖平原具有“大平小不平”的特点：从整体范围来看，该平原地势低平，海拔较低，面积广阔，地面坡度与相对高差均较小，具有平原地貌形态的基本特征，这就是“大平”。但局部可见平原与岗地、自然堤、残丘相互交错；历史上围垦的许多圩堤又混杂平原之中；加上河谷平原与滨湖平原均有向河湖徐徐倾斜之势，这便是“小不平”。故鄱阳湖平原实属波状平原与凹状平原的中间类型。

鄱阳湖平原海拔多在 30 m 以下，地势低平，港汊纵横，草洲滩地连片，湖池稻田相间，鄱阳湖犹如一颗明珠镶嵌其中。区内土地肥沃，气候温和，宜于农耕、放牧和发展水产养殖，历来盛产大米和鱼虾，素称“鱼米之乡”，是江西重要粮仓、全国淡水渔业基地与商品粮基地之一。

(三)地貌区域分异明显

根据地貌形态、地貌成因、大地构造特征和区域开发利用的差异，全省可划分为6个地貌区、9个地貌副区。

赣西北中、低山与丘陵区　该区位于赣江以西，浙赣线以北。地域范围包括修水、武宁、瑞昌、铜鼓、靖安、万载、宜丰、上高、高安、奉新、九江、宜春诸县市及萍乡市、星子县的部分地区，中、低山与丘陵面积之和约占全区3/4，故称之为中、低山与丘陵区。

区内山势高耸，丘陵起伏，岭谷相间，盆地错落，海拔自西北向东南递减。根据地貌特征，该区可细分为幕阜山九岭山构造侵蚀中山与丘陵亚区与萍乡—高安侵蚀溶蚀、剥蚀丘陵盆地亚区两个地貌副区。其中，幕阜山九岭山构造侵蚀中山与丘陵亚区内山体多由花岗岩和变质岩构成，地貌以流水侵蚀作用所形成的中山和低山为多，区域开发利用以发展水电、林业生产为主。萍乡—高安侵蚀溶蚀、剥蚀丘陵盆地亚区内多红色岩系，地貌以流水侵蚀形成的丘陵和岗地为主(占该区面积3/4以上)，也有一些平原和小面积的低山，该地貌副区发展农业生产的自然条件较好，以种植粮食和经济作物为主。

鄱阳湖凹陷湖积冲积平原区　该地貌区位于赣北湖口—九江一线以南，丰城—东乡一线以北，范围包括德安、永修、都昌、鄱阳、余干、进贤、南昌、新建、湖口、彭泽等县市区及星子县、乐平市的大部分。从地貌成因的角度来看，该地貌区则包括在新构造运动作用下，经长江及鄱阳湖水系(赣江、抚河、信江、饶河、修水)冲积淤积而成的五河尾闾三角洲平原与湖滨平原以及其周围的岗阜、阶地。区内地貌形态以平原和岗地为主，地势低平，河湖密布；在平原外围有低缓的网纹红土组成的垄岗地貌、河流阶地和低丘陵分布。

该地貌区地势平坦，土地肥沃，宜于农作和水产养殖，为江西重要的农业区，素称“鱼米之乡”。但是，平原圩区地势低洼，洪涝灾害频繁，严重影响农业生产的发展；岗丘区间歇升降，缺水灌溉，旱情较为严重，多辟为旱地。

赣东北中、低山与丘陵区　该地貌区地处上饶—贵溪一线以北，范围包括婺源、德兴、玉山、广丰、横峰、弋阳、上饶、万年、浮梁、景德镇等县市区及铅山、贵溪、乐平诸县市的一部分。

该地貌区内怀玉山脉横贯，昌江、乐安江和信江等水穿流，地势中部高南北低；中部多为流水侵蚀形成的中山和低山，层峦叠嶂，山岭蜿蜒；北部除景德镇与浩山之间有低山零星散布外，多为变质岩组成的垄状丘陵；南部红岩遍布，丹霞地貌发育，并有盆地错落其间。故该地貌区可细分为3个副区：景德镇西北部构造侵蚀剥蚀丘陵亚区；婺源—怀玉山构造侵蚀中山与丘陵亚区；鹰潭—玉山构造侵蚀剥蚀丘陵亚区。

赣抚中游吉安—抚州凹陷构造剥蚀丘陵与河谷平原区　该地貌区位于万安至丰城间的赣江河段及石门、李家渡间的抚河段的赣抚中游地带。地域范围包括万安、泰和、吉安、吉水、峡江、新干、樟树、丰城、崇仁、乐安、宜黄、永丰、余江、东乡诸县市全境及新余市、分宜县、安福县的一部分。

该区地貌类型较多，河流阶地、高丘陵、低丘陵与红色盆地交相错落；少数地区有中山与低山零星分布；在赣江与抚河河谷有宽广平坦的河漫滩及一、二、三级阶地发育。其中第二级阶地为红土阶地，分布范围较广；第一、第三级阶地多为零星分布。地势微波起伏，坡度比较平缓，仅吉水至新干一线以东及安福、万安、遂川等地的部分地区海拔稍高，相对高差也较大。

区内河谷地带灌溉便利，以稻作为主；阶地、岗丘区多辟为旱地，发展多种农作物。该地貌区还有大面积荒地尚待垦殖，生产潜力较大。

赣西武功山、井冈山构造侵蚀中、低山区　该地貌区位于分宜—遂川一线以西，罗霄山脉北段以东。区域范围包括井冈山、永新、莲花等县市以及安福、遂川、分宜、萍乡诸县市的一部分。地貌以中、低山为主，高丘陵与低丘陵面积较小，且零星散布。区内地势高峻，侵蚀切割强烈，山高谷深，有流泉飞瀑，植物资源与水力资源丰富。

赣中南中、低山与丘陵区　该地貌区位于遂川—宜黄—金溪—贵溪—铅山一线以南，地域范围包括闽赣间的武夷山脉、赣粤交界的九连山与大庾岭、湘赣边际的诸广山脉，以及江西境内的雩山山脉。

区域中部多为红岩层和花岗岩构成的低山、丘陵和盆地。其中，花岗岩区红色风化壳发育，地势起伏不大，山丘多呈馒头状或垄状；红岩区内，除波状的丘陵地貌外，还有形态奇特的丹霞地貌发育。赣江、抚河上游及其支流发源于该区，往往形成深切谷地或平坦的河流阶地。区内山地森林、矿产与水力资源均较丰富；丘陵与盆地宜于发展耕作业，但不少区域水土流失较为严重。该区地貌形态成因类型较为复杂，可划分为以下 4 个副区：北武夷山构造侵蚀中山区；南丰—黎川构造侵蚀剥蚀丘陵区；赣南构造侵蚀剥蚀中、低山与丘陵区；兴国—信丰构造侵蚀剥蚀丘陵盆地区。

二、中亚热带季风气候

江西省地处中亚热带，季风气候显著，气候类型复杂多样，降水季节分配不均、易涝易旱。

(一)季风气候显著、四季分明

江西位于长江以南，南岭以北，亚热带季风气候区的中部。境内东、南、西三面环山，北面为鄱阳湖及滨湖平原地区。受东亚季风环流的影响，全省中亚热带湿润季风气候十分显著 。冬季，受西伯利亚、蒙古高压中心的控制，来自北部大陆的干冷气流，越过低矮的大别山区，由赣北长驱直入侵袭省境，全省基本上盛行偏北风，气候较为寒冷，年平均最低气温多在 12.4℃～16.0℃；夏季，受太平洋副热带高压控制，来自低纬洋面上的暖湿气流源源不断登陆，全省盛行偏南风。夏初，受暖湿气流和北方冷空气共同影响，形成准静止锋，产生大量降水；盛夏，在副热带高压脊的控制下，全省受热带海洋气团的单一影响，气候较为炎热，赣江中下游区及其他大河下游区，极端最高气温多在 40.0℃以上。江西省年平均气温等值线分布图见图 2-2。

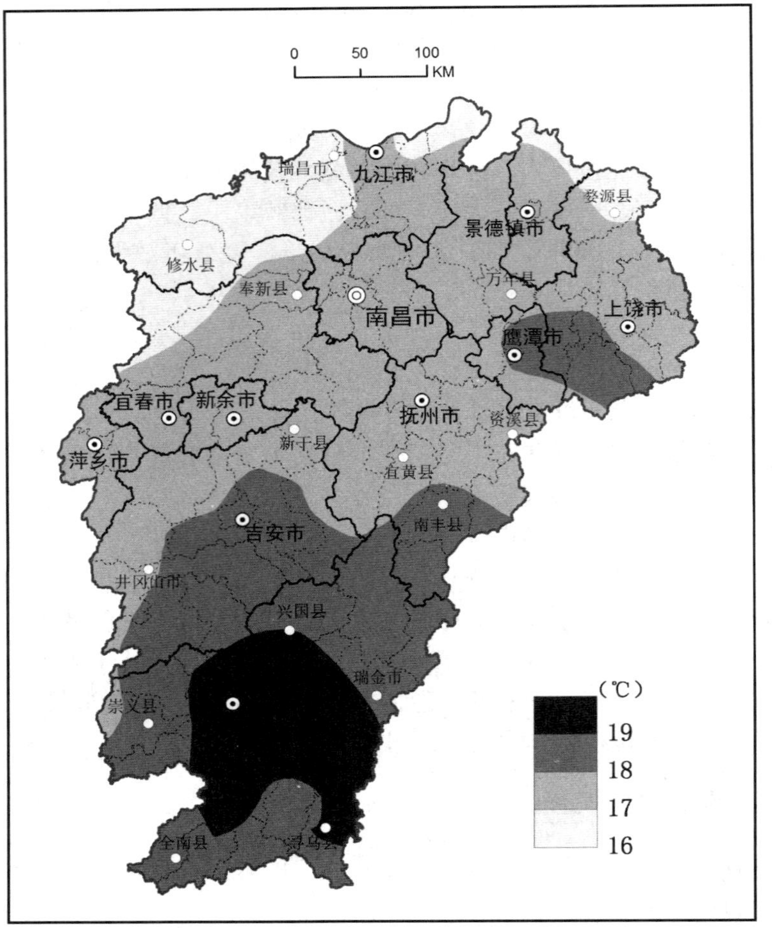

图 2-2　江西省年平均气温等值线分布图

（资料来源：《江西省地图集》）

四季分明是典型中亚热带气候的一个重要特征。江西无论与同纬度的西部相比，或与低纬度的广州、较高纬度的北京相比，四季日数的分配皆相对较为均匀。例如，南昌春秋两季各占 2 个月，冬夏分别为 4 个月，而低纬度的广州夏季长达 6 个月，冬季约占 1 个月；较高纬度的北京夏季约为 3 个月，冬季则长达 5 个多月。

(二)气候类型复杂多样

江西三面环山，中南部丘陵起伏，赣北有全国第一大淡水湖泊——鄱阳湖。下垫面性质不同，形成了复杂多样的气候类型。有以武夷山、井冈山、庐山等为代表的山地气候；有以鄱阳湖大水域为代表的水域小气候；有以赣江流域为代表的丘陵区域气候和盆地气候；还有森林小气候等。这些不同下垫面所形成的小气候，对于区域资源开发利用具有重要影响。

(三)降水不均、易涝易旱

江西是全国多雨省区之一，多年平均降水量为 1 400～1 900 mm，属湿润气候区，但降水的时空差异较大(图 2-3)。赣东、赣东北和赣西北降水较多，鄱阳湖北岸和吉泰盆地较少。降水量的年际变化相当明显，如龙南县 1975 年降水量达 2 596 mm，1963 年仅为 1 621 mm；玉山县 1975 年降水量达 2 769 mm，1963 年仅为 1 211 mm。两地最多年与最少年的差值分别为 975 mm 和 1 558 mm。年内分配不均也是江西降水的主要特点，每年 4—6 月基本上是雨季，降水量占全年总量的 42%～53%，且多暴雨或连续性暴雨，全省尤其是五河下游和鄱阳湖地区常发生洪涝灾害。雨季结束后，直到中秋时分，全省以晴热少雨天气为主，7—9 月的降水量仅占全年总降水量的 20%左右，赣东大部分地区小于 20%，而同期的蒸发量大，约占全年蒸发量的 40%，水分的支出明显大于补充。7—9 月全省不少地区常常出现旱灾，有些年还会出现伏旱连着秋旱，成灾面积大。严重的旱情明显地影响着江西的农业生产。

(四)气象灾害频繁

江西地处亚热带湿润季风区，由于受季风的年际变化和年内季节强弱的差异影响，全省不同地区每年都有不同程度的气象灾害发生。其中，主要的气象灾害有低温冷害、暴雨和洪涝、干旱与高温、台风等。这些灾害性天气过程危害农业生产，在一定程度上制约着全省的经济发展。

低温冷害　全省的低温冷害主要指发生在春季、夏初、秋末时节对作物生长带来影响的低温天气现象。在低温天气过程中，亦常伴随出现冷害。每年秋末冬初至次年春分时节，由蒙古、西伯利亚冷高压爆发出的强冷空气从西伯利亚经蒙古进入中国，入侵江西，江西出现大幅度降温天气过程，并伴有大风和降雨现象，江西境内不少地区出现程度不同的冻害，这对越冬农作

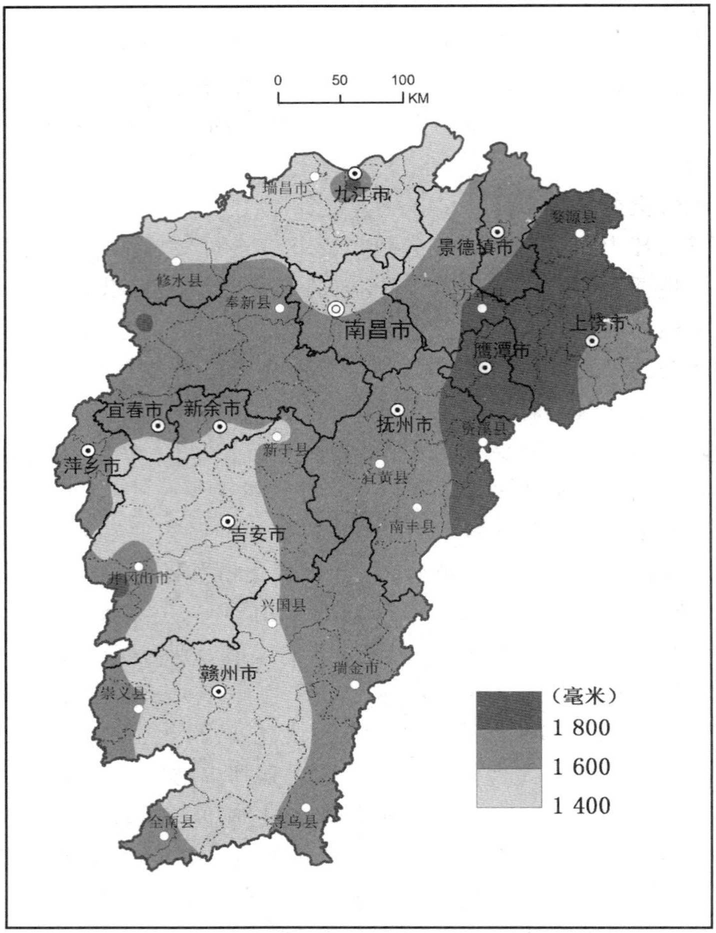

图 2-3　江西省年降水量分布图

（资料来源：《江西省地图集》）

物及交通、邮电通信等危害极大，尤其对全省的柑橘生产，危害更为严重。

暴雨与洪涝　暴雨和洪涝关系密切，暴雨强度越大，发生的洪涝灾害越严重。出现暴雨的年份，发生的洪涝灾害较严重；出现大暴雨、特大暴雨的年份，往往会发生特大洪涝灾害。大暴雨最大中心出现在赣东北和赣北鄱阳湖南部地区，最小中心出现在赣中吉泰盆地和赣南盆地及赣西南地区。全省的大暴雨日数不仅有较大的地区差异，而且还存在着明显的时间分布规律，在一年中，5、6、7 三个月是大暴雨出现的集中期，其中 6 月份大暴雨出现的频率高于 5 月、7 月，全年其他月份均比 5、6、7 三个月少。江西的大暴雨还有较大的年际变化，这给对大暴雨或特大暴雨(日降水量≥200 mm)造成的洪涝灾害的防御带来很大困难。因为雨季暴雨集中期，尤其是大暴雨集中期，往往是汛期中出现洪涝灾害的最危险时期。每年的4—6月雨季期间，如出现强度大、范围广和持续时间长的暴雨、大暴雨，雨量大且集中，江河湖泊水位猛涨，短时间内难以排泄出去的状况，必然发生洪涝灾害，极大地危害着工农业生产和人民生命财产安全。受降水、集水过程的影响，全省发生特大洪涝灾害往往在春、夏连汛的时期。

干旱与高温　每年6月底至7月上旬前后，自南而北雨季结束，进入晴热少雨的干旱时期，全省几乎每年都会出现程度不同的伏、秋干旱。这主要是由于夏季雨季结束后，极锋雨带北跳长江干流以北地区，省内受副热带高气压控制，大气层稳定，烈日炎炎，全省进入干旱高温季节。出现高温的月份主要是7、8两月。盛夏出现高温，对农作物生长不利，且酷暑还常让群众发生“中暑”现象，甚至危及生命。

台风　地处内地的江西，夏末秋初也可能会受到台风的影响。根据侵入江西境内台风的发源地、路径等特点，可分为4条路径：第一条路线是在西太平洋洋面上形成的热带气旋向西移动，在广东汕头以北登陆，侵入江西南部或广东北部后西行消失，影响赣南和赣中南部地区，产生降水；第二条路线是在中国台湾以东、菲律宾以北洋面上形成台风，在汕头到福州之间登陆，登陆后继续向西北方向移动，进入江西或浙江西部转向东北方向入海，影响赣东北地区，产生降水；第三条路线是从西太平洋进入南海或在南海生成台风，在珠江口附近登陆后转向东北方向出海，或在广东北部、江西、湖南省境内消失，可影响赣南地区，产生降水；第四条路线是在西太平洋上形成台风，在福州—杭州湾之间登陆，向西北方向移动，穿过江西、湖北继续深入内陆而消失，对赣北地区降水过程有很大的影响。侵入江西或影响江西的台风平均每年发生3～4次。在每年的夏末秋初伏旱缺水之时，台风带来的降水对缓解或解除江西的伏、秋干旱的危害有一定的积极作用。

大风与冰雹　江西省内出现的大风主要有两种类型：一是秋、冬季节，由北方而来的强冷空气所造成的寒潮大风；二是春、夏季节，强对流天气所造成的雷雨大风。全省大风天气的地区分布，受境内地貌条件所控制，形成从北向南呈狭长带状的分布趋势。每年的冬半年北方冷空气由鄱阳湖口入侵后长驱直入，常常在滨湖平原地区形成寒潮、强冷空气大风；夏半年由于受切变线的影响，全省各地往往出现雷雨大风或冰雹。江西所出现的冰雹常与大风、雷雨并发，使受其危害的区域面积更大。

三、纵横交错的水系

全省河流具有以下几个特点：一是河网密集而河流分布均匀，在全国各省区中并不多见；二是受地势影响，绝大多数河流汇集于鄱阳湖，形成一个几乎遍及全省的鄱阳湖水系；三是较大的河流多发源于周边山岭，河床落差较大，水力资源丰富。

(一)水系概况

江西省河流众多，全省有大小干支流 2 400 余条，总长约 18 400 km，其中在省内长 30 km 以上者 282 条。全省河流分属长江、珠江、韩江、钱塘江四大水系。省内河流支系繁杂，在 282 条 30 km 以上的河流中，有 276 条属长江水系，其中 265 条属鄱阳湖水系。全省流域面积 10 km^2 以上的河流 3 740 余条，其中 100 km^2 以上的 450 余条，1 000 km^2 以上的 45 条，3 000 km^2 以上的 18 条，10 000 km^2 以上的 5 条。按流域面积，属长江水系的省内流域面积约占全省总面积的 98%，其中鄱阳湖水系的省内流域面积约占全省总面积的 94%。赣江是境内主川，自南向北纵贯全省，与抚河、信江、饶河、修水构成江西五大河流，源于东、南、西三面山地，汇入鄱阳湖，构成一个以鄱阳湖为中心的向心水系，注入长江。江西省流域图见图 2-4。

(二)地表径流量时空差异显著

江西省水资源量虽然丰富，但存在时空分布不均、年际变化和年内不同季节变化幅度较大的特点，它在一定程度上也影响了水资源的开发利用。其主要表现为：水资源与热量资源分布不完全同期，这在很大程度上影响了作物生长和生产潜力的发挥；4—7 月的径流量占全年 60%～70%，且多以暴雨形式出现，易酿成洪涝灾害；来水和用水不同步，7—9 月为用水高峰季节，占全年用水的 60%～70%，而来水只占全年的 20%左右。全省大部分地区多年平均径流量为 600～1 100 mm，降水的分布和变化趋向，总体上是赣东大于赣西，中部小于东部，山区大于平原、盆地。

江西省年径流量变差系数(Cv)一般为 0.35～0.40，赣南各地和赣北滨湖地区略大于 0.40，为全省高值区；在赣西的永新—安福—上高—修水一线以西和赣东抚河、信江上游的浙闽赣边境地区略小于 0.35，宜春、萍乡一带小于 0.30，为全省低值区。各河的变差系数值，以昌江、修水水系为最大，分别达 0.40 和 0.38；就一条河流而言，支流大于干流，上游大于下游，如赣江上、中、下游的 Cv 值分别为 0.35、0.34、0.31，而上游支流上犹江田头站的 Cv 值在 0.45 以上。Cv 低值区通常与年径流量的高值区相吻合，即径流丰富的地区，其年径流的年际变化较小；相反，Cv 高值区往往与年径流量的低值

图 2-4　江西省流域图

（资料来源：《江西省地图集》）

区相对应，说明该地区年径流量小而年际变化大，对农业用水是不利的。

全省大部分地区的降水集中于雨季，多年平均降雨量连续最大的 4 个月（3—6 月）降水量占年降水量的 55%～60%，径流的年内分配也不均匀。由于流域的调蓄作用，大部分地区多年平均径流量连续最大 4 个月出现在 4—7 月，其径流量占全年的 60%～70%，且呈现自西南向东北递增的变化趋势。这说明赣东北径流的集中程度高于赣西南。年径流量的季节分布：冬季（12、

1、2月)径流量一般占全年的10%左右；春季(3、4、5月)约占40%；夏季(6、7、8月)占36%～39%；秋季(9、10、11月)，赣江为15%～16%，抚河、信江、饶河、修水为6%～10%。

(三)河流含沙量

全省各河多年平均含沙量为0.07～0.73 kg/m^3，多数河流为0.10～0.20 kg/m^3。全省五大水系中，以赣江上游的含沙量为最大，修水次之，再次为信江，饶河最小。

赣江上游是全省水土流失较严重的地区，平江、贡水、桃江下游、章水下游等地区的多年平均含沙量均大于0.20 kg/m^3。其中平江的最大，超过0.50 kg/m^3。赣江中、下游支流一般较上游支流要小。赣江干流多年平均含沙量自赣州至南昌渐次变小。

河流含沙量和河川径流量关系十分密切，通常具有水大沙多、水小沙少的特点，其变化基本上与径流的变化相对应，具有年际变化和年内变化规律。河流的年输沙量的多少，常用输沙模数——单位面积平均每年流走泥沙的数量(t/km^2)来表示。全省五大河的年输沙模式以修水为最大，信江次之，再次为赣江，以饶河为最小，不足80 t/km^2。五大河控制站合计多年平均年输沙量1 770 $\times10^4$ t，加上湖区242$\times10^4$ t，平均每年入鄱阳湖总沙量为2 012$\times10^4$ t，而经湖口输入长江的沙量每年为1 047$\times10^4$ t，故每年约有965$\times10^4$ t悬移质泥沙淤积在湖底。

四、植物

由地史资料可知，早在中生代初期的三叠纪中期，湘、赣、闽、粤地区的浅海上升为侵蚀区，从而成为中国南部陆生植物孕育和繁衍的摇篮。摆脱海侵之后江西正值南北两板块的交接地带，由于物种的南北交流，江西和中国亚热带地区具有十分丰富的古老植物类群代表，以及比较完整的植物系统演化体系。江西是近代植物区系起源中心之一。

(一)丰富多样的植物

在江西，组成植物群落的物种十分丰富。据统计，在江西植物区系中，约有藻类植物10门、56科、158属、500余种；菌种植物，仅就大型真菌而言，便有48科、458种；苔藓植物有69科、213属、563种；蕨类植物有49科、114属、401处、27变种、4变型；裸子植物有8科、22属、29种、2变种；被子植物有205科、1 209属、4 087种(未含种下分类单位)。总计约在6 000种以上。多样化的植物物种构成了全省丰富多彩、斑驳陆离的植被，特别是常绿阔叶林植被型。

(二)地理分异规律

江西省的植被所受的社会经济发展等人为因素干扰较强，这种影响也体现在植被的分布上。截至20世纪90年代，整个鄱阳湖平原及五河下游冲积平原均被开垦，其自然植被景观面貌已难复原。此处农田和人工林占绝对优势，自然植被仅有低丘地段分布的次生性灌丛和灌草丛群落，零星分布的沙地植物群落，以及滨湖的湿地植物群落。所谓的“红色丘陵”和吉泰、赣州、瑞金、兴国、南丰诸盆地，也基本上为农田和人工林所覆盖，仅在海拔较高或地形陡峭之处，保留有天然的次生性森林植物群落。

从同纬度的年均温、稳定通过10℃的平均积温和年平均降水量数据来看，赣东略高于赣西，但从植被分布的经度地带性规律来看，赣东植被与赣西植被尚未见明显差异。全省植被的地理分异主要还是表现在纬度地带性规律方面。

从常绿阔叶林而论，赣北林中渗入了落叶阔叶林等暖温带区系的成分，层次结构相对简单，层间植物种类和种群数量相对较少；赣南的植被景观与此大不相同。群落中种类成分较复杂，有南亚热带季风常绿阔叶林的区系成分渗入。热带的印度—马来西亚成分可沿河谷、低地向北延伸达27°N。群落的结构相对复杂，层次较多，群落环境相对优越，生态系统的功能较强，生物产量较高。

江西省植被分布的垂直地带性规律表现为，北部的常绿阔叶林可分布至海拔600～800 m处，而在南部地区则可分布至海拔1 000 m以上。马尾松林在赣北可分布至海拔800～1 000 m处，在赣南则可达1 000～1 500 m。在江西南部海拔500～700 m以下的沟谷地段的常绿阔叶林中常有南亚热带或热带植物区系成分及层片渗入。赣南常绿阔叶林代表性群系之一的南岭栲林，在基带上向东北最远可分布至29°N的怀玉山沟谷地段。

五、土壤

根据全国第二次土壤普查技术规程要求，通过江西省土壤普查，按其形成条件、成土过程的特点以及土壤属性，全省土壤可分为13个土类、23个亚类、92个土属、251个土种，其中红壤分布最广，占全省土壤总面积的70.69％；水稻土次之，占全省土壤总面积的20.35％。

(一)土壤的类型

1. 红壤

红壤是江西省地带性土壤，全省红壤总面积10 531 400 hm^2，从海拔20 m左右的鄱阳湖滨湖平原，到海拔800 m以下的丘陵低山地带，均有红壤分布，以丘陵区分布最广。红壤是江西主要的农业自然资源。

2. 黄壤

黄壤是在山地土壤垂直带谱中位于黄红壤亚类之上、暗黄棕壤亚类之下的土壤类型，一般分布于海拔 800～1 200 m 的中低山区。黄壤在全省的总面积为 413 026.66 hm^2，赣州地区的黄壤面积最大，其次是吉安、上饶等地区。

3. 黄棕壤

黄棕壤是在北亚热带生物、气候条件下形成的地带性土壤。江西黄棕壤分布于山地垂直带谱的上部，一般处黄壤之上、山地草甸土之下，海拔 1 100～1 800 m 处。全省黄棕壤面积 118 400 hm^2，上饶地区的黄棕壤面积最大，其次是宜春、赣州、吉安等地区和九江市等。黄棕壤亦为江西林业土壤资源，是用材林、水源涵养林地带的土壤。

4. 山地草甸土

山地草甸土是指在森林线以内，在平缓山地顶部喜湿性草甸植被及草甸灌丛矮林下形成的一类半水成土。江西山地草甸土一般位于黄壤或黄棕壤之上，在海拔 1 400～2 200 m 的中山顶部平缓或山坳处，总面积 22 400 hm^2，赣州地区的山地草甸土面积最大，其次是九江市和上饶地区。

5. 潮土

潮土是河流沉积物在地下水影响下，经长期旱耕而形成的一类半水成土类。在江西，潮土广泛分布于河流沿岸及鄱阳湖滨湖地区。全省潮土面积 186 566.66 hm^2，九江市的潮土面积最大，其次是上饶、吉安地区和南昌市。

6. 紫色土

紫色土是紫色岩类风化物上发育的一类岩性土壤，广泛分布于全省的丘陵岗地，与红壤镶嵌构成土壤复区。紫色土面积 201 533.33 hm^2，在赣州、抚州和吉安等地区分布较多。

7. 石灰土

石灰土是指发育在碳酸盐含量大的母质(包括石灰岩、白云岩、钙质页岩等风化物)上的盐成土，江西省全省石灰土面积 254 533.33 hm^2，主要分布在九江市辖各县，以及宜春、上饶、新余等地市的丘陵区，自然植被多为喜钙、耐钙性植物。江西的地带性成土作用决定了其石灰土脱钙较明显，以颜色并不是很深的棕色石灰土居多。

8. 水稻土

水稻土是一类经过水耕熟化而形成的特殊人工土壤，是江西主要的耕作土壤，遍布全省各县、市，从海拔 15 m 的平原地区至海拔 600 m 左右的低山沟谷都有分布，以河湖平原最为集中。水稻土总面积 3 032 626.6 hm^2。

水稻土的形成与人为植稻生产活动直接联系。江西有着发育水稻土的优越条件。在表层季节性引水灌溉条件下，地表为薄层水淹没，并经水下耕翻、耕耘；平整土地使土壤内部的物质运动进入新的过程，产生新的土壤物质运动规律，致使土壤属性逐渐发生改变，形成了与原始土壤有明显差别的土壤类型。

（二）土壤分布的地带性规律

江西气候属典型的中亚热带生物气候，气温适中，日照充足，雨量丰沛，无霜期长，红壤遍布全省各地。红壤是江西唯一的水平地带性分布土壤类型。江西南北跨纬度5°37′，南北水热条件差异导致植被类型的差异，赣南有热带植物成分，而赣北则出现温带植物成分。生物气候条件的变化对土壤形成与发育产生一定影响，具体反映为赣南、赣北红壤属不同的红壤亚类，其区分界线大体是28°N，此线以北的第四纪红色黏土发育的红壤划为棕红壤亚类，以南地区多为红壤亚类。

土壤的地域性分布，是在土壤地带性分布的基础上，由于地形、母质、水文、地质状况及人为耕作影响，土壤类型发生相应的变化，地带性土壤与非地带性土壤在短距离内相间分布。境内由平原、丘陵至山地，南部分布着湿潮土、潮土、新积土、紫色土、红壤、水稻土和各种山地土壤组合；北部则在上述土壤组合中，由棕红壤取代了红壤的位置；东部和中部有小面积的火山灰土穿插其间；西部则有石灰土交织于内。

江西海拔1 000 m以上的山地，土壤垂直分布的规律性均较为明显，且组合类型趋同。但各土类分布高度，除基带相同外，南部均高于北部，阳坡则高于阴坡。一般海拔400～500 m处，南部和中部山地土壤是典型红壤亚类，北部山地土壤为棕红壤亚类；海拔400～800 m处，南北山地土壤都是黄红壤亚类；海拔800～1 200 m处为黄壤；海拔1 200～1 500 m处为暗黄棕壤亚类；海拔1 500～2 158 m处为山地草甸土，有的山地甚至在1 000 m左右的山顶都有山地草甸土。

第二节　资源特征

一、植物资源

江西全省约有种子植物4 000余种，蕨类植物470种，苔藓类植物超过100种。低等植物中的大型真菌可达500余种，有标本依据的就有300余种，其中可食用者有100多种。植物系统演化中各个阶段的代表植物在江西均有分布，同时有不少具有原始性状的古老植物，还有“活化石”银杏等。这些丰富的植物资源充分表明，包括江西省在内的中国亚热带地区是近代植物区系的起源中心之一。

由于得天独厚的水热条件，许多特有植物在江西省均有分布。全国198个特有属中64属为木本植物，江西省有19属，其中11属为单种属。江西木本植物有119科，其中56科是向北延伸到赣地为止的热带性科。全省已被直接利用和可能被直接利用、有开发前景的、有代表性的主要资源植物分为12大类。

江西珍稀、濒危树种有110种属于中国特有。如水松、金钱松、柳杉、华东黄杉、木莲、玉兰等60余种属中国亚热带特有；江西杜鹃、井冈杜鹃、红花杜鹃、背绒杜鹃、江西山柳、江西槭、美毛含笑、柳叶蜡梅、全缘红花油茶、井冈厚皮香、井冈猕猴桃、井冈葡萄、井冈绣线梅、寻乌藤竹、河边竹、厚皮毛竹16种属中国江西特有。这些品种约占全省珍稀树种的73.3%。江西境内尚有不少古木大树。如庐山晋植“三宝树”、东林寺“六朝松”以及树龄逾千年的“植物三元老”之一的古银杏。据不完全统计，全省保留下来的古木大树有近40种，分属13科29属，分布点达95处之多，特别是古樟树，为江西一大特色。500年以上的古樟树有30余棵，300年以上的古樟树几乎每村都有。江西旧称豫章，即因遍布樟树而得名。今南昌等城市均选樟树作为绿化用树。

二、动物资源

江西水域面积广阔，山地峻峭延绵，植被覆盖率较高，生态环境较为优越，特别是近年来环保措施的不断加强，丰富的动物资源日益得到有效保护。历年调查表明，全省现有脊椎动物600余种。其中鱼类170余种，约占全国的21.4%(淡水鱼)；两栖类40余种，约占全国的20.4%；爬行类70余种，约占全国的23.5%；鸟类270余种，约占全国的23.2%；兽类50多种，约占全国的13.3%。鱼类和鸟类种类较多，经济价值较大，成为开发利用和资源保护的重点。

三、矿产资源与地热矿水资源

(一)固体矿产资源

江西为环西太平洋成矿带的组成部分。区内地层出露齐全，岩浆活动频繁，地质构造复杂，成矿条件优越，矿产资源丰富。江西是我国主要的有色金属、稀有金属、稀土矿产基地之一，也是我国矿产资源配套程度较高的省区之一。

在目前已知的150多种矿产中，江西已发现各类固体矿产资源140多种，其中探明工业储量的89种；矿产地700余处，其中大型矿床80余处，中型矿床100余处。在探明的89种矿产储量中，居全国前五位的有33种。

江西省矿产资源具有以下四个特点：一是矿产种类多，工业配套程度高；二是矿产分布区域分片集中，适合大规模开发建设；三是多组分矿床多，综合开发利用及经济价值高；四是大宗矿产的探明储量不足，资源的发展潜力不大。

铜：储量占全国总储量的五分之一，工业储量占全国储量的三分之一。德兴的斑岩铜矿是全省重要的铜矿，探明储量占全省总储量的67.7%；伴生的金占全省总储量的98%，伴生的银占全省总储量的比重超过50%；伴生的硫达$2\,067.7\times10^4$ t，占全省总储量的26.4%。江西铜矿储量大，埋藏浅，易采易选，开采时能同时回收多种伴生矿产，使一矿变多矿，经济效益十分显著。

钨：黑钨储量在全国排第一位，赣南的黑钨矿床最多。该类型矿床易采易选，并伴生有锡、钼、铋、铜、铍、铌、钽和稀土等多种矿产。

钽铌：主要分布在赣中和赣东南地区。

稀土：江西拥有罕见的花岗岩风化壳离子吸附型矿床，具有易开采、易提取、放射比度低的优点，且品种齐全，特别是重稀土，储量很大，其中钇族稀土探明储量排全国第一位。矿床主要分布在赣州地区。

黑色金属类除铁矿外，还有大型锰矿，质量优良；赣北地区钒矿规模大，资源前景好。

江西还发现有特大型银矿、特大型铅锌矿以及中型以上金矿、铅锌矿、锑矿等，有色金属矿产资源开发前景十分广阔。

非金属矿产有70余种，大中型矿床20多处。其中瓷土、熔剂灰岩等量大质优。还有粉石英、硅灰石、膨润土、滑石、花岗石、大理石、珍珠岩等多种矿产，其中赣西粉石英矿面积大、储量丰、埋藏浅，矿体裸露，适宜于工业规模露天开采。江西省矿产资源分布图见图2-5。

（二）地热水及矿水资源

江西地处粤闽高、中温热水带边缘，现有温泉百余处、热水钻孔20多处。最高温度达82℃（温泉）及88℃（钻孔）。60℃以下的温泉多，约占总数的86%左右。

温泉在赣南和赣中南分布最密，该区域温泉数约占总数的62.7%，热水孔也多集中于该区，约占64%左右。主要分布区域为赣中和赣南的遂川、上

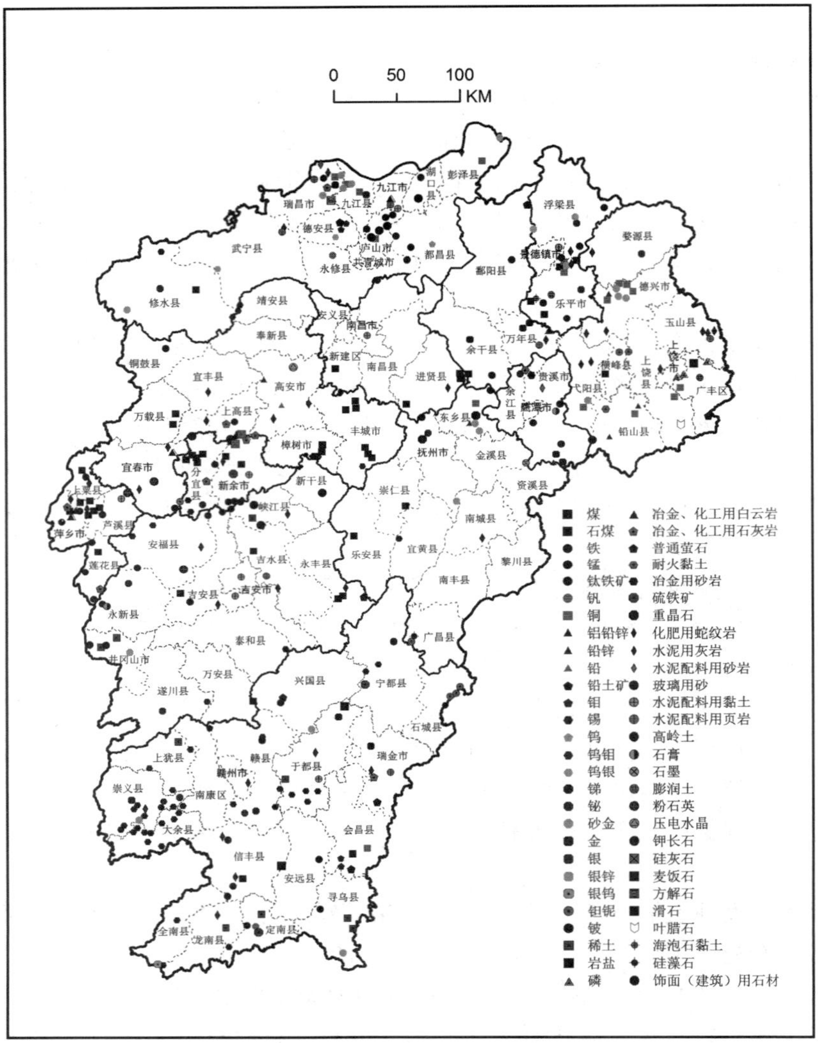

图 2-5　江西省矿产资源分布图

（资料来源：《江西省地图集》）

犹、全南、安远、石城等 21 个县市，赣东的临川、崇仁等 9 个县市，赣东北的德兴等 4 个县市，赣西北的星子、武宁、铜鼓、靖安等 14 个县市。

江西地下热水、矿水化学类型较简单，在已作水质分析的温泉及热水孔中，有 30 多处符合饮用水标准，其余的有不同程度的氟、锰、铁、砷等离子超标现象；40 余处宜于灌溉，30 多处宜于水产养殖，70 余处可作医疗矿水，其中氟水50多处(武宁的汤里、上犹的暖塘等)，硅水近30处(遂川的汤湖、南丰的汤尾等)，另有镭水(武宁的温汤、铜鼓的温塘等)、碳酸水(寻乌的吊神排、赣州的清水塘等)、氡水(崇仁的汤溪、瑞金的咸水等)、淡温水(乐平的龙潭等)及铀、锰、锂、碘、溴、锶、硼和硫化氢水等若干处。

全省地热水利用较好的有20多处，新建温泉疗养院多处。开发矿泉饮料的工作也已进行。利用地热水进行良种培植、孵化家禽、繁殖鱼苗等项目也取得一定成效。

四、水资源和水力资源

(一)地表水资源

丰富的地表水资源，为江西省的一大潜在优势。全省平均年降水深1 600 mm，相应平均每年降水总量约2 670×10^8 m^3。河川多年平均径流总量1 385×10^8 m^3(根据全国水资源调查评价统一规定计算)，折合平均径流深828 mm，径流总量居全国第七位，按人口平均居全国第五位，按耕地平均居全国第六位。

江西河川径流总量虽然丰富，但季节和年际变化较大，地区分布有差异。必须继续兴建相当数量的水利工程，对天然水量进行调蓄，在时间上对水资源进行再分配，充分合理利用水资源，以适应经济快速发展和防洪抗旱的需要。

江西省降水量以赣东北地区为最大，婺源—贵溪—黎川一线以东地区降水量普遍大于1 000 mm，武夷山区最高可达1 400 mm；鄱阳湖盆地、吉泰盆地、赣州盆地均为低值区，一般为600～700 mm；其他地区一般为700～900 mm。总体上说，赣东大于赣西、山区大于平原，但三个高值区均达1 200 mm(折合每平方千米年产水量120×10^4 m^3)。

全省河川径流主要靠降水补给，故季节性变化很大。由于径流的年内分配主要集中在4—6月，这段时间降水集中，且多以暴雨形式出现，易造成洪涝灾害。而7—9月，降水稀少，气温高，正值工农业用水高峰期，江河却处在少水期，故具有夏季丰水、冬季枯水、春秋过渡的特点。据资料分析，径流的年内分配大体为：1—3月占14%～17%，4—6月占53%～60%，7—9月占18%～22%，10—12月占6%～10%。径流最大月份一般为6月或5月，各河最大月径流量占全年径流量的22%左右；径流最小月份一般为12月或1月，各河最小月径流量占全年径流量的3%以下。

径流的年际变化：年径流量除修河流域径流量最少年为1968年外，其他地区径流量最少年均为1963年；最大年份除1998年长江全流域性的特大洪水外，赣江及信江的年径流量最大值分别出现在1973年和1975年，其他各河均出现在1954年。年径流量变化还存在连续干旱和连续洪水的情况。

降水和径流的年内季节分配不均衡，年际水量变化大，少水年和多水年持续出现，是造成全省水旱灾害的主要原因。1950年以来在党和政府的领导下，江西兴修了大量蓄水、引水、提水工程，已经拥有一定规模的供排水设施。但水资源开发利用程度还不高，供需矛盾在某些季节仍然相当突出。1998年特大洪灾给江西造成的直接经济损失就达384亿元。江西今后将按党中央、国务院“封山植树，退耕还林；退田还湖，平垸行洪；以工代赈，移民建镇；加固干堤，疏浚河湖”的方针，以极大的力量抓好水利建设。

(二)地下水资源

江西省天然地下水资源多年平均值超过212×10^8 m^3。年内分配为：丰水期水资源量为123.8×10^8 m^3，多在4月、5月、6月、7月间；平水期水资源量为55.5×10^8 m^3，多在3月、8月、9月、10月间；枯水期水资源量为34.1×10^8 m^3，多在11月、12月、1月、2月间。其年际变化为：偏丰年(频率20%) 282×10^8 m^3，平水年(频率50%) 217×10^8 m^3，偏枯年(频率75%) 150×10^8 m^3，枯水年(频率95%) 67×10^8 m^3。

全省具有集中开采价值的地下水资源量为68×10^8 m^3/年。赣北富于赣南，赣西富于赣东。鄱阳湖平原最丰富，具集中供水意义的冲积层潜水可开采资源量达31×10^8 m^3/年，其次为袁水、锦江和泸水流域等。

具集中开采价值的地下水在全省分布面积较小，仅2.7×10^4 km^2，只占全省总面积的16.2%。水量最多的为平原冲积层潜水，赋存于河谷及湖盆砂砾石中，水量大，天然资源量达40×10^8 m^3/年，且水质好、水位浅。其次是赋存于石灰岩、白云岩一类可溶性岩石中的岩潜水，水量也较大，天然资源量为28×10^8 m^3/年，水质也较好。两者都可作为地下水资源开发利用的重点。其他地区则少有可供集中开采的大面积地下水，但在一些丘陵山区仍可利用地下水作为农田自流灌溉的主要水源；同时在这些区内的地层断裂发育段，也不排除有可开采的中小型供水源地的可能。

江西约有60%的市县处于红色砂砾岩层区，部分工矿企业位于岩浆岩、变质岩区，有些地方存在可开采地下水资源较缺乏的问题或水质较差的问题。而分布面及资源量均具重要意义的主要平原冲积层潜水，由于受地表水污染，个别地方开始出现程度不等的砷、酚、氰化物等有害物质含量超过饮用标准的迹象，江西省正在采取有效措施予以解决。

地下水资源在开发利用上可以优先考虑为城市提供优质生活用水。地下水以重碳酸盐淡水为主，水质优良，水量相对稳定，使用简便，不易污染。

特别是水文地质条件适宜的城市如南昌、萍乡、九江、吉安、上饶、宜春以及赣县、修水等市县，可以地下水作为生活用水的重要水源，而以地表水作为生产用水的主要水源。在满足生活用水的前提下，全省平水年可集中开采的地下水资源还有数十亿立方米，可用于工业方面。此外，干旱年地表水不能满足灌溉时，可开采平原冲积层潜水作为补充水源。还可根据情况积极开发利用医疗矿水及可用以提取矿产原料(碘、溴、钾盐等)的工业矿水等。

(三)水力资源

江西省水能理论蕴藏量超过 682×10^4 kW。与主要负荷中心的华东、东北、华北地区的各省区相比江西省水能较为丰富。在华东地区六个省区中处于第二位。

据统计，江西可开发的水力资源有 610.89×10^4 kW，年发电量 215.61×10^8 kW·h。其中可装机 500 kW 以上水电站 504 处，装机容量 510.86×10^4 kW，年发电量 190.53×10^8 kW·h；1×10^4 kW 以上水电站 64 处，装机容量 401.5×10^4 kW，年发电量 152.3×10^8 kW·h；2.5×10^4～25×10^4 kW 水电站 33 处，装机容量 231.49×10^4 kW，年发电量 86.34×10^8 kW·h；25×10^4 kW 以上的大型水电站有万安、峡山、峡江 3 处，装机容量 131.8×10^4 kW，年发电量 45.55×10^8 kW·h。

省内中小河流密布，广大农村蕴藏着相当丰富的小水电资源，全省可开发的万千瓦以下小型水电站装机容量 209.32×10^4 kW，年发电量 63.31×10^8 kW·h。全省可开发小水电资源在 1×10^4 kW 以上的有 60 个县。

五、气候资源

(一)山区气候资源丰富

江西省境内山地丘陵面积约占总面积的 78%。各地山区山地走向、大小、海拔、植被状况不同，使得光照、热量、水分重新分配，从而形成了丰富多样的立体地形气候。

山区热量和日照随海拔增加而减少，降水在一定海拔内随海拔增加而增加；一般来说，月平均气温递减率，最冷月 1 月为 0.4℃每百米；最热月 7 月为 0.64℃每百米。日最高气温≥35℃的年平均日数随海拔增加明显减少，在海拔 400 m 处除玉山至贵溪这一高温区外，其余各地少于 10 天，与赣南南部 6 个县夏季气候相似；海拔 700 m 以上基本不出现日最高气温≥35℃的情况。年日照平均递减率为 29.5 h/100 m，但受海拔、坡向、地形的影响，不同区域差异较大。相对于同一高度而言，南坡日照多于北坡；山间谷地由于高山的屏障，日出迟，日落早，加之多云雾笼罩，日照更少。降水量随海拔的变化与山体的高度有关，一般来说当山体低于 1 000 m 时，年雨量每百米增加 45～170 mm，且东、南坡大于西、北坡；当山体高于 1 000 m 时，降水量不再随高度的增加而增加，相反在超过 1 000 m 后略有减少。如井冈山在1 000 m 以上，年雨量直减率为每百米 49.1 mm。

山区雨量充沛，且季节分配比丘陵、平原地区均匀。以井冈山为例，第三季度降水占年降水量的比重，山区明显大于低丘平原区。因而山地伏旱和秋旱较少，有利于喜温的亚热带作物生长。且山区云雾多，空气湿度大，有利于茶、竹、食用菌、中药材等一些耐阴植物生长。

山区气候的另一有利优势是冬季逆温。冬季逆温的出现，可使该高度上的越冬植物不受或少受冻害。井冈山海拔 800～925 m 处出现逆温的频率最高，南岭山脉 300～500 m 处有较强的逆温存在。寻乌山区的逆温，可以使紫胶虫安全越冬。

（二）光能资源

全省光能资源较丰富，年均太阳总辐射能为 $4\,057\times10^6$～$4\,794\times10^6$ J/m^2。全年以 7 月、8 月辐射最强，月值达 540×10^6～640×10^6 J/m^2；12 月至次年 2 月辐射最弱，月值仅 210×10^6～280×10^6 J/m^2。赣南南部冬季辐射相对偏强，夏季相对偏弱。全年＞0℃时期的总辐射能与全年大体相等，仅赣北和赣中部分地区略小于全年值。全年＞10℃时期的总辐射能在赣南一般超过 $3\,600\times10^6$ J/m^2，赣西北和抚州地区少数山区为 $3\,240\times10^6$～$3\,420\times10^6$ J/m^2，其余地区均在 $3\,420\times10^6$ J/m^2 以上，对作物生长十分有利。

江西全年日照为 1 473～2 078 h，日照百分率为 33%～47%；＞10℃时期的日照有 1 090～1 600 h。日照时数的分配受纬度、地貌、季节的影响，7—10 月最多，其中 7 月、8 月的日照为 220～280 h，少数地区略小于 220 h，2—4 月是一年中日照最少的月份，月日照时数为 60～130 h。其他月份日照介于两者之间。在空间分布上，东部日照时数多于西部，盆地河谷多于山区。鄱阳湖区大部、赣州地区东北部、赣北东部的部分地区及南丰县全年日照超过 1 900 h，是江西多日照区，其中都昌、鄱阳、彭泽、乐平等地超过 2 000 h；西部如萍乡等地和抚州地区的局部年日照不足 1 700 h；崇义仅 1 473 h，其日照时数为全省最小值。

（三）热量资源

气温高低及其变化规律是衡量一个地区热量资源多寡的重要标志，全省年均温在 16.2 ℃～19.70 ℃，基本上随着纬度和地势的变化而变化，并受地貌及植被的影响而出现一定的差异。赣东北、赣西北和沿长江南岸地区气温略低，为 16.2 ℃～17.0 ℃；滨湖、赣江中下游、抚河、袁水和赣西南山区为

17 ℃～18 ℃；抚州、吉安地区的南部和信江中游气温较高，为 18 ℃～19 ℃；赣南盆地最高为 19.0 ℃～19.7 ℃。此外，全省冬季南北气温相差较大，积温存在差异，南北各地 10 ℃以上的初、终日期也不尽相同，初期日在 3 月 8 日—27 日，南北相差 19 天。终期日则在 11 月 15 日—12 月 6 日，相差 21 天。

（四）水分资源

江西是全国多雨省区之一，年均降水量为 1 400～1 900 mm。从地区看，东部年均降水量较西部多，山区较平原盆地多。武夷山、怀玉山和九岭山一带是全省多雨中心，年平均降雨量为 1 700～1 900 mm，资溪县最多；鄱阳湖以北地区和吉泰盆地一带是少雨区，年平均为 1 350～1 400 mm，德安县最少；其余大部分地区在 1 500～1 700 mm。全省降水量的季节分配很不均匀。在季风的影响和控制下，全省春夏季降水量丰沛，3—8 月降水量占年均降水量的 70%～80%。雨季出现在 4—6 月，月降雨量为 200～350 mm，占年降水量的 48%。秋冬季降水量较少，9 月至次年 2 月总降水量只占全年的 20%～30%。降水量年际变化也很大。

（五）风能资源

江西省有较明显的季风特征。冬季地面盛行偏北风，夏季盛行偏南风。全省大部分地区年风频最大的风向为偏北风，但受地貌影响，部分地区年风频最大的风向为偏南风或偏东风。

鄱阳湖区的风速最大，赣西北、赣东北等丘陵山地的年平均风速较小。全省风速除庐山因海拔高等原因达 5.2 m/s 外，以星子县年平均风速 3.8 m/s 为全省之冠，德兴市 1.0 m/s 为全省最小。江西省冬、夏季地面气压系统不同，春、秋季冷空气活动频繁，气压梯度存在明显的季节差异，因而地面风速也存在较明显的季节变化特征。秋、冬两季风速小。

六、土地资源

江西省国土总面积 16.69×10^4 km^2，其中山地面积占 36.06%，丘陵面积占 42.14%，平原、岗地与水域面积共占 21.80%。江西省土地资源特点有以下几点。

（一）山地丘陵多于平原

从地貌类型的构成情况来看，山地面积占全省总土地面积的 36.06%；丘陵面积占全省总土地面积的 42.14%；平原、岗地与水域面积占全省总土地面积的 21.80%。江西省土地利用分区图见图 2-6。

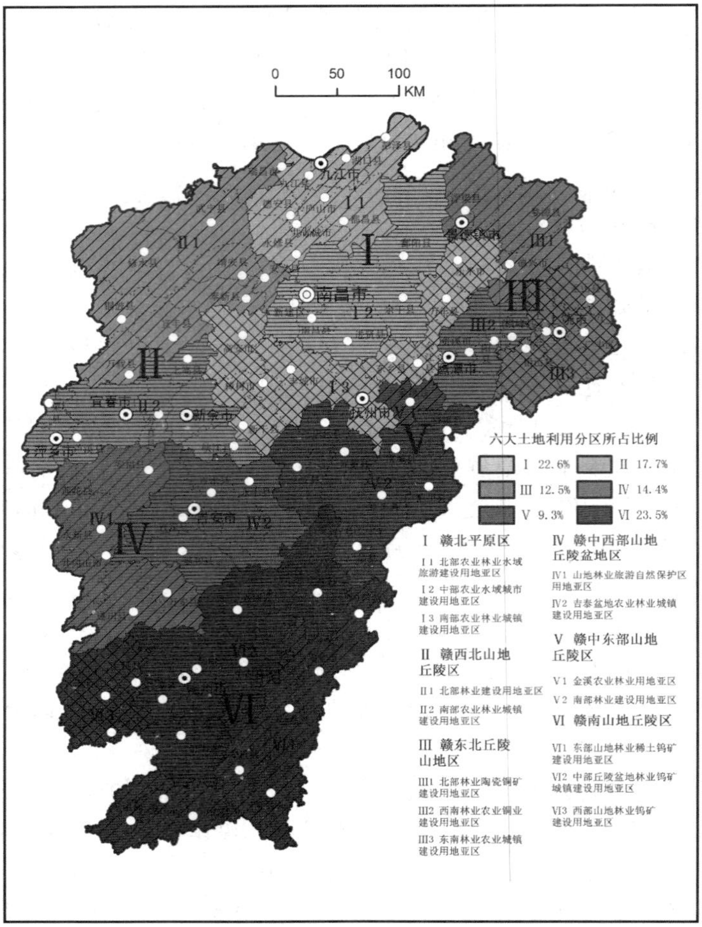

图 2-6　江西省土地利用分区图

（资料来源：《江西省地图集》）

（二）总量多而人均少

江西省土地总面积居华东六省一市之首，但从全省人均土地资源拥有量来看，除林地人均拥有量略高于全国人均水平外，耕地、园地、牧草地等的人均拥有量均低于全国人均占有量，其中人均耕地拥有量只有全国人均数的76.70%，江西作为我国稻米主产区，人均耕地量明显偏少。同时，省内人均土地资源拥有量的地区分布也很不平衡。人均土地资源拥有量最多的是吉安市，最少的是南昌市；人均耕地最多的是鹰潭市，最少的是赣州市；人均林地占有量最多的是赣州市，最少的是新余市。

（三）资源分布区域差异明显

由于构成土地资源本质的地形、地貌复杂，土壤、岩种类型多样，植被丰富多样，水热条件、交通、人口密度不一，加之人类生产活动和生活方式各异等，导致土地资源分布具有明显的区域差异性。全省耕地以鄱阳湖为中心，北起长江，南抵新干，东至贵溪，西达新余，整个范围集中了省内约40%的耕地，尤其是水田在这一区域占有很大的比重。其次，赣江、抚河、信江、饶河、修水五大水系的中下游河谷盆地集中了较多的耕地。其他区域的耕地不仅数量少，而且分布零散。林地则主要分布在赣南、赣东和赣东北、赣西和赣西北，如大庾岭和九连山、怀玉山系、武夷山系、罗霄山脉、幕阜山、九岭山山脉，这些地域除少数沟谷、盆地有少量的耕地外，绝大部分为林地，形成了一个"U"型半环状林区，成为全省木材和林产品的主要生产基地。中部地区丘陵和盆地相间分布，土地构成要素呈复合型，土地资源的分布连续性差，区域变化大，分布比较松散。其特点是：沿水系分布的，以水系为轴，随水系两侧地势的逐渐抬升，土地类型由水域向水田、旱地至园地、园地林地相间、林地呈水平阶梯式分布；沿山地丘陵分布的，则从低到高，依次是水田、旱地、园地、林地，呈环状阶梯式分布。其他各类土地则散居于以上各区域之中。

（四）耕地损失严重

根据《江西省统计年鉴》，2004 年全省人均耕地面积仅为 0.76 亩，低于联合国粮农组织确定的 0.795 亩的警戒线，人地矛盾突出。江西是我国南方水土流失严重的省区之一，水土流失的历史已有 300 多年。江西省年土壤流失总量达 1.65×10^{8} t，相当于 8 333.33 hm^{2} 耕地 20 cm 厚的耕作层完全流失，所损失的养分折合有机质约 200×10^{4} t，氮、磷、钾等无机肥约 225×10^{4} t，其中，仅无机肥损失量就相当于江西省 3 年的无机肥所需总量。

经过 10 多年的努力，江西省森林覆盖率跃居全国前列。全省水土流失面积已由 20 世纪 80 年代末的 4.62×10^{4} km^{2} 减少到 3.35×10^{4} km^{2}，截至 2005 年年底，江西水土流失治理面积累计达到 1.2×10^{4} km^{2}，修筑各类水土保持防护工程 25.58 万座（处）。尽管政府为之做出了很大努力，但水土流失现象仍然未得到完全遏制，水土流失面积仍有 3.35×10^{4} km^{2}，江西水土保持工作仍然任重道远。近几年来，江西省加强水土保持监督执法体系建设，初步建立起水土保持科学研究和技术推广网络体系，形成以重点治理工程为龙头的水土流失综合治理机制。通过以小流域为单元，山、水、田、林、路、草统一规划和系统开发，工程措施与生物措施并举，治沟和治坡相结合的治理方式，截至 2003 年年底，江西全省共综合治理小流域 900 多条，修筑各类水土保持防护工程 23 万多座，每年汛期可拦蓄地表径流 20 多亿立方米，带来直接经济效益 20 亿元。经过水土流失综合治理，江西省不少地方已经由过去的山光、水尽、田瘦、人穷的恶性循环，过渡到生态改善、林茂粮丰的经济、生态、社会效益良性循环上来。

第三节　生态与环境特征

江西省地处中亚热带，地貌类型有山地、丘陵、岗地、平原和湖泊河流等，生态系统类型较齐全，生物资源丰富，全省分布有 5 000 余种高等植物，高等植物种数占全国种数的 16.35%，野生植物种数约占全国种类的 17%，珍稀树种种数占全国种数的 19.7%，珍稀植物种数占全国种数的 19.2%；脊椎动物种数占全国种数的 13.4%，珍稀陆生动物种数占全国种数的 24.8%；有 4 500 余种昆虫，林地面积 8.898×10^4 km^2，森林覆盖率 63.1%。江西省总体自然环境状况较好，但仍存在一系列生态问题。

一、生态环境退化，自然灾害加剧

江西省森林覆盖率高，但结构不合理，有林地蓄积量仅 223×10^6 m^3，全国排名第 12 位。水土流失未得到有效遏制，江西省土壤侵蚀强度分级面积 4.685×10^4 km^2，土壤侵蚀危险程度分级面积 3.262×10^4 km^2，属水土流失较严重的省份。据江西省水土保持委员会办公室调查，1988 年全省水土流失面积 461.53×10^4 hm^2。水土流失直接危害生产、恶化环境、加重水旱灾害。以水、旱灾害为主的各类自然灾害发生频率较高，是全国自然灾害受灾程度较重的省份之一。在诸多灾害中，气象灾害最为频繁，造成损失最为严重，社会影响最为广泛。其中水、旱灾害最为突出，尤以水灾为甚。作物病虫害及森林病虫害是全省仅次于水、旱灾害的重要灾种，它所造成的经济损失也十分严重。

二、生态环境恶化

据统计，江西省发生环境污染与破坏事故 122 次，平均每 33.93×10^4 人、每1 366.58 km^2 土地面积就发生 1 次污染事故，污染造成的直接经济损失 147.5 万元，平均直接经济损失达 370 元/万人、89 元/km^2。根据发生的机制可将江西省环境污染与破坏分为以下三类：突发型环境污染与破坏，约占 80%，这些环境事故通常强度大且突然而至，尽管时间不长，但影响深远，造成的危害严重；迟缓型环境污染与破坏，占 5%，此类环境污染事故最初可能强度并不大，未引起人们的重视，但由于污染面积大，周期长，严重程度与日俱增，形成严重的后果；过渡型环境污染与破坏，占15%，它们介于突发型环境污染与迟缓型环境污染之间，兼具有两类环境污染与破坏的特点。

目前，应对环境污染和破坏问题的机制还存在许多问题：管理体系不系统、不健全、不协调，立法机构、监督管理机构、组织协调机构、应急救助机构、信息管理机构组织、分工、协调不到位，各部门各自为政，按行业、按部门分别管理；预防科研、教育培训工作滞后，环境污染与破坏事故的监控体系、应急通信、预测报警、风险分析、预案制定等科研滞后，宣传教育力度不大，预防意识不强；没有进行有计划的培训。

三、工业“三废”对环境的污染

据统计，江西省工业废水排放总量 4.196×10^8 t(全国平均水平为 6.266×10^8 t)，平均排放工业废水 10.13 吨/人、0.25×10^4 t/km^2，工业废气排放总量 $2\,220\times10^8$ 标准立方米(全国平均水平 $4\,456.29\times10^8$ 标准立方米)，平均排放工业废气 0.54×10^8 标准立方米/万人、0.013×10^8 标准立方米/km^2，大气污染较轻。江西省工业固体废弃物产生量为 $4\,796\times10^4$ t，属工业固体废弃物产生量较高的重点省份，工业危险废弃物产生量仅 2×10^4 t，而工业固体废弃物排放量为 29×10^4 t，属工业固体废弃物排放量较多的省份；酸雨污染严重，共有7个酸雨控制区，酸雨区域总面积占全省总面积的32%，2000年江西省城市降水年均 pH 为 4.37～6.95，降水酸雨频率为65%。

四、生活污水对环境的污染

江西省城市污水处理能力仅 20.27×10^4 t/d，日常生活污水大都直接排入河流，造成较严重的生活污水污染。生活污水中化学需氧排放量为 30.386×10^8 t，属生活污水排放质量较差的省区。江西省城市人口煤气普及率为69.23%，生活 SO_2 排放量为 3.495×10^4 t，长期积累势必造成大气污染。根据江西统计年鉴，2002—2005年全省城镇生活污水处理率分别为17.67%、21.16%、24.19%和34.92%，污水处理率呈逐年上升的趋势。在污水集中处理方面，2005年除南昌市建成南昌市朝阳州 8×10^4 t/d 污水处理厂和南昌市青山湖 33×10^4 t/d 污水处理厂以及上饶市建成上饶市江北 4×10^4 t/d 污水处理厂外，其他设区市都未建成集中的污水处理厂。由于城镇人口的不断增加、人民生活水平的不断提高，江西省和全国其他地区一样，生活污水排放量逐年增加。总体来看，江西城镇污水处理率不高，特别是重要城市，污水集中处理设施建设滞后，全省仅少数设区市污水集中处理厂在运行，处理率大多数未达到国家政策规定的要求。

第三章　社会经济地位

章前语

经济的发展是城市发展的基础，也是人口和文化发展的重要动力。本章从农业、工业和运输业三方面来阐述江西的社会经济发展历程。

江西有着悠久的农业发展历史，在江西农业的地位不言而喻，同时江西的农业在全国也占有着重要地位。改革开放以来江西工业发展也取得了显著的成就。水系发达的江西曾一度成为传统社会人们进行经济交流的重要纽带，形成了一个通达省内外的市场体系。在各种交通方式涌现的今天，江西也以高速的发展来不断增强自己的交通运输能力。

关键词

农业；工业；交通运输业

第一节　地位重要的农业

一、农业历史悠久

考古学家在江西省万年县仙人洞和吊桶环遗址进行考古发掘，通过对植硅石和孢粉进行检测发现了1.2万年前的野生稻植硅石标本和9 000～10 000年前的栽培稻植硅石标本，它们和在湖南省道县玉蟾岩发现的公元前1万年前的稻谷遗存，同为目前发现的世界上最早的水稻遗址。这表明，江西很可能是世界水稻种植的起源地之一，是上古“农业革命”的主要发生区域之一。

秦汉魏晋时期，江西被纳入中原的封建政治体系，与各地经济和文化的联系日益增加，逐渐缩小了与长期是中国经济与文化中心的黄河流域的差距。在这一时期，江西设县数量增长数倍，并开始向外输出粮食。南宋时江西已号称“沃野垦辟”“富饶鱼米之乡”。从公元5世纪起，大量粮食沿长江东运，江西成为全国粮食的主要供应地之一。

到了唐代，大兴水利，出现了“大田耕尽却耕山”“岭皆为田，直至其顶”的现象。宋朝靖康南渡后，北方人口又大规模南移，有的中途停留，于赣东南定居，使江西的偏僻山区逐渐得到开发，农业生产条件有所改善，北部和东部扩大水稻、小麦种植规模。南宋范成大所著的《骖鸾录》曾记载：“(袁州仰山)岭坂背上皆禾田，层层而上至顶，名梯田。”由此可知，南宋时期江西农民已在山地开辟梯田。明清时期，省内民村兴起，荒地开垦面积在明初曾达 430×10^3 hm^2，兴修水利工程 287 处；清代兴修的水利工程则有 222 处。大批农田灌溉条件得到改善。

中华人民共和国成立前，由于战乱频繁，动荡不安，劳动力减少，江西农村遭受严重破坏，水利失修，农田荒芜，呈现一片凄凉景象。据相关资料，1918 年江西省人口曾达到 $2\ 756\times10^4$ 人，到 1949 年时只剩下 $1\ 314\times10^4$ 人，相比 1918 年减少了一半多。1932 年江西耕地面积 $3\ 838.3\times10^3$ hm^2，相比 1918 年减少了 294.2×10^3 hm^2。粮食总产量从 1936 年的 64.6×10^8 kg，下降到 1949 年的 34×10^8 kg。

中华人民共和国成立后，中国共产党和中央人民政府十分重视农业的恢复和发展，在广大农村实行土地改革，废除了封建土地所有制，改变了生产关系，解放了生产力，极大地激发了农民的生产积极性。耕地开发利用进入了大规模治山治水、兴修水利、改良土壤、复垦耕地的新阶段。1949—1957 年，耕地开发利用得到迅速恢复和发展，耕地面积也从 1949 年的 $2\ 365.4\times10^3$ hm^2，增加至 1957 年的 $2\ 812.6\times10^3$ hm^2。到 1952 年江西主要农作物产量就超过抗日战争以前的最高水平。1957—1977 年，耕地开发利用徘徊不前。1978 年后，实行了以包干到户为主要形式的家庭联产承包责任制，调动了农民的生产积极性，同时由于生产条件的改善，良种及栽培先进技术的普及，耕地面积虽然不断减少，但耕地生产率显著提高，农产品总量逐年增加。

二、农业概况

江西省地形地貌大致是“六山一水二分田，一分道路和庄园”。境内除北部较为平坦外，东西南部三面环山，中部丘陵起伏，成为一个整体向鄱阳湖倾斜、往北开口的巨大盆地。江西位于北回归线附近，全省气候温暖，雨量充沛，无霜期长。江西农业在全国占有重要地位，是 1949 年以来全国两个从未间断向国家贡献粮食的省份之一。

江西农业资源丰富，生态优势明显。全省耕地面积 $4\ 633.5\times10^4$ 亩，淡水面积 $2\ 500\times10^4$ 亩。森林覆盖率高达 63.1%，居全国前列。境内鄱阳湖是中国最大的淡水湖以及全球最大的候鸟栖息地。江西自古就是全国的“鱼米之乡”“绿色之源”，大米质白如玉，鲜嫩爽口，柑橘、油茶、猕猴桃被誉为江西“三宝”，江西绿茶、赣南脐橙、南丰蜜橘、军山湖大闸蟹、广昌白莲、泰和乌鸡、崇仁麻鸡等久负盛名。

江西是一个农业人口多、农村地域大、农业比重相对较大的省份，粮、猪、油、菜、水产等主要农产品产量在全国占有重要地位。江西每年外销粮食约 1×10^{10} 斤、外调生猪 1×10^{7} 头、外调水产品超过 1×10^{6} t，是长三角、珠三角和港澳等地重要的农产品供应基地。江西以全国 1.8%的耕地，生产全国 3.8%的粮食。江西省粮食产量位居全国第 12 位，其中稻谷产量居全国第 2 位，人均稻谷产量居全国第 1 位，并始终保持全国主产省的地位，是新中国成立以来全国仅有的两个从未间断输出商品粮的省份之一，为保障全国粮食安全作出了积极贡献；肉类总产量居全国第 13 位，生猪出栏数位居全国第 11 位；油料产量位居全国第 10 位；蔬菜产量位居全国第 20 位；柑橘产量居全国第 7 位，其中橙类产量居全国第 1 位；水产品总量位居全国第 9 位，出口量居内陆省份第 1 位；农民人均收入居全国第 14 位。

(一)江西农业区

1. 赣北鄱阳湖平原粮、棉、油、畜、水产区

本地区位于江西北部，长江中下游南岸，隔岸与安徽、湖北相望。全区大部分为湖积冲积平原，地势平坦，土地肥沃，水域辽阔，全国第一大淡水湖——鄱阳湖位于本区中部。气候条件有利于水稻、棉花等喜温作物生长。

农业生产的特点：本区是我国农业较发达的地区，垦殖指数和复种指数较高，耕作集约，产区集中，农产品产量大，商品率高，对国家贡献较大。

主要问题：滨湖沿江地区洪涝灾害频繁，以内涝为主，部分丘陵地区，干旱威胁仍然严重。农业生产仍未摆脱“风调雨顺增产，遇到灾害减产”的状况。

根据分类指导原则，本区划分为南、北两个副区。南部副区是鄱阳湖平原和赣抚平原的中心，素称“鱼米之乡”，是全省的膏腴之地；北部副区是全省重要的棉产区。

2. 赣西北丘陵山地粮、林、畜、茶区

本区位于江西西北部，与湘、鄂接壤，属湘赣边缘幕阜山脉山地丘陵的一部分。气温比其他农业区低，水分条件较为适中。

农业生产特点：粮食生产发展快，单产水平高，但经济作物比重小。本区为省内主要的木、竹、油茶和茶叶生产基地。

本区可分为北部副区、东部副区和南部副区。北部副区即林、茶、粮副区，是以修水河谷为中心的幕阜山、九岭山的峡谷地带，森林资源丰富，为全省重要的林业和茶叶生产基地之一。东部副区即粮、林、油副区，资源丰

富，生态条件较好，适合开展多种经营，油茶、香菇、笋干、松脂、中药材等都是著名产品，发展前景广阔。南部副区即粮、畜、油、麻、水产副区，是全省主要的三熟制高产区。

3. 赣东北丘陵山地粮、林、畜、茶区

本区位于江西东北部，以黄山余脉、怀玉山、武夷山等山脉与皖、浙、闽三省相邻。全区山地占42%，丘陵占50%，平原占8%。农业生产条件与赣西北区大体相似，而热量、水分条件则比赣西北地区更为优越。

农业生产的特点：以粮食作物为主，经济作物的比重在全省范围内比较低。玉山的甘蔗和广丰的烟叶较为有名。茶叶是传统特产，在全国有重要地位。怀玉山与武夷山均为本省主要林区。

本区可分为北部副区、西部副区和东部副区。北部副区即林、茶、粮副区，森林资源丰富，为江西东北部的主要林区，也是全省重要的茶叶生产基地。西部副区即粮、林、果、畜副区，铅山县的毛竹资源丰富，蓄积量居全国前列。东部副区即林、粮、畜、茶、果、桑副区，为省内多雨地区之一，人多地少。茶叶、蚕桑、油茶、果木等生产基础良好。玉山猪、兔、广丰牛、羊，均为省内重要物产。

4. 赣中西部丘陵盆地粮、林、油、麻区

本区位于江西中部偏西，西以罗霄山脉与湖南接壤，北有武功山盘踞，三面环山，形成江西最大的红岩盆地——吉泰盆地。全区山地占36%，丘陵占48%，平原占16%，是省内相对较少雨地区，自然条件和农业生产具有南北过渡的性质。

农业生产特点：降水量比同纬度地区少，复种指数仅略高于赣南区，多种经营潜力较大。

5. 赣中东部丘陵山地粮、林、畜、水产区

本区域位于江西中部偏东，以武夷山脉与福建省接壤，西部雩山山脉为抚河与赣江的分水岭。全区山地占39%，丘陵占54%，平原占7%，是全省重要的农业区之一。

农业生产特点：以粮食为主，经济作物中金溪黄红麻、广昌白莲较为著名。棉花生产比重较大。武夷山林区和大王山林区是省内主要林业产区之一。其中，南丰蜜橘闻名中外。

本区可分为中部副区、西部副区和南部副区。其中，中部副区即林、蔗、粮、油、柑橘副区，是赣南甘蔗、烟叶、黄麻、花生等经济作物的主要产区，也是全省甜橙的最适栽培区。西部副区即林、粮、橘副区，山地面积占80%以上，森林资源十分丰富，森林覆盖率较高。油茶林分布广，特别是遂川县，是全

省主要的茶油产区之一。南部副区即林、粮、柑橘副区，山多田少，适宜林木生长，该处杉树的生长速度比其他山地快。资源条件优越，山林土特产品丰盛。

(二)农业经济现状及基本对策

江西省土地资源丰富，全年日照充足，雨量丰沛，具备良好的农业生态条件。中国最大的淡水湖鄱阳湖也在江西省境内，这些都是江西发展农业经济的优势。近年来江西农业经济现状如下。

1. 通过产业调节及优势拓展，江西农业经济发展有较明显的进展

江西省是传统意义上的农业大省，农业在全省国民经济中占有重要地位。“十五”计划以来，江西省通过推进全省农业结构战略调整，扬长避短，突出以粮食、水产、山林产业为主体的特色农业，农业经济附加值增长较快，特别是绿色及有机农作物，有较广阔的拓展空间。

江西优质农产品基地建设加速，产业结构调整初见成效。全省有四个产业区被列入国家《优势农产品区域布局规划》，即赣南湘南桂北柑橘带、长江中下游出口河蟹优势产区、长江流域优势棉区、“双低”油菜长江中下游产区。江西省根据上级要求和自身资源优势制定了建设十大优质农产品基地的战略构思，具体是：建设以赣南脐橙为主要产品的果业、以环鄱阳湖区域蟹虾为主的水产品、以食草动物为主的畜禽、以双低油菜为主的优质油料、以绿色大米为主的优质水稻、以有机茶为主的茶叶、以无公害有机蔬菜为主的蔬菜、以杜仲为主的中药材、以香樟为主的花卉苗木和以毛竹为主的速生林十大类专业化、标准化、规模化的优质农产品生产基地。

江西省重视农产品在创建品牌方面的工作，取得了较好的成效。一批品牌农产品的市场影响力正在迅速扩大，逐渐成为农业产业调整的突破口以及农村经济发展的增长点，比如，赣南脐橙、南丰蜜橘、广昌白莲、樟树杜仲、鄱阳湖清水大闸蟹、崇仁麻鸡、安福火腿等。农产品市场建设加快，全省拥有各类农产品市场 2 200 多个，农产品批发市场约 200 个，年批发交易额 50 多亿元。根据农业发展规划，认定南昌汇仁集团等 100 家企业作为江西省第一批农业产业化龙头企业。

2. 农业的相对优势与农产品加工业发展滞后的矛盾

在江西三次产业中，第一产业占 14%，农业比重偏大，高于全国平均水平，而且在很大程度上是传统农业，没有形成产业优势，农产品加工不足，农产品生态化不足。农业生产力水平偏低，机械化水平不高。江西是国家重要的粮食生产基地及输出省份，1978 年前，江西的粮食产值占全省农业总产值的 60%。江西省农业长期围绕主要粮食的保产及增收，在科研方向、人才培养、专业配备上均向之倾斜，由此构建了一个传统农业色彩很浓的农业技

术结构。人才结构上缺乏高层次人才，知识结构也相对老化，多数人仅熟悉粮食等大宗农产品的科学技术及增产技术，而较少懂得市场多样化的农产品科学技术、提高农产品品质的技术及降成本增效益的技术；大多较熟悉农产品的栽培、饲养等传统农业生产技术，不熟悉农产品的保鲜、储藏和加工技术，不熟悉计算机和信息技术以及现代基因和生物技术，研发能力不足以适应市场精细化及高品质化的需求。

江西作为传统的农业大省，农业的相对优势是不言而喻的，但是在发展迅速的今天，传统农业已经不能继续带动江西发展。在当下的发展中，江西农业的大致方向如下：一是将农业培育成富民产业、绿色产业，培育成有市场优势的、具有现代农产品加工特征的产业；二是重点发展生态农业，大力推广特种水产、有机绿茶、特色水果、无公害蔬菜、食用菌等绿色农产品，促进农业优势产业布局区域化、生产标准化、经营产业化，培育壮大生态农业龙头企业。以休闲农业打破传统农业的范畴，实现农业产业的延伸与发展，将农业与旅游充分结合起来。

第二节　快速发展的工业

一、近代江西工业的发展

1882 年，罗新昌机器厂在南昌章江门外瓷器街开业，这是江西第一家民族资本创办的工业企业。这家工厂主要从事碾米机、抽水机和柴油引擎的制造和修理，还可以制造小型的蒸汽机和抽水机，它的出现标志着江西民族资本主义工业的诞生。但是，与同时期全国的近代工业发展水平相比，江西的近代工业产生较晚，水平较低。第一次鸦片战争以后，在 19 世纪 40—50 年代，东南沿海一些城市开始出现外国资本投资创办的近代工业，而直到 1875 年江西才出现第一家外国资本投资经营的工业企业。19 世纪 60 年代，随着洋务运动的兴起，洋务派创办了一批军事工业和民用工业。到 1894 年，全国共有洋务派创办的军事工业 19 家，民用工矿业 22 家，但是没有一家在江西。19 世纪 70 年代，中国又出现了民族资本主义工业，江西的第一家民族资本主义工业企业出现在 1882 年。与先进地区相比，江西近代工业的起步晚了 30 年左右。

江西近代工业起步较晚，发展较慢，水平较低，主要有以下两个方面的原因。

第一，中国的工业化是在外部势力的直接作用下起步，在本国政府的推动下慢慢发展起来的。江西地处东南腹地，地理环境相对封闭，除了北面通过鄱阳湖水道与长江相连，东南西三面都是崇山峻岭，与周边省份的交通往来并不十分方便，外力的刺激作用很有限。虽然此时九江已经开埠，洋务运动也已逐步展开，但是江西地理环境相对封闭，在一定程度上阻碍沿海地区投资设厂新时尚的传递。

第二，鸦片战争以后，东南沿海五口通商，纵贯江西境内的大庾岭商道衰落，导致江西商品经济一蹶不振。紧接着又爆发了太平天国运动，太平军与清军在江西激战十多年，不仅耗尽了江西的财物，而且使江西人口大量死亡，社会经济遭受重创，江西民穷财尽。

二、抗日战争时期江西工业的发展

抗日战争开始以后，特别是江西省政府迁往泰和以后，江西的物资供应尤其是工业品的供应变得尤为紧张，随着战事的发展，东南各个出海口均被日军封锁，阻断了工业品进口的渠道。东南沿海、沿江地区的工厂大量内迁，使江西极难从省外获得工业品。随后为了解决这一问题，江西省政府、国民政府资源委员会以及一些民族资本家在江西的安全区投资创办了一大批工矿企业，工业合作运动也在江西勃然兴起，使江西的工业在短时间内迅速发展，江西出现了近代历史上第三次民族工业发展的高峰，有人甚至把这个时期称作江西近代工业发展的“黄金时代”。

抗日战争期间江西工业的发展与繁荣，具体体现在以下三个方面。

（一）创办的工矿企业数量较多，投资规模较大

与同时期的湖南、湖北、安徽、浙江、福建、广东相比，江西的近代工业发展势头良好。以1942年为例，江西设立的工厂数目在七省中排第二位，资本额则占第三位。（表3.1）

表3.1　1942年江西省与周边各省设立工厂数目及资本额比较表

省别	工厂数/家	所占比例/%	资本额/千元	所占比例/%	省别	工厂数/家	所占比例/%	资本额/千元	所占比例/%
江西	102	2.71	33 336	1.72	湖北	17	0.45	2 016	0.11
浙江	70	1.83	91 288	4.71	安徽	83	2.20	1 136	0.06
福建	88	2.34	11 188	0.58	广东	69	1.85	9 227	0.48
湖南	501	13.34	76 004	3.92					

资料来源：陈真，《中国近代工业史资料》，第四辑，96页，生活·读书·新知三联书店，1961。

注：(1)本表所记工厂仅限于国民政府统治区，不包括日本占领区。

(2)“资本额”一栏内，广东只计有2厂，福建只计有5厂。

(二)投资领域扩大，重工业开始起步

这个时期的投资领域比以前更为广泛，包括了轻工业中的纺织、食品加工、化学、皮革、文化用品、窑业、洗染、木材加工等部门的几十个行业，并已初具规模，而且重工业从无到有，开始起步。(表 3.2)

表 3.2 抗战爆发以前与抗战期间江西工业投资领域对比表

工业类别	抗战爆发以前江西工业投资领域		抗战期间江西工业投资领域	
	工业部门	行业分布	工业部门	行业分布
轻工业	纺织	纺织、麻织	纺织	纺织、麻织、苎麻纤维
	食品加工	碾米、面粉	食品加工	碾米、面粉、制糖、卷烟、罐头
	化学	火柴、电池、肥皂等	化学	火柴、电池、植物油灯、药棉、药布、天蚕丝、油脂、樟脑加工、酒精、炼油等
	皮革	制革	皮革	制革
	文化用品	造纸、印刷、文具等	文化用品	造纸、印刷、文具等
	窑业	陶瓷、玻璃、砖瓦	窑业	陶瓷、玻璃、砖瓦
				洗染、漂染、染料
			木材加工	锯木
重工业			冶金	炼铁
			造船	船舶
			酸碱	碳酸
			水泥	水泥
	机械制造	动力机械、车辆、车床		
	电力	电力	电力	电力

资料来源：江西省政府统计室，《江西年鉴》，1936；江西省社会科学院历史研究所，《江西近代工矿史料选编》，江西人民出版社，1989。

(三)企业经营状况普遍较好，经济效益与社会效益俱佳

抗战期间，江西各家工厂企业继续经营。例如，江西生产的水泥用于浙赣铁路建设，生产的糖、皮革、药棉、瓷器、纸张、卷烟等产品行销西南各省，苎麻纤维、天蚕丝、薄荷脑还出口到欧美。

在抗日战争时期，中国的近代工业化进程被战争所打断，但是在这个特殊的时间段里，江西的工业迅速崛起，并取得了较大的成就。到抗日战争后期，由于日军扩大在江西的军事行动，江西的工业又迅速衰落下去。

三、计划经济时期江西工业的发展

新中国成立后，从“一五”计划起，我国开始实行计划经济体制，并把工业经济发展放在了主导地位。

1953 年江西进入第一个五年计划时期，在党的过渡时期的总路线指引下，一方面对手工业和资本主义工业进行社会主义改造，另一方面着手进行社会主义工业化建设。这一时期江西工业高速增长，比例协调。1957 年江西工业总产值达到 12.5 亿元，比 1949 年增长 4.8 倍，比 1952 年增长 1.1 倍，平均每年递增 16.5%。工业产值在工农业总产值中所占的比重，由 1952 年的 27.4%提高到 40.7%，同年重工业产值在工业总产值中所占的比重由 33.4%提高到 38.4%。“一五”期间，一批为国家工业所必需而过去又非常薄弱的基础工业建立了起来，如机械、纺织、化学工业等，奠定了江西省工业化的初步基础。

1958—1962 年是江西省国民经济遭受严重挫折的时期。在“大跃进”片面追求速度和“大办钢铁——以钢为纲”的思想指导下，全民基本建设规模急剧膨胀，“二五”时期投资额 16.16 亿元，比“一五”时期增长 2.39 倍；投资结构也不够合理，轻工业与重工业的投资比例为 1∶7.29。重工业产值在工业总产值中所占比重由 1957 年的 38.4%猛增到 1960 年的 53.1%，轻工业由 61.6%下降到 46.9%。由于片面追求速度，片面追求建立相对独立的工业体系，工业速度、主要产品产量反而下降，商品普遍匮乏，市场全面紧张。“大跃进”给经济生活带来的困难和问题逐步暴露出来。1960 年冬，江西贯彻执行党和国家针对国民经济的“调整、巩固、充实、提高”方针，对工业进行了重大调整。

纵观这个时期的江西工业，尽管在探索中付出了相当大的代价，但对后来的发展也起到了重要作用。主要表现为：为重工业打下了初步基础；扩大了轻工业的生产领域；新兴的工业部门开始建设。

1966—1979 年，由于“文化大革命”的影响，江西工业遭到第二次挫折。“文化大革命”十年间工业总产值的年平均增长率由三年调整时期的 14.8%下降到 7.2%。轻重工业比例再次出现失调，地方产品市场占有率下降，市场上生活资料供应紧张状况加剧。工业内部因能源工业与耗能工业不相适应，1/3 的生产能力因缺电而闲置。十年间，工业总产值增长 1.16 倍，同期职工人数却增长 1.46 倍。生产技术水平停滞不前，劳动生产率下降 21%。全省工业利润出现负数。每百元工业总产值亏 6 元。这一时期全省工业发展速度和人均工业产值，均低于全国平均水平，使得江西与全国平均水平原有的差距进一步扩大。

四、改革开放以来江西工业的发展

我国自 1978 年党的十一届三中全会以后，开始推行具有中国特色的改革开放政策，1978 年的江西开始从“文化大革命”的影响中恢复，但由于仍然受到传统经济管理思维和国家计划经济体制的双重影响，基本上是延续立足本地资源发展经济的道路，“画好山水画，写好田园诗”。

“六五”计划期间（1981—1985 年），基于对省情的“两大优势”（农业资源优势和有色矿产资源优势）和“两个特点”（区位条件好、农业比重大）的基本判断，省委、省政府提出的经济发展战略是：把农业放在首位，围绕农业优势办工业，大力发展支农工业和农产品加工业，以工业的发展促进农业优势的发挥。在此期间，江西也开始对工业实行扩大企业生产经营自主权的体制改革。“七五”计划时期，江西仍然定位为“我国一个重要的商品粮基地和食品工业基地”，同时充分发挥地下资源优势，积极开发有色金属和非金属矿藏，使江西成为我国重要的有色金属工业基地和建材基地，使江西的资源优势尽快转化为经济优势。江西在“八五”计划时期的发展战略提出：把江西的经济大厦建立在现代农业的基础上，打好农业开发总体战，加强基础工业和基础设施建设，推进农业工业化。其间经历了 1992 年邓小平同志“南方谈话”，江西在六家国有工业企业进行转换经营机制综合改革尝试。1994 年初，江西又提出了“立足农业、主攻工业”的战略思路，开始从单一侧重农业推进的战略逐步转向“主攻工业”的发展战略。在“九五”时期的总体战略构想中，江西主要抓住京九铁路贯通和沿长江开发开放的机遇，以浙赣沿线为两翼，展开大开放格局。1998 年以后，又提出生态经济发展战略，试图在现代农业基础之上，主攻工业。“十五”时期对江西来说不仅是新世纪的开始，更是工业发展战略进入新阶段的开始。2001 年提出了江西“三个基地，一个后花园”的区域战略定位，并于当年 12 月明确了“以加快工业化为核心，以大开放为主战略”的发展思路，力求全面提升综合竞争力，实现江西经济和社会的可持续发展。至此，江西经济发展完全摆脱了以农业和基础资源为依托的战略思路，江西开始走上一条以城市和工业园区扩张为载体、以大规模对外开放和招商引资为重点的工业化发展道路，全省经济也由此进入了一个高速增长的新时期。

自改革开放以来，到“十一五”时期，江西的工业化发展特点如下。

(一)工业发展速度先慢后快

改革开放以来江西工业发展取得的成就是显著的，总体上呈现三个阶段。第一阶段，1978—1991 年，年均增长超过 13%；第二阶段，1992—2000 年，工业年均增长超过 15%；第三阶段，2001—2006 年，确定了以工业化为核心，以大开放为主战略，这个阶段主要是政府引导市场化推动的工业化，工业年均增长近 20%，造成了所谓的“江西现象”。

“十一五”是江西工业发展速度最快的时期。2010 年，全省工业实现增加值 4 359.24 亿元，同比增长 20.0%，“十一五”期间年均增长 19.8%，分别比“十五”“九五”“八五”的增速高 2.4、9.0 和 8.0 个百分点，是江西工业发展最快时期。其中，规模以上工业增加值五年增速均在 20%以上，高出全国平均水平 6.0～9.1 个百分点。全省规模以上工业增加值总量突破 3 000 亿，达 3 101.89 亿元，主营业务收入突破万亿大关，达 14 196.68 亿元，全年利税总额历史性突破千亿，达 1 445.95 亿元，盈亏相抵后实现利润 856.81 亿元。“十一五”期间江西工业经济主要指标均比“十五”翻一番，其中收入、利税、利润翻两番以上。

(二)产业发展更加协调

产业结构优化升级。三次产业结构由 2005 年的 17.9∶47.3∶34.8 调整为 2010 年的 12.8∶54.2∶33.0，第一产业比重下降 5.1 个百分点，第二产业上升 6.9 个百分点，第三产业回调 1.8 个百分点。“二三一”的产业格局得到进一步巩固和发展。

由此可以看出，江西工业的主导地位继续增强。规模以上工业增加值由 2005 年的 882.30 亿元增加到 2010 年的 3 101.89 亿元，年均增长 22.2%，占 GDP 比重由 21.7%提高到 32.8%。主营业务收入超千亿元的产业达到 4 个(有色、钢铁、石化、食品四大千亿产业)，主营业务收入超 100 亿元的工业企业达到 8 家。

(三)工业园区的发展更进一步

进入 21 世纪以来，江西省确立了以工业化为核心，依托工业园区办工业的发展思路，工业园区建设取得了显著成效。

江西工业园区建设始于 20 世纪 90 年代。1991 年南昌高新技术产业开发区的创建揭开了工业园区发展的序幕，1991—1999 年全省共设立开发区 21 家，其中省级开发区 19 家、国家级开发区 2 家。此后各地掀起了依托园区办工业的高潮。

首先，工业园区的发展促进了江西经济的发展，使江西经济发展不断提速，其中 2001—2006 年全省的增长速度高于全国平均增长速度。其次，工业园区以三种方式推动了产业的集聚：一是依靠龙头企业的带动作用，逐渐集聚相关配套企业，如吉安市永新县城北工业区依托赣龙鞋业的品牌和市场优势，一年内吸引 30 家皮鞋、皮革生产企业进区发展；二是将生产同类产品的企业聚集到一起带动相关配套厂家落户；三是将归属同一行业生产不同种类产品的企业集聚在一起。最后，工业园区的发展还带动了城镇化的建设，增加了就业岗位，提升了开放水平。

"十一五"期间工业园区经济建设实现了跨越式发展，成为江西省经济社会发展最具活力的经济载体和新的增长极。工业园区的建设投入包括对基础设施的投入和扩大开发面积的投入，增强了园区发展的动力。全省工业园区工业增加值总量由 2006 年 766 亿元增加到 2010 年的 2 310 亿元，实现了由百亿级至千亿级的跨越。增长速度分别达到 36.1%、32.7%、22.3%、21.6%和 21.6%，连续五年保持在 20%以上。随着园区规模的迅速扩张、产业的优化升级，先后有 7 个工业园区晋升为国家级开发区。2010 年 11 月，国务院批复新余高新技术产业开发区、景德镇高新技术产业开发区、萍乡经济技术开发区及上饶经济技术开发区升级为国家级开发区，至此，全省共有 9 个国家级开发区，其中 3 个国家级高新技术产业开发区，6 个国家级经济技术开发区。2010 年，9 个国家级开发区共完成主营业务收入 2 921.87 亿元，比上年增长 37.2%，实现利税 320.96 亿元，比上年增长 49.1%。

五、江西六大支柱产业

支柱产业是在较长时期内能支撑国民经济发展的产业或产业群，是国民经济的主体和地区生产总值的主要承担者，对推动国民经济持续、快速、健康发展有重要战略意义。2003 年初，为了突出支柱产业对经济发展的带动作用，在对江西经济发展阶段、产业基础和资源优势进行深入分析的基础上，江西省决定重点培育汽车航空和精密制造、特色冶金和金属制品、电子信息和现代家电、精细化工和新型建材、食品工业、中成药和生物制药六大支柱产业。

(一)汽车航空和精密制造产业

汽车工业主要以现有的核心企业为基础进行布局，整车生产布局在南昌、九江、景德镇三个地区，零部件生产围绕核心骨干企业和特色工业园进行布局。航空工业聚集效应明显，以南昌航空产业国家高技术产业基地为基础来聚集江西航空产业。南昌航空产业国家高技术产业基地由"一城二园区"构成，重点研发制造大飞机部件、先进教练机、系列直升机、农用飞机、无人机等航空产品。

（二）特色冶金和金属制品产业

与不少省市相比，江西有着不可比拟的有色金属资源优势。江西的铜、钨、钽铌等矿产储量居全国第一。基于这一资源优势，江西适时提出把特色冶金和金属制品产业作为支柱产业重点培育。江西探明的钨保有资源储量为108.44×10^4 t。江西确定钨产业发展思路时明确提出控制钨精矿生产总量和钨冶炼产品能力，重点发展亚微、超细硬质合金，硬质合金涂层加工工具等六大系列产品，把江西建成全国重要的钨精深加工及新材料基地。江西特色冶金和金属制品产业主要包括钢铁工业、铜工业、稀土工业、钨矿工业、钽铌工业。

（三）电子信息和现代家电产业

按照国民经济行业分类方法，电子信息及家电产业涉及8个行业小类，包括手机、微型计算机、显示器、彩色显像管、集成电路、彩电、空调器、电冰箱、洗衣机等10多种主要产品。从区位上看，江西是出口加工基地和内销生产基地的最佳结合点，从铁路主干线、水路运输和现代物流体系等方面来说都具有承东启西、沟通南北的区位优势，有利于电子信息及家电产品的内销和外销生产。产业发展以电子元件、日用电器和通信设备制造业为主体，电子器件和广播设备制造业处于“星火”的状态。

（四）精细化工和新型建材产业

精细化工属于技术密集型产业。江西的精细化工业是在计划经济时代从无到有逐步发展起来的，特别是在20世纪90年代得到了长足的发展，有机硅、生物化工行业都已经有了拳头产品，在国内外市场占有一席之地。以20世纪90年代中期星火化工厂万吨有机硅基地建成为标志以及昌九股份有限公司万吨聚丙烯酰胺、江西电化公司2×10^4 t AC发泡剂的建成投产，江西精细化工业已经初具规模，构建了一个较好的发展基础。江西省精细化工的发展尽管在一些领域处于全国前列，但竞争力不强，特别是在医药中间体、染料中间体这两类高附加值产品的开发方面仍有很大欠缺。在新型建材方面，江西省重点扩大新型墙体材料、防火材料、高档建筑装饰装修材料等新型建材的生产能力。

（五）食品工业产业

以“四个一”项目为首的食品工业项目龙头作用明显。通过以“四个一”项目为抓手江西省实现了食品工业做大总量、提高税收的目标，形成以绿色食品为导向，以高端食品为发展方向的行业发展模式。“四个一”项目重点企业通过抓创新，提升了品牌价值，加强了对省外国外市场开拓的力度，引领全省食品工业的快速发展。

(六)中成药和生物制药产业

江西省生物制药产业被列入战略性新兴产业规划后，各企业在激烈的竞争中，通过研发创新、市场营销、品牌建设，综合实力不断增强。江西省作为中药大省，立足丰富的药材资源，具有很大的发展优势和开发潜力。

第三节　发达的交通运输业

一、近代江西交通运输业概况

(一)水运

江西是一个水系发达的省份，全省有大小干支流2 400余条，总长18 400 km，其中省内长30 km以上者282条。在长期的地质演变过程中，形成了以鄱阳湖、抚河、信江、饶河、修河五大干流为主的水系体系。全省河网密集而均匀，在全国各省区中并不多见。发达的河流体系，为密切江西各地以及省际经济联系提供了天然的条件。在新式交通没有出现以前，河流和陆路商道成为传统社会人们进行经济交流的重要纽带，依靠这些纽带，形成了一个通达省内外的市场体系。

19世纪中叶以前，江西的水上交通主要是靠各种大小、功能、式样不同的木船。甲午战争之后，内河轮船航运的开禁，为江西地方商人开办轮船企业创造了条件。1896年，士绅蔡燕生、邹殿书等集股金6.8×10^4两白银，在九江创立了福康商轮公司，这是长江流域内港中最早的一家民族轮船运输企业。1898年，和济小轮公司、顺昌协记小轮船局相继在九江成立。1899年，江西鄱阳也成立了鄱阳商务内河轮船公司。1901年以后，江西内河轮船运输业有了更快的发展，截至1911年，相继创办的轮船公司有十几家。在早期创办的轮船企业中，运营航线主要集中在赣江中下游和鄱阳湖地区。到中华民国成立前，以南昌、九江两中心港为中心，江西境内有南昌—九江、南昌—吉安、南昌—赣州、南昌—饶州、九江—湖口、九江—饶州、九江—吴城等十几条航线。中华民国成立后，江西内河轮船进入快速发展时期。主要表现在轮船公司的增多以及运营船只承载吨位的提高。(表3.3)

表 3.3　江西籍轮船企业数、轮船数量及吨位统计表

时间	企业/家	轮船数/艘	吨位数/t	备注
1911 年之前	14	33		
1911—1922 年	32	63	2 356	仅新增
1923—1934 年	28	59	2 066	仅新增
1935 年	15	83	860	在南昌的企业

资料来源：江西内河航运史编审委员会，《江西内河航运史》，146～148、163、165 页，人民交通出版社，1991；家豪，《江西航业概况与改进意见》，载《经济旬刊》，7 卷 10、11 期合刊，8、9、24 页，1936(10)。

注：只计算一个时期内建立的企业数量，中途倒闭、转让不考虑其中。

这一时期，江西境内的鄱阳湖，赣江、抚河、信江、饶河、修河五大干流以及昌江、瑞河、乐安河、袁河等支流，都有轮船在航行，轮船运营里程达 1 400 余千米，基本形成了辐射全省主要干流和支流的航线体系。(表 3.4)

表 3.4　20 世纪 30 年代中期江西轮船航线表

干线	区间线	里程(华里)	通航时间	通航河流
南昌—九江		420	常年	赣江、鄱阳湖、长江
	南昌—吴城	180	常年	赣江
	吴城—湖口	180	常年	赣江、鄱阳湖
	湖口—九江	60	常年	长江
南昌—赣县		900	常年	赣江
	南昌—樟树	180	常年	赣江
	樟树—吉安	240	常年	赣江
	吉安—赣县	480	夏季	赣江
南昌—河口		570	春夏水涨时	赣江、信江
	南昌—余江	350	春夏水涨时	赣江、信江
	余江—河口	220	春夏水涨时	信江
南昌—鄱阳		180	常年	赣江、鄱阳湖、饶河
南昌—临川		180	春夏水涨时	抚河、赣江
南昌—高安		180	春夏水涨时	赣江、瑞河
九江—鄱阳		320	常年	长江、鄱阳湖、饶河

资料来源：《江西航运之衰落及其救济方案》，载《经济旬刊》，7 卷 6 期，5 页，1936(8)；江西省政府统计室，《江西年鉴》，583 页，1936。

抗日战争爆发后，随着赣北地区的沦陷，江西轮船运输业进入一个非常艰难的时期，许多轮船企业都倒闭了。在抗战胜利后，江西的轮船运输业出现了一个短暂的恢复时期，但在内战烟云的笼罩下，江西的轮船运输业不堪重负，重新走向了衰败。

(二)铁路

铁路有"交通之母"的美誉，从清末至民国，江西境内共修建了3条铁路，分别是株萍铁路、南浔铁路、浙赣铁路，这几条铁路呈倒"丁"字形(俗称"鸡脚形")，把赣北、赣东、赣西等广大地域联结在一起。

株萍铁路是江西境内的第一条铁路，虽然江西境内段长度仅37.87 km，却给赣西地区特别是萍乡地区的发展带来了契机。株萍铁路的修建，缘于清政府的铁路总公司督办大臣盛宣怀，他兼理汉冶萍公司事务后，"以萍煤产量极多，而运输机关全恃人力与渌江民船"，以致无法及时大量地给汉阳铁厂提供燃料，因此与湖广总督张之洞奏请清帝，请求修筑株萍铁路，得到批准。工程始于1899年6月，历时6年多，于1905年11月全线通车。该路东起萍乡安源煤矿，西至湖南株洲，全长90.29 km，江西境内段占总长的41.9%。1937年9月，浙赣铁路南萍段通车，株萍铁路并入浙赣铁路局。1939年，为阻止日军入侵，该路被破坏，直至抗战胜利后，开始修复，至1947年6月才全线通车。

南浔铁路是江西第一条商办铁路。1904年9月，江西在职京官署太常寺卿、顺天府府丞李盛铎，内阁侍读蔡钧，户部给事中陈田等，有感日德等国谋取江西铁路修筑权的企图，于是联合110人上书商部，要求江西境内铁路"自行筹筑"。经政府批准后，于当年12月在南昌成立"江西全省铁路总局"，计划修筑由九江到广东南雄的干线，以及至福建、浙江、湖南的3条支线，但由于经费庞大，难以筹集，因此先修九江至南昌段，公司也改名为"商办南浔铁路有限公司"。工程从1907年春开始，分三段进行，一区由九江至德安，二区从德安至永修，三区从永修至南昌。直到1916年，南浔铁路才全线通车。整个工程前后费时9年。该路全长128.35 km，共设九江、沙河、黄老门、马回岭、德安、永修、涂家埠、新祺周、乐化、南昌等11站。抗战爆发后，南浔铁路全线被破坏。抗战胜利后，该路划归浙赣铁路局管理，更名为"浙赣铁路局南浔段"，并于1946年开始着手修复，至1947年7月，全线修复通车，直至国民政府败退时，该路再遭破坏。

浙赣铁路是民国时期长江以南地区第一条横贯东西的铁路大动脉，它起自浙江杭州，终于湖南株洲，东与沪杭甬铁路相连，西接粤汉铁路。铁路全长1 008 km，其中江西境内段长564 km，占全线总长的56%，自玉山县下镇进省，由萍乡老关出省。浙赣铁路的修建，起于浙江省自筹建成的杭江铁路，该路延伸至江西玉山后，当时的江西省政府就立即要求与浙江省合作，把该路自玉山延长至南昌，再与株萍铁路相接。这一计划得到了当时浙江省相关部门的赞同，南京国民政府的铁道部也表示支持。1934 年 2 月，浙赣铁路联合公司成立后，以南昌为中心点，先修玉山至南昌段，该段于 1936 年 1 月 9 日竣工。玉南段竣工的同时，南昌至萍乡段工程随即开工。该线从南昌县向塘开岔，经丰城、樟树、新余、分宜、宜春至萍乡，与株萍铁路接轨，工程于 1937 年 9 月竣工。浙赣铁路通车未久，抗战爆发，随着南昌的沦陷，浙赣铁路也被破坏，只保留了鹰潭至诸暨一段，1942 年，日军入侵上饶地区，该路彻底被破坏，直到 1943 年，玉山至上饶段才恢复通车。抗战胜利后，浙赣铁路通过抢修，于 1948 年 12 月全线通车，但次年 5 月又遭破坏。

（三）公路

江西的现代公路建设始于 1909 年，当时的两江总督张人骏与江西巡抚冯汝骙，用省库银 5 万两修建了由九江至庐山莲花洞一段长 13 km 的公路。该路也是当时中国较早修建的公路之一。南京国民政府建立后，江西公路建设开始进入一个缓慢发展的时期。截至 1931 年年底，由江西公路处主持修筑的赣粤、赣浙、赣闽等干线工程，里程总计仅有 223.8 km。加上同期由地方修建及商办的各条公路，如常玉汽车股份有限公司修建的江西玉山到浙江常山的公路、常玉广公路、广江衢公路、上(饶)玉(山)公路、永(修)武(宁)路等，全省总共拥有公路里程 450.8 km。1931 年年底，熊式辉正式宣誓就任江西省政府主席，开始了其 10 年的主赣生涯。上任伊始，面对省内日渐炙烈的革命烽火，熊式辉把发展交通、修筑公路列为江西省施政的六大方针之一。由此，江西的公路建设步入了一个黄金发展期。

1932 年年初，江西公路处开始积极征派民工、组织筑路队，进行大规模的修筑。到 1932 年年底，江西公路处就筑路 792 km。同年 11 月，苏、浙、皖、赣、鄂、湘、豫七省公路会议在汉口召开，会上制定了七省联络公路计划。这一计划与江西制定的六大干线计划基本吻合，因此，江西的公路建设继续快速迈进。1933 年达 935 km，1934 年更是达到 2 391 km。到 1937 年抗战全面爆发，全省 83 个县已有 75 个县通了公路，基本形成了一个以省会南昌为中心的全省公路网，与相邻六省的联络公路也已经连通。1932—1937 年的 6 年中，江西共修筑公路6 167.5 km。加上 1931 年以前的里程，江西公路总里程达 6 618.3 km。其公路里程与邻省相比，已经处于前列。（表 3.5）

表 3.5 20 世纪上半叶江西及周边各省公路修建概况表

单位：km

年份	江西	浙江	安徽	湖北	湖南	福建	广东	全国
1909	13	—	—	—	—	—	—	—
1930	130	896.9	1 631	1 838	—	1 950.4	—	—
1931	450.8	—	—	—	—	—	—	—
1932	1 051	767	1 688	1 276	1 247	713	—	—
1933	2 300	1 882	2 498	1 833	1 368	2 449	11 700	74 551
1934	4 652	3 121	4 208	3 240	2 076	3 263	11 244	84 809
1935	5 851	3 136	4 890	3 664	2 689	3 658	11 288	96 252
1936	6 210	3 308	5 379	4 438	2 954	3 820	11 288	119 567
1937	6 347	3 401	5 433	4 600	3 165	4 120	11 288	110 952
1938	7 352.3	—	—	—	—	—	—	—
1939	7 434.3	—	—	—	—	—	—	—
1940	7 520.3	—	—	—	—	—	—	—
1941	7 633.3	—	—	—	—	—	—	—
1946	6 909	3 200	5 412	4 534	3 440	4 416	14 516	130 219
1949	647	—	—	—	—	—	—	—

资料来源：江西省交通厅公路管理局，《江西公路史》，第 1 册，94、166～168、206 页，人民交通出版社，1989；张心澄，《中国现代交通史》，183、184 页，良友图书印刷公司，1931；中国第二历史档案馆，《财政经济》(九)，《中华民国史档案资料汇编》第 5 辑第 1 编，290～291 页，江苏古籍出版社，1994；金家凤，《中国交通之发展及其趋势》，168、169 页，正中书局，1937。

注：1930 年的数据为当年 6 月统计数据；1932 年的数据是省联络公路的数字；1933—1937 年为可通车公路数据(包括县道在内)。

抗战全面爆发后，江西公路转入战时体制。在艰苦条件下，公路处工作人员努力工作，依然取得了修筑公路 1 110 km 的成绩。其中 1938—1939 年筑路 752 km，1940—1941 年筑路 225 km。到 1941 年熊式辉离任为止，江西共修筑公路 7 487 km。然而，战争却让江西受破坏公路的里程达 5 649 km，到抗战胜利时，全省可通车的里程仅为 1 337 km。

抗战胜利后，虽然江西公路处制订了一个 175 亿多元的修复计划，并迅速组织人力、物力，开始修复公路，但由于经费的短缺，加上国共内战的爆发，国民政府无力拨款支持江西的公路建设。到国民党军队败离江西，全省可通车的公路仅有 647 km。

二、江西交通运输业发展现状

(一)各种运输线路的增加与改善

“十五”期间，江西加快了交通基础设施建设步伐，交通运输业发展迅速，运输网络体系日臻完善，整体技术水平日益提高，运输能力不断增强。已形成了由铁路、公路组成的“井”字形高速陆地运输网络为主体，水运、航空为辅助的，横贯东西、沟通南北、联结全国、走向世界的，水、陆、空并举的综合运输网络体系。“十五”时期是江西交通投资规模完成最多的时期，此时期铁路建设中的重点工程实现跨越式发展，继 2000 年京九铁路复线建成，向塘、鹰潭、南昌、青云港等车站、枢纽改造工程也先后完工。随着赣龙铁路、武九铁路、浙赣铁路电气化提速改造以及铜九铁路(江西段)、吉(安)井(冈山)铁路的建成和建设，江西铁路运营水平得到提高。

公路建设方面，江西先后完成胡傅、梨温、昌泰、泰赣、赣定、昌金、温沙、泰景、景婺黄、乐温等高速公路建设，“十五”末全省高速公路里程已达到1 559 km，比“九五”期末增加 1 138 km，增长了 2.7 倍；二级以上公路由6 785 km，增加至 9 120 km；公路特大桥数量由 21 座增加至 25 座。全省公路通车总里程达 6.23×10^4 km，公路等级率达 69.9%。江西省第一条全封闭、全立交、双向六车道绕城高速路乐化至温家圳高速公路建成通车。高速公路通车里程由原来的全国第 15 位提升到第 9 位。实现了出省主通道和省会至各设区市的道路全面高速化，“省内 4 小时经济圈”“省际 8 小时经济圈”全面形成，出省高速对接速度快于邻省。江西的高速公路建设不仅让世人刮目相看，更把“不东不西”的江西置于“长珠闽”中国三大经济强力增长极之间。

港站、航运设施方面，江西的民航运输业和水运业逐步完善。2004 年 4 月 28 日，江西省首条国际航线“南昌—新加坡”国际航线首航开通。全省开辟国内国际航线多条，通达北京、上海、广州、深圳、香港、新加坡等 30 多个城市及地区。水运港口方面重点进行改扩建码头、更新装卸设备和增加仓储能力等建设。增加生产用码头 858 座、泊位 927 个。2005 年年末，全省港口泊位达 1 690 个，其中千吨级以上泊位由 2000 年的 21 个增至 98 个。通过对赣江、信江、昌江、彭泽等航道的一系列整治和维护，特别是加快了水运三级航道整治重点工程——信江航运界牌枢纽工程的建设，江西航道通畅情况得到较大的改善。2005 年年末，全省有航运水道 5 560 km，比 2000 年延长了 23 km，其中等级航道达 2 234 km，占全部航道的 40%。

“十一五”期间，高速公路发展令人瞩目。全省“三纵四横”高速公路主骨架基本建成，承东启西、贯通南北、便捷通达、快速高效的交通运输大格局初步形成。共建成高速公路 1 508 km，全省 86%的县(市区)通了高速，增加了 6 个出省通道，打通了与长江三角洲、珠江三角洲、闽东南三角区连接的通道和通往湖南的快速通道。出省主通道和省会到各设区市道路全部高速化，形成了“省内 4 小时经济圈”“省际 8 小时经济圈”。

“十一五”期间全省农村公路建设大规模推进，共完成投资 240.2 亿元。5 年硬化农村公路里程 5.9×10^4 km，是“十五”时期的 1.65 倍，实现了全省 100％的建制村通油(水泥)路。

2011 年年末，江西省铁路营运里程 2 734.1 km，新增了昌吉赣客专、九景衢铁路、武九客专、鹰梅铁路、九江至池州城际、井冈山至赣州铁路、六安至景德镇铁路、皖赣铁路电气化改造、蒙西至华中煤运通道岳阳至吉安铁路 9 个铁路项目。江西省陆路交通图见图 3-1。

(二)运输工具大幅增加

“十五”时期，运输市场需求的日益增长，交通基础设施的日趋完善，以及运输市场的全面开放，促进了各种运输方式的发展，使全省交通运输工具保持了较快的增长势头，特别是民用汽车，增长更快。

公路运输车辆方面，2005 年年末，民用汽车达 48.36×10^4 辆，比 2000 年增加 23.66×10^4 辆，其中民用客车 27.18×10^4 辆，增加 17.1×10^4 辆，民用货车 19.89×10^4 辆，增加 6.78×10^4 辆。随着“中国入世效应”、政府出台鼓励购车的政策和汽车的性价比不断提高，江西省私人机动车拥有量以年均 38％的幅度猛增，私人汽车达 27.19×10^4 辆，比 2000 年增加 21.74×10^4 辆。全省营运性车辆的运力也持续增长，结构进一步优化。全省营运客车逐步向“大中小齐全，高中档配套”发展，大型客车占 28.3％，中、小型客车分别占 13％和 58.7 ％。大吨位、低油耗重型货车和轻型货车也在逐年增加，集装箱、零担、冷藏等货物专用货车也有一定发展，基本满足了不同层次旅客和不同类型货物的运输需求。

铁路和航空运输工具方面，全国铁路运输能力大大增强，运输工具的数量和质量也有明显的增加和提高。铁路部门陆续淘汰了一批小功率蒸汽机车，新增大型国产蒸汽机车及内燃机车，客运车辆由普通车为主改为以空调车为主。通过先进机车的引进，向塘西、鹰潭等大型枢纽的改造，铁路提速战略的实施，江西铁路技术装备质量、运输能力和运输质量均有较大提高。截至 2005 年年末，江西铁路机车拥有量为 681 辆，比 2000 年增加 67 辆，其中较先进的内燃机车 669 辆，增加 122 辆。配属客车也由 1 394 辆增加到 1 795 辆，客车出发正点率达 99.9％，运行正点率达 98.4％。民航客机方面也由中小型机向大中型的空中客车、波音等机型发展。这些不仅改善了交通运输行业整体素质和形象，而且促进了运输生产进一步发展。

2011 年，全省机动车保有量增长迅速。其中，各类型车辆增长稳定，轿车持续快速增长：民用车辆中载客汽车 122.93×10^4 辆，比上年增长 28.5％；载货汽车 46.76×10^4 辆，增长 16.4％。私人汽车 123.73×10^4 辆，比上年增

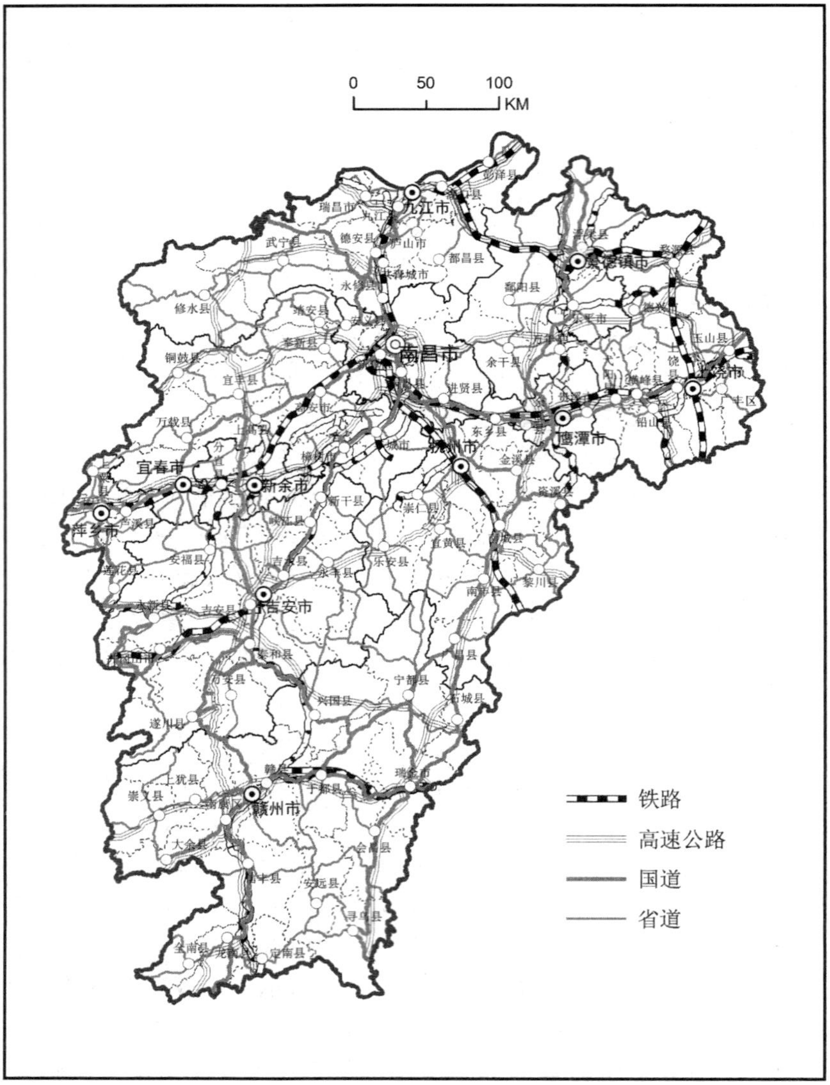

图 3-1　江西省陆路交通图

长 30.6%，净增 28.97×10⁴ 辆，私人载客汽车 95.26×10⁴ 辆，同比增长 36.8%，净增 25.63×10⁴ 辆。

摩托车保有量略有增长，普通摩托车比重大。全省拥有民用摩托车 445.23×10⁴ 辆，增长 6.7%。其中普通摩托车 440×10⁴ 辆，增长 6.8%，比重较上年继续提高；非营运摩托车 433.9 万辆，增长 6.2%；个人拥有摩托车

438.68×10^4 辆，增长 6.5％。

江西省航空运输事业迅速发展，全省拥有南昌昌北国际机场、赣州黄金机场、吉安井冈山机场、九江庐山机场、景德镇罗家机场和宜春明月山机场，南昌昌北国际机场是江西唯一的国际机场，机场扩建工程竣工通航，机场旅客年吞吐量达到 660.7×10^4 人次。

第四章　地理区划

章前语

地理区划是区域地理的核心研究内容。在一个国家或者地区内部由于地理位置、自然条件、社会经济条件、历史基础和科学水平的不同，不同地区在自然与社会经济等方面呈现出明显的差异性。本章首先从江西省地形地貌差异、地带性分异及非地带性分异方面对地理区域的差异进行了阐述。在人文地理中从人口基本情况、人口发展特征等方面加以阐述。其次对江西省区域发展差异的现状及成因进行分析并提出地区经济协调发展的措施。最后，在地域分异的基础上对江西省进行了地理区域划分。

关键词

地理差异；自然区划；经济区划；综合区划

第一节　地理区域差异

一、地形地貌分区

依据形态和成因，结合区域性地形地貌综合标志，把江西省分为 6 个地形地貌区。

赣西北中、低山与丘陵区。山川呈北东东向展布，幕阜山脉位于该区北部，向西蜿蜒入湘，庐山为其东延余脉，平地拔起，一山独秀。九岭山脉与幕阜山脉南北对峙，海拔 1 000 m 左右，组成幕阜、九岭侵蚀中山山区。该区南部为萍乡—丰城丘陵、盆地区，为碎屑岩、碳酸盐岩组成的低山丘陵和红色碎屑岩盆地。

鄱阳湖凹陷湖积冲积平原区。江西五大河流入湖处三角洲连成一片的冲湖积平原。该区河流纵横，湖泊星罗棋布，土壤肥沃，是江西主要的农业区。

赣东北中、低山与丘陵区。山川地貌呈北东向展布。西北部为浩山、蛟潭侵蚀剥离丘陵，中部为鄣公山、怀玉山侵蚀中低山，海拔一般为500～1 000 m，怀玉山脉的主峰玉京峰高1 819.9 m，南部为信江红色碎屑岩丘陵盆地。

赣抚中游吉安—抚州凹陷构造剥蚀丘陵与河谷平原区。位于赣江、抚河中游两岸广大地区。发育低山丘陵与漫滩平原以及河流阶地，地势低缓，是省内以水稻为主的农作物区。

赣西武功山、井冈山构造侵蚀中、低山区。包括武功山、井冈山、万洋山，统称罗霄山脉。海拔高度一般为1 200～1 500 m，主峰南风面海拔2 120 m，为侵蚀地貌单元。赣江西侧的数条支流源于本区，沟谷割切，水资源丰富，植被发育。

赣中南中、低山与丘陵区。位于遂川、铅山一线以南广大地区。流水侵蚀切割，地势起伏较大。本区西南部为诸广山、低山区和赣州—信丰侵蚀低山丘陵与红色碎屑岩盆地，中部的雩山—九连山、低山区与东部的武夷山、低山区呈北北东—南南西平行展布，海拔为500～1 500 m，二者之间为南城—会昌低山丘陵和红色碎屑岩盆地。武夷山脉纵驰于赣闽之间，为台风屏障，主峰黄岗山海拔2 158 m，是全省最高峰。

二、地带性分异和非地带性分异

(一)地带性分异

水平地带性分异，简称地带性分异，分为两种，即经度地带性和纬度地带性。实际上，地表并非“水平”，有平原、盆地、丘陵、山地等变化，即垂直方向上的变化，自然地理景观受其影响也有变化，这就形成了垂直地带性的分异现象。

经度地带性，即自然景观沿纬线方向(东西方向)的顺序依次更替，即同一个纬度地带，经度不同的地区自然景观不同，每一个自然景观大致与经线平行而伸展成带状。江西经度差只有4°54′，东西最宽不到500 km而且南部东西最窄处只约120 km。经度地带性主要是受水分影响而产生的。江西降水主要是受中国东部、东南部和南部的海域吹来的夏季风的影响。江西省距海最远的地方不超过600 km，最近的地方只有160 km左右，加上夏季风较为深厚，受季风影响，在全省境内不会出现明显或较大经度地带性的差别和变化。故全省自然地理区域的经度地带性的分异是很不明显的。

纬度地带性，即自然景观沿经线方向(南北方向)的顺序依次更替，即同一个经度地带，纬度不同的地区自然景观不同，每一个自然景观大致与纬线平行而伸展成带状。江西的最北点30°05′N，最南点24°29′N，两者的纬度差只有 5°36′，南北相距约 620 km。纬度地带性主要是受热量条件影响而产生的。江西南北气温相差不大，年平均气温赣南比赣北约高 5℃～6℃，1 月平均气温约高 5℃，7 月平均气温赣南却略低于赣北，纬度地带性不太明显。但是，最南点与最北点的纬度差和最东点与最西点的经度差相比，约多差 1°，假如排除其他因素影响，在全省范围内，纬度地带性比经度地带性表现得更明显。

垂直地带性，即在高山地区从山麓到山顶的水热状况随着海拔的增加而变化，形成山地垂直气候带。自然景观、植被状况受其影响产生相应的垂直分布规律。全省的山体一般海拔在 1 000 m 左右，多数山峰的高度(海拔)为 1 000～1 500 m。黄岗山是江西最高的山峰，海拔仅为 2 158 m。加之山势陡峭和人为的干扰，未见完整的植被垂直分布带谱，只可见某些有规律的垂直分布现象。江西北部，海拔 600～800 m 的基带为常绿阔叶林，优势树种是苦槠和青冈。海拔 600～800 m 以上逐渐增加落叶阔叶树和针叶树残片。落叶阔叶树种主要有水叶栎、白栎、枹树、短柄枹树、锐齿槲栎、锥栗、麻栎、栓皮栎、茅栗、华香树、灯台树、檫木等。有些地方能形成小面积的山地针叶林，例如在宜丰官山分布有穗花杉林；怀玉山玉京峰海拔 600～1 600 m 分布有华东黄杉林、黄杉林与阔叶林组成的混交林；武夷山区海拔 700～1 900 m 分布有柳杉林和柳杉、铁杉与阔叶树种组成的混交林；在庐山则多见金钱松树。江西北部海拔 800～1 000 m 的基带则是台湾松林。

江西南部的山地，从基带到 1 500 m 都是典型的常绿阔叶林，其间也有马尾松等，向上至海拔 1 500 m 是台湾松林。在海拔 500～700 m 以下，有南亚热带或热带植物区系成分渗入，其典型的群系是南岭栲。南岭栲林的分布在基带上向东北方向可深入到 29°N 的怀玉山沟谷地段。海拔 500 m 以上，逐渐出现田槠林、栲树林、红楠树、细叶青冈林等。

无论北部还是南部的孤峙山峰，也无论海拔的高低，其山顶或是山顶矮林，或是山顶灌木草丛。

江西自然植被有规律的垂直分布现象是：从山麓到山顶依次为常绿阔叶林—常绿阔叶与落叶阔叶混交林—针叶林—山顶荒山灌木草丛。

(二)非地带性分异

鄱阳湖是江西乃至中国最大的淡水湖泊，其周围又有众多的卫星湖泊，五大河流集注于鄱阳湖，湖区水网密布。这是影响江西自然环境区域分异的重要因素。这种因素与地带性因素不同，它与气候条件(即水分和热量条件)没有直接关系，由此而形成的自然环境的分异也就没有经度地带性、纬度地带性、垂直地带性等分布规律，它是地质、地貌、水文等地理因素综合作用下形成的分异。不过它是建立在地带性分异的基础上的，必然打上地带性分异的烙印。

江西非地带性分异，主要表现在土壤和植被的分布呈现以鄱阳湖为中心的环状结构。

鄱阳湖水生植被较多，主要植物有莲、野菱、芡实、眠子莱、黑藻、杏莱、苦莱等，并且有规律地呈环状分布，从沿岸线水区到中心深水区，依次为挺水植物带、浮水植物带、沉水植物带。鄱阳湖的卫星湖泊和较大的深水池塘都有水生植被。在滨湖、河岸冲积平原、湖洲、河谷盆地，尤其是湖洲湖水定期泛滥地段分布着湿生中生性草甸植被。其主要成分是禾本科，其次是莎草科、蓼科、蔷薇科、菊科等。在新建区西山局部地段有木本沼泽；湖滨和江边水泽地带有草本潜育沼泽；在海拔 900 m 以上的一些山间盆地有小面积的泥炭沼泽；湖滨草洲地带多为沼泽土、草甸土等。

鄱阳湖区的中部和北部有面积较大的沙丘，新建区流湖一带也有沙丘，厚田村几乎被沙丘包围，这些均是江西省非地带性分异的表现。这些地段广泛覆盖着蔓荆、茵陈、胡枝子、白前、假俭草等沙生植物，呈沙生植被景观。

水生植被、湿生中生性植被和沙生植被属于非地带性分异的表现，但因它发育在江西中亚热带自然环境条件下，常有中亚热带地带性的痕迹。

从上述对江西省自然地理区域分异的分析中，可以得到一个较为清晰的脉络：江西省全省属于中亚热带地区，但北部和南部略有不同；江西山地较多，以中低山和丘陵为主，在山地地区有垂直地带性分异现象；在鄱阳湖及其周围的卫星湖泊、湖滨等地带及其局部地段则呈现非地带性分异的特点。

第二节　人文地理

一、江西人口基本概况

(一)人口源流

1. 古代人口

在旧石器时代，江西境内就有人类生息。而正式的人口统计在西汉时期才有。西汉元始二年(2 年)第一次统计，江西有 6 万余户，35 万余人。江西人口在社会环境的治乱兴衰中起伏升降，呈波浪式发展。在 2 000 多年的封建社会时期，江西主要出现过三次人口高峰。第一次高峰是在东汉永和五年(140 年)，人口达到 166 万余人，接着三国时期人口急剧减少。第二次人口高峰从北宋崇宁元年(1102 年)开始，持续时间长 190 年左右，到公元 1290 年，人口达到 1 425 万余人，接着连续下降。第三次人口高峰从乾隆年间开始，延续至清道光二十年(1840 年)，江西人口达到 2 450×10^4 人，为古代江西人口的最高峰。此后 20 多年人口缓慢下降，进入了滞缓时期。

2. 近代人口

辛亥革命以后，江西是各派政治、军事势力激烈争斗的重点区域，二次革命、军阀混战、土地革命相继进行，沉重的赋税劳役，使江西人口出生率下降，死亡率上升，大量人口逃亡。1912—1929 年，江西人口总量一直在 2 400×10^4 和 2 700×10^4 之间徘徊。1930—1936 年，江西人口急剧下降，1929 年江西人口为 2 446.70×10^4 人，1930 年降到 2 232.28×10^4 人，至 1936 年降为1 539.15×10^4 人。这 7 年间人口减少了 907.55×10^4 人。民国前期(1912—1936 年)锐减，民国后期(1937—1949 年)进一步下降。江西苏区和游击区有 32 个县，1916 年人口 961.81×10^4 人，到 1931 年减少到 616.50×10^4 人，1935 年再度减到 502.43×10^4 人。在第二次国内革命战争中，江西牺牲的革命烈士，有名有姓的就有 25×10^4 余人，其余死亡或逃亡的群众更是不计其数。江西人口由 1840 年的 2 449.80×10^4 人减少到 1949 年的 1 314.04×10^4 人，减少了 1 135.76×10^4 人。

3. 当代人口

新中国成立后，江西人口数量、人口素质和人口结构都发生了诸多变化。安定、和平的生活环境和人口自然生育状态，使江西人口在 20 世纪 50 年代初至 70 年代中期迅速增长，其速度超过任何一个历史时期。在国家实行计划生育政策后，从 80 年代起，江西总人口增长速度明显趋缓。但由于人口基数较大，每年净增的人口仍然相当多。

1949—2015 年增加 8.3×10^8 人，平均每年净增 1 257.58×10^4 人。1950—1978 年，除 1951 年、1955 年、1960 年、1961 年和 1962 年 5 个年份外，其余 24 年的人口增长率均高于 20‰。自 1979 年后，每年的人口增长率均降到 20‰以下，特别是 1998 年，人口增长率降到了 10‰以下，人口再生产类型进入了低生育水平阶段。

(二)人口的变动

新中国成立以来，江西人口总量的变化，受人口结构及各种社会经济因素的影响，呈现出阶段性特点，大体分为七个阶段。

第一阶段(1949—1952 年)为国民经济恢复时期，社会日益安定，人民生活得到改善。由于国家的需要，大批人员进入江西，江西总人口出现不寻常的大幅度增长。1950 年比 1949 年净增长人口 254.08×10^4 人，年增长率为 17.63‰；1952 年比 1950 年又净增人口 75.79×10^4 人，年增长率为 47.2‰。

第二阶段(1953—1959 年)是实施第一个五年计划，开展大规模生产建设的时期，户籍管理、人口统计工作已规范化，前后计 7 年，人口增加 320.28×10^4 人，平均每年增加 45.75×10^4 人，年均增长率 25.6‰。1958 年和 1959 年两年分别净增人口 61.44×10^4 人和 63.03×10^4 人，年增长分别为 32.6‰和 32.4‰，增势突出，形成 1953 年后的江西人口第一次增长高峰。

第三阶段(1960—1962 年)为"三年自然灾害时期"，江西的人口发展出现了生育率下降，死亡率上升的现象。人口增长速度急剧减慢，3 年中净增人口数 63.94×10^4 人，平均每年增加 21.31×10^4 人，年均增长率为 10.7‰，成为历年江西人口变化过程中的一个低谷。

第四阶段(1963—1978 年)。1962 年国家提倡计划生育，由于经济好转，生活改善，出现了人口补偿性生育高峰。1966 年的年增长率为 33.0‰。到 1969 年，人口年增长率达到了 1953 年以来最高值 35.2‰，形成了第二次人口增长高峰。1976 年粉碎"四人帮"反革命集团后，各方面工作逐步恢复，江西总人口为 $3\ 182.82\times10^4$ 人，年均增加 71.43×10^4 人，年均增长率为 28.2‰。

第五阶段(1979—1990 年)。1978 年以后，我国实行改革开放，社会经济发展进入新的历史时期，计划生育被确定为基本国策。该时期江西与全国一样，人口增长速度明显下降，但由于人口基数已超过 $3\ 000\times10^4$，前后 12 年，江西总人口仍然增加了 627.82×10^4 人，每年平均增加 52.32×10^4 人。1979—1983 年，人口增长速度下降显著，每年的人口增长都在 14.5‰以下，1981 年最低，为 10.3‰。1984 年以后，第一次人口增长高峰期出生的人口已到婚育年龄，国家颁布新婚姻法，平均初婚年龄有所降低，江西的人口增长率有所回升。1984 年的年人口增长率为 18.5‰，1986 年达到 18.6‰。1990 年年末，江西人口总量为 $3\ 810.64\times10^4$ 人，比上年净增 64.42×10^4 人。

第六阶段(1991—2005 年)。这是 1949 年以来人口增长最慢的时期。但由于人口基数大，前后 13 年，江西总人口仍增加了 471.26×10^4 人，每年平均增加 33.62×10^4 人。2005 年江西人口总量为 $4\ 311.24\times10^4$ 人，比上年净增 27.67×10^4 人

第七阶段(2006—2015 年)。老龄人口庞大。江西自 2005 年进入老龄化后，老龄化速度不断加快，导致全省老年人口持续增加，2010 年，全省 60 岁及以上人口突破 500×10^4 人，2014 年突破 600×10^4 人，2015 年达到 633.71×10^4 人，比 2014 年增加 22.79×10^4 人；65 岁及以上人口 2005 年突破 300×10^4 人，2014 年突破 400×10^4 人，2015 年达到 431×10^4 人，比 2014 年增加 16.76×10^4 人，全省平均约 7 个人中就有 1 个 60 岁或以上人口，约 11 个人

中就有1个65岁或以上人口。老年人口持续增长导致全省老年抚养比(65岁及以上与15～64岁人口之比)持续提高。2015年年末，全省常住人口4 565.63×10⁴人，比2014年增加23.47×10⁴人，增长35.2%。

(三)人口分布

江西区域面积为16.69×10^4 km²。很早以前，江西北部就有古人聚居，到距今5 000年左右的新石器时代晚期，江西人口大量增多，他们主要分布在樟树、万年、修水、九江、南昌等地，过着以农耕为主的生活。秦汉至南北朝时期，江西人口主要分布在当时经济水平较高的鄱阳湖周边地区。宋代以来，由于丘陵地区的开发，人口分布由过分集中转为相对集中。明清时期，人口重心从北部南移中部，当时临江府(现樟树市临江镇)人口密度为328人/km²，但南部仍为人口稀疏地区，当时的南安府(现大余县)人口密度83人/km²。从近代至今，江西人口由于历史及其他原因，不论人口数量还是人口分布都有较大的变化，分布局势呈南疏北密。

1. 地形区域分布

江西位于东南沿海地区的内陆，地貌类型以山地、丘陵为主。江西人口数量随着海拔高度上升而减少。人口规模大的县(市)绝大部分在海拔较低的平原和低丘。2003年，江西80万人口以上的县(市)共有8个，其中7个为平原县(市)，1个为山区县(市)。50万人口以上的县(市)有29个，其中23个在低丘或平原。

2. 行政区域分布

人口行政区域分布以连接浙、沪、湘、赣的两条铁路干线为界，在不打破地市疆界的前提下，江西人口主要集中在北部各地市，南部几个地区人口密度相对较小，赣州、吉安、抚州三市人口密度均低于全省平均水平。

在南北两大区域内，人口疏密程度存在一定的差距。在人口相对稠密的北部地区，以鄱阳湖为中心，沿浙、赣铁路分布的人口较为密集；南部区域人口相对稀疏，但在吉泰平原和赣州市周围有一小范围的人口稠密区。江西的乡村人口所占比重大。1982年前，江西人口城镇化的速度很慢，乡村人口一直占江西人口的80%～90%。到2000年第五次人口普查，按人口统计的第二口径计算，江西总人口为$3\,771.02\times10^4$人，其中城镇人口769.18×10^4人，占江西人口的20.39%，乡村人口$3\,001.84\times10^4$人，仍占江西人口的79.51%。

3. 人口密度

1949年以来，江西人口密度持续上升。1952年，江西人口密度为99.2人/km²，1962年上升到122.2人/km²，2005年上升到258人/km²。江西人口密度最高值区域主要分布在平原地带，丘陵地带的人口密度较小，人口密度最低的是山区。江西境内河流较多，自古至今都是纵贯南北东西的交通要道和人口聚集地。赣江、鄱阳湖、信江和抚河流域聚集了江西80%的人口，为江西人口高密度地带。江西省人口密度分布图见图4-1。

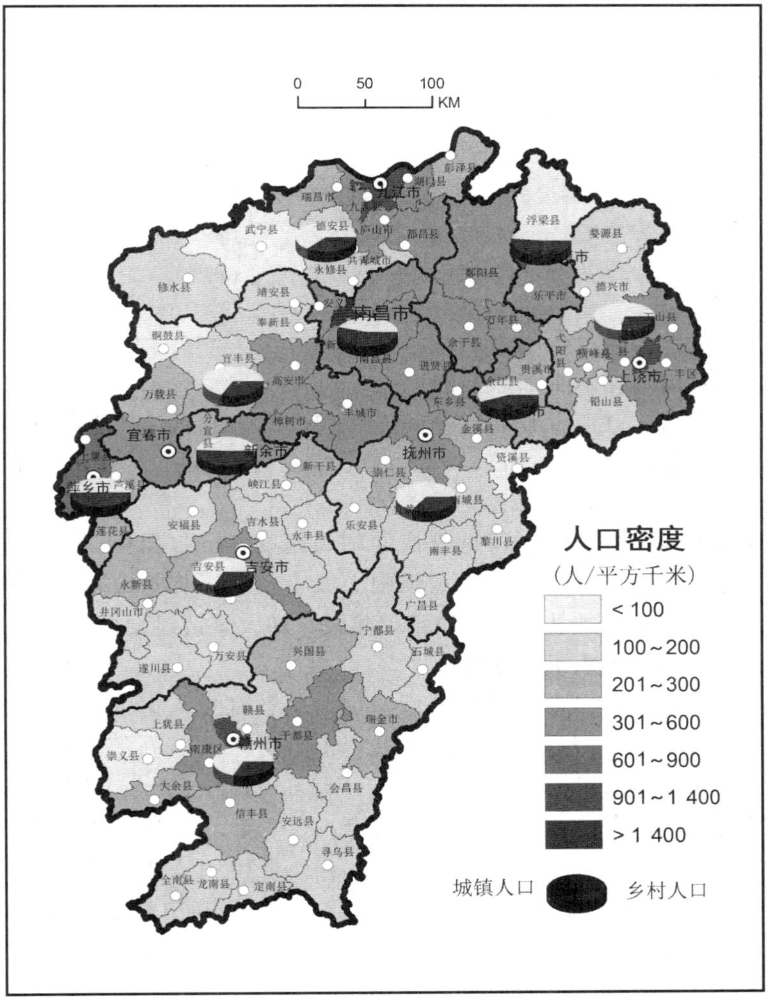

图4-1　江西省人口密度分布图

二、江西人口发展的基本特征

(一)人口总量平稳增长

江西省的人口自然增长率呈逐年下降趋势。表4.1显示，2008—2012年，全省人口自然增长率由7.91‰下降至7.32‰，净增人口由31.69×10⁴ 人下降至15.50×10⁴ 人，常住人口总量呈平稳增长态势。2012年，我省人口出生率为13.46‰，死亡率为6.14‰，自然增长率为7.32‰。

表4.1　江西主要年份人口增长情况

年份	人口总量/×10⁴ 人	净增人口/×10⁴ 人	人口城镇化率/%	人口出生率/‰	人口死亡率/‰	人口自增率/‰
2008	4 400.10	31.69	41.36	13.92	6.01	7.91
2009	4 432.16	32.06	43.18	13.87	5.98	7.89
2010	4 462.25	30.09	44.06	13.72	6.06	7.66
2011	4 488.44	26.19	45.70	13.48	5.98	7.50
2012	4 503.93	15.50	47.51	13.46	6.14	7.32

(二)人口城镇化水平加速推进

2012年年末，江西省城镇人口达到2 139.82×10⁴ 人，比上年新增88.6×10⁴ 人，相当于增加了一个大城市的城镇人口规模，人口城镇化率达到47.51%，比上年提高了1.81个百分点。

江西省的人口城镇化率保持较快的增长速度，一方面得益于工业化进程的快速推进；另一方面是将做大做强中心城市放在了更加突出的位置，积极培育次中心城市及推进县域人口城镇化建设，加大城镇建设投入力度。

(三)人口受教育水平持续提升

江西省在开展“人才兴赣”战略后，加大了教育投入力度，特别是加大了农村基础教育的投入力度，基础教育、职业教育以及高等教育全面发展。2012年，全省文盲率为2.97%，比上年下降0.05个百分点，6岁及以上人口平均受教育年限达到8.80年，比上年提高0.07年；15岁及以上人口平均受教育年限达到9.07年，比上年提高0.05年。每10万人中接受小学教育的人口有28 820人，接受初中教育的有38 371人，接受高中教育的有13 155人，接受大专以上教育的人口有7 490人。由此可以看出江西省人口接受更高水平教育的比重逐步增加，人口的文化构成正在向中、高程度转变，人口的受教育水平持续提升。

(四)人口老龄化速度加快

江西自2005年全面进入老龄化社会以来，老年人口的增长速度大于总人口的增长速度。2012年，全省65岁及以上老年人口有376.08×10⁴ 人，比上年增加20.6×10⁴ 人，占总人口的比重为8.35%，比上年提高了0.43个百分点。可以看出，无论是绝对增长量还是增长率，65岁及以上老年人口增长都快于总人口增长。与2005年相比，65岁及以上老年人口增加了59.54×10^4人，比重上升了1.01个百分点。随着0～14岁年龄人口比重的不断下降，65岁及以上老年人口的快速增加，再加上人民生活水平提高，人均预期寿命延长，江西省的人口老龄化将呈逐年加快趋势。

三、江西人口发展过程中存在的问题

(一)人口总量持续增长，给资源、环境带来巨大压力

江西人口增长虽已进入“现代人口再生产模式”，但由于人口基数大，加上人口增长的惯性作用和第四次生育高峰的影响，全省人口总量在今后较长时期内仍将持续增长。人口不断增长和经济加快发展，必然会消耗更多的资源和加大对生态环境的影响，这将给区域原本就较脆弱的自然资源和生态环境带来更大压力，使得经济与人口、资源、环境的可持续发展问题更加突出。

(二)人口文化素质仍然偏低，与经济建设需求不相适应

人口文化素质是促进经济社会发展的重要因素。2010年，每10万人中大学、高中、初中等受教育程度人口虽然增加很多，但与全国平均水平相比，还存在一定的差距。人口文化素质偏低，一方面限制了劳动力人口在高新技术产业的就业，造成许多高技术岗位和行业所需人员短缺；另一方面又有大量无技术专长的人员找不到就业岗位，供给与需求产生结构性失衡。

(三)人口年龄结构欠佳，给经济社会发展带来严峻挑战

一是人口老龄化速度加快，养老保障压力加重。江西人口老龄化在经济社会尚不发达的情况下提前到来，随着老年人口数量不断增加，需要社会赡养的老年人口越来越多，用于退休人员的保险、福利等费用将大幅上升，社会经济负担进一步加重，社会保障和公共服务体系的压力增大，这种“未富先老”的社会状况将影响经济社会发展进程。二是低龄人口性别比偏高，潜存影响社会安定因素。20世纪90年代，全省低龄人口性别比开始出现偏高倾向，到2010年，低年龄人口中，0～4岁人口的性别比为130.2，5～9岁人口的性别比为131.4，10～14岁人口的性别比为127.3，各年龄组人口性别比都超出正常范围且持续偏高。随着时间的推移，当这部分人口进入适婚年龄后，由于婚龄人口性别比失衡，男多女少的“婚姻挤压”现象将逐渐显现，并可能由此产生家庭关系不稳定等社会问题，体现在就业上，可能出现“就业性别挤压”现象，从而影响社会安定和经济发展。三是劳动年龄人口不断增加，就业压力加大。随着人口年龄结构的变化，全省劳动年龄人口在逐年增加。江西不仅每年要吸纳新增劳动力就业，而且要化解农村大量剩余劳动力向城市、

向非农产业转移的矛盾，再加上区域外劳动力人口的流入，庞大的劳动力人口将给江西劳动就业带来较大压力。

四、江西方言类型及其分布

方言研究专家调研成果表明，江西方言包括了赣语、客语、吴语以及官话(江淮)和徽语等。其中境内赣语分布区域最广，客语次之。

赣语集中分布于江西省域偏中北部地区，分布面积和使用人口占全省的70%以上；客语集中分布于省域南部地区，分布面积和使用人口占全省的20%以上。吴语、官话和徽语则散布于省域北及东北地区，面积和使用人口所占比例相对来说均很小。

赣语区包括仅赣州市除外的10个省辖市所属的68个市县区。其中：

南昌市所属南昌、安义、进贤3县，新建、东湖、西湖、青云谱、湾里、青山湖6区。

九江市所属武宁、修水、永修、德安、星子、都昌、湖口、彭泽8县。

景德镇市所属乐平1市，浮梁1县，昌江、珠山2区。

萍乡市所属上栗、芦溪、莲花3县，安源、湘东2区。

新余市所属分宜1县，渝水1区。

鹰潭市所属贵溪1市，余江1县，月湖1区。

宜春市所属樟树、丰城、高安3市，靖安、奉新、上高、宜丰、万载5县，袁州1区。

上饶市所属鄱阳、余干、万年、弋阳、横峰、铅山6县。

吉安市所属井冈山1市，吉安、新干、永丰、峡江、吉水、泰和、万安、遂川、安福、永新10县，吉州、青原2区。

抚州市所属南城、黎川、南丰、崇仁、乐安、宜黄、金溪、资溪、广昌、东乡10县，临川1区。

客语区包括赣州市所属的17个市县区和赣西北宜春市所属的铜鼓1县。其中赣州市所属的17个市县区为：南康1区，瑞金1市，赣县、信丰、大余、上犹、崇义、安远、龙南、定南、全南、兴国、宁都、于都、会昌、寻乌、石城15县。

官话区主要包括九江市和赣州市所属的6个市县区和1个管理局。其中九江市所属瑞昌1市，九江1县，浔阳、庐山2区；赣州市所属信丰1县、章贡1区。

吴语区包括上饶市所属的4个县区：上饶、玉山2县，信州、广丰2区。

徽语区包括上饶市所属的1县1市：婺源县，德兴市。

第三节　区域经济发展差异

一、区域经济发展差异

当前，学术界研究区域经济差异的论著颇多。归结起来，对区域经济差异的认识有以下几种：一是区域经济差异是各区域之间经济增长总量上的差异；二是区域经济差异是各区域之间经济增长总量及其增长速度方面的差异；三是区域经济差异是各区域之间经济增长总量、增长速度、经济结构乃至经济发展条件方面的差异。上述三种观点中，前两种观点侧重于从经济发展总体上去考察区域之间经济上的差异，而后一种观点则注重对区域之间各方面的考察，三种观点反映了不同的研究目的。

一般地，衡量区域经济差异，可以用人均国民生产总值、人均国内生产总值、人均国民收入等指标。本书认为区域经济差异是指特定区域经济经过一定时期的发展之后区域经济系统与其他区域经济系统或区域经济系统内部各子系统之间所表现出来的人均经济发展水平不平衡的现象。《2006～2007 年区域经济发展报告》中指出，区域经济的协调发展并非指区域发展的无差异化，而是指在明确各区域比较优势的基础上，寻求各区域的功能互补与互动，跨上整体发展的新水平。由此可见，研究区域经济的差异对于区域经济整体发展水平的提升具有重要作用。

二、江西省区域经济发展差异现状

(一)江西省区域经济发展差异类型分析

江西省从区位上讲，近海沿江，邻接我国最为发达的珠江三角洲和长江三角洲。如此的区位条件既有利于江西接受东南沿海发达地区的经济辐射，同时又受其“极化”作用的影响，逐步形成边缘化的经济区位。江西省凭借其较为优越的农业生产条件及水运条件，在历史上曾是我国最为发达的地区之一。然而改革开放以来，随着我国经济重心不断向东部沿海转移，江西逐步成为我国欠发达地区之一，相对地位不断下降。2006 年后，随着中部崛起战略的实施，综合竞争力开始上升。

伴随着我国经济的高速增长，江西省经济和社会发展也进入发展速度较快的时期。1978 年全省 GDP 为 87 亿元，2012 年则为 12 948.5 亿元，年均增长率超过 15%。通过对江西省各地区三大产业与全省增长的相对差异进行产业结构和地区差异的份额划分，根据在各类产业对地区 GDP 增长贡献的差异上表现出的空间特征，江西省各地区经济发展在研究阶段可归纳为以下四种类型。

第一，强增长中心型。此类地区包括南昌、萍乡。这些地区 GDP 增幅远高于全省平均水平，有较强的综合经济实力，第二产业表现出明显的地区优势，第三产业的比重不断增加，第一产业比重明显降低。

第二，增长中心型。此类地区包括景德镇、九江、新余。这些地区 GDP 都有相当程度的增长，而且第二产业都有较强的相对竞争优势，但其优势正逐渐减弱，第三产业的贡献份额不断加大，逐步形成良好的产业结构。

第三，结构调整型。此类地区包括赣州、鹰潭、抚州。虽然这些地区 GDP 增长可能慢于全省平均水平，但产业结构调整较明显，在后阶段抚州的第二产业和赣州的第三产业表现出较强的相对竞争优势。而鹰潭在前阶段第三产业发展上有较强的地区优势，在后阶段表现出第二产业发展上的地区优势。

第四，滞后发展型。此类地区包括上饶、吉安、宜春。这些地区 GDP 增长远低于全省平均水平，第一产业仍占最主要比重，在第二产业上表现出明显的竞争劣势。虽然在产业结构上第三产业比重超过第二产业，但由于这些地区工业化水平过低，整个地区发展速度缓慢，成为江西省最欠发达的地区。

(二)江西省区域经济发展水平时空格局演化分析

为了反映区域经济发展水平的空间格局及其变化，使用江西省 1990—2007 年县(市)人均 GDP 数据，参照世界银行的区域经济分类方法和标准，按全省人均 GDP 平均值的 50%、100%、150%，依次将各县(市)划分为低水平发展区、中低水平发展区、中高水平发展区、高水平发展区。

虽然江西省区域经济发展水平空间分布呈现随机格局，但区域之间的差异却呈不断扩大的趋势。低水平的县(市)由 1990 年的 3 个依次增加到 2007 年的 18 个，其分布范围由 1990 年的上饶市，到 1996 年的上饶市和吉安市，2002 年扩展到上饶、九江、吉安、抚州和赣州 5 市，2007 年又扩展到上饶、九江、吉安、抚州、赣州和鹰潭 6 市。1996 年低水平的县(市)主要集中在鄱阳湖区，2002 年后低水平的县(市)数量增加速度很快，主要集中在鄱阳湖区和赣南山区。1990 年、1996 年、2002 年、2007 年，中低水平的县(市)数量呈现先增多后减少的态势，其数量分别为 48、66、61 和 51 个；中高水平的县(市)数量呈现急剧减少后保持相对稳定的态势，其数量分别为 27、11、9 和 10 个。这说明江西省区域经济发展水平为中等水平的县(市)总体不断减少，两极分化的趋势比较明显。高水平的县(市)数量保持相对稳定，分别为 11、8、8 和 11 个，主要为设区市，在空间上呈点状分布，没有连片。并且南北差异显著，1996 年前南部有赣州和吉安两市，1996 年后仅赣州市为高水平发展区。

总体来说，江西省区域经济发展水平较高的区域沿浙赣线集聚，京九线对区域经济发展水平的提升作用并不明显。这一方面说明，对于经济基础薄弱的区域，良好的交通区位不仅不能带来经济集聚，反而会加速区域内资源的外流导致区域发展水平滞后，如浙赣线上的上饶县、玉山县和余江县；另一方面说明，京九线对江西区域经济的贡献有限，1996年京九线通车后，江西南北差异反而拉大，南部区域经济发展呈现较低水平。

20世纪90年代以来，江西省区域经济呈现以下特征：江西省区域经济相对差异呈逐年上升的态势，绝对差异呈现先上升后稳定的态势；江西省区域经济集聚程度不断增加，但速度逐渐趋缓；江西省区域经济发展水平空间相关性不显著，呈随机分布；江西省区域经济增长格局呈现明显的南北差异。

（三）各城市经济发展差异分析

对江西省80个县（市、区）的14项统计指标的数据（资料来源为2005年《江西统计年鉴》）进行主成分分析，把综合得分作为江西省80个县（市、区）的经济实力评价基准（表4.2）。其中主成分1主要反映的是区域经济总体规模、主成分2主要反映的是区域的工业发展水平、主成分3主要反映的是区域经济发展水平与人民生活水平、主成分4主要反映的是区域的投资状况、主成分5主要反映的是区域的经济结构状况，F1、F2、F3、F4、F5分别代表它们的得分。把得分按降序进行排列，正分表示区域经济发展水平高于平均水平，负分表示区域经济发展水平低于平均水平，80个县（市、区）的综合得分基本说明了江西省80个县（市、区）之间经济实力的主要特征。

表4.2 指标变量说明表

指标代码	指标	单位
X_1	城市化水平（非农业人口/总人口）	
X_2	国内生产总值	万元
X_3	人均国内生产总值	元
X_4	第三产业增加值比重	
X_5	财政总收入	万元
X_6	人均财政收入	元
X_7	财政支出	万元
X_8	人均财政支出	元
X_9	工业总产值	万元
X_{10}	人均工业总产值	元
X_{11}	固定资产投资总额	万元
X_{12}	人均固定资产投资额	万元
X_{13}	每万人卫生技术人员数	个/10^4人
X_{14}	农民人均纯收入	元

在上述因子分析的基础上，将全省 80 个县(市、区)的经济发展水平综合评价值作为聚类变量，并采用 K 均值聚类方法(K-Means cluster)进行聚类分析，最终把江西省 80 个县(市、区)划分为四种类型，即发达型、较发达型、中等型、后进型。

1. 发达型县(市、区)

发达型县(市、区)的综合评价值在 2 以上，共有 2 个县(市、区)，即贵溪市与南昌市。贵溪市区位优越，交通便利，浙赣、皖赣、鹰厦三条铁路横穿东西，纵贯南北。矿藏资源丰富，品位极高，已探明储量的矿产有金、银、铅、锌、铀、瓷土、石膏、硅石、花岗岩等 30 余种。工业发达，经济实力雄厚。驻有中央、省属 10 多家大中型企业，有中国 300 强工业企业之一的江西铜业集团公司；有亚洲最大、世界排名第 10 位、中国现代化程度最高的铜冶炼厂——贵溪冶炼厂，阴极铜产量达 40×10^4 t；有装机容量 50×10^4 kW 的华东电网主力电厂——贵溪电厂；有银锌储量为“华东之最”的银矿及国家大型建筑企业首钢四建、中国有色十五冶等。其中主成分 2，即工业发展水平因子的得分高达 8.173 83，这也使得其位列全省 80 县(市、区)综合评价之首。

南昌市作为江西的省会城市，是全省的政治、文化、经济、科技、教育、交通、通信中心。南昌市既有悠久深厚的历史文化底蕴，又有地缘地理优势与区位优势；既有雄厚的经济实力，又有丰富的科教资源，因而在扩散效应和涓滴效应的双重作用下，成为江西省综合经济实力最强的县(市、区)之一，在因子分析中其各因子的贡献率都比较高，五个主成分中有四个的得分都大于 1，特别是主成分 1 经济总量因子，得分值达 3.663 32。此类县(市、区)应在经济发展水平较高的基础上发挥自身的优势，弥补不足，从而进一步巩固、确立其在全省县(市、区)中的领先地位，充分发挥极点的辐射和扩散作用，带动江西省其他县(市、区)的发展。

2. 较发达型县(市、区)

较发达型县(市、区)的综合评价值介于 0.7 和 1.5 之间，共有 5 个县(市)，即丰城市、广丰区、乐平市、新建区和樟树市。其中有 3 个县级(市)和 2 个市辖区。此类县(市、区)区位优越、交通便利，均处于铁路沿线和重要公路沿线，并且容易受到各个区域经济中心城市的扩散效应和涓滴效应作用。丰城、樟树两市位于江西省中部，横跨赣江中下游两岸，105 国道、赣粤高速、沪瑞高速、京九铁路、浙赣铁路穿境而过，是全省水陆交通转运枢纽。广丰区位于上饶地区东部，浙赣铁路和 320 国道南侧，交通便捷。乐平市地处“南昌—九江—景德镇”金三角区域，人口众多，市场发达，商贸繁荣，物流便捷，皖赣铁路、206 国道穿境而过。新建区作为南昌市的辖区区位优越，可以接受省会南昌的辐射，同时交通发达，京九铁路穿境而过，105国道、320国道，昌九、昌樟、温厚高速公路横贯新建，赣江鄱阳湖水道傍东而泻，昌北民用机场雄踞乐化，南昌铁路客运西站和公路客运西站也都纳入了南昌市总体建设规划，形成了铁路、公路、水运、航空相互衔接、纵横交错的立体交通网络。在因子评价中此类县(市、区)的主成分1、主成分3、主成分5得分相对较高。此类县(市、区)在经济总量、经济发展水平和经济结构方面都高于全省平均水平。此类县(市、区)应当抓住当前的发展机遇，积极发展，为推进江西省按照在铁路沿线进行点轴开发的模式的发展起积极作用。

3. 中等型县(市、区)

中等型县(市、区)的综合评价值介于－0.072 631和0.485 846之间，共有28个县(市、区)，此类县(市、区)主要位于“南昌—九江—景德镇”金三角区域、赣州地区和上饶地区的铁路和重要公路沿线，即便不在这三个区域，也都位于京九线、浙赣线等铁路沿线，具有较优越的交通区位，有的县(市、区)还具有丰富的矿产资源和优越的自然条件。此类县(市、区)具有较好的发展基础和发展条件，如果能够抓住历史发展的机遇，充分发挥自身优势，将会成为江西经济飞速发展的中坚力量。

4. 后进型县(市、区)

后进型县(市、区)的综合评价值都低于－0.089 618，是江西省最不发达的区域，共有45个县域，占了江西省整个县(市、区)数的50%以上。在各主成分得分评价值中，各项主成分的得分都比较低，极个别主成分得分大于1，大多数主成分得分是负值。此类县(市、区)大都位于中南部地区以及江西省与湖南省、福建省、安徽省等省份交界的偏远地区，交通不便、市场意识淡薄、接受各经济发达地区的辐射能力弱、经济发展落后。这类县(市、区)基本存在以下问题：一是自然地理条件差，交通不便；二是农民生活观念陈旧，受教育程度低，科技文化素质低，市场意识和工业意识不强；三是农业产业化经营发展缓慢；四是农业基础设施不完善，抵御自然灾害能力不强，农业机械化生产水平低。这类县(市、区)严重制约了整个江西的发展。因此，必须高度重视存在的问题，在工作中采取有力措施认真加以解决。

县域经济发展受诸多因素的影响，如所处地理位置、自然资源、人力资源状况、区域生产力发展历史与基础等。区位条件、自然条件与自然资源这些因素在地域上往往分布不均、组合有别，因此全省各县域的经济发展水平高低有别。江西省各县域经济发展水平在地域上呈现以下特征：

县域经济差异显著。整体态势是南北高中间低，并呈现出京九线(九江—南昌—赣州)、浙赣线(上饶—南昌—萍乡)沿线县(市、区)高而边远地区低的态势。全省 80 个县(市、区)中属于前三类(即发达型、较发达型、中等型)的县(市、区)有 35 个，其中大部分都位于江西北部的“南昌—九江—景德镇”金三角区域或江西南部的赣州地区，其余则位于京九线、浙赣线的沿线。后进型县(市、区)有 45 个，大都位于江西的中南部以及江西与湖南、安徽、福建交界的边远地区，交通极其不便。整个江西的县域经济差异明显呈现出前述态势。

点轴特征显著。由前面分析可知，在全省县域经济实力综合评价值的排序中，位于前 20 位的县(市、区)散布于全省各地，形成了辐射、带动整个江西区域经济发展的极点。另外，位于交通枢纽和交通干线上的县(市、区)，经济发展水平也较高，表现出极强的轴线特征。形成极点的这些县(市、区)都处于浙赣线、京九线、皖赣线和 105 国道、320 国道沿线上，呈现典型的轴线分布，形成了江西经济发展的一级轴线。点轴特征可以说是江西省经济空间布局的真实写照，同时也体现出交通是制约江西经济发展的重要因素之一。

(四)南北区域经济发展水平差异分析

根据南北人均 GDP 的差距，我们将江西省划分为南部和北部区域。南部包括抚州、吉安、赣州 3 市。北部包括南昌、景德镇、萍乡、九江、新余、鹰潭、宜春、上饶 8 市，南北土地面积相当。2006 年年末，南部人口总和为 $1\ 681\times10^4$ 人，人均 GDP 为 7 452 元，北部人口总和为 $2\ 659\times10^4$ 人，人均 GDP 为 12 936 元，南部人均 GDP 是北部人均 GDP 的 57.6%。

1. 两大区域经济发展水平差异

从赣北赣南的经济发展综合评价值来看，赣南和赣北有非常大的差距，从一些社会经济发展指标来看，也是如此。从两大区域所属县域的经济发展水平来看，赣北也远远高于赣南。在经济发展水平排在前 20 名的县(市、区)中，有 16 个县(市、区)位于赣北，占 80%；在排名后 20 名的县域中，有 14 个位于赣南，占 70%；另外从两大区域的综合评价值也可看出两大区域有很大差距。(表 4.3)

表 4.3 两大区域经济发展综合评价值及社会经济发展主要指标(2006 年)

	综合评价值	人均消费/元	近五年GDP年平均增速/%	人均财政收入/元	人均存款/元	非农产业比重/%	万人拥有教师数/人	万人拥有医护数/人	万人从事高新技术产业数/人
赣北	39.5	5 746	18.66	706	8 058	87.4	38.0	30	74
赣南	3.4	3 640	16.36	393	6 012	76.3	37.0	23	9

2. 两大区域居民收入差异

赣北赣南以及全省城镇居民货币工资、农民人均纯收入及居民人均 GDP 状况见表 4.4。

表 4.4　两大区域及全省居民收入与消费水平(2006 年)

	赣北	赣南	全省平均值	V(变异系数)
农民人均纯收入/元	3 809	3 292	3 582	0.132
城镇在岗职工平均工资/元	15 877	12 260	14 851	0.167
人均 GDP/元	12 936	7 452	10 798	0.508

从农民人均纯收入看，两大区域差异不大，与全省相比，赣北约比全省平均值高出 6.3%，赣南约比全省平均值低 8.1%；从城镇在岗职工平均工资看，两大区域差异相对农民人均纯收入要大，赣北约比全省平均值高 6.9%，赣南约比全省平均值低 17.4%；从人均 GDP 来看，两大地区差异要明显很多，与全省人均 GDP 相比，赣北约高出 19.8%，赣南约低 40%。人均 GDP 的差异要大于农民人均纯收入和城镇在岗职工平均工资的差异，这是因为非货币性的其他收入强化了差异。以上差异也可以从变异系数的大小看出。

从各地级市的农民人均纯收入来看，赣北地区除了上饶、九江低于全省平均值外，其余地区高于全省平均值，而赣南地区都低于全省平均值；从城镇居民货币工资来看，赣北地区景德镇、九江、宜春、上饶 4 市低于全省平均值，其余地区高于全省平均值，赣南地区都低于全省平均值；从人均 GDP 看，赣北地区上饶、宜春等 3 地低于全省平均值，其余 6 市都远高于平均值，尤其是南昌市，达 26 131 元，而排在第二的新余相对低很多，仅 19 172 元，这说明赣北内部城市之间的人均 GDP 差距也很大，从赣南地区看，3 市都明显低于全省平均值。

综上所述，江西省内部区域之间经济发展水平的差异比较明显，而且有扩大的趋势。赣北地区的经济实力明显强于赣南地区，赣南地区经济处于落后地位，缺乏带动经济快速发展的增长点。因此，在加强赣北地区经济发展的同时，要推动赣南地区经济的快速发展。而且必须在赣南地区加快经济规模现已较大、经济功能较为齐全县市区的发展，将其培养成新的经济增长点，以便更好地带动落后县市区的发展，促进江西省经济的全面发展。

三、江西省区域经济发展差异成因分析

区域经济发展参差不齐的现象始终都存在，而且是一种普遍现象，这种

差异性也将长期存在下去。任何事物的产生和演化差异均与其本身原有的基础密切相关。区域之间的经济发展差异同样如此，我们在探讨区域经济差异时有必要对区域之间的发展基础进行分析、比较，从中寻找到一些能够解释区域经济差异的原因。本书把区域之间经济发展差异的形成原因分为四个方面，即基础原因、资本投入原因、产业结构原因、政策原因，从这四个方面来分析区域之间发展基础不同对区域经济差异变化产生的影响。为便于研究，将江西省划分为赣南地区与赣北地区。其中，赣南地区包括赣州、吉安、抚州 3 市；赣北地区包括南昌、九江、景德镇、萍乡、宜春、新余、鹰潭、上饶 8 市。

(一)江西省区域经济差异形成的发展基础原因

区域经济的发展离不开原有的基础。因此，我们在探讨经济差异原因时有必要对各地区的基础进行比较分析。在此，将发展基础分为自然基础、经济基础和区位条件，从这三个方面来分析不同发展基础对区域经济产生的影响。

1. 自然基础条件差异

区域经济发展的自然基础包括了区域所处的自然环境，以及包含在自然环境中的各种自然要素对区域经济发展产生影响而构成的自然条件和自然资源。虽然，在现代区域经济发展中自然基础的影响并不是决定性的，但也是一个不可忽视的方面。这是因为，从总体而言，自然基础能够对区域产业的形成与发展、自然资源的开发与利用、生存环境状况等产生直接或间接的影响，从而影响到区域的经济发展状况。那么，就各区域而言，自然基础的差异势必造成其经济发展的差异。

江西省境内除北部较为平坦外，东西南部三面环绕有幕阜山脉、武夷山脉、怀玉山脉、九连山脉和九岭山脉，中部丘陵起伏，成为一个整体向鄱阳湖倾斜、往北开口的巨大盆地。鄱阳湖为中国最大的淡水湖，同时也是世界上最大的候鸟栖息地。赣、抚、信、饶、修五条江河在江西北部冲积、淤积形成鄱阳湖平原，其上湖泊众多。南部则以丘陵山地为主，其间散布红色岩系广布的盆地和小型河谷平原。受大地构造控制，江西矿产资源南北分布的特征明显。赣北地区矿产资源优势明显，在煤矿、铜矿等矿产资源方面优势更加突出。北部矿产种类多，富矿多且组合较好，其中在全国和世界上具有优势的矿种有中重稀土、黑钨矿两种。中重稀土的保有储量为 21×10^4 t，分别占全国和世界的 54.9%和 36.2%。钨的保有储量为 52.27×10^4 t，分别占全国和世界的 39%和 26%。赣北地区地下矿藏丰富，是我国矿产资源配套程度较高的区域之一。赣北地区储量居全国前三位的矿产有铜、银、钽、钪、铯、铷、金、伴生硫、滑石、粉石英、硅灰石等 12 种。而赣南地区只有钨、稀土、铀 3 种矿产有的储量居全国前

三位。赣北地区的矿产总产值整体高于赣南地区。赣南地区与赣北地区矿产资源的状势与劣势对比见表4.5

表4.5　赣南地区与赣北地区矿产资源的优势与劣势

	赣南地区	赣北地区
优势资源	中重稀土、黑钨矿、铀、锡、萤石、麦饭石、轻稀土、岩盐	铜、金、煤、银、钪、白钨矿、锑、钼、钽、岩盐、粉石英、硅灰石、含锂瓷石、伴生硫
劣势资源	石油、天然气、钾盐、铝、煤、铁、铜、石膏、钴	石油、天然气、钾盐、铝

2. 经济基础条件差异

区域经济基础是影响区域经济差异变化的基本因素之一。因为，无论从发展速度，还是从经济总量规模来看，任何一个区域的经济发展都受制于其原有的经济基础。所以，区域之间的经济发展水平差异的变化是与其经济基础差异密切相关的。如果落后区域要赶上发达区域的经济发展水平，在总量规模相差较大的情况下，其经济发展速度就必须超过发达区域才能在一定的时间段内实现这个目标。

从以上资料可以看出，江西省各县市区经济总量基础存在较大差距。首先从投资来看，由于相对落后地区经济总量规模较小，政府投资建设基础设施的资金严重不足，在整个投资环境没有得到完全改善之前，招商引资的吸引力不够，最终导致资本缺乏，进而阻碍了该区域经济的发展。作为内陆落后省份的江西省，政府每年投入的有限资金往往集中在已经具有一定经济规模和经济基础的区域，而且这些区域可能已经是更大区域内的经济增长极或者具有一定带动区域经济发展能力的增长点。譬如，南昌市、九江市和赣州市等设区市就更有可能成为政府投资的重点对象。再者，经济基础较差的相对落后区域在一定时期内受经济增长惯性的作用，其经济发展速度比发达区域发展速度要慢，相对落后地区与相对发达地区之间的经济绝对差异和相对差异的扩大仍然是不可避免的，也有可能是相对差异缩小的同时绝对差异仍在继续扩大。

3. 区位条件差异

区位是人类活动(人类行为)所占有的场所。人类活动并不是均匀分布在地球表面的，而是集中在局部地点或场所，究其原因，主要是不同的场所并不能同样满足人类所从事某项活动的要求，即不同的场所有不同的区位条件。

区位条件也是江西省各县市区区域经济发展的一个重要影响因素。

首先，从铁路建设来看，20 世纪 30 年代修建了浙赣铁路以及九江至南昌等铁路。浙赣铁路由东向西，先后经过上饶市、贵溪市、鹰潭市、南昌市、丰城市、樟树市、新余市、宜春市、萍乡市。在 1996 年全线开通的京九铁路是中国又一条南北交通大动脉，实现了江西省南北铁路贯通，结束了赣南地区无铁路的历史。其作为江西交通的“脊梁”，由北向南，先后经过九江市、南昌市、吉安市和赣州市等 22 个县(市、区)。而皖赣铁路的建成通车，加强了瓷都景德镇对外的联系，缩短了赣东北区与省会南昌的路程。其由北向南，从安徽入境，先后经过景德镇市、乐平市、万年县、贵溪市，再与浙赣铁路相交。大沙线(武九铁路)的通车，构成京广与浙赣铁路的新联络线，缩短了南昌至北京的运距 360 km。鹰厦铁路从鹰潭出发，途经资溪县通往厦门。再者，从江西省高速公路建设来看，1996 年昌九高速公路全线建成通车，实现了江西省高速公路零的突破。之后，高速公路建设不断加快。昌樟高速、温厚高速、九景高速、胡傅高速、梨温高速、昌泰高速相继建成。2004 年赣粤高速赣州段建成通车，江西高速公路总里程突破 1 000 km，成为全国 16 个高速公路突破 1 000 km 的省市之一。2005 年，京福高速公路温沙段及昌金高速公路全线通车。至此，江西省建成的高速公路达到了 12 条，总里程为 1 422 km，跃居全国第九，“一斜两纵四横”高速公路主框架形成，出省通道和省会南昌至各设区市道路也全面实现高速化。

铁路方面，浙赣线、南浔线、厦鹰线、皖赣线几乎都在北部。而在 2010 年 9 月 20 日建成通车的昌九城际高铁则进一步加剧了江西交通分布的非均衡格局。水路方面，长江经过九江，鄱阳湖位于北部，北部的河道运输强于南部地区。而南部低山丘陵交通不便，铁路网公路网的不完善在很大程度上阻碍了南部经济的发展，最终导致了江西省南北区域之间及其内部各县市之间的区域经济差距逐渐扩大。

(二)江西省区域经济差异形成的资本投入原因

随着市场机制的逐步完善，资本肩负着启动消费、拉动经济的重任。资本投入是推动经济增长的直接动力，资本投入的差异是区域经济差异形成的重要原因之一。这里的资本主要包括固定资产和实际利用外资两个方面。固定资产是推动经济增长的重要力量，而利用外资情况则是地区对外开放程度的体现。历史经验告诉我们，对外开放有利于推动技术进步、增加就业、提高人民生活水平、带动产业结构升级、加快地区的外贸增长和推动工业化进程。

从固定资产投资情况来看：2009 年投资总量最高的是南昌市，达

1 546.88亿元(表4.6)。赣北地区固定资产投资总额为4 837.92亿元，占全省比重高达74%，而赣南地区的固定资产投资总额却只与省会南昌相当，为1 665.93亿元。赣北地区人均固定资产投资额为21 428.61万元，是赣南地区的2.06倍。从近几年的基尼系数和变异系数来看，经济空间结构的惯性仍然有扩大的趋势，但步伐正逐渐变缓。从利用外资额来看南昌仍遥遥领先。2009年，南昌实际利用外资总额112 133万美元，是排在第二位的新余(41 070万美元)的近三倍。实际利用外资总额最少的抚州市实际利用外资1 032万美元，不足南昌的1%。

表4.6　2009年江西各地区固定资产投资情况

地区名称	固定资产投资/亿元	固定资产增速/%	人均固定资产投资/元
南昌市	1 546.88	42.4	31 105.57
景德镇市	330.55	43.7	20 960.68
萍乡市	507.43	43.6	27 222.64
九江市	658.96	43.9	13 756.99
新余市	507.48	43.1	44 515.79
鹰潭市	184.24	42.3	16 523.77
赣州市	594.70	46.5	6 629.88
吉安市	589.23	43.4	12 199.38
宜春市	490.00	43.5	8 935.08
抚州市	482.00	43.3	12 339.99
上饶市	612.38	42.9	8 408.35

(三)江西省区域经济差异形成的产业结构原因

改革开放以来，江西省三大产业结构发生了很大变化，这对地区间经济发展和人民生活水平提高起了很大作用。特别是近几年来，江西省三次产业的总量和结构都发生了较大的变化，无论从总产出还是增加值来看，三次产业的总量都增加迅速，与之相伴的产业结构也在不断演变。以2009年江西各地区产业产值比重(表4.7)横向比较来看，赣南地区第二产业的比重为45.51%，赣北地区为56%。另外，从第二产业增加值来看，赣南地区与赣北地区的差异更加明显，赣南地区第二产业增加值为909.96亿元，赣北地区为3 095.36亿元，比赣南地区的3倍还多。赣北地区仅江西铜业2010年的营业收入就为764.4亿元，而作为赣南地区发展较好的稀土产业2010年的主营业收入仅有149.6亿元，而钨矿产业不足200亿元。

表 4.7　2009 年江西各地区产业产值比重

地区名称	第一产业产值比重/%	第二产业产值比重/%	第二产业产值比重/%	第二产业增加值/亿元
南昌市	6.00	55.40	38.60	1 018.69
景德镇市	9.20	58.20	32.60	211.98
萍乡市	8.80	61.60	29.60	259.80
九江市	11.00	53.10	35.90	441.10
新余市	6.50	58.50	34.60	283.31
鹰潭市	12.00	59.20	28.80	151.92
赣州市	20.80	42.30	36.90	398.07
吉安市	22.25	46.93	30.82	274.09
宜春市	20.90	52.90	26.20	370.76
抚州市	21.70	47.30	31.00	237.80
上饶市	18.60	49.10	32.30	357.80

地区间产业结构差异明显，是造成区域经济差异扩大的重要因素之一。根据 1991 年和 2009 年江西统计年鉴的数据，对江西省 11 个设区市的三大产业结构进行分类比较。第一产业低于全省平均水平、第二产业高于全省平均水平的地市(南昌、景德镇、萍乡、九江、新余、鹰潭）基本位于赣北经济较发达地区。因此，这类地市经济发展速度较高，居民收入较高，市场繁荣，社会进步。第二产业低于全省平均水平、第一产业高于全省平均水平的地市有 5 个。这类地区基本上位于江西的南部即赣南地区。从总体水平上看，这些地区大多属较落后地区。

(四)江西省区域经济差异形成的政策原因

地方政府的经济政策对区域经济发展有着十分重要的影响，因为地方政府的经济政策虽然是从全局的整体利益出发来调控整个经济发展，但是在具体的实施过程中总是要落实到各个区域，给不同区域所带来的发展机遇和实际经济利益是不可能相同的。这方面的差异会造成各区域之间经济发展速度的差异，进而影响到它们之间的经济差异变化。

从江西省社会经济的发展看，近代工业首先在北部兴起，主要集中在南昌市和九江市。1905—1937 年先后修建了萍乡至株洲、九江至南昌、玉山至萍乡的铁路，在此期间还修建了南昌至赣州、江西通福建的公路。由于南部长期处于封闭的状态，所以其社会经济的发展相对于北部地区来说要落后得多。新中国成立以后开始了大规模的工业化建设运动，“一五”期间重点建设了南昌市、景德镇市、赣州市、萍乡市。“七五”计划以前，江西省经济建设的重点一直在浙赣铁路沿线。“八五”计划以后，为了呼应长江经济带的建设，投资重点向南昌—九江铁路沿线转移。1992 年 2 月，江西省省委常委会批准了在樟树市开展经济体制综合改革试点工作和建设“昌九工业走廊”两项方案。同年 8 月，国务院决定继沿海沿边城市之后进一步对外开放九江等 5 个长江沿岸城市，南昌等 11 个内陆省会城市，实行沿海开放城市的政策。1995 年 8 月，江西省第十次党代会所确定的江西经济发展战略构思是：坚持把江西经济大厦建立在现代农业基础之上，抓住京九铁路贯通和沿长江开放开发的机遇，以京九铁路为主干，浙赣沿线为两翼，开创大开放格局，推进基础设施建设，加快县域经济发展，加速工业化、城镇化进程。2009 年 12 月 12 日，鄱阳湖生态经济区建设正式上升为国家战略，这将进一步加剧政策不平衡，且影响将持续很长一段时间。而这些战略所覆盖的区域都在赣北地区，而与之相对应的却是赣南地区的政策凹陷。

由于政府可支配经济资源的有限性，地方政府往往选择在能将经济效益发挥到最大的区域进行重点建设。同时，赣北地区在经济基础等各方面条件较赣南地区优越，所以政府更偏向投资赣北地区。这一点我们从以上政府计划中就能得到证实。正是由于政府政策的差异性，最终导致有优势的区域更具优势，缺乏优势的区域更加丧失优势，江西省南北区域之间的经济差异进一步扩大。

四、地区经济协调发展的措施

江西区域经济发展差异在逐年扩大，区域经济差异扩大对全省经济的发展是不利的，如果任其发展必然会严重影响江西经济的健康发展，必须采取相关对策。可从以下几个方面来缩小区域间的经济差异：

(一)积极培养赣南地区经济增长极、完善江西城镇体系结构

从江西省整体经济实力与人均经济水平来看，江西省的经济发展重心位于赣北地区，而且经济较发达的县市区也主要分布在该地区。赣南地区 43 个县市区除少数县市区外经济发展水平均较落后。从空间上分析，赣南地区缺乏带动整个区域经济发展的经济增长极，为了促使江西南北区域协调发展，在赣南地区培养新的经济增长极必不可少。

江西省区域经济空间结构应该采用点—轴渐进开发模式。其中，一级经济增长极主要为南昌市、九江市和赣州市。其他 8 个设区市为二级经济增长点，其他所有的市辖区县和县级市为三级经济增长点。一级经济发展轴线为“京九线”“浙赣线”以及与两者平行的高速公路，二级经济发展轴线为国道，以此形成网状的空间结构系统。由于各级经济增长中心之间存在较大的势差，

一级经济增长极通过发展轴带动二级和三级经济增长点的发展，慢慢培养新的增长极；而二级经济增长点通过二级或更低级别的发展轴来推动周边三级经济增长点的发展。通过各经济发展轴将物流、人流、经济流、技术流、资金流、信息流等扩散到各级经济增长极。一级经济发展轴在形成的过程中将对沿线周边产业和人口形成巨大的吸引力，最终产生京九产业密集经济带和浙赣产业密集经济带，同时在各经济增长点能量扩散的过程中，也必将带动周边乡村经济的发展。从现状分析看，由于赣南地区经济整体水平偏低，为了缩小江西省南北区域经济差异，为了使江西经济协调可持续发展，必须重点扶持和培养赣州市这个经济增长极，使其今后有能力带动其他二、三级经济增长点及整个赣南地区的经济发展。

(二)加强赣南地区产业结构调整、优化赣北地区产业结构

产业结构调整是江西省经济崛起的工作重点之一。合理的产业结构是区域健康发展的前提。它不但有利于充分利用区域资源，发挥区域优势，提高区域产业经济效益，增强区域经济实力，而且还有利于满足区域不断增长的人口和社会发展需求。同时，合理的产业结构，也是保护生态环境、实现区域持续发展的保证。

江西省各级地方政府应该以市场为导向，采取与市场需求相协调的产业结构政策，积极发挥各级地方政府的组织和引导作用，逐步进行产业结构的调整。各地区要根据资源环境承载能力和发展潜力，按照优先开发、重点开发、限制开发和禁止开发的不同要求，明确不同区域的功能定位，制定相应的政策和评价指标，逐步形成各具特色的区域发展格局。

针对江西省有些县市区产业结构落后和三次产业结构“虚高”的现象，江西省各级政府部门必须尊重产业结构优化发展的客观规律，认清当前的经济发展水平现状，在未来较长的时间内，重点提高“二、三、一”产业结构的质量，而不是急于向“三、二、一”高级阶段过渡。当前江西省产业结构调整和优化发展的中心任务及重点应是继续加快工业化发展进程，进一步增加第二产业在国内生产总值的比重。与此同时，努力提高第三产业的发展速度、发展质量和效率，加快第一产业的综合发展。

(三)确立省域差异警戒水平

在省域差异警戒线下进行合理的政策调控。确立了警戒水平以后，便可对省域差异进行跟踪监测，并采取相应的政策调控措施以保证省域经济运行处于良性状态。根据理论计算，1996 年江西省区域经济绝对差异已超过警戒水平，因此应及时调整和完善区域经济政策，缩小区域差异。政府作为区域经济差异的调控主体，应正确处理好倾斜与均衡的关系，采取差异控制政策，着力使差异控制在适度的范围内，并采取一系列政策和措施加快江西经济的发展，逐步缩小落后区域与发达区域的经济差异，使省域经济接近最优状态，进而促进江西区域经济协调发展。

(四)主动融入周边经济发展圈、全面促进技术升级

经济辐射是指经济发展水平和现代化程度相对较高的地区向经济发展较落后的地区进行资本、人才、技术、市场等要素的流动和转移，以及思想观念、思维方式、生活习惯等方面的传播，以现代化的思想观念、思维方式、生活习惯替代与现代化相悖的旧习惯势力，从而进一步提高经济资源配置的“效率”。在经济辐射中，发达地区或城市与落后地区或城市存在着互相辐射。前者向后者传递先进的科学技术、资本、管理经验、信息、思想观念、思维习惯和生活方式等；后者向前者提供自然资源、人才、市场等。由于前者向后者传递了先进的生产资源，通过接触能够缩小两者在经济发展水平上的差距。上饶市、景德镇市和鹰潭市主要接受长江三角洲中心城市上海市的经济辐射；吉安市和赣州市主要受珠江三角洲中心城市广州市的影响；其他设区市主要受武汉市的经济影响。江西省各县市区在经济发展的过程中，应该积极主动地接受周边中心城市的经济辐射，主动融入周边经济发展圈。

区域经济要发展，创新是关键。创新主要有两种模式：一是自主研发，二是技术引进。从江西省各县市的经济基础来看，专门设立研发部门自主研发的成本相对比较高，投资风险大。技术引进是比较适合江西省技术创新的一种途径。因此，江西省各县市区在积极接受与自身相对应的强经济中心的经济辐射的同时，应该加强招商引资力度，通过引进先进的生产技术，全面推动产业结构升级，促进区域经济的快速发展。南昌市和各设区市要继续发挥对本区域经济发展的带动和辐射作用，加强区内城市的分工协作和优势互补，增强城市群的整体竞争力。如赣北地区，以南昌、九江、景德镇三市为龙头，通过统筹规划，形成环鄱阳湖经济圈，从而更有利于与长江三角洲城市群相联结，积极融入“汉长昌”经济圈，以实现优势互补，发挥中部地区整体优势，加快中部经济崛起的步伐，全面促进技术升级。

(五)加大对赣南地区的政策倾斜力度

赣南地区无论从GDP、人均GDP还是从其他方面来看，经济都处于落后的位置。因此在全面发展北部地区经济的同时必须推动赣南地区经济的快速发展，要推动赣南地区的经济发展必须加快培养赣州市这一经济增长极，推动赣州市作为江西省副经济中心、赣南片区经济中心的经济建设。赣州市是江西省最大的行政区，且位于赣南的中心地带，因其实力较弱，未能承担起辐射赣南的重任。赣(州)龙(岩)铁路开通后成为横贯我国南部，连接福建、江西、湖南、广西和西南的交通大动脉的一部分，在全国路网布局中具有重要作用。而厦(门)赣(州)郴(州)铁路的建设、赣粤高速公路的建成通车，将使赣州成为我国东南部的又一交通枢纽，也是江西省唯一一个既能融入海峡西岸经济区又能对接珠三角的地区。因此，应该给予赣州足够的政策支持：第一，赣州作为承接沿海产业转移的桥头堡，省政府应全力支持赣州作为江西省产业转移的先行先试点；第二，进一步支持将赣州建设为赣粤闽湘四省通衢的区域性特大城市，力争使赣州成为省级副中心城市，与南昌形成双核的城市格局；第三，大力发展赣南地区的金融，完善金融体系，可重点扶持发展赣州的金融，将赣州打造为赣南地区乃至赣粤闽湘四省的区域性金融中心。

第四节　地理区域综合划分

区域是地理学中研究人地关系的基础，从区域的角度来研究可持续发展是地理学深入探讨人地关系地域系统、协调人和自然关系的必要途径。

地理区域综合划分是把握区域发展特征、地域优势与发展方向，充分合理地利用区域自然、人文发展条件，制定和实施社会经济发展战略的重要科学基础，是提高区域发展水平的重要途径。

一、区划原则

(一)自然、人文地域分异规律相结合

在地域划分中，应充分重视自然和人文方面的地域分异规律，并把它们结合起来加以考虑。

(二)综合分析和主导因素相结合

地理区域综合划分除自然因素外，还要考虑社会和经济因素。自然环境的变化往往比社会经济的发展变化迟缓，相对比较稳定。因此，地理区域综合划分应按照各种因素可改变的程度加以区分。

(三)发生统一性原则

在进行划分时，应充分考虑地域单元之间的历史渊源，重视时间尺度及区域社会经济发展程度，考虑到其未来的发展趋势。

(四)区域共轭性原则

在进行划分时，要充分注意到县市区行政区划的完整性。

江西省在遵循以上划分原则的前提下，将全省划分为赣东北、赣西北、鄱阳湖、赣中和赣南 5 个部分(图 4-2)。

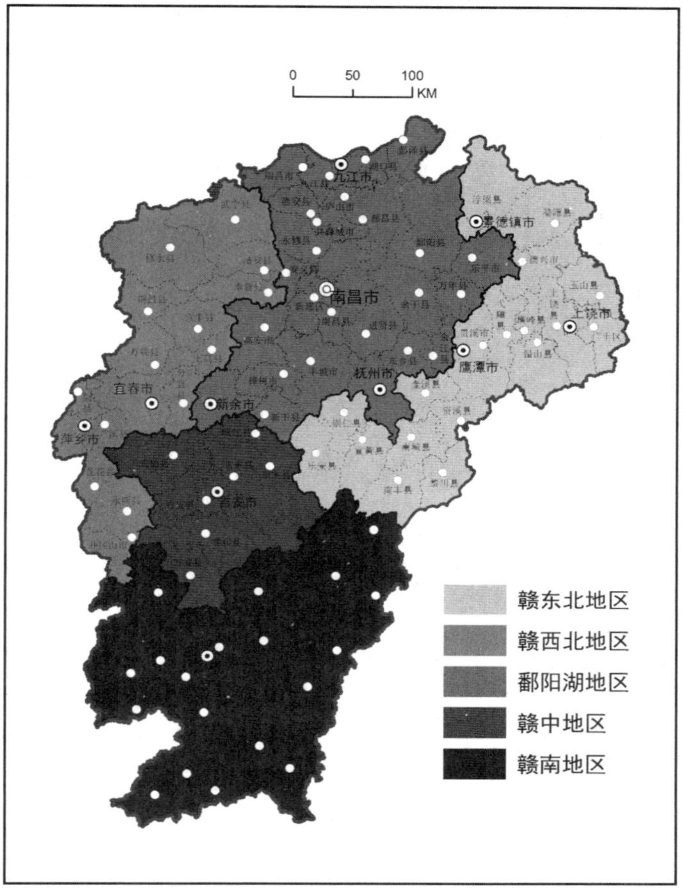

图 4-2　江西省区划图

二、地理区划

(一)赣东北区

赣东北区位于江西省东北部，2015 年包括 21 个行政单位：景德镇市区、鹰潭市区，以及浮梁县、婺源县、德兴市、玉山县、广丰区、上饶市、上饶县、铅山县、横峰县、弋阳县、贵溪市、金溪县、资溪县、南城县、乐安县、南丰县、黎川县、崇仁县、宜黄县。

本区山脉多分布于北、东、南三面边缘地带，山脉之间广泛分布着低山丘陵，并伴随海拔高度的降低而转为低丘岗地、山间盆地和河谷平原。地貌主要以山地丘陵为主。地势从北、东、南三面向以鄱阳湖为中心的地区倾斜，形成了江西北部凹形斜面的东南半环。在这种地势的基础上，该区不仅成了饶河、信江的发源地和抚河的流经区，并且致使这些河系成为向心状，最终归注鄱阳湖。

本区的气候特点是气温较高，降水量丰富。从全区气温分布来看，北部、南部较低，中部地区的上饶市、上饶县、鹰潭市较高。河谷、盆地、平原地区较高，婺源、资溪、乐安、宜黄等山区较低。另外，在边境海拔较高的山区云雾较多。年降水量为 1 649～1 934 mm，是全省降水量最丰富的地区，资溪县是全省年降水量最多的县，降水主要集中在 5—6 月份，梅雨明显。

该区北部和南部的常绿阔叶林与中部地区不同。北部落叶阔叶的成分增多，形成常绿落叶、阔叶混交林。怀玉山区和武夷山区是江西省用材林基地。其土壤主要是红壤和黄壤，广泛分布在丘陵地带。山地土壤主要是山地黄棕壤；盆地、江河沿岸主要以水稻土和冲积土为主，另外还有紫色土。

(二)赣西北区

2015 年赣西北区行政区域范围包括：武宁县、修水县、靖安县、奉新县、铜鼓县、宜丰县、上高县、万载县、分宜县、宜春市区、萍乡市、莲花县、永新县和井冈山市等。

该区地貌以山地丘陵为主。海拔大于 500 m 的山地占全区面积的 48%，海拔 300～500 m 的高丘陵占 18%，海拔小于 300 m 的丘陵占 32%，而平原只占 2%。主要山脉有幕阜山、九岭山、武功山和万洋山等。武功山和万洋山属于罗霄山脉的北段和中段。罗霄山脉雄伟高大，呈南北走向，坐落在湘赣边境，是湘赣交通上的天然屏障，山势峻峭。尤其是万洋山北端的井冈山，很多山峰要隘具有“一夫当关，万夫莫开”之险。

赣西北区气候皆为温暖湿润的亚热带季风气候，气温高、降水量丰富，与赣东北地区相比，其特点是：气温略低，降水量略少。本区气温分布规律为南部高于北部，平原高于山区。该区北部，从武宁县到宜春市区、萍乡市，1 月平均气温都偏低，而 7 月平均气温皆偏高。

宜丰县官山和安福县的武功山保存着原生性较强的森林植被群落及珍稀植物物种或由此组成的珍稀植物群落。幕阜山、九岭山、武功山森林覆盖率高，森林资源蕴藏量丰富，皆为江西主要林木产区。该区的主要土壤是红壤和黄壤。局部地段有石灰土、紫色土和钙质土等。在河谷盆地主要是冲积性草甸土和水稻土等。海拔 1 200 m 以上是山地黄棕壤和山地草甸土。

(三)鄱阳湖自然地理区

鄱阳湖自然地理区位于江西省的北部，2015 年行政区域范围包括：南昌市区、九江市区和新余市区，以及九江县、瑞昌市、星子县、德安县、湖口县、彭泽县、都昌县、鄱阳县、乐平市、余干县、万年县、进贤县、东乡县、余江县、新干县、樟树市、丰城市、高安市、南昌县、新建区、安义县、永修县、临川区。

本区域处于吉安以北，以赣江为轴线的巨大斜面的低洼中心，为江西地势最低的地区。从整体来看，周围高中心低，南部高、北部低，朝北敞开。地貌以平原和低丘岗地为主，山地丘陵比重较少。该地区地貌从中心向四周为三环状结构：平原—低丘岗地—山地，构成巨大的凹形盆地。五大水系顺势集注鄱阳湖。鄱阳湖北至湖口，南到三阳，东抵鄱阳，西达吴城镇。枯水期鄱阳湖面积约为500 km^2，露出大片洲滩，只剩下几泓水道。湖泊岸线曲折，周围湖汊众多，较大的“卫星湖泊”有南昌市的青山湖、象湖、艾溪湖，南昌县的瑶湖，进贤县的军山湖、青岚湖，九江县的赛城湖、八里湖、赤湖，湖口县的南北港、宽湖、皂湖，彭泽县的茅湖、太泊湖，都昌县的北庙湖、新妙湖，鄱阳县的珠湖、莲湖，余干县的渔池湖等。鄱阳湖是江西也是中国最大的淡水湖泊。

本区气候特点是春寒夏热，秋爽冬冷；春末夏初多雨，秋季干旱；无霜期长；降水量丰富。全区气温分布总趋势是南高北低，但冬季南北气温差异较大，夏季较小。

本区地带性植被为中亚热带常绿阔叶林。该区位于赣东北区和赣西北区之间，从植被状况的角度来看，可将该区分为东部边缘地带、西部边缘地带和中部地带。鄱阳湖滨湖平原以冲积性土壤为主。湖洲地区是草甸土、沼泽土。滨湖和河流两岸是冲积土。湖洲地区的残丘阶地是红壤和水稻土。赣、抚、信等江河下游地区的河流两岸为冲积土，丘陵为红壤。东部边缘山地和西部边缘山地为红壤、黄壤或黄棕壤。

(四)赣中区

本区位于江西省中部、赣江中游，2015年行政区范围包括峡江县、永丰县、吉水县、吉安县、吉安市区、泰和县、万安县和安福县。

该区是一个较完整的盆地，通常称为吉泰盆地。地貌类型多样，以低山、丘陵为其主要地貌类型。低丘岗地和河谷平原具有相间分布的特点。山地分布在边缘地带，东部边缘的多数山峰海拔超过1 000 m。本区的边缘山地虽然有较多的山峰海拔大于1 000 m，但从全省地形来看，仍属于江西省东、南、西三面边缘山地内侧，山势逐渐降低，为低山类型，海拔一般在500～800 m。赣中区的主要河流是赣江的中游及其支流。其中，赣江像一条中轴线穿过该区，东西两侧的支流像众多的脉络向东、向西穿切平原、低丘和岗地，伸向外围的中山地带。

本区气候特点是冬季温和，年降水量丰富。但降水量季节分配不均匀，降水集中在4—6月。降水集中的季节常发生洪涝灾害，伏旱时节干旱严重。

赣中区的植被属中亚热带常绿阔叶林，区内存在一些差异。雩山山地丘陵的土壤以红壤、紫色土为主，局部地区分布山地黄棕壤。吉泰盆地丘陵地区的土壤以红壤、黄壤和冲积土为主，其次是紫色土和山地黄棕壤。

（五）赣南区

赣南区位于江西省南部，赣江上游地区，2015年行政区域范围包括赣州市区、赣县、南康区、信丰县、大余县、上犹县、崇义县、安远县、龙南县、定南县、全南县、宁都县、于都县、兴国县、瑞金市、会昌县、寻乌县、石城县、广昌县和遂川县等。

赣南区的地貌主要以山地为主，丘陵次之，盆地河谷再次之。这三部分地貌分别占全区面积的56%、28%和16%。地势东、南、西三面高，北面低。因久经剥蚀，该区的山脉脉络不甚明显，山地丘陵呈逶迤起伏态势。其间棋子式布满一系列的盆地和河谷平原。盆地走向基本呈东北—西南走向，与地质构造线是一致的。区内有大小盆地近50个，主要有广昌盆地、石城盆地、宁都盆地、信丰盆地、大余盆地等。其中赣州盆地最大，面积超过1500 km^2，地势平坦，河流纵贯，沿河两岸有较宽阔的河谷平原，土层较厚、土地肥沃。盆地四周是低丘岗地，土层较薄，土质稀薄。

本区的地势为全省最高，成为江西省赣江、抚河和广东省珠江支流东江的上游区或源头。赣江上游有众多的支流从东、南、西面向心状地汇集于赣州盆地的中心——赣州市，然后集成一支流流出该区，进入吉泰盆地。有两大支流汇集于赣州：东支贡水和西支章江。

本区气候特点是冬季温和，夏季炎热，年降水量丰富，四季都较湿润，平原山地差异较大。降水形式较多，有“南岭静止锋”雨、台风雨和地形雨等，且降水量按季节分配较为均匀。地区分布上，东南部的边缘山地降水量较多，盆地中心地区降水量较少。

本区地带性植被为中亚热带常绿阔叶林，区内有一些差异。该区边缘地带植被茂密，植物种类多，森林资源丰富，是江西省主要林业基地之一。本区土壤以红壤、紫色土为主，局部地区有黄壤、山地黄棕壤。

第二篇　分　论

第五章　赣东北区

章前语

赣东北区作为江西省对接长珠闽的前沿阵地，是鄱阳湖经济区和海西经济区的重要组成部分。该区域是江西省的老工业区，国有企业在计划经济时代使赣东北成为江西少有的工业比重较重的地区。改革开放后，国家资金逐步转向沿海地区，对赣东北区的企业发展带来强大的冲击。但在“中部崛起”新政策环境下，区域内的经济基础建设加强了，丰富的矿产资源和旅游资源为赣东北区的可持续发展提供了坚实的保障。赣东北区的发展应抓住重点，大力发展特色农业，做强优势产业，加快第三产业发展，促进城乡一体化，走可持续发展道路。本章由四个部分构成，一是从地理位置、近代商品经济、农业、工业、城镇体系现状以及历史文化等几个方面介绍了区域概况；二是从地形地貌、河流、气候、资源、自然灾害等方面介绍了区域的自然环境特征；三是结合该区域的发展现状分析农业、工业、第三产业的结构与布局；四是在产业结构与布局的基础上提出了区域的可持续发展战略。

关键词

赣东北区；自然环境；产业；可持续发展

第一节　区域概况

一、四省交界的地理位置

赣东北区位于江西省东北部，是皖、浙、闽、赣四省交界之处。所辖区域主要沿信江、抚河和饶河流域一带分布，北邻安徽祁门、休宁、东至等县，东连浙江常山、开化、江山等县，东南与福建光泽、浦城、武夷山、邵武、泰宁、建宁等县市接壤。轮廓狭长，其中位于最北的是浮梁县，纬度位置达到29°56′N，最南的是南丰县，纬度位置达到26°52′N，南北最长处约

335 km；最西的是乐安县，经度位置达到 115°35′E，最东的是上饶市广丰区，经度位置达到 118°28′E，东西最宽处约 150 km，而最狭窄处只有约 35 km。赣东北区总人口 773.457 1×10^4 人(第六次人口普查)，绝大多数为汉族，少数民族有畲族、蒙古族等，贵溪市、铅山县、永丰县共有 4 个畲族乡，上饶市有 12 个畲族村，抚州市有 4 个畲族村。赣东北区包括景德镇，上饶，鹰潭，抚州的大部分地区。2015 年包括 21 个行政单位，即景德镇市区、鹰潭市区，以及浮梁县、婺源县、德兴市、玉山县、广丰区、上饶市、上饶县、铅山县、横峰县、弋阳县、贵溪县、金溪县、资溪县、南城县、乐安县、南丰县、黎川县、崇仁县、宜黄县。

赣东北一带与皖南、浙西、闽北接壤，地理位置优越，是江西省对接皖江城市带、长三角城市群、海西经济区的交通枢纽。皖赣铁路、浙赣铁路、鹰厦铁路、峰福铁路、京福高铁、合福高铁、沪昆高铁、杭长高铁、九景衢铁路都从此区经过，并在上饶市交会。鹰瑞高速公路、福银高速公路和济广高速公路交汇贯穿，向莆铁路穿境而过，阜鹰汕铁路及吉武铁路与向莆铁路在南城接轨。抚吉高速穿越该区，与赣粤、京福两条高速公路相连，大大缩短了到珠江三角洲、长江三角洲和闽东南三角洲的路程，形成了四通八达的交通网络，便利的交通条件是赣东北区发展经济的重要条件。区域内景德镇市、鹰潭市以及抚州市的部分县市已被纳入国家战略区域发展规划的鄱阳湖生态经济区，鹰潭市同时还与上饶市、抚州市一同被纳入海峡西岸经济区的规划范围。赣东北区地处长三角、珠三角和闽东南三角区的腹地，临近江西省会南昌，承东启西、贯南通北的区位优势明显，是江西对接长珠闽的前沿阵地。

二、自然环境优越，农业生产在全省占有重要地位

赣东北区以山地丘陵为主，地势从北、东、南三面向以鄱阳湖为中心的地区倾斜，北以天目山的余脉隔皖赣，南以武夷山脉分赣闽，中部怀玉山脉横亘其间，山脉之间分布着低山丘陵、山间盆地和河谷平原。地处亚热带，气候属亚热带季风性气候，热量丰富，雨量充沛，光照充足，无霜期长。区域内冬季受西伯利亚冷高压影响，多偏北风，天气寒冷；春夏之交南北冷暖空气交汇，梅雨绵绵；盛夏多为副热带高压所控制，多偏南风，天气炎热；夏秋之际则受单一热带海洋气团控制，天气晴热。形成冬冷春寒，夏热秋旱，春秋短而冬夏长的气候特征。由于境内地势起伏，相对高度差异很大，各地日照时数和气温均有所不同，又具有明显的丘陵山区气候特色。气温较高，降水丰富，使得该区成为饶河、信江的发源地。这些河系呈向心状，最终归

注鄱阳湖。资源丰富，生态环境比较优越，区内森林覆盖率平均高达70%，其中资溪县森林覆盖率高达87.1%，被誉为“天然大氧吧”。以红、黄壤为主的丘陵地带、以山地黄棕壤为主的山地地带以及以水稻土为主的盆地地带形成了多种多样的农业类型区。

赣东北区开发历史悠久，农业集约化程度较高，农业生产在全省占有重要地位。第一，区域内生物资源种类繁多，是全省重要的粮食、油料、茶叶、蔬菜、水果等农产品生产基地。粮食作物以水稻为主，经济作物以茶叶、蔬菜瓜果为大宗。第二，区域内丘陵面积广，林地面积比重较大，主要作物有毛竹、油茶等，树种有杉树、马尾松、青冈、苦槠、甜槠、栲类、樟树、枫香、檫树等，其中还包括红豆杉、银杏、水杉等珍稀名贵树种。第三，畜牧业生产以养殖业为主，生猪出栏总量和肉类总产量都实现了稳步增长。第四，农业产业结构的调整和农业产业化进程的加快，涌现了一批绿色、无公害的名特优新产品，形成了粮食加工业、畜禽产品加工业等支柱产业。赣东北区特产众多，如浮梁红茶、婺源绿茶、弋阳大禾米、铅山紫溪红芽芋、南丰蜜橘、乐安竹笋、崇仁麻鸡、玉山白鹅。除此之外，上饶县被誉为“毛竹之乡”，横峰县有“中国葛之乡”的称号，贵溪市是南方最大早熟梨基地，金溪县是江西省香料生产基地，南城为全国三大淮山生产基地之一。赣东北区已成为全省重要的农、林、畜产品生产基地，农业生产对江西省经济发展有着举足轻重的影响。

三、近代商品经济的兴起与衰落

明清时期随着江西经济的发展，赣东北特有的自然资源和突出的区位优势为其带来了巨大的发展机遇。至近代，商品经济在区域经济中具有重要的地位，江西形成了景德镇瓷业、瑞洪渔业、铅山茶业、纸业和中童眼镜业等系列特色产业，出现了相应的专业市场，兴起了景德镇、瑞洪、河口、中童和玉山等工商业重镇，带动了金融及劳动力市场的发展。

第一，特有的自然资源促进了商品经济的形成。闻名于世的瓷都景德镇，是“江西四镇”的首镇，依托其附近丰富的瓷土矿资源，逐渐形成瓷业特色产业，景德镇瓷业在明代每日需要劳力“不下数万人”，景德镇瓷器在清代年产额约为30×10^4担，商品瓷值约500×10^4两。第二，突出的区位优势为其带来了巨大的发展机遇。玉山位于“连闽、越，控吴、楚”的要冲，水陆运输便利，县城被誉为“两江锁钥”“八省通衢”“豫章第一门户”。玉山过境贸易色彩十分浓厚，商品交易十分活跃。铅山县河口与玉山情况类似，凭其区位优势发展成了区域贸易中心。河口凭借便利的水陆交通，早在明代中叶就被称为

“八省码头”，商业繁华，几乎可以看见来自全国各地的商品，包括日用品、生产资料和奢侈品，史料对此有翔实的记载。第三，商品经济发展与市镇形成的相互作用。商品经济发展是手工业、商业和城乡社会互动的结果，市镇的形成，得益于商品经济的发展，也是商品经济发展的体现。除上述景德镇、瑞洪、玉山和河口外，赣东北还有其他市镇，如上饶的沙溪镇、贵溪的上清镇等。这些市镇的形成会加速商品的流通，带动周边乡村传统农业产业结构变迁，促使传统农业向商品经济转变，为其提供更多的商品。第四，过境贸易是成就赣东北商品经济的重要因素。明代禁海、清自乾隆二十二年(1757年)实行广州一口通商，各地货物都需经鄱阳湖—赣江过大庆岭至广州出口，因赣东北地区可通过昌江、信江、饶河与鄱阳湖—赣江连起来，它成为全国交通体系中的一个重要组成部分，并逐渐成为闽、浙、皖、赣四省的集散中心，该地区因此获得了巨大的发展机遇。研究表明当时赣东北的手工生产和家庭副业与市场有较紧密的联系，赣东北已经是南北商品的重要集散地，充分说明了其商品经济的发达程度。

19世纪中期以后，在各种历史因素的合力作用下，赣东北商品经济开始了艰难转型。究其原因有厘金、技术、市场、战乱、灾害和从业人员素质等方面的问题，主要原因无疑是“五口通商”“九江开埠”，全国贸易格局随之发生了根本性的变化。原有的市场已经丧失，而新市场尚未开辟，造成了赣东北商品经济的衰落。分析赣东北商品经济衰落的原因首先就要提到厘金，当时江西有六大陆路厘卡，赣东北就占了三个：玉山、铅山车盘和景德镇。厘金一直到1931年才被停止征收，它严重地阻碍了江西经济的发展，赣东北商品经济自然也不可能幸免。征收大量的厘金，增加了成本，降低了市场竞争力，阻碍当地产品的商品化。其次，赣东北商品生产技术仍停留在手工生产的基础之上，与西方机制工业品相比，明显处于劣势。例如，赣东北的茶业，上饶、玉山、广丰、铅山四县制茶，历来不注重外形，常常因技术上的缺陷而授人以柄，洋商经常因此转而购买日本茶和印度茶。落后的技术，分散的经营，导致无法实现规模效应，自然也就无法过渡到市场经济。最后，市场不规范进一步加剧了赣东北商品经济的衰落。其中，渔商贪图重量，制作加工鱼类时不能达到应有的干燥度，茶商作弊多端，装箱时掺杂茶末、茶梗等杂物，还有高利贷和中间商的盘剥。市场的不规范严重地制约了该区商品经济的发展。同时，战乱不断也是赣东北商品经济衰落的另一消极因素，太平天国运动对商品经济的破坏是不争的事实。“五口通商”和“九江开埠”使得赣东北区位优势不再，第一次鸦片战争后，广州、厦门、福州、宁波与上海五处成为通商口岸。上海迅速取代广州成为全国贸易中心，从前由赣江经大庾岭道而下广州的物流大多改由九江经长江水运而趋上海。赣东北逐渐被边缘化了，这种变化具有根本性的影响，与此同时大量洋货涌入，加速了赣东北商品经济的衰落，造成了赣东北经济的滞后和民众生活的困难。

四、工业化进程缓慢

赣东北区经济基础较好，20世纪六七十年代传统工业兴盛，大量国家资金涌入，和周边地区相比具有一定的优势。但到20世纪90年代，在第一轮市场经济发展大潮中，由于种种原因，该区域与工业崛起失之交臂，已有的传统工业因为政企不分和买办社会的沉重压力而走向衰退。虽然工业生产经过十几年的建设，已初步形成了以冶金、陶瓷、机械、电子、能源、化工、制药、茶叶和食品加工为主的工业体系，但其工业在全省的地位仍然不及周边地区，工业生产与全省其他地区相比仍有一定的差距。因此，赣东北区应充分认识自身优势和市场需求变化趋势，加快工业化进程，走新型工业化道路。要充分发挥农产品资源和矿产资源丰富的优势，从全局出发，着重抓好产业集聚，打造赣东北区的特色产业群，选出一批具有产业优势和龙头作用的企业重点培植。抓住长三角、珠三角产业链向内地转移的发展机会，优先引进和大力发展电子、软件开发、广告设计、服装服饰和工艺品加工等具有附加值高、劳动密集度大、无污染、低能耗、占地少等特点的都市型工业。实施大企业、大品牌战略，在资金、用地、出口、人才开发和科技创新方面运用政策加以扶持，尽快赶上或超过全省工业发展水平。

五、历史悠久，文化底蕴深厚

赣东北地区历史悠久，在西周时期已有城邑——番邑(今属鄱阳)，春秋时先后属吴、楚两国，秦朝统一中国后，于此设置九江郡，包含了今区域内大部分县市，其中玉山县、铅山县部分属会稽郡，婺源县属鄣郡。西汉时期，汉高祖在江西境内设立豫章郡，今区域内大部分属鄱阳县、余汗县、南城县。西晋时期，在江西境内设置江州，该区域分属鄱阳郡、豫章郡、临川郡。唐朝在江西设八州，该区域分属饶州、信州、抚州，设立了浮梁县、乐平县、上饶县、弋阳县、玉山县、贵溪县、临川县、南城县、南丰县、崇仁县。北宋时期，江西设十三州，该区域分属饶州、信州、抚州和建昌军，新增德兴县、永丰县、铅山县、金溪县、乐安县、宜黄县、新城县。明朝时期，该区域分属饶州府、广信府、抚州府、建昌府，新增兴安县(由弋阳、上饶、贵溪3县部分属地设置而成，1913年改名为横峰)、泸溪县(由南城县二乡设置而成)。清朝时期，广信府的永丰县因与吉安府的永丰同名而改为广丰。新中国成立以后，该区域曾合并为赣东北行政区和赣中行政区的一部分，1949 年设立景德镇市(县级)，以浮梁县部分地区为其行政区域，1950 年设立上饶市(县级)，以上饶县部分地区为其行政区，1979 年设立鹰潭市(县级)，以贵溪县的鹰潭镇为其行政区域。现在赣东北区分属于景德镇、上饶、鹰潭、抚州四地。该区域内的婺源县建县的历史有 1 200 年，历唐宋元明清，分属歙州、徽州、徽州路、徽州府，民国元年废府留县直属安徽省，中华民国二十三年(1934 年)改隶江西省，中华民国三十六年(1947 年)复隶安徽，中华民国三十八年(1949 年 5 月)又划至江西，现由江西省上饶市管辖。

悠久的区域发展史为赣东北区培育了众多历史名人，如曾巩、陆九渊、彭奋、朱熹、夏言、谭纶、方志敏等，同时也留下了大量辉煌灿烂的文化遗产，保留了许多名镇古村和历史遗存。景德镇是国家历史文化名城，历史上与广东佛山、湖北汉口、河南朱仙镇并称为明清时期的中国四大名镇。除此之外，该区域包含了江西仅有的三处世界自然遗产，分别是鹰潭龙虎山、上饶三清山和弋阳龟峰。龙虎山和三清山以其道教文化与自然之美的珠联璧合享誉中外，龟峰以丹霞地貌而著称。

第二节　自然与资源特征

一、以山地丘陵为主的地表形态

该区地貌以山地丘陵为主。地势从北、东、南三面向以鄱阳湖为中心的地区倾斜，形成了江西北部凹形斜面的东南半环八字脑和位于皖赣边境上的跑马降，其中以跑马降最高，海拔 1 061 m。天目山从皖浙赣边境进入江西，其余脉大致位于浮梁县与婺源县之间，成为昌江和乐安江两河上游地区水系的分水岭。该区的山脉多分布于北、东、南三面的边缘地带，山脉之间广泛分布着低山丘陵，并随着海拔高度的降低而转为低山岗地、山间盆地和河谷平原。

该区山脉受地质构造线的控制，多呈东北—西南走向。自北向南依次有雩山的余脉、天目山的余脉，怀玉山、武夷山和黄山支脉等。安徽省南部的黄山山脉从东北方向进入江西后成为余脉，是江西东隅水系与长江干流的分水岭，主要的山峰有鹿角尖。该区的主要山峰多分布在省边境或省内县边境上，如石耳山、莲花山、五龙山、五股尖和三花尖等，其中五股尖最高，海拔 1 618 m。怀玉山从浙赣边境伸入该区的中部，是区内主要山脉之一，也是全省主要的边缘山脉之一。其地势崎岖，高度较大，不少山峰海拔超过 1 000 m，如玉京峰、大茅山、米头尖、大灵山等。海拔1 819.9 m的玉京峰是它的最高峰。三县岭和磨盘山等山峰也是怀玉山较高的山峰。怀玉山把乐安江和信江中上游的水系分隔在其北南两侧。武夷山也是区内主要山脉，其贯纵于闽赣边境。其东侧是福建省的浦城、崇安、光泽、邵武、泰宁、建宁等县，西侧是江西省的广丰、上饶、铅山、贵溪、资溪、黎川、南丰等县(市、区)。武夷山逶迤绵延，山峰耸立，多数山峰海拔为1 000～1 500 m。省边境及其附近自北至南的山峰主要有嵩峰尖、铜钹山、五府岗、黄岗山、浪港山、野鸡顶、莲荷峰、会仙峰等；江西省境内主要有葛仙山、天山、岩头、出云峰、大旭山等。其中位于江西铅山县与福建省崇安县之间的黄岗山海拔2 157.7 m，是区域的分水岭，还是赣闽两省交通的一道天然屏障，只有一些山坳隘口才是赣闽之间的通道。现今沟通赣闽的主要公路也经过这些隘口。主要隘口有广丰区的二渡关，铅山县的分水关和桐木关，资溪县的铁牛关(鹰厦铁路从此关通过)，黎川县的杉关和于关，南丰县的甘家隘等。雩山山脉坐落于该区南部的宜黄县和乐安县境内，一般海拔为600～700 m，少数山峰如芙蓉山、军峰山、大王山、鸭公峰、灵华山等海拔超过1 000 m。

在这种地势的基础上，该区不仅成了饶河、信江的发源地和抚河的流经区，并且使这些水系呈向心状，最终归注鄱阳湖。

二、五大地貌分区

赣东北地貌区属新构造运动大面积掀斜上升区，主要由变质岩、红岩系和花岗岩等构成，其中弋阳、玉山境内红岩遍布，丹霞地貌发育，并有盆地错落其间。依据地表形态可将该区分为5个地貌区。

(一)浩山、蛟潭侵蚀剥蚀丘陵地貌区

该地貌区位于景德镇与浩山之间，地貌类型以侵蚀剥蚀而成的高丘陵与低丘陵为主(两者面积之和约占该地貌区总面积的3/4)，间有侵蚀中山和低山零星分布。丘陵地貌多由变质岩或红色岩系组成，其形态多呈馒头状或垄状。区内山丘植被覆盖状况较差，多为稀疏灌木林；谷地及两岸为主要的农业区，用以发展粮食和经济作物；区内盛产瓷土，有利于发展瓷业，景德镇已成为驰名中外的瓷都。

(二)婺源、怀玉侵蚀中、低山地貌区

该地貌区位于怀玉山与景德镇之间，区域范围包括怀玉山、德兴、婺源等地。区内的怀玉山和五股尖等地区，地貌类型以侵蚀中山和中低山为主；德兴市与婺源县境内则多为侵蚀高丘陵；其间喀斯特地貌散布，并杂有侵蚀剥蚀而成的低丘陵。乐安江及其支流横贯该区中部，水力资源较为丰富，植

物茂密，森林覆盖率较高，婺源茶叶饮誉中外。

（三）弋阳、玉山侵蚀剥蚀红岩丘陵盆地地貌区

该地貌区位于弋阳与玉山之间，区域范围略呈东西向条带状。地貌类型以高丘陵、低丘陵和高岗为主，并有中低山、低岗、平原和河流阶地散布。信江及其支流穿流其间，间有一、二两级阶地发育；谷地两侧多为侵蚀剥蚀形成的波状或垄状红岩丘陵；横峰、贵溪、岩前等地红层广布，经长期流水侵蚀多形成地貌造型奇特的“假喀斯特”——丹霞地貌，多处（龙虎山等）已辟为游览风景区。

（四）北武夷山侵蚀中山地貌区

该区位于铅山、贵溪以南赣闽交界的武夷山脉。区内山体主要由花岗岩或火山岩构成，地势峻拔、层峦叠嶂，地貌类型以锯齿状的中山为主。主要山峰黄岗山，海拔 2 157.7 m，为江西第一高峰；次有铜钹山，海拔 1 935 m，为信江与闽江的分水地带。区内山高谷深，森林茂密，交通不便，丰富的水力与林业资源有待于进一步开发。

（五）南丰、黎川侵蚀剥蚀丘陵地貌区

该地貌区包括南丰—广昌断陷红色盆地、黎川花岗岩侵蚀盆地、资溪至广昌间沿赣闽交界分布的武夷山脉。地貌类型以高丘陵和低丘陵为主，还有中低山、岗地、阶地等类型。其中武夷山脉为侵蚀中低山地貌；广昌与黎川间一些地区因抚河支流穿切而过，沿河形成狭长谷地和零星分布的河流阶地；由红色岩层构成的南丰—广昌盆地，局部地域形成形态引人注目的丹霞地貌；由花岗岩构成的黎川盆地，经长期风化侵蚀作用，风化壳发育，其周边的山丘多呈波状或垄状，并有石蛋地形散布。

三、河流

赣东北区域包括昌江、乐安江、信江上游和抚河中游段。昌江因源出阊门（即安徽祁门）而名阊江，后简称昌江，曾名大河、北河。它发源于怀玉山与黄山余脉之间的谷地。在该区的北端浮梁县和景德镇市内属于昌江上游的河系有北江、东江、南江和西江。昌江流经景德镇市的西边，顺着西南方向，在柳树下村的西侧出境，进入鄱阳县。昌江曾是景德镇瓷器外运的要道，盛极一时，今浮梁县城以上河道仍可通小船，以下河段由于充斥碎瓷断砖而难以通航。

黄山余脉和怀玉山之间是乐安江的上游段。乐安江的上游称湾江，从皖浙赣 3 省交界点的莲花山流出，大致呈东北—西南方向流经该区。乐安江发源于怀玉山与天目山余脉之间的谷地，因流经古余汗县乐安乡而名。乐安江西北侧支流主要有清华水、中云水和赋春水，其南东侧支流主要有白沙水和德兴水等，整个水系呈不规则的形状。

怀玉山与武夷山北段之间是信江中上游段。信江以金沙溪为源河，发源于玉山县北部的怀玉山大岗，流经平家源、方塘，至三清(三角店)于右岸纳源自三清山玉京峰的支流。白塔河是信江最大的支流，自福建光泽入江西资溪县后称泸溪，亦名资溪，流经贵溪后称上清河，过上清镇又称白塔河，龙虎山及仙水岩即在河边。白塔河贵溪和余江段的东西两岸于20世纪五六十年代修建了东渠、西渠和总渠，总长102 km，可灌农田1.33×10^4 hm^2。因为武夷山北段的山体比怀玉山的山体大，加上地势向西北倾斜，北面支流都较短小，而南部支流都较长。

该区的南部南北相距较短，东西较长，武夷山位其东部，雩山位其中部，且呈纵向平行排列，故这里的河流顺着山势从南向北流。抚河的源河龙井河发源于广昌的血木岭，流经驿前镇后称驿前港，纳塘坊河，过赤水镇后便称盱江。抚河中游盱江出南城后成为金溪与临川的界河。它在金溪方向纳芦河，过金溪石门峡后，古称汝河，后称抚河。它在金溪方向纳金溪河，在临川方向纳梦港，之后成为临川县与抚州市的界河，至千金陂分为两支，西支较大，进入抚州市，至临水口纳临水，随后，两支又合流，进入下游。

四、典型的亚热带季风气候，水热资源充足

赣东北区的气候特点是气温较高，降水量丰富。从表5.1所显示的内容可知，赣东北区年平均气温16.7℃～18.4℃，1月平均气温4.4℃～6.2℃，7月平均气温27.6℃～29.9℃；极端最低气温－11.1℃～－7.0℃，极端最高气温39.5℃～43.3℃，该区内的婺源县、景德镇市有一个高温中心，气温之高居全省5个地区之首。年平均气温较同纬度的鄱阳湖地区和赣西北地区高0.6℃～1.9℃。无霜期较长，247～279 d。从全区气温分布来看，北部和南部较低，中部地区的上饶市、上饶县、鹰潭市较高。河谷、盆地、平原地区较高，婺源、资溪、乐安、宜黄等山区较低。另外，在边境的较高山区云雾较多。该区域内的气候为典型的中亚热带季风气候，降水丰富，年降水量为1 649～1 934 mm，是全省降水量最丰富的地方，资溪县是全省年降水量最多的县份。3—6月，先后受西风、西南气流和东南季风的影响，多锋面雨和地形雨；7—8月，偶有对流雨，有的年份也多台风雨；秋冬季也有一定数量的地形雨和锋面雨。降水主要集中在5—6月，梅雨明显。

表 5.1　赣东北区各县市区气候资料统计情况

县(市、区)	平均气温/℃			极端气温/℃		年降水量/mm	无霜期/d
	全年	1月	7月	最高	最低		
婺源县	16.7	4.4	27.9	41.0	−11.0	1 828	251
景德镇市区	17.1	4.5	28.6	41.8	−10.9	1 687	247
德兴市	17.2	4.7	28.6	40.7	−10.6	1 870	255
玉山县	17.5	5.2	29.0	43.3	−8.9	1 818	256
广丰区	17.9	5.5	29.4	40.5	−9.1	1 649	264
贵溪市	18.2	5.8	29.8	41.0	−7.5	1 791	273
资溪县	17.0	5.0	27.6	39.5	−11.1	1 934	279
南城县	17.8	5.6	28.9	41.5	−7.8	1 604	276
乐安县	17.1	4.7	28.3	39.5	−9.8	1 658	262
上饶市	17.9	5.5	29.9	39.5	−8.6	1 767	270
上饶县	17.8	5.6	28.9	41.6	−8.6	1 900	270
铅山县	17.9	5.6	29.3	40.1	−8.5	1 734	255
横峰县	18.4	5.8	29.7	41.2	−8.0	1 777	267
弋阳县	18.0	5.6	29.6	40.7	−8.0	1 816	264
南丰县	18.3	6.2	29.3	39.8	−7.0	1 697	269
崇仁县	17.6	5.0	29.4	42.1	−8.8	1 736	266
宜黄县	17.3	5.0	28.7	39.7	−9.3	1 708	273
金溪县	17.9	5.5	29.4	40.8	−8.2	1 795	267
鹰潭市区	18.1	5.7	29.4	41.0	−7.5	1 774	266
浮梁县	17.1	4.5	28.7	41.8	−10.9	1 752	245
黎川县	18.1	5.8	28.9	40.2	−8.5	1 751	278

由于山丘的植被覆盖状况较好，气温偏低，蒸发不强烈，大部分地区年蒸发量为600～800 mm，干旱指数0.4～0.6。平均年径流量为900～1 400 mm，径流系数为0.4～0.6。因此，该区的水文特征是降水丰富，蒸发不强，大气较湿润，径流较多，河水较充沛。

五、山地面积广，生物资源丰富

该区的植被主要是马尾松林、杉木林、毛竹林、荒山灌木草丛群落，在某些地段有草甸、草本沼泽分布。地带性植被为中亚热带常绿阔叶林。其天然植被在怀玉山和武夷山区保存较完好。主要树种有青冈、米槠、甜槠、云山青冈、华东黄杉、栲树、钩栲、木荷等。海拔1 000 m以下有原生性较强的常绿阔叶、落叶阔叶混交林，海拔1 000 m以上逐渐过渡到华东铁杉、柳杉和阔叶树组成的针阔混交林、山顶矮林及山顶灌木草丛。在怀玉山区的玉京峰有小片华东黄杉纯林，在黎川县岩泉有小面积的天然红山茶林和梓树林。该区的北部和南部的常绿阔叶林与中部山地区有所不同。北部的落叶阔叶树种的成分增多，形成常绿落叶阔叶混交林。南部常绿林的分布面积较小、零散。如分布在村落附近，则次生性较强。在东乡县岗上积镇区和武夷山区是江西省用材林基地。该区域内有三清山、龟峰、龙虎山等世界自然遗产和岩泉、军峰山等国家级森林公园。区域内生物资源丰富多样。

六、土壤

赣东北区以山地丘陵为主，成土母质主要是红色砂岩类、紫色砂页岩类、泥土质岩类、酸性结晶岩类、基性结晶岩类、石英岩类等风化物以及第四纪红黏土和近代河积物。土壤以红壤分布最广，面积最大，其次是黄壤，广泛分布于丘陵地带；山地主要是山地黄棕壤；盆地、沿河沿岸则以水稻土和冲积土为主，另外还有紫色土、石灰土。农业土壤主要是水稻土，农作物以水稻为主，并有大豆、棉花、甘蔗、烟叶、油菜、花生、芝麻、蔬菜等作物。耕作土壤养分较好，土壤有机质、全氮和碱解氮达到丰富级的面积较广，但缺磷、钾的面积也较大。该区域生产潜力大，土特产和经济作物多，有婺源茶叶、南丰蜜橘等，森林资源丰富，该区为全省木竹重要产区。

七、自然灾害

赣东北区位于省境东北部的山地丘陵地区，区内有景德镇市、上饶市及鹰潭市等省内较大的城市。人口密度中等，但人口分布并不均衡，浙赣线沿线县市区人口密度大，边远山区县人口密度小。该区是江西省重要的农业和林业生产区，自然灾害常给农林业生产造成重大损失。

从表 5.2 所显示的内容可知，该区以气象性灾害为主，尤以水、旱灾害为重。因该区水灾的突发性强，损伤的往往不只是农田庄稼，还会给人民的生命财产造成重大损失，故水灾仍是区内各灾之首害。风雹灾害、春寒、寒露风、雪冻等灾害性天气发生频度也很高，但造成的损失远不及水、旱灾害。病虫灾害在区内各县均有发生，危害程度及病虫害种类略有差异。水土流失及泥石流、崩塌等地质灾害在各县也有发生，横峰等 6 县水土流失面积均占各县土地面积的 30%以上，横峰县最高，达 50.20%。该区自然灾害危害程度在省内属较轻程度，但区内各县均有灾害群发的特点，往往也有较重灾情发生。以铅山县为例，1949—1985 年，全县有 26 年的灾害记载：一年内只有 1 种灾害记载的为 14 年，2 种以上灾害同年发生的有 12 年，尤其是 1958 年、

1960年、1976年、1982年与1985年，均在一年内发生4种自然灾害，给人民生命财产造成重大损失；其中1958年水、雹、虫灾迭起，夏、秋连旱4个月，受灾农田达 1.47×10^4 hm^2，粮食减产 $2\ 229\times10^4$ kg，倒塌房屋300余间。

表5.2　1954—1978年赣东北丘陵山地灾害区自然灾害成灾情况

单位：$\times10^4$ hm^2/次

县(市、区)	水灾成灾面积	旱灾成灾面积	风雹成灾面积	霜、雪、冻成灾面积	虫灾成灾面积
景德镇	0.08/1	1.07/3	0.04/2	0.20/2	0.18/2
婺源	0.08/3	0.89/3	0.01/1	0.05/1	0.34/2
德兴	0.31/5	0.62/4	—	0.26/3	0.38/5
玉山	1.12/6	1.39/3	0.19/2	0.46/1	0.33/3
上饶(县)	0.88/5	0.83/3	0.03/1	0.02/1	0.47/4
广丰	0.25/4	1.15/3	0.29/3	0.62/1	0.02/2
铅山	1.01/6	0.77/3	0.09/3	0.50/2	0.11/4
上饶(市)	0.09/3	0.02/2	—	0.02/1	0.005/1
横峰	0.48/3	0.61/3	0.03/2	1.86/2	0.09/3
弋阳	0.95/4	1.10/4	0.1/1	0.18/2	0.23/4
贵溪	2.55/5	1.66/4	0.09/4	0.49/4	0.94/4
鹰潭	0.16/3	0.16/2	—	0.08/1	0.01/2
金溪	2.84/6	3.24/3	0.01/2	0.05/2	0.37/4
资溪	0.15/5	0.39/3	—	0.21/2	0.07/3
南城	1.25/6	1.90/2	0.01/1	0.15/1	0.36/4
宜黄	0.31/3	0.96/3	0.06/2	0.12/1	0.38/2
南丰	1.53/7	0.41/3	0.11/3	—	0.56/4
黎川	0.51/3	0.47/4	0.11/3	0.01/1	0.29/4
崇仁	2.72/6	2.03/3	0.06/2	0.13/2	0.58/2
乐安	1.34/5	4.20/5	0.44/5	0.45/2	0.54/5

资料来源：江西省档案馆、省民政厅灾害统计资料。

注："文化大革命"期间资料残缺。

水灾是该区危害最为严重的自然灾害。区内水灾具有明显的山区性河流的水文特征，洪水来势凶猛、退水也快，洪水多由一次强降水过程或一场大暴雨形成，有的年份出现2～3次乃至4次洪灾。该区水灾危害有"历时短，影响一条线"的特征，但受地貌条件和地理位置差异的制约，各县水灾出现频次和危害程度差异较大。上饶县于1954年5月15日—18日连日暴雨，受淹农田 0.667×10^4 hm^2，粮食减产 154×10^4 kg；6月15日又降暴雨，受淹农田 $0.024\,1\times10^4$ hm^2，粮食减产 54.99×10^4 kg，两次洪水冲毁水利工程1 400处。

旱灾在该区域内出现的频次显然少于水灾，但旱灾的面积要比水灾大得多。由于区内各县市区的环境差异及水利设施的不同，各地旱灾损失悬殊。据县志记载，乐安县在新中国成立后有 2 次旱灾，1950 年 5—7 月大旱，小河断流，井水枯竭，早稻大多无收；1978 年 6 月大旱，水稻受灾面积达 1.0×10^4 hm^2。此外，景德镇、德兴、金溪、南丰、宜黄等地也有旱灾记载。

春寒在该区各县出现概率较高，但春分寒、清明寒在同年出现较少见。春寒在北部出现概率高于南部。据统计，北部的玉山、婺源、上饶、广丰、铅山、德兴、弋阳、横峰等地，春寒出现概率在新中国成立后为 5 年 4 遇，尤以 1987 年最为严重，春寒长达 15～20 d，使早稻播种推迟 7～10 d，造成大面积烂种、烂秧。小满寒和寒露风在区内各县也均有发生，但其发生概率要较春寒低得多，北部会略早于、重于南部。冷冻灾害在该区各县均有发生，南部各县平均 2～3 年可遇降雪，北部降雪概率及降雪量略高于南部，但一般年份降雪并不造成大的危害。冻雨、冷冻常与降雪相伴出现，更易对农作物和林木造成冻害，对区内国民经济的其他方面也造成重大损失。

八、矿产资源

赣东北区是江西省矿产资源最为丰富的地区，区内地下矿产资源为环西太平洋成矿带的重要组成部分，也是江西矿产资源种类较齐全的区域。探明的能源矿产主要有煤、石煤、铀等，金属矿产有铜、银、金、铅、锌、钽铌、锰、铁、锑、钨等，非金属矿产有高岭土、瓷石、石灰石、蛇纹石、大理石、灰岩、砚石、花岗岩、石英、钾长石、建筑砂岩等。环鄱阳湖呈马蹄形分布的赣东北铜矿带，近期可开采利用的储量约占全国的三分之一。地处上饶德兴市境内，位于怀玉山脉孔雀山下，拥有“中国铜都”称号的德兴铜矿是中国也是亚洲第一大露天铜矿，是世界上储量在 800×10^4 t 以上的八大斑岩铜矿之一。贵溪市的冷水镇有特大型银矿田和一批大中型矿床，有金属银资源近万吨，铅锌资源近 350 万吨。怀玉山钽铌成矿带位于扬子板块与华南板块之间的过渡带，已发现钽铌矿床 4 处，矿点近 20 处，主要集中于葛源横峰矿田，包括松树岗特大型钽铌矿、黄山大型钽铌矿等，横峰是我国发现的与花岗岩有关的最大铌矿床。浮梁县开采高岭土的历史长达 1 700 多年，该地区丰富的高岭土资源，造就了世界著名的瓷都景德镇。上饶弋阳和德兴的大型蛇纹石矿储量达 3.75×10^8 t，名列全国第三。玉山县石灰石储量达 33×10^8 t，位居江西省第一，全县石煤储量约 32×10^8 t，在江西省名列前茅。金溪县石墨矿丰富，境内峡山村的含钒石墨矿区勘探认定矿石储量2 700×10^4 t，其中可开采储量 1 500×10^4 t。乐安县矿物种类齐全，储量丰富，尤其盛产核能利用中所需的铀-238，有“铀都”之称。

赣东北区矿产资源不仅储量丰富，而且在地域分布上呈明显的分区集中产出，有利于大规模的开发利用。矿产资源矿种较多，有利于经济发展和工业配套，其中铜、金、银、铀、钽铌、石灰石、石墨矿是地方经济重要的支柱矿产。有色金属矿床中，共、伴生有用组分较多，矿床综合利用价值高。矿石采选条件较好，其中江西斑岩铜矿床及钽铌矿床，均以露天开采为主，采矿效率较高。但是，随着国民经济增长对矿产资源需求的不断增加，矿产资源开发过程中暴露出来的深层次问题更加突出，探明储量消耗过快，后备储量不足，老矿山面临资源枯竭。特别是一些开采多年的铜矿、高岭土矿区，新增探明储量不多，矿山接替资源日趋紧张。矿产资源开发利用程度不高，深加工、精加工环节薄弱。一些乡镇小矿山在矿产开发利用过程中，缺乏合理的规划和管理手段，生产技术和采选设备落后，资源浪费严重，回采率低、选矿回收率低，使该区域的矿产资源优势难以发挥出来。

九、旅游资源

赣东北区旅游资源丰富多彩，山水风光美丽神奇，区位优势得天独厚，区内自然景观和人文景观交相辉映、地方风情浓郁。三清山、龙虎山、龟峰、军峰山等风光绮丽。赣东北是革命根据地，保存着许多革命文物和遗迹，也拥有许多文物、古迹。比较著名的有上饶集中营，1988 年被列为全国重点文物保护单位；铅山的鹅湖书院，为宋代江西四大书院之一，南宋朱熹和陆九渊曾在此讲学；铅山有宋代著名词人辛弃疾的墓，河口镇有完整的三华里古街，古镇的三乡风情浓郁；婺源有“江南曲阜，山里书乡”的美誉，许多保存良好的古村落，有着鳞次栉比的徽式古建筑，粉墙黛瓦，飞檐戗角，或隐现翠青山间，或倒映清溪湖面，被许多海外媒体称为“中国最美的农村”。区域内还有南城麻姑山，主要景点是垂玉亭、龙门桥、半月泉、观音潭、麻源三谷等；宜黄曹山是佛教曹洞宗的发源地；南丰是中国的“蜜橘之乡”，风情独具特色；位于乐安县牛田镇的流坑村，以规模宏大的传统建筑、风格独特的村落布局而闻名遐迩。

龙虎山位于贵溪境内，是闻名中外的道教名山，为全国重点风景名胜区。

主要特色是丹山碧水、道教文化和崖墓古迹。东汉道教创始人张道陵在此炼丹修道，至今已有 1 900 余年。道教远播欧美，盛传东南亚。历代张天师住地嗣汉天师府，位于上清镇，是现存保存完好的封建社会时期大府第之一，也是中国规模最大的道教建筑之一，占地面积 5 万余平方米，现为全国重点寺观之一；泸溪河（又名上清河）贯穿该景区，两岸秀峰奇崖，山水幽美，水清见底，有 99 峰、24 岩和 108 个自然景观，其山水风光可与武夷山、桂林媲美，被誉为“又一漓江”；春秋战国时的古崖墓群（又被称为悬棺）散见于龙虎山区，尤以泸溪河沿岸峰岩陡壁上最多，经考证为春秋战国时代古越族人的崖墓群，有的单洞独葬，有的一洞群葬，有的则联洞群葬，为中国历史上所罕见。景区交通运输便利，在仙水岩还辟有水上游船，溯江而上，两岸风光尽收眼底。

三清山风景区位于江西省德兴和玉山交界处，总面积有 229 km^2，被誉为“西太平洋边缘最美的花岗岩”。因玉京、玉虚、玉华三峰峻拔，犹如道教所奉三位天尊（即玉清、上清、太清）列坐其巅，故名三清山。它由梯云岭、南清园、万寿园、西海岸、玉京峰、阳光海岸、三清宫、玉灵观等 10 个大风景区组成，其中三清宫景区、玉京峰景区、西海岸景区和南清园景区 4 个风景区尤为著名。三清山经历了 14 亿年的地质变化运动，形成了举世无双的花岗岩峰林地貌，“奇峰怪石、古树名花、流泉飞瀑、云海雾涛”并称自然四绝。三清山一年中大约有 200 多个雾天，云雾使千山万壑浓淡明灭、变幻莫测，尤其在日出时分更是群峰竞秀、气象万千。盘旋在悬崖峭壁间的高空栈道为游客观景提供了极为便利的条件。三清山以自然山岳风光称绝，以道教人文景观为特色，据史书记载，东晋升平年间（357—361 年），医药学家、炼丹术士葛洪到三清山结炉炼丹，至今山上遗有葛洪所掘的丹井和炼丹炉的遗迹。1988 年 8 月三清山被列为第二批国家重点风景名胜区。2005 年 9 月 21 日，在第 11 届世界地质公园大会上，三清山被联合国教科文组织正式列入世界地质公园名录。2008 年 7 月 8 日第 32 届世界遗产大会将三清山列入《世界遗产名录》，三清山成为中国第七个、江西第一个世界自然遗产。2011 年 9 月 6 日，三清山风景区被国家旅游局正式授予“国家 5A 级旅游景区”称号。

龟峰位于江西省上饶市弋阳县信江南岸，风景优美，奇峰如画，是一处魅力无穷的旅游胜地。龟峰有“绝世三奇”，即独步天下的龟形丹山之奇、天造地设的洞穴佛龛之奇和千古流芳的仁人志士之奇，集“绿色”“古色”和“红色”旅游为一体。“绿色”是以龟峰为代表的自然风景观光区，森林覆盖率达到 80%，有国家级森林公园和三十六峰八大景，以老鹰戏小鸡、神龟迎宾、南岩寺、清水湖、天外来客、天女散花、老人峰、八戒峰为8个景点；“古色”是以南岩寺为代表的宗教文化游览区，有唐宋时期佛雕40余座，是佛教禅宗的发祥地之一，而且历史上这里是儒、佛、道三教融合的地方，景区内还有商周文化遗址、太平天国城堡遗址、瑞相寺遗址，明代戏曲“四大声腔”之一的弋阳腔也发源于龟峰；“红色”以方志敏纪念馆为代表，包括叠山书院、方志敏故居。2010年8月2日，龟峰被成功列入《世界遗产名录》，成为集世界自然遗产和世界地质公园于一身的“双冠”景区，同时也是国家5A级风景区、国家森林公园、全国爱国主义教育示范基地。

景德镇自古号称“瓷都”，是中国古代四大名镇之一，也是中国第一批历史文化名城之一。悠久的制瓷历史，在这里留下了许多古迹名胜。新中国成立后，景德镇已发展成为现代化的以陶瓷工业为主体的工业城市，同时也发展成为独具特色的著名旅游城市。主要景观有蟠龙岗古瓷厂(即古镇窑作坊，现已建成古陶瓷博览区)，这里保存着古镇窑陶瓷手工作坊的传统艺术，是中国建筑史上罕见的古工业建筑；高岭山为世界最早的瓷土开发地，尚存古道、古矿井等遗址；湖田古窑址是全国重点文物保护单位，保存着葫芦窑、马蹄窑、龙窑等古窑；珠山龙珠阁为明清皇帝设立御处；祥集弄明代民宅是全国重点文物保护单位，是中国保存住宅较多的一处明代世俗建筑群；三间庙古街位于市区昌江西岸，全长150 m，是保存较为完整的古街区；还有南市街古瓷窑遗址、瓷石矿古作坊、风火仙师庙、天后宫、珠山、洪岩洞等。此外，还有陶瓷馆、历史博物馆、陶瓷研究所等，珍藏着一批历代的陶瓷佳作和新中国成立后的珍品，精美绝伦，使人流连忘返。

第三节　产业发展与布局

赣东北区开发历史悠久，经济发展条件优越。近年来，随着区域优势资源的进一步整合和开发，赣东北区经济持续稳定增长，综合经济实力不断增强。同时，该区产业结构进一步调整，第一产业产值所占比重逐步减少，第二、第三产业所占比重逐渐增加，产业结构呈“二三一”格局。但赣东北区产业结构(表5.3)与全省相比，第二、第一产业所占比重仍然偏高，而第三产业比重较低。因此，赣东北区要充分认识自身资源优势和市场需求变化趋势，大力推进产业结构的战略性调整，在保证农业、工业稳定发展的同时，加快发展第三产业，逐步缩小与全省的差距。

表 5.3　2012 年赣东北区国内生产总值及其产业构成

地区	GDP /亿元	第一产业		第二产业		第三产业	
		总值 /亿元	比重 /%	总值 /亿元	比重 /%	总值 /亿元	比重 /%
景德镇市	628.25	48.97	7.8	373.78	59.5	205.50	32.7
上饶市	1 265.39	192.83	15.2	662.54	52.4	410.02	32.4
鹰潭市	482.17	41.46	8.6	305.92	63.4	134.79	28.0
抚州市	825.04	152.00	18.4	435.93	52.8	237.11	28.8

资料来源：《江西统计年鉴—2013》；本表国内生产总值按当年价格计算。

一、农业生产与布局

赣东北区地处长江南部，是典型的亚热带季风性湿润气候区，气候温暖，降水适中，光照充裕，无霜期长，适宜农作物生长。该区以山地丘陵为主，山脉之间广泛分布着低山丘陵，并随着海拔高度的降低而转为低山岗地、山间盆地和河谷平原。土壤类型丰富多样，以红壤为主，在盆地和沿江平原还分布着水稻土和冲积土，适宜发展多种多样的农业。新中国成立以来，该区的农业生产得到较快发展，特别是近年来，农、林、牧、渔各业商品生产发展较快，农产品产量增大，商品率提高，集约化程度也不断增加，形成多个农业生产基地。农业生产结构与布局日趋合理，在过去，赣东北区农村主要以单一的种植业经济为主体，随着农村多种经营的发展，林、牧、渔业在农业经济中的比重得到显著提高(表 5.4)。

表 5.4　2012 年赣东北区农林牧渔结构表　　单位：%

地区	种植业	林业	牧业	渔业	农林牧渔服务业
景德镇市	54.1	6.9	27.6	7.3	4.1
上饶市	37.7	5.6	43.4	11.9	1.4
鹰潭市	57.7	4.6	27.7	8.2	1.8
抚州市	40.7	7.9	28.2	20.9	2.3

资料来源：《江西统计年鉴—2013》；本表农林牧渔业比重值按当年价格计算。

(一)种植业

在大农业内部生产结构中，种植业又称小农业、耕作业，是农业经济和农村经济中地位最重要，投入的人力、物力、财力最多，收入最大的一个部门。

1. 粮食作物

在总播种面积中，粮食作物的播种面积所占比重最大，在粮食生产中，水稻、大豆、薯类 、玉米、小麦是该区的五大粮食作物。其中，水稻是该区最重要的粮食作物，其次是大豆、薯类，玉米和小麦的播种面积较小，产量相对较少。(表 5.5)

表 5.5 2012 年区内主要粮食作物产品产量 单位：t

地区	水稻	大豆	薯类	玉米	小麦
景德镇市	550 541	8 371	21 078	4 848	173
上饶市	3 104 697	35 542	68 294	8 785	4 681
鹰潭市	634 634	6 675	11 661	1 345	267
抚州市	2 518 387	34 106	123 924	8 186	31

资料来源：《江西统计年鉴－2013》。

赣东北区水稻种植历史悠久，种植经验丰富，种植面积大。依据气候特点，区域内可种植早稻、中稻、一季晚稻、二季晚稻。水稻是细粮作物，主要分布在山间盆地和河谷平原地区，沿河广泛分布的水稻土是良好的种植水稻的土壤环境。区域内的水稻都以水田耕作为主，丰富的降水，充足的光照为该区双季稻的种植提供了优越的自然环境。从 2012 年的统计数据看，稻谷产量占粮食作物总产量的比重最大，而且远远大于其他作物，是该区域内最主要的生活用粮。

薯类是该区域内传统的粮食作物，也是该区重要的粮食作物之一，其产量高，用途广，适生性强，容易管理，大多薯类被用作生活调剂用粮或养猪饲料用粮。从 2012 年薯类产品产量来看，该区薯类产品产量占江西省薯类产品产量的近 1/2，在全省占有重要位置。随着农业生产技术条件的改善，水稻、薯类、大豆等粮食作物的单产和总产量都有显著的提高。

2. 经济作物

区域内经济作物种类繁多，有茶、油料、蔬菜、瓜果、棉花、红麻等，各种经济作物都具有地方特色，是地方特色农业的代表。其中茶园主要分布在上饶、景德镇地区；油料作物包括油菜籽、花生、芝麻，油茶是区域内主要的木本油料，主要分布在上饶、景德镇的山地丘陵地区；蔬菜作物品种多样，主要品种有食用菌、山药、葛、竹笋等；瓜果作物则以柑橘类、梨、猕猴桃、甘蔗、西瓜等为主；红麻主要分布在金溪县。

赣东北区是江西省重要产茶区，代表性产品有“浮梁红茶”“婺源绿茶”“资溪白茶”。浮梁红茶茶叶产区主要在浮梁北部，分布于与祁门、休宁、婺源毗连的广大山区。浮梁县红茶简称“浮红”，是世界三大高山红茶之一，以“色艳、香郁、味醇、形美”四绝称誉于世，也是我国名茶之一。浮梁县是江西省重点茶叶生产县，也是全国无公害茶叶生产基地县，是我国古茶区、名茶市，历史悠久。1997 年，浮梁县被农业部命名为“中国红茶之乡”。其中，“浮瑶仙芝”商标为江西省著名商标，该产品在“1991 年中国杭州国际茶文化节”评比中被评为“文化名茶”，后又被农业部评为金奖。

婺源绿茶以“颜色碧而天然，回味香而浓郁，水叶清而润厚”著称，历史悠久，远在宋时，婺源的谢源茶已被誉为全国六大绝品茶之一。主要产品有天香云翠茶、婺源仙枝、灵岩剑峰、婺源茗眉、婺源毛尖等。婺源茶产业围绕推动名优茶品，产品附加值和出口创汇实现“三个提升”，发展生态标准高效茶业，实现产业持续快速发展。

资溪白茶产自资溪县境内，因其满叶披毫、状若银雪而得名。其产地资溪县地处武夷山脉西麓，属山区，地形复杂，地势大体呈东南高、西北低的趋势。其独特的气候条件，十分适宜白茶的种植和培育。2012 年，国家质检总局批准对资溪白茶实施地理标志产品保护。

赣东北区蔬菜作物种类多，特色产品多，主要包括黎川县的食用菌、南城县的淮山、横峰县的葛。其中，食用菌是黎川县传统农产品之一，以茶树菇、草菇、香菇为主，养殖历史悠久，生产总量全省第一，尤其是茶树菇产量，占据国内大部分市场。食用菌产业坚持“集约化、标准化、工厂化”的发展方向，着力开发珍稀食用菌，建设食用菌生产基地。区域内淮山主要产于南城县，县内河谷平原主要分布于河流两岸，多属河谷型冲淤平原，地势平坦，冷热分布明显的特点有利于淮山生长，为江西省最大的淮山种植基地、中国三大淮山生产基地之一。其中，淮山光条和淮山饮片是“建昌帮”中药体系中的两个当家品种，尤其是经过精心泡制的淮山饮片，有“白如雪，薄如纸”之美誉，深受中药厂商青睐，产品远销东南亚及港台地区。2011 年经农业部审核，准予“南城淮山”进行农产品地理标志登记，实施保护。横峰县是“中国葛之乡”，生产、加工葛根的历史悠久，该县的葛资源非常丰富，品系较多，主要分布在北部山区的葛源镇和新篁乡等。北部为中、低山区，怀玉山脉在其中蟠结，主要有磨盘山、五洋山、黄山等，野生葛根主要集中在这些山中。2006 年，“横峰葛”申报“国家地理标志保护产品”成功。

(二)牧业

牧业是本区内仅次于种植业的第二大农业经济部门，也是本区传统的经济部门。区域内气候温和湿润，利于畜禽的繁殖和生长；饲草、饲料资源丰富，有天然的农作物秸秆和杂粮；劳动力资源丰富，利于规模经营、组织饲养和产品加工等。近年来，区域内的牧业发展十分迅速，牧业产值占农林牧渔业总产值的比重不断增加，成为农业经济部门中发展最快、经济效益最好的部门。该区的牧业主要以舍饲为主，放养较少，畜禽种类有猪、鸡、鸭、鹅等家禽。本区的优良畜禽品种较多，如著名的崇仁县麻鸡，被中科院确定为中国很有发展前途的地方优良品种。崇仁麻鸡具有显著的“三高一低”的特点，即可食部、氨基酸及维生素含量高，胆固醇含量低。崇仁县一直把崇仁麻鸡产业作为农业主导产业来发展，特别是1994年以后，崇仁麻鸡产业得到飞速发展，完成了“原种、孵化、散养、饲料、服务、加工、销售”等产销体系的建设，逐步实现崇仁麻鸡产业化经营。近几年来，崇仁县实施龙头带动战略，集约发展麻鸡产业，利用低缓草山草坡，建立了10多个种鸡饲养基地和商品鸡散养基地，建起了饲料加工厂、麻鸡加工厂、改造扩建麻鸡原种场等领域的龙头企业。1997年，该县被国家命名为“中国麻鸡之乡”。

(三)林业

赣东北区地处亚热带，区域内地形以山地丘陵为主。植被类型丰富多样，主要有马尾松林、杉木林、毛竹林、荒山灌木草丛群落等，亚热带经济林和用材林地位突出，赣东北区是江西省重要的木材产地和主要毛竹产地。毛竹的垂直分布幅度很大，海拔1 350 m以下的中山、低山、丘陵岗地均有毛竹林分布，毛竹能耐零下20℃的极端低气温，在壤土、沙壤上、粘壤土、重黏土和石砾土上均能适应，具有良好理化性质，在疏松深厚肥沃的乌沙土上生长得最好。赣东北区毛竹主要分布在武夷山脉附近的铅山、贵溪、上饶、德兴、资溪、黎川等县以及雩山附近的宜黄、崇仁、乐安等县。其中，铅山县的毛竹分布面积最广。

经济林包括木本粮油、各种果树及特种经济林木等。油茶是区域内最主要的木本油料，上饶县是“中国油茶之乡”，外贸出口额连续三年名列全省同行业之首，成为全国6个高产油茶示范县之一。产品种类主要有：红花茶油、食用茶油、药用茶油、茶皂素、茶粕等。区域内的果树种植面积不断扩大，果品种类多，以南丰蜜橘和金溪蜜梨为名优特产代表。金溪是江西省南方早熟蜜梨基地县和国家早熟蜜梨无公害生产示范基地县，果树种植历史悠久，特别是改革开放以来，果树产业发展较快。金溪蜜梨香甜爽口，风味独特，品质特优，具有“香、甜、脆、嫩”的特点，品种主要有翠冠、黄花、新世纪等。南丰蜜橘已有1 300多年的栽培历史，以皮薄核少、汁多化渣、色泽金黄、甜酸适口、营养丰富而著称。自唐朝起，南丰蜜橘被历代列为皇室“贡品”，享有“橘中之王”的美称。近年来，南丰县把南丰蜜橘作为县域经济发展最现实、最具潜力的优选项目，坚持按照“一县一业、一业带百业”的发展思路，大力实施“蜜橘兴县”战略，有力地促进了县域经济发展。南丰蜜橘及其带动的相关产业产值占县财政的三分之一，由此可见，南丰蜜橘已成为南丰县名副其实的支柱产业。南丰蜜橘产品已畅销全国30多个大中城市，不仅稳定发展了东南亚、俄罗斯等市场，还逐步开拓了英国、加拿大等国家和地区的市场。南丰县于1986年被国家列为全国柑橘商品基地县，1995年命名为“中国南丰蜜橘之乡”。

(四)渔业

由于赣东北区缺乏大面积的湖、海水面，故渔业生产的自然条件先天不足。不过近十几年，随着人们生活水平的提高，鱼类产品的市场需求量越来越大，其生产发展很快。现有水库、坑洼、洼地和河流沿岸地带都得到了比较充分的鱼类养殖开发利用，其管理也比以前更为科学、精细，鱼类产品的产量自然也大幅度提高。该区水产品多为鲤鱼、鲫鱼、草鱼、鲇鱼、泥鳅、螃蟹和虾等，主要分布在沿江沿河渔业生产条件相对较好之地。

从以上赣东北区农、林、牧、渔各业的生产和布局情况看，其生产主要以种植业、牧业为主，林业和渔业相对比较薄弱，规模经济效益不显著。因此，适当调整农、林、牧、渔各业结构，促进农业全面发展，是赣东北区今后农业发展的努力方向之一。

二、工业生产与布局

赣东北区矿产资源丰富，交通便利，劳动力充足，发展工业的条件优越。远在明清时期，这里的商品经济繁荣昌盛，工业发展历史悠久。新中国成立后，伴随着国家重点投资和资源的开发，本区经济得到较快发展，已经形成以有色金属加工、陶瓷、机械电子、建材、轻纺、食品等工业为主，门类齐全、实力雄厚、布局合理的工业体系。随着工业生产的迅速发展，各种工业产品产量不断增加，许多工业品在全国的地位不断上升，主要产品有铜、银、钽铌、铀等矿产及瓷器、水泥、挖掘机、农用减震器等。在产业布局上，依据资源优势和发展基础，本区形成了较为合理的布局形式。

(一)陶瓷工业

景德镇是世界著名瓷都，制瓷历史悠久。史籍记载，“新平冶陶，始于汉世”，可见早在汉代景德镇就开始生产陶瓷。区域内瓷土资源丰富，交通便利，劳动力丰富，为陶瓷工业的发展提供有利条件。景德镇的陶瓷工业发展可分为古代、近代、现代三个阶段，从元代开始至明清时期，历代皇帝都派官员到景德镇监制宫廷用瓷，设瓷局、置御窑，陶瓷工业非常繁荣，景德镇成为当时中国的陶瓷业中心，并引来大量人口到此地制瓷经商谋生，极大地带动了整个城市的发展；清末和中华民国时期，战争不断，景德镇陶瓷走下坡路；新中国成立后，政府对中华民国时期的陶瓷企业和作坊进行了大规模的整合，重新组建了景德镇十大瓷厂，陶瓷生产规模空前扩大，瓷器产品的品种也异常丰富，形成了以日用瓷为主体，艺术、建筑、工业、电子等各类陶瓷共同发展的陶瓷工业体系；1958 年，设置专门培养高级陶瓷人才的高等学校——景德镇陶瓷学院(今景德镇陶瓷大学)。景德镇成为当时中国最重要的陶瓷生产和出口基地以及陶瓷科研教育中心。景德镇的四大名瓷为粉彩瓷、玲珑瓷、颜色釉瓷、青花瓷。

现在，陶瓷工业仍然是景德镇的支柱产业，景德镇拥有一批具有雄厚实力的陶瓷公司，如景德镇陶瓷股份有限公司、景德镇环球陶瓷有限公司和景德镇海畅法蓝瓷有限公司，还建有陶瓷工业园。随着陶瓷品牌发展思路和战略的不断推进，景德镇在全市已初步形成数量充足、结构合理、信誉良好的金字塔形品牌梯队，并加快形成以高技术陶瓷为核心竞争力、以陶瓷文化创意为特色、以高档日用陶瓷为主要产品的产业发展模式。

(二)有色金属工业

赣东北区拥有丰富的矿产资源，金属矿产有铜、银、金、铅、锌、钽铌、锰、铁、锑、钨等。按矿产资源的自然分布，形成了相应的有色金属冶炼、加工基地，如德兴铜矿、贵溪市冷水银矿、横峰县钽铌矿和乐安县铀矿。其中，江西铜业集团公司成立于 1979 年 7 月，是中国有色金属行业中集铜的采、选、冶、加工于一体的特大型联合企业，是中国最大的铜工业生产基地和重要的硫化工原料及金银产地，也是国家重点扶持的国有特大型企业之一。公司总部设在江西省贵溪市，现拥有江西铜业股份有限公司(包括德兴、永平、武山三个矿和贵溪冶炼厂)、江西铜业铜材有限公司、江铜-耶兹铜箔有限公司、江铜深圳南方总公司等 59 家法人实体。公司主要进行铜、金、银、铅锌、钼等矿产资源的勘查、开采、冶炼、加工及相关有色金属产品的生产、销售，并从事矿山开采、冶炼设备的制造安装、技术开发、技术服务，经营来料加工、对外贸易和转口贸易。主要产品有阴极铜、硫酸、黄金、白银、铂、钯、硒、碲、铼、钼、硫酸铜、氧化砷、铜精矿、铅锌矿、锌精矿、硫精矿、铜线锭、铜杆、裸铜线、漆包线、高档铜箔、精密铜管等。

其中，德兴铜矿位于怀玉山脉孔雀山下，铜年产量中国第一，是我国最大的斑岩型露天矿山。其最大特点是储量大而集中，含铜品位低，伴生有益组分多，矿化连续性好，易采易选，具有相当高的综合利用价值。包含三大矿区，自东南至西北有富家坞铜钼矿区、铜厂铜金矿区、朱砂红铜矿区，三个矿区累计探明铜金属储量 847.5×10^4 t。经过多年的开采和建设，矿山生产规模由建矿初期的 2 500 t/d 发展到现在的 13×10^4 t/d。贵溪市银铅锌资源集中分布在冷水镇冷水银矿田，该银矿田属我国超大型银矿田，包括银露岭、鲍家(上鲍、下鲍)、银珠山及营林等 6 个矿区，有 10 余个主矿体，是一个以银、铅、锌为主，铜、硫、金、镉共生的多金属矿床。位于抚州市乐安县的中核乐安铀业有限责任公司先后建成和投产矿井、露天采场和机修厂等辅助设施，露天采场在横涧和邹家山，相山是我国最大的火山岩型铀矿基地。

(三)化工建材工业

赣东北区非金属矿产资源丰富，为化工建材工业的发展提供了原材料。区域内的玉山县的主要非金属矿产品种有石灰石、石煤、罗纹砚石、青石、大理石、花岗岩、叶腊石、黑滑石、膨润土等。全县石灰石储量达 33×10^8 t，位居江西省第一，主要分布在岩瑞、双明、下镇等乡镇，其中工业储量约 14×10^8 t，有开采价值的主要集中在岩瑞镇，储量 2.98×10^8 t，远景资源量 4.42×10^8 t。玉山县是江西省的水泥大县。玉山县依托丰富的石灰石资源，吸引了上市公司——万年青水泥有限公司、浙江虎山集团等国内水泥“大腕”与玉山民营企业强强联手，三年建成五条百万吨新型干法旋窑水泥生产线。当前，全县新型干法旋窑水泥已形成年产 500×10^4 t 的规模，初步建成了全省最大的现代化水泥生产基地。为把水泥产业做大做强，该县在金山工业园专门建立了 4 km^2 的岩瑞新型建材工业园，按照年产 $1\,000\times10^4$ t 新型水泥的规模定位，聘请中国建材工业规划研究院进行规划，打造现代化水泥生产平台，并大力引进和发展水泥深加工企业，逐步形成完整的采矿、熟料、粉磨、包装材料和水泥制品产业链，提高产业聚集度。

(四)机械电子工业

赣东北区的机械电子工业主要以农用机械和电器为主。区域内的广丰是中国的“挖掘机之都”，近些年，我国现代化建设给广丰的挖掘机产业带来灿烂的阳光。全县已拥有挖掘机 6 万～7 万余台，占全国挖掘机总量的十分之一，占江西省挖掘机总量的 70%，从业人数 10 万余人，年收入达 100 余亿元。广丰三分之一的百姓都是靠挖掘机发家致富的。被誉为“铁甲军团”的广丰挖掘机遍布全国各地，并开进了东南亚国家。挖崛机已名副其实地成为广丰农民的“聚宝盆”。近年来，广丰围绕打造“挖掘机之乡”品牌，着力培育壮大挖掘机产业链，吸引徐工、三一重工等国内外 30 多家工程机械巨头和 80 余家工程机械租赁企业入驻本地。

2007 年崇仁县被中国地区开发促进会授予“中国变压器制造基地”和“中国减震器制造基地”称号。其中，变电设备产品市场覆盖面居全国第三；农用减震器的销售量占全国销售量的 45%，居全国第一，崇仁县被誉为“减震器之乡”。以变压器、减震器为主要产品的机电产业是该县的支柱产业，主要产品有“华赣”“亚珀”变压器，“赣电”互感器，“长城”“长衡”减震器等。崇仁县工业园区主要企业有中国人民电器集团江西变电设备有限公司、江西明正变电设备有限公司、指明集团江西一变有限公司、伊发电气有限公司、江西亚珀变电设备有限公司、江西赣电电气有限责任公司、江西广仁绿能科技有限公司等。

改革开放以来，本区工业发展取得了很大成就，在产业结构的演进过程中，工业一直居于主导地位，但在全国加速工业化的进程中，随着买方市场的出现，历史形成的工业结构不合理的矛盾日益突出，主要表现为：第一，技术装备老化，技术投入不足，科技对经济的贡献份额过低；第二，产品结构矛盾突出，高新技术产品成长缓慢；第三，产业组织结构不合理，资产状况不佳，规模效益低，资源开发性比重过大；第四，非公有制工业企业规模小，竞争能力差。本区加快工业经济结构战略调整已刻不容缓。工业经济结构调整要坚持以全面提高工业整体素质和经济效益为目标，以提高产品的市场竞争力为中心，以结构调整为重点，依靠科技进步和制度创新，加快传统产业的提升与改造，大力发展高新技术产业和新兴工业，实现规模化、集团化经营。

三、第三产业生产与布局

从生产的角度看，赣东北区第三产业部门主要有仓储运输及邮政业、旅游业、批发与零售业、住宿和餐饮业、金融业、教育、卫生及社会福利业、公共管理和社会组织等。其中发展速度最快、发展潜力最大的是旅游业。

赣东北包括上饶、鹰潭、景德镇、抚州四市，区域内红色、绿色和古色旅游资源优势非常突出，且互补性很强。依据旅游资源属性，赣东北旅游资源分为革命纪念地、自然风光和遗址古迹文化三大类，区域革命纪念地主要包括上饶集中营军事遗址、方志敏名人遗址和黎川县湖坊乡闽赣省委、省革委旧址等；自然风光主要有三清山、龙虎山和龟峰的地质构造遗迹——丹霞地貌、三清山的山岳景观、黄岗山的生物景观，以及大觉山、岩泉国家级森林公园、军峰山国家级森林公园和宜黄华南虎自然保护区等的景观；遗址古迹文化包括文物古迹、宗教文化、乡村景观民俗风情等，如景德镇瓷都遗址、浮梁古县衙、龙虎山道教文化、婺源生态乡村与徽派建筑、乐安县流坑村明清古建筑群等。区域内旅游资源的类型、特色、品位、丰度和组合分布状况直接影响旅游地的空间吸引范围和旅游者的规模。

赣东北区域旅游资源中有 2 个世界级自然遗产，弋阳腔被列入中国第一批非物质文化遗产，5A 级旅游景区有 4 个，4A 级旅游景区有 27 个，因此，赣东北旅游业发展前景巨大，可以发展为区域内的支柱产业。赣东北区域的上饶、鹰潭、景德镇三市地域相接，山水相依，旅游景区的地理位置邻近，且资源互补，市场共享，通过建立旅游网络结构体系可实现区域旅游协同发展，实现区内各合作区之间旅游要素的自由流动，通过优势互补、利益共享增强旅游业的整体实力。

第四节 人地关系与可持续发展

一、区域发展现状与存在的问题

赣东北区近年来经济发展速度较快，经济综合实力不断加强，人民生活水平得到提高。但由于政策制度、区位条件、历史条件以及区域文化的差异，区域内各县市区的经济发展存在差异，位于交通干线以及临近中心城市的县市区经济和社会发展较快，而位于偏远山区、交通不便的县市区发展相对落后。区域发展面临的主要问题有如下三点：一是结构性矛盾突出，农业产业化缓慢，“三农”问题比较突出，农民持续增收困难；二是经济增长方式粗放，自主创新能力不强，资源利用效率不高，生态环境治理任务艰巨；三是区域合作能力较弱，第三产业发展较缓慢，经济开发度较低。

二、区域可持续发展的总体战略

(一)大力发展区域特色农业，推进农业产业化、现代化

赣东北区在保证农业稳步发展的基础上，要加快农业结构调整步伐，以区域资源优势和市场需求为导向调整农业结构和布局，实现区域特色农产品的生产、加工、销售规模化、标准化和产业化。突出区域优势，以农产品生产和开发为主，研发核心技术，组装集成关键技术和配套技术，延长农业产业链，建立农业科技产业化示范基地；围绕农业产业发展的核心技术，加强产、学、研合作，增强技术自主创新能力，促进农业科技成果向现实生产力转化，加快创新成果的应用。加快发展本地特色农业产品群体，从当地环境资源条件出发，利用优越的交通区位条件，大力发展适宜红壤的农业产品。建设一批特色鲜明，市场覆盖广，经济效益显著的农产品群体和企业集团。如婺源大鄣山茶叶集团，其抓住“大鄣山茶”在国内外良好的品牌效应，引进资金、技术和先进的管理，形成外接市场、内连基地茶农，跨地区、跨行业的大型茶叶企业，推动了当地经济的发展。

在发展特色农业的同时，应发挥农业生态优势，积极发展“无公害、绿色、有机”食品生产，走效益型、生态型农业产业化发展道路。依据赣东北区以山地丘陵为主的自然环境，重点建立和完善山区立体生态农业，实行立体种植模式，有效地实现农业部门的产业链接。可建立和完善“猪、沼、水、果”生态农业模式，有组织地系统开发红壤荒丘，形成一个以林果种植业为中心，茶、猪、鱼、粮、林相结合，以短养长、立体种养、综合经营的模式。生态农业建设是农业发展的一个重要方向，是农业可持续发展的最佳模式，将开发区域内的红壤资源和保护生态环境紧密结合，大力植树造林，改善生态环境，实现农业的可持续发展。实施农业现代化需要加大对农业的支持和保护力度，增加对农业科技、优良品种、人才培养、技术培训和结构调整等方面的财政投入，建立健全以农业科技服务体系为重点的农村社会化服务体系，建立健全突发农作物病虫害和重大动物疫情的应急机制，及时帮助农民解决在农业生产中遇到的困难，加大对农民的财政补助，鼓励农业生产。

(二)加快工业化进程，走新型工业化道路

赣东北区面临新的工业发展阶段、新的发展机遇，要加快工业化进程，走新型工业化道路。特别是区域内传统工业，要努力向科技含量高、经济效益好、资源消耗低、环境污染少、人力资源得到充分发挥的新型工业化道路迈进。

改变传统经济的增长方式。以有色金属工业为例，说明新时期赣东北区传统工业可持续发展的战略任务。区域内矿产资源丰富，依据原材料优势发展的有色金属工业是本区域内的传统工业部门，但是矿产资源开发利用的“高开采、低利用、高排放”模式，从长远看，必然导致自然资源匮乏、能源短缺、环境污染与环境破坏。在该区当前资源紧缺、环境压力增大的背景下，加强矿产资源的综合利用，促进矿产资源领域循环经济的发展，显得尤为重要。第一，发展循环经济，树立科学发展观。发展循环经济，把传统的依赖资源消耗线性增长的发展，转变为依靠生态型资源循环来发展经济。循环经济以实现可持续发展为目标，以资源的高效利用和循环利用为核心，以协调人与自然关系为准则，以“减量化、再利用、资源化”为原则，以低消耗、低排放、高效率为基本特征。以最小成本获得最大经济效益和环境效益，实现资源的可持续使用，使社会生产从数量型的物质增长转变为质量型的服务增长，实现人与自然的和谐发展。要落实科学发展观，有色金属工业发展必须走循环经济的道路。第二，制定并落实相关政策法规。借鉴先进经验，尽快建立比较完善的促进赣东北区循环经济发展的法律法规体系。坚持依法推进循环经济发展，将强制的外部约束力和企业内在利益驱动结合起来，明确企业生产者和产品交易者所担负的维护循环经济发展的主要责任，依法强制实施清洁生产审核。加强节能减排执法检查，严格执行环境影响评价制度，不断提高经济运行质量，改善生态环境。积极探索建立生态恢复和环境保护的经济补偿机制，完善各项配套措施。第三，加快经济技术开发和应用推广。加强矿产资源循环利用技术领域的关键技术研究，不断创新，提高科技支撑能力和创新能力，积极开发新技术、新工艺。同时，要积极探索将有关高新技术引入矿产资源领域的开发利用当中来，利用高新技术改造传统产业，实现矿产资源循环利用的有效途径。例如，现在的矿业生物工程技术、电化学调控和电化学控制浮选技术、过程自动化寻优技术等，将这些高新技术与现行矿物加工工程技术有机结合，提高矿产资源循环利用程度。

发展以清洁能源为主的新能源产业，如光伏、太阳能、风能产业，大力发展低碳经济。上饶市的晶科能源有限公司在美国成功上市，中国科学院与博能上饶客车厂合作的“新能源汽车项目”签约，以光伏和新能源汽车生产基地为主的新能源产业已经成为上饶工业新的主导产业和重要增长点，新能源产业占全市规模以上工业比重达到13.3%。战略性新兴产业加快集聚，成为上饶市工业增长的重要引擎。

加快创建生态工业园区，围绕“走绿色崛起之路、建和谐生态园区”的目标，坚持低碳、低耗、低排、低污“四低”并重，着力推进生态园区建设，高度重视园区污水处理设施及配套管网建设。以高标准整合升级各类开发区和工业园区，实现产业集聚和产业链延伸效应。转变理念，创新机制，积极培育特色产业，不断发展壮大产业集群，加快产业结构调整，走绿色生态崛起之路。

积极拓展对外开放领域，扩大国际交流与合作，适应经济全球化新形势，围绕发展循环经济、生态环境建设与保护、清洁生产技术与工艺、资源综合利用等，在资金、技术、人才、管理等方面积极开展国际交流与合作。拓宽利用外资渠道，积极利用世行、亚行、全球环境基金、联合国开发计划署等国际组织以及各国政府的贷款或赠款。利用产业导向和优惠政策，鼓励外商投资高新技术、污染防治、节能和资源循环利用项目，鼓励外商设立循环经济研发机构，积极开展有关项目的合资合作。

(三)合理整合旅游业，促进第三产业发展

赣东北区应充分发挥旅游资源丰富、品位高、地域组合状况好的优势，大力发展旅游关联产业，培育大旅游产业体系。根据区域内旅游资源的特征以及当今社会发展的需求，加快区域内的旅游空间合作，将地区之间的旅游资源重新配置、组合，以便获取最大经济效益、社会效益和生态效益。区域合作是实现资源共享、客源互动、合作共赢的战略举措，是实施“大旅游、大市场、大产业”发展战略的必然选择，是当今旅游业发展的重要议题。赣东北区要加快区域旅游空间合作的结构布局，构建赣东北旅游圈，以上饶为集散中心，由区内的三清山、龙虎山、婺源、景德镇、龟峰等旅游地以及区域内的交通线组织构成。圈内旅游区空间规划布局要克服圈中各市之间的边界制约及行政边界所带来的各种问题，同时各旅游区要充分重视其自身在赣东北旅游圈中的地位及应充当的角色，并与其他旅游区的开发建设融为一体，加强合作，正确认识空间合作与竞争的关系，共同建设和完善交通网络以及整合旅游资源，实现赣东北旅游圈空间结构一体化。在一体化的政策支持下，坚持“资源共享、信息互通、共同营销、管理协调、优势互补、互利互惠”的原则，各个县市区要把旅游圈整合和合作发展作为推进区域经济一体化的重要内容，找准自身的比较优势，选准自身的发展路子，主动参与区内资源的整合与分工，促进自身产业与区内产业互补互动互惠，共同打造旅游整体品牌，建成“无障碍旅游区”，形成大旅游、大产业的格局。

在旅游业发展过程中，赣东北区应协调旅游开发与生态环境建设，促进两个产业的互动，使两者协调发展，走向融合，实现旅游经济效益的可持续增长，并保持环境资源效用的持续性。充分发挥旅游业的集聚辐射效应，带动住宿餐饮、广告设计、商贸购物、交通物流、公共事业等传统服务业的发展。同时，还要培育发展现代商贸业和现代物流业，大力发展信息、金融、保险、会计、法律服务以及科技服务等中介服务业，积极发展房地产、物业管理、社区服务、教育培训、文化、体育等需求潜力大的产业，加快第三产业的发展。

第六章　赣西北区

章前语

赣西北区行政区域范围包括修水县、武宁县、靖安县、奉新县、铜鼓县、宜丰县、上高县、万载县、分宜县、宜春市区、萍乡市、莲花县、永新县和井冈市等。区内有萍乡市、新余市、宜春市等省辖市。全区人口密度近198人/km^2。本区东起赣江，南抵浙赣线，轮廓呈狭长形状，南北长约350 km，跨纬度3.4°；东西最宽处相距约145 km，最窄处只有1.5 km左右。本区地理位置优越，是江西省的西北门户，历史悠久，自然资源丰富，但经济发展相对滞后，工农业基础薄弱，第三产业发展缓慢。

关键词

赣西北；西北门户；经济滞后

第一节　区域概况

一、独特的地理和区位优势

本区南、北、西三面环山，中部丘陵起伏。区境边陲的山脉多呈东北—西南走向。西北边陲为幕阜山脉，南面有九岭山脉，向西延伸至幕阜山脉。地形主要以中低山丘陵为主，中低山与丘陵面积之和占全区的74.6%，故该区被称为中低山丘陵区。

修河发源于幕阜山与九岭山之间的谷地，流经修水、武宁、永修3县后转入吴城，与赣江并驾齐驱一程，拐入蚌湖东岸王家洲入鄱阳湖。20世纪70年代，自武宁新宁镇至永修柘林湖之间的修水河段建成了全省库容最大的柘林水库后，修河干支流遍及修水、铜鼓、武宁、宜丰、永修、奉新、高安、靖安、安义9县，全长389 km，积水面积14 700 km^2，占鄱阳湖流域的9.1%。通常以修水义宁镇和永修柘林镇为界，分为上、中、下游。上游可放竹筏，中游可行小船，下游可通 10 t 左右的船只。

3—4 月多西风和西南气流形成的锋面雨；5—6 月多东南季风的锋面雨和地形雨；7—8 月可能有对流雨与台风雨；秋冬季降水较少。大部分地区多年平均降水量为 1 500～1 900 mm，比赣东北略少。平均年蒸发量为 600～800 mm，干旱指数为 0.5～0.6。平均年径流量 700～1 200 mm，径流系数 0.4～0.5。降水较多，蒸发不是很强，大气较湿润，径流甚多，河水尚丰。

本区北接湖北省，西靠湖南省，东临鄱阳湖，位于长江中、下游交接处的南岸，京九、浙赣线穿境而过，昌樟高速、沪瑞高速的贯通，使赣西北区的宜春到南昌、长沙的交通时间缩短到 2 h，使加大本区与周边发达地区的人流物流成为可能。

长江经济带是以浦东为重点，以上海为龙头，以重庆为龙尾，为进一步开放长江沿岸城市而构建的经济带。长江沿岸经济带上形成了以上海为龙头的长江三角洲经济圈，以武汉为中心的长江中游经济圈，以重庆为首的长江上游经济圈，成为支撑我国经济发展的又一主轴。江西位于长江中下游南岸，处于沿江经济带的皖赣经济区，成为经济发展内移的重心。沿江经济带把江西与沿海和沿边、东部与中西部地区联结起来，而赣西北就是江西省在沿江经济带上的西北门户。

二、历史悠久，文化底蕴深厚

汉高祖五年(前 202 年)，刘邦遣大将陈婴平定江南(旧说平江南者为灌婴，据宋人赵与时考证，平江南者为堂邑侯陈婴，非颍阴侯灌婴)。汉高祖六年(前 201 年)，令天下郡邑皆筑城。于是，两座新城出现于今宜春市境内。一为宜春，一为建成。宜春之名源于城西美泉，以其“夏冷冬暖，莹媚如春，饮之宜人”而得名。建成之名，以其“创建城邑”故名(成、城二字古代通用)。初设时的宜春县管辖今袁河流域城区，包括今袁州区、新余市、萍乡市一部分和樟树市一部分。西汉元光六年(前 129 年)，汉武帝封长沙定王刘发之子刘成为宜春侯，元朔二年(前 127 年)，又封刘成兄弟刘拾为建成侯。今宜春市境域，汉代属豫章郡(治所在今南昌)。三国东吴宝鼎二年(267 年)，设立安成郡(治所在今安福)，袁河流域地区归安成管辖。隋王朝统一天下，废安成郡。开皇十八年(598 年)设袁州，治所设于宜春县。初设时，袁州辖宜春、萍乡、新渝三县。宋开宝八年(975 年)，万载县由筠州划入。淳化三年(992 年)，划新渝入临江军。此后 900 余年，袁州一直管宜春、萍乡、万载、分宜四县。宜春历史上出现的第一个州府级行政机构是袁州，其次为靖州，再次为临江军。靖州设于唐武德五年(622 年)，治所在今高安。远在 5 000 多年前的新石器时代，就有三苗族在萍乡生产劳动和繁衍生息。西周时，萍乡属扬州，春秋时属吴国，战国时为楚地，汉高祖刘邦时属豫章郡宜春县地，三国东吴宝鼎二年(267 年)设立萍乡县，县治设芦溪古岗。唐武德二年(619 年)，县治从芦溪古岗迁至萍乡凤凰池(今市治所)。唐贞观元年(1295 年)属江南西道袁州府，元贞元年萍乡由县升格为州。明洪武二年(1369 年)由州改为县。清属江西省袁州府。民国三年(1914 年)属庐陵道。民国十五年直隶于省。民国二十年，属第八行政区。民国二十四年属第二行政区。新中国成立后属南昌专区，1959 年 1 月，南昌专区改名为宜春专区，萍乡属之。1960 年 9 月撤县设市，由宜春专区代管。1970 年 3 月萍乡为省辖市。1971 年经江西省革命委员会批准设立 4 个区。

赣西北区历来为“江南佳丽之地，文物昌盛之邦”。唐代大文豪王勃《滕王阁序》中的“物华天宝”“人杰地灵”，其人、其事、其物均出于此。本区自古英才辈出。汉代学士徐孺子，晋代文学家陶渊明，唐代诗人刘慎虚、郑谷，宋代史学家、《资治通鉴》副主编刘恕，明代科学家、《天工开物》的作者宋应星，清官况钟等都是本区人；现代名人有戏曲家熊佛西、物理学家吴有训等。本区宗教文化源远流长。佛教禅宗五大宗派中曹洞宗、临济宗、沩仰宗发祥于此；靖安宝峰寺是唐代高僧马祖道一的归葬地；奉新百丈山百丈寺是佛门规戒“天下清规”的创立地；樟树阁皂山是江南三大道教名山之一。改革开放以来，本区文化事业百花齐放，高安采茶戏、上高农民摄影、袁州版画、宜丰根雕、铜鼓漫画、万载傩舞、丰城书法，在全省乃至全国都有一定的影响。

这里也存留着让人无法忘记的革命年代中的红色记忆。1906 年，孙中山领导的同盟会在萍乡、浏阳、醴陵举行了声势浩大的萍浏醴起义。1927 年，毛泽东、朱德、陈毅、彭德怀等老一辈无产阶级革命家率领革命武装来到井冈山，创建第一个农村革命根据地。时至今日，萍乡的总平巷、安源路矿工人俱乐部、安源路矿工人消费合作社以及秋收起义军事会议会址、红一方面军前委机关所在地、井冈山革命根据地等大批革命旧址，依然保存着革命年代的痕迹，讲述着革命年代的传说。

历史悠久的赣西北还是一个多民族共同繁荣的区域。汉族、蒙古族、回族、藏族、维吾尔族、苗族、彝族、壮族、布依族、朝鲜族、满族、侗族、瑶族、白族、土家族、哈尼族、傣族、黎族、傈僳族、佤族、畲族、高山族、拉祜族、土族、达斡尔族、仫佬族、羌族、毛南族、仡佬族、塔吉克族、怒族、俄罗斯族 32 个民族在这里和谐并存。

独具风情的民风民俗和异彩纷呈的民间艺术是本区的一大特色，本区傩戏历史悠久，内容丰富，体现了比较典型的中国湘赣之间长江流域以蚩尤为首领的三苗九黎部族文化发源地的特色，具有重要的历史研究价值。据县志记载："先春三月，乡人乃傩，魅面朱衣，执戈扬盾，驱疫疠，以达阳气。"鼎盛时期这里"五里一将军，十里一傩神"。傩面、傩舞、傩庙被公认为本区历史文化的"三宝"。

三、全省重要的农业区

赣西北区地形以山地为主，丘陵次之。山丘间有小盆地分布，高度在600 m以上。耕地面积436 980 hm^2，耕地土壤养分含量高，土壤有机质、全氮和碱解氮达丰富级的面积分别占耕地总面积的61.7%、71.6%和81.4%。该区属亚热带季风气候区，雨热同期，气候条件优越。该区年平均气温17.2℃，无霜期274.3 d，稳定通过10℃的天数245.3 d，年平均降水量1 585 mm。此外，本区还有修水、袁河等河流穿境而过，有充足的灌溉水源。优越的自然环境为本区农业发展奠定了基础 。

本区已经形成以水稻为主，以大豆、棉花、芝麻、花生、油菜、甘蔗等经济作物为辅的农业结构。第一，区内山区冷浸性低产田面积大，经改良后粮食增产潜力很大。第二，山地广布，森林面积大，木材蓄积量多。用材树种有杉木、马尾松、苦槠、锥栗、麻栗、白栎、青冈、野漆树、泡花楠，檫木、杜英等；经济树种有油桐、乌桕、山乌桕、野核桃、株木、八角枫、黄连木、臭辣树、山桐子、漆树、油柿、木兰、木犀、芸香、蔷薇、板栗、枣等树种。第三，土特产丰富。萍乡齐云山南酸枣糕、上高紫皮甘蔗、奉新贡米、靖安白茶、莲花血鸭、井冈山猕猴桃等。其中以"贡米产地""优质米之乡"而闻名的奉新县，其大米种植在《宋史》和《天工开物》中就有记载，其大米被选作贡品进入宫廷，至今有几百年的历史。奉新大米外观呈清白色或精白色，具有光泽，呈半透明状，米粒细长大小均匀，坚实丰满，粒面光滑、完整。奉新是南方稻区第一个获得AA绿色食品标志和有机食品标志的县。奉新大米远销全国30多个大中城市。

四、资源丰富多样，工业发展优势明显

(一)资源丰富，工业发展基础深厚

江西省岩浆活动频繁，自中元古代至第四纪地质时期，除第四纪外，均有岩浆活动，其中中晚元古代岩浆岩类分布于江西北部，所以本区有丰富的矿产资源，历史上也以矿产资源丰富而著称。已探明的矿产有煤、铁、锰、铜、石灰石、高岭土、粉石英、瓷土等。

水资源丰富。有修水、袁水、萍水、草水、莲江、栗水等河流，地表水径流量大，地下水储量丰富。

赣西北是江西乃至江南接受近代工业文明最早的一个地方，江西第一条铁路建在本区，中国第一个跨地区合资企业在本区创办，第一张股票在本区发行。可以说，本区是开中国近代工业之先河的地区之一。本区依托资源开采和资源加工业发展经济，经过上百年的发展逐步形成了包括煤炭、冶金、建材、陶瓷、烟花爆竹、机械、汽车、纺织、医药、化工、食品等比较齐全的产业体系，主要工业产品在全省乃至全国占有重要地位，电瓷、鞭炮产品远销国际市场。经过“十五”期间的大力发展，赣西北区已初步形成了冶金、机械电子、建材、化工、烟花鞭炮、医药食品六大产业，工业产业结构日趋合理，综合实力显著增强，形成了快速增长机制。

(二)区位条件优越，创业氛围浓厚

赣西北位于江西省西部，东与鄱阳湖经济区、西与湖南省株洲市、北与湖南省浏阳市接壤。本区是江西和华东的“西大门”，在江西经济发展格局中处于重要位置，素有“湘赣通衢”“吴楚咽喉”之称。本区处于长株潭经济圈的辐射核心区域，同时接受泛珠三角经济区和闽东南经济区的辐射。境内沪昆铁路横穿市内腹地与京九动脉相连，随着沪昆铁路电气化改造工程的完成，中国第一条设计时速 200 km/h 的铁路干线成为连接长江三角洲和珠江三角洲的重要通道。319 国道和 320 国道呈十字形在本区交汇通过，沪昆高速、萍洪高速等穿境而过。本区具有较好的地理区位条件。

本区是全省民营经济发展最活跃、民间资本最丰富的地区之一。本区的煤炭开采业是民间资本进入最早、积累时间最长的行业，而冶金、建材及新型材料、烟花爆竹等产业主要靠民营经济支撑。植根于本区民间的创业精神，是本区人文底蕴中经济方面的最大的时代特色，也是本区工业发展的社会基础。

第二节　自然与资源特征

一、地貌以山地丘陵为主

该区地貌以山地丘陵为主。海拔大于 500 m 的山地占全区面积的 48%，海拔 300～500 m 的高地丘陵占 18%，海拔小于 300 m 的丘陵占 32%，而平原只占 2%。主要的山脉有幕阜山、九岭山、武功山和万洋山等。受地质构造的影响，山脉的走向均为东北—西南向，或东北偏东—西南偏西向。山脉的海拔一般在 1 000 m 左右，有不少山峰超过 1 500 m。幕阜山蜿蜒于赣鄂边境，向东伸入江西省鄱阳湖自然地理区的北部，向西伸展至湖南省境内。主要山峰的海拔一般为 1 000～1 500 m。如位于赣鄂湘 3 省交界处的黄龙山海拔 1 151 m。九岭山的山脊线在铜鼓、修水、武宁、万载、宜丰、奉新和靖安等县的界线上。它的主要山峰也位于此线上，如仙姑坛、石花尖、五梅山、大湖塘、严阳山等。其中大湖塘最高，海拔 1 794 m。在山脊线的北、南两侧还有不少海拔超过 1 000 m 的山峰。九岭山是修水干流的上中游水系与它的南边支流潦河的分水岭。武功山西起莲花县北部，东止宜春市南部，沿此山脊线分布着众多海拔 1 000 m 以上的山峰，如高山岩、白鹤山、明月山和大岗山等，其中白鹤峰最高，海拔 1 918 m。武功山是赣江支流袁水和禾水两河上游的分水岭。万洋山位于该自然地理区的最南端，主要山峰有鹤岭、八面山等，其中八面山海拔达 1 483 m。武功山和万洋山分别属于罗霄山脉的北端和中端。罗霄山脉雄伟高大，呈南北走向，坐落在湘赣边境，是湘赣交通上的天然屏障，山势峻峭，尤其是万洋山北端的井冈山，有很多的山峰要隘具有“一夫当关，万夫莫开”之险，为第二次国内革命战争时期建立全国第一个农村革命根据地提供了极为有利的地形条件。

二、河网密布

山脉之间是向斜谷地，发育着与山脉走向一致的河流，河流两侧有宽窄不一样的河谷平原或盆地。从北至南的河流有修水、锦江、袁水和禾水等。

修水介于幕阜山和九岭山之间。它的干流自西向东横贯修水县和武宁县，南北支流相向地注入干流。修水在修水县境内的支流较多、较长，在武宁县境内的支流虽然较多，但短小。修水的上源由渣津水、大桥水和东港水于渣津附近汇合后始称修水。南侧的支流东津水和山口水皆源于铜鼓县，北侧较大的支流是溪口水和船滩水。修水的柘林水库库体绝大部分位于武宁县境内，水库的坝址位于永修县的柘林镇。柘林水库于 1958 年 8 月 1 日动工，直到 1983 年 6 月才竣工。水库建成后，河流回水可达武宁县的石渡，控制流域面积 9 340 km^2，占修水流域面积的 63.5%。柘林水库具有发电、防洪、灌溉、航运、水产养殖等综合效用。在九岭山东段东南侧的靖安县和奉新县境内有潦河上中游河段的 3 条河流：北河、南河和南潦河。北河和南河在靖安、奉新、安义 3 县交界处汇合后称为北潦河。

锦江发源于宜春市的柘塘山，流经区内的万载县、宜丰县和上高县后出境，在该区的河段为锦江的上中游。北侧的支流较多而长，南侧的支流少而短。主要的支流有长塍港、耶溪河等。锦江介于九岭山与罗霄山脉北端的余脉之间，九岭山的山体远比罗霄山脉北端余脉高大，从宏观角度看，九岭山把锦江的上中游干流挤到其山脉边缘，使其紧靠罗霄山脉的北端余脉的北麓，故形成了北侧宽、南侧窄的不对称叶脉形水系。

袁水(又名袁河)发源于江西省芦溪县新泉乡武功山西北麓蛤蟆塘，流经区内的萍乡市、宜春市、分宜县后出境。袁水位于该区的河段为袁水的上中游河段，南北侧的支流长度较为对称。北侧主要的支流有金瑞河、杨桥河等，南侧有温汤河等。坐落在分宜县的江口水库，是江西较大水库之一。

在萍乡市境内，大致以高坑镇—上埠镇—张家坊一线为界，此线以西属于湖南省的湘江水系。渌水的上源在萍乡市市区周围汇聚了北、东、南三面众多小河，在湘东镇的南面合为一股向西流去，最终归入湘江。萍乡市北隅的上栗地区有一条注入渌水的支流，亦当属湘江水系。

武功山与万洋山之间的禾水发源于黄洋界，经井冈山永新县流出该自然地理区。禾水上游有莲花水于双江口村汇入。莲花水自莲花县北端的高天岩出发，从北至南弯弯曲曲直下双江口。

三、亚热带季风性气候

赣西北自然地理区与其他几个自然地理区一样，皆为温暖湿润的亚热带季风性气候，气温高，降水量丰沛；但与赣东北自然地理区比较，其特点是气温略低，年降水量略少。全年平均气温 14.2℃～18.2℃(井冈山市 14.2℃，永新县 18.2℃)。武宁、修水、铜鼓 3 县小于 17℃。1 月平均气温 3.3℃～6.4℃(井冈山市 3.3℃，永新县 6.4℃)。7 月平均气温 24.1℃～29.3℃(井冈山市 24.1℃，上高县 29.3℃)。极端最高气温 34.8℃～44.9℃(井冈山市 34.8℃，修水 44.9℃)。极端最低气温－13.5℃～－6.6℃(武宁县－13.5℃，永新县－6.6℃)。从上不难看出赣西北区的气温分布规律：南部高于北部，平原高于山区。该区北部，从武宁县至宜春市区、萍乡市，1 月平均气温都较低，而 7 月平均气温皆偏高。

该区为江西省内冬季风首先进入的地带，而夏季又恰处于高温的鄱阳湖平原的边缘。更值得一提的是，区内全年平均气温最低、1 月平均气温最低、7 月平均气温最低的县市都是井冈山市。区内无霜期为 243～293 d。

四、自然资源丰富多样

(一)土地资源

宜春市地域广阔，土地资源丰富，类型多种多样。全市土壤种类、成土母质类型多样，有 10 个土类，16 个亚类，64 个土属，162 个土种。10 个土类中，面积最大为红壤，其余土类有黑色石灰土、黄壤、黄棕壤、潮土、新积土、红黏土、山地草甸土、紫色土等。

红壤是市内分布范围最广，面积最大的地带性土壤。全市红壤面积比重，超出全省平均值8.44%。发育于第四纪红色黏土的红壤，是市内最重要的土地资源。

全市耕作土壤肥力状况较好。耕作土壤有机质含量较高，丰富级土壤面积占44.7%，中量级占50.8%，低量级占4.5%。此外，土壤多呈酸性反应，据统计，微酸和酸性土壤约占全市耕地面积的77.8%。

新余市土地资源较为丰富，自然环境较好，有耕地面积 5.588×10^4 hm^2（渝水区35 616.1 hm^2，仙女湖区2 422.9 hm^2，分宜县17 028.2 hm^2）。从地形上分类有平原（主要分布在渝水区袁河两岸、江口水库以下的河谷冲积平原）、低丘（主要分布在分宜县、渝水区的中部和东部）、高丘（位于分宜县的高岚、洞村、凤阳，渝水区的良山和仙女湖区的九龙山、河下等乡镇的南部）、低山（分布于分宜县的西南和西北部，以及渝水区的东部和西北部）。土壤共划分为6个土类：水稻土、潮土、紫色土、石灰土、红色石灰土、山地黄壤。

（二）矿产资源

宜春市矿产资源丰富，有金属矿产27种，非金属矿产29种。矿产主要有：有色金属（含贵金属）、稀有金属、黑色金属、瓷土矿产、建筑材料及冶金辅助矿产等，以稀有金属钽、铌，非金属矿产煤炭、石灰岩、高岭土和建筑材料矿产为优势。已探明矿产41种，矿床259处，其中大型矿床18处、中型矿床29处、小型矿床212处。

市境内有色金属、贵金属矿产主要有铜、铅、锌、锂、钴、铝、汞、锑、金、铌、钽、钨等；黑色金属矿产主要有铁、锰等；燃料矿产主要有煤、泥炭、油页岩等；其他非金属矿产主要有岩盐、高岭土、石灰岩、硫铁矿、钾长石、大理石、花岗石、硅灰石、粉石英等。其中，袁州区新坊乡的钽铌储量 3.3×10^4 t，占全国的44.3%，被誉为江西“五朵金花”之一；其他非金属矿岩盐储量 103.71×10^8 t，为全省之冠；石灰岩12亿多吨，高岭土储量 $1\,994\times10^4$ t，硅灰石储量 $1\,168\times10^4$ t，粉石英 612×10^4 t，钾长石 76×10^4 t；铁矿储量约 $1\,029\times10^4$ t，其中七宝山褐铁矿为江西六大矿山之一，保有储量在 661×10^4 t以上，品位42.92%；钴矿储量 1.2×10^4 t，铝土矿储量 41×10^4 t，铅锌矿储量 8.2×10^4 t，金矿储量1.5 t，铜矿储量 28×10^4 t，钨矿储量 9×10^4 t，其他矿产还有汞、锑等。

萍乡自然资源丰富，历史上就以矿产资源丰富而著称。已探明的矿产有煤、铁、锰、铜、石灰石、高岭土、粉石英、瓷土等，煤炭远景储量达 8.52×10^{8} t，铁矿储量 $6\ 760\times10^{4}$ t，优质石灰石 67×10^{8} t。萍乡以煤立市，1898 年清邮政大臣盛宣怀在安源创办萍乡煤矿，1908 年又创办了当时中国第一个股份合资企业——汉冶萍公司，修筑了株萍(至安源)铁路，萍乡煤矿为该公司的重要组成部分，是江南最早采用机器生产、运输、洗煤、炼焦的煤矿，1916 年原煤产量 95×10^{4} t、焦炭 25×10^{4} t。

新余市已发现的矿产资源有 32 个种类。其中，黑色金属矿产主要有铁矿，有色金属矿产主要有钨、铋、钼、铍、铜、铅、锌、锑、汞等，贵金属主要有金、银，非金属矿产主要有硅灰石、透辉石、硫铁矿、粉石英、高岭土、熔剂灰岩、水泥灰岩、大理岩、白云岩、水晶、萤石、磷、石棉等，燃料矿产有煤、泥炭。全市矿产资源分区集中产出：南部有铁矿、钨矿，中部有煤、石灰岩、有色金属矿，北部有非金属矿。部分矿产存在结构性不足的问题：铁矿富矿少，平矿多(铁含量 20%～30%的矿石占铁矿总量的 87.26%)；无烟煤多、焦煤少(占煤总量的 23.68%)。中小型矿多、大矿少，省矿产资源储量表列出的大型矿床仅有 3 处，约占矿床总数的 6%。钢铁工业辅助配套矿产相对比较齐全，冶金用白云岩、溶剂用灰岩、萤石等矿产均有，且产出区邻近钢铁厂区。

井冈山市有瓷土、稀土、砂(岩)金、铀、钨、锡、铝、锌、镁、铜、硫铁、萤石、石墨、水晶、石棉、花岗岩、铌钽等 10 余个矿种，其中瓷土矿、稀土矿储量丰富，为两大优势矿种，其他均以小型矿点出现。

瓷土：主要分布在东上乡的高凉寨，荷花乡的大庙、大仓，葛田乡的下古田等地。总储量为 $2\ 500\times10^{4}$ t，按井冈山瓷城瓷业生产需要，可开采利用 200 多年，且质量好。

稀土：主要分布于大塘、下古田、东上、龙市、睦村等地，初步探明储量约为 1 200 t，其中大塘矿区储量 415 t，下古田矿区 309 t，龙市矿区 173 t，东上矿区 176.6 t，睦村矿区 85.6 t。稀土矿品位高(0.07～0.117)，元素配分好(铕含量 0.8%～0.94%)，钐、铕、钆之和为 12.29%，产品产量达 94%～97%，各项质量指标基本达到国家标准。

钨：主要分布于东上乡泥湖、七里船、白石坳一带，含钨矿体 8 条，矿脉走长约 3 710 m，平均为 463.7 m，脉幅平均 1.68 m，总厚度 12.93 m，矿体为石黄脉型。下七、长坪储量超过 3×10^{4} t，纯度达 65%。

萤石、金银：葛田乡有萤石矿，荷花乡有葛藤窝、樟树坡 2 个砂金矿点，东源水河床及两岸也有发现。锡坪、桐木岭和白银湖地域查明有金、银、硫黄。

石灰石：拿山乡岩前村的石灰岩，曾有"岩前鲤鱼形，千年难炸一片鳞"之说，赞扬它储量丰富。

大理石：长坪、拿山、东上的大理石质白、坚硬、抗压力强，具有极高的开采价值。

(三)水资源

宜春市内水资源十分丰富，多年平均水资源总量达 1 821.51×10^8 m^3，地表水资源来自降水，全市多年平均降水总量 311.87×10^8 m^3，平均降水量约为1 670.4 mm，平均地表水资源量为 179.24 ×10^8 m^3，年人均占有水量 3 402×10^8 m^3。

地下水资源丰富，全市多年平均地下水(浅层)资源量为 49.60×10^8 m^3。古之宜春就因县侧有泉"莹媚如春，饮之宜人"而得名。宜春又是江西省地下热水及矿水分布较密的地区之一。比较著名的有：袁州区温汤温泉，水温达 62℃，流量为 10 L/s，闻名遐迩。铜鼓县温塘温泉属镭水温泉，可作医疗矿水。

萍乡有袁水、萍水、草水、莲江、栗水 5 条河流，袁水、莲江发源于罗霄山和武功山，流入赣江；萍水、栗水、草水发源于武功山与罗霄山、杨岐山之间，最终注入湘江。主要支流有长平河、福田河、东源河、楼下河、高坑河、万龙山河、张家坊河、金山河、大山冲河等。多年年平均降水量 1 596.7 mm，最大年降水量 2 184.0 mm(1997 年)，最小年降水量1 086.4 mm (1971 年)；最大月降雨量 659.4 mm(1982 年 6 月)，最大日降雨量 225.6 mm (1972 年 8 月 18 日)。地表水径流量为 26.46×10^8 m^3/a，水能资源可开发量 4×10^4 kW，地下水储量为 4×10^8 m^3。

新余市水资源总量达 59.54×10^8 m^3，其中区域外流入 25.44×10^8 m^3，地下水平均储量达 8.79×10^8 m^3(可供开发利用的有 3.44×10^8 m^3)；水能资源蕴藏总量为 6.76×10^4 kW，可开发量为 5.75×10^4 kW。市内各小河溪水，大都以南北向注入袁河，整个水系呈叶脉状。袁河在新余境内有 17 条支流。

井冈山市流域面积 10 km^2 以上的河流有 6 条，干支流总长 222.3 km，市内主要河流有龙江、郑溪、拿山河、行洲河、大旺水，属赣江水系；有井冈冲、罗浮、灵坑、仙口、乔林 5 座水库。水资源总量为 11.58×10^8 m^3，分为地表水和地下水。地表水资源丰富，多年平均径流量达 9.33×10^8 m^3；地下水资源储量为 3.6×10^8 m^3，多年平均径流量 2.25×10^8 m^3。全市水能理论蕴藏量为13.2×10^4 kW，可供开发量 11.2×10^4 kW，至 2009 年已开发利用 8.2×10^4 kW。

(四)森林资源

宜春是江西省重点林区之一，全市森林覆盖率为52.3%，境内森林覆盖率超过50%的有铜鼓、靖安、宜丰、奉新、万载、袁州6个县区，铜鼓县森林覆盖率高达81.6%。全市活立木蓄积量为3 503.75×10^4 m^3，占全省总蓄积量的10.7%，其中杉木与马尾松蓄积量，分别占全市活立木总蓄积量的39.6%和37.3%。全市有竹林面积200.7×10^4亩，竹储量3.52×10^8株，占全省竹材总储量的24.9%。宜春地理环境优越，野生植物资源十分丰富。全国植物区系的15个地理成分中，宜春市有14个。据资源调查统计，市内现有高等植物近3 000种，占江西省的60%，其中木本植物有101科381属1 178种；在木本植物中，乔木树种584种、灌木424种、木质藤本85种；此外，已知的大型真菌植物有156种，还有苔藓、地衣等众多的低等植物。森林植被主要的建群种为松科、杉科、壳斗科、樟科、山茶科、金缕梅科、木兰科以及杜英科等乔木树种和禾本科的竹亚科。全市已知有珍稀濒危植物183种，其中列入国家重点保护植物(第一批)名录的有56种，属国家一级重点保护的植物有3种；属国家二级重点保护的植物有53种；列入省重点保护植物(第一批)名录的有38种。有些树种如金缘红花油茶、长果山桐子、厚皮毛竹、华木莲为宜春特有。

宜春又是古树之乡，全市现有古树涉及30科56属76种，共9 126株，其中，一级古树846株，二级古树2 119株，三级古树6 161株，古树群473群(3 691株)。

截至2003年年底，全市已建立各种类型的自然保护区1 413处，其中省级自然保护区3处，县级自然保护区12处，保护区总面积7.89×10^4 hm^2。建立森林公园8处，面积4.1×10^4 hm^2，其中国家森林公园4处，省级森林公园4处。

新余市林业用地面积达18.37×10^4 hm^2，活立木总面积670.44×10^4 m^3，森林覆盖率达56.5%。

用材树种有杉木、马尾松、苦槠、锥栗、麻栗、白栎、青冈、野漆树、刨花楠、檫木、拟赤杨、枫香、木荷、黄檀、杜英等。

经济树种有油桐、乌桕、山乌桕、野核桃、株木、八角枫、黄连木、臭辣树、山桐子、漆树、油柿、木兰、木犀、芸香、蔷薇、板栗、锥栗、茅栗、甜槠、钩栲、苦槠、青冈、香榧、枣等树种。

观赏树种有香樟、黄樟、悬铃木、广玉兰、水杉、池杉、雪松、大叶含笑、火力楠、棕榈、重阳木、枫杨、柳杉、垂柳等。

萍乡市林地面积24.93×10^4 hm^2，活立木总面积840.97×10^4 m^3。森林

覆盖率高达66%，高于全省平均水平，位居全省第三位。

井冈山属于生物地理分布区林系中的古北区——“中国亚热带森林省”，森林面积12.65×10^4 hm^2，其中用材林4.68×10^4 hm^2，经济林7.133 hm^2，防护林2.13×10^4 hm^2，活立木蓄积量804×10^4 m^3。森林覆盖率81.2%，据专家考证，井冈山是亚热带植物原生地之一，至今仍保留众多人迹未至或极少人类活动的大片原始态或半原始态森林，是世界上最有代表性的山地亚热带常绿阔叶林区，具有全球同纬度迄今保存最完整的超过7 000 hm^2的次生原始森林，还有一片被联合国环境保护组织誉为世界仅有的亚热带常绿阔叶林。此外还有省级保护植物78种。竹林面积1 066.7 hm^2，有楠竹、方竹、淡竹、观音竹、寒竹、苦竹、凤尾竹、实心竹等100多种，毛竹蓄积量2 576.38万余根。

(五)旅游资源

宜春拥有迷人的自然风光，在宜春的土地上，点缀着国家5A级、4A级旅游景区，国家森林公园，历史文化遗址和名山胜景。这里有一泻千里的飞瀑，有曲径通幽的溶洞，有浴之醉人的温泉，有一望无际的草甸，可谓是洞天福地，游览胜境。

明月山温泉风景名胜区，国家5A级旅游景区、国家重点风景名胜区、国家自然遗产、国家地质公园，位于城西南15 km处，景区面积386 km^2，以“迷人的自然风光”“罕见的富硒温泉”“悠久的禅宗文化”为主要特色，集“生态游览、休闲度假和宗教旅游”为一体的风景名胜区(图6-1)。明月山风景区山水奇特，植被茂盛，生长着世界上仅存的珍稀树种华木莲，素有“天然动植物园”之美称。这里有万顷竹海青翠欲滴，更有形态各异、各具特色的瀑布，其中“云谷飞瀑”119.57 m，是江南第一高瀑，令人叹为观止，此外还有“玲珑瀑”“鱼鳞瀑”“玉龙瀑”“飞练瀑”，五瀑连贯，奔涌直泻，各显神韵，美不胜收。明月山峰石险峻，十八排景区不仅有苍劲挺拔的迎客松，还有高耸入云的石笋、惟妙惟肖的姐妹峰、活灵活现的“万岁爷”等景观，大自然的鬼斧神工给游人以震撼。风景区内的温汤富硒温泉，日出水量达7 000余t，水温常年保持68℃～72℃，水质清澈透明，无色无味，可浴可饮，含有20多种人体必需的微量元素，泉中富含硒元素，具有很好的防癌保健功能。天沐温泉度假村集“食、住、玩、疗、健”于一体，是旅游度假、养生保健、餐饮美食、商务会议的理想胜地。

图 6-1 明月山风景区

除风景优美的明月山风景区外，还有靖安三爪仑国家森林公园，它是宜春又一闻名遐迩的集避暑疗养、休闲度假、娱乐观光、探险漂流为一体的森林生态旅游区。该景区获得国家 4A 级旅游景区、国家示范森林公园等多项荣誉，景区总面积 193 km^2，层峦叠障、林海茫茫、古木参天、怪石嶙峋，千米以上的山峰 100 余座，最高峰九岭尖海拔 1 794 m，景区有仙女浴瀑布、白水洞瀑布、万顷绿海、况钟园林、大洞山峡谷、宝峰寺、马祖塔亭等多个景点，拥有江南罕见的大面积高山草甸和大量的原始森林，空气清新，每立方厘米的负氧离子含量高达 10×10^4 个。三爪仑不仅有滑草、漂流、溜索、野战等娱乐项目，而且在金罗湾景区还辟有大型水上乐园。

“古民居游”是宜春古文化旅游的一大特色。宜春遗存下大量的明清古建筑，其中，被专家誉为“江西第一古村”的宜丰天宝古村，行经古桥古树，可见保存完好的长约 2.5 km 的护城河和 1.5 km 的古城墙遗址，进入村内，触目皆是古井、古道、古宅，木雕石刻和牌匾楹联比比皆是，该村还保存有江西最早的职业学校。高安畲山贾家村是保存完好的江南古村，进入该村，可以鉴赏到大量元、明、清三代典型的建筑艺术，村旁有寺，村外有塔，古色古香，尽显特色。丰城的厚板塘和白马寨，古建筑之多，保存之完整，雕刻工艺之精湛，在江西应是首屈一指，它与周围环境的完美结合，堪称中国古建筑艺术与风水思想高度统一的典范，体现了江西本土建筑艺术的最高水平。上述古村落、古民居，或以雕梁画栋见长，或以牌楼匾额知名，或以人文底蕴称雄，令游客流连忘返。

萍乡环境优美，山川锦绣，旅游资源丰富。著名的风景旅游区武功山集雄、奇、峻、秀于一身。武功山有数万亩南方罕见的高山草甸和众多的瀑布群，保存有大量原始次生林和珍稀的动植物资源。杨岐山禅宗佛教文化远播海外，在日本、韩国有大量信徒。杨岐山现存唐寺、唐塔、唐碑(韩愈撰)、文廷式墓等人文景观。地表层有大量的钟乳溶洞，其中义龙洞已开辟为旅游景点。萍乡保存下来的傩文化之丰富完整为全国罕见。

萍乡芦溪县境内的武功山，历史上与庐山、衡山并称为江南三大名山，是江西省著名的风景名胜区，其主峰白鹤峰海拔 1 918 m，为江西境内第一高峰，高于泰山、黄山、庐山、衡山等名山。武功山山体雄伟，奇峰罗列，有瑰崎幽谷、悬崖峭壁、涌泉飞瀑，形成了“峰、洞、水、石、云、松、寺”齐备的山色风光，连绵十万亩的高山草甸更是堪称一绝(图 6-2)。萍乡上栗县境内的杨岐山环境清幽，风景秀丽，野趣横生。登巅远眺，北里风光，尽收眼底。山南阴水洞，状如漏斗，溪水四聚，终年不满；奇特的子午泉，每逢子时和午时，巨泉喷涌，逾时则细流潺潺。坐落此山的杨岐普通寺，始建于唐代，是中国佛教禅宗五家七宗之一——杨岐宗的发祥地，宋庆元五年(1199 年)，杨岐宗传入日本，影响至今。寺后有一参天古柏，苍劲挺拔。后山葬有晚清著名思想家、史学家、文学家文廷式。杨岐普通寺现已被列为江西省 24 个省级重点风景名胜区之一。杨岐山下有被国内著名园林学家陈从周教授誉为“天下第一洞”的义龙洞。萍乡城内有建于清代的孔庙，是省内保存最为完好的文庙。市郊有始建于唐代的宝积寺，金碧辉煌，有始建于宋代的横龙洞。这里的古建筑群，布局统一，精美壮观，环境幽静奇绝。其十八拱长廊与后殿顶拱的建筑艺术国内罕见。寺内有久旱不涸的涌泉，泉水清冽如露，颇为奇特。还有清新优雅的玉壶山、群峰竞秀的大屏山和万顷碧波的明月湖等。萍乡民风淳朴，民俗文化丰富多彩，独特的指掌画、多管书法、农民铜管乐、采茶戏、傩艺在全国乃至国外都有一定影响，尤其傩文化，以“傩庙、傩面具、傩舞”三宝俱全而蜚声海内外。

图 6-2　武功山风景区

新余是旅游胜地。烟波浩渺、清澈澄碧的国家重点风景名胜区仙女湖(图 6-3)，有水域面积 50 km^2、大小岛屿 99 个，具有群岛峡谷曲水、植物基因种库、水下千年古城“三绝”，集“水文化”和“仙文化”于一体，山水相映，水天一色，可让人充分领略到"落霞与孤鹜齐飞，秋水共长天一色"的情境，还有洪阳古洞、昌山古刹、严嵩万年桥、大岗山、百丈峰、魁星阁等一大批自然和人文景观，以及市区的充满时代气息和艺术风范的袁水园、城区五湖、太阳城、仰天岗风景区等，可谓山川秀美，风景如画，令人流连忘返。

图 6-3　仙女湖风景区

井冈山不仅有丰厚的历史内涵，而且还有良好的生态环境和优美的自然风光。井冈山风景名胜区面积为 261.43 km^2，分为 11 个景区，76 个景点。经过几十年的努力，已先后开发了茨坪、龙潭、主峰、黄洋界、茅坪、龙市 6 大景区，30 多处景点。这里，千峰竞秀，万壑争流，有苍茫林海、飞瀑流泉，融雄、险、秀、幽、奇为一体，峰峦、山石、溶洞、温泉、珍稀动植物、高山风光应有尽有。有迄今地球上同纬度保存最好的超过 7 000hm^2 的次生原始森林，有被联合国环境保护组织誉为全世界仅有的亚热带常绿阔叶林，空气质量远远超过国家一类标准，可以说井冈山就是一座"天然的大氧吧"(图 6-4)。

图 6-4　井冈山风景区

龙潭景区距茨坪西北面 7 km，由五龙潭和金狮面两个景区组合而成，是自然与人文景观相结合的景区。五神河是龙潭“五潭十八瀑”的源泉(图 6-5)。溪水冲击小井峡谷后，陡然跌落绝壁之下，又连续飞下四级断崖，形成阶梯状的 5 个气势磅礴的瀑布和深潭，这就是碧玉、金锁、珍珠、飞凤、玉女五潭五瀑。

黄洋界距茨坪西北面 17 km，是人文和自然景观相结合的景区。黄洋界山顶海拔 1 343 m，这里峰峦叠嶂，地势险峻，气象万千，时常弥漫着茫茫的云雾，好像汪洋大海一望无际，故又名“汪洋界”。黄洋界景区包括黄洋界、大井、八面山和上井。

图 6-5　龙潭

第三节　经济发展与产业布局

一、产业发展特征

赣西北区矿产资源丰富，工业基础较好，因而工业经济较发达。能源工业、化工、冶金、采矿等工业在全省占有重要地位。2012 年赣西北区国民生产总值达 2 849.02 亿元。其中第一产业 307.8 亿元，第二产业 1 665.25 亿元，第三产业 875.97 亿元。第一产业的比重与全省平均数相差不大，第二产业比重高出全省平均数近 6 个百分点(表 6.1)。

表 6.1　2012 年赣西北区国内生产总值及其分产业构成

地区	GDP /亿元	第一产业		第二产业		第三产业	
		总值 /亿元	比重 /%	总值 /亿元	比重 /%	总值 /亿元	比重 /%
宜春市	1 247.60	202.67	16.20	702.20	56.30	342.73	27.50
萍乡市	733.06	53.12	7.20	445.68	60.80	234.26	32.00
新余市	830.32	48.21	5.80	502.01	60.50	280.10	33.70
井冈山市	38.04	3.80	10.80	15.36	40.34	18.88	49.58

注：本表根据《江西统计年鉴—2013》资料制作；本表国内生产总值按当年价格计算。

(一)全面发展的农业，以传统农业为主

本区位于北亚热带，气候温和，热量丰富，光照充足，降水适中，宜于发展农业。新中国成立以来，农业得到较快的发展，特别是近年来，农、林、牧、渔各业发展更快，呈现良好的发展势头。

本区素有“农业上郡，赣中粮仓”之称，气候适宜，雨量丰富，适合农作物生长，但由于地形以山地丘陵为主，本区以传统农业为主。2012 年，全区农业增加值 281.83 亿元，占全省农业增加值的 23.35%。据统计，2012 年，全市粮食播种面积只占全省的 4.24%，总产量占全省的 10.97%；经济作物中，油料作物播种面积占全省的 2.93%，总产量占全省的 5.6%。其他作物如蔬菜、烟叶、水产、瓜果等都有分布，说明本区农业结构比较完整。

近年来，本区以科学发展观为统领，充分发挥资源优势和农业优势，进一步解放思想，开拓思路，不断深化改革，加快开放型农业经济发展步伐，提出用工业化理念谋划农业发展思路，大力实施农业开放战略，使得开放型农业在壮大优势产业、调整产业结构、培育知名品牌等方面发挥了重要的作用，本区开放型农业保持了良好的发展势头，宜春市成为全省重要的农业示范区。

(二)工业稳步增长，工业发展优势明显

改革开放以来，赣西北区工业布局逐步展开，因资源丰富，交通便利，萍乡市和宜春的上高县被确定为全省重要的采煤工业和食品加工业建设地区，先后兴建了大型的煤矿基地和食品加工基地，带动了第三产业的发展。同时，新余市扩建了钢铁厂，还在一些县市兴建了能源、医药化工和纺织厂。赣西北区已经形成了以能源、冶金建材、医药化工和纺织食品等为主的，门类较齐全的工业体系。

赣西北区工业生产稳步增长，到2012年年底，全区国有及规模以上企业1 575家，完成工业增加值720.6亿元。随着国家重点投资和资源的开发，本区工业发展速度加快。随着工业生产的迅速发展，各种工业产品产量也不断增长，许多工业品在全国的地位不断上升，不少产品进入了国际市场。

赣西北是江西对外的重要前沿阵地，与湖南省株洲市和湖南省浏阳市相邻。本区是江西和华东的“西大门”，在江西经济发展格局中处于重要位置，素有“湘赣通衢”“吴楚咽喉”之称。本区处于长株潭经济圈的辐射核心区域，同时接受泛珠三角经济区和闽东南经济区的辐射。另外，319国道和320国道呈十字形在本区交汇通过，沪昆高速、萍洪高速等高速公路已初步形成，多条公路线和省内外其他地区相连，为工业发展奠定了良好的交通基础。

(三)旅游资源丰富，旅游业发展潜力大

赣西北区山清水秀，林壑幽深，流水清冽，风光旖旎，民风淳朴，特产丰富，景观天成，文化深厚，旅游资源组合齐全，包括地文景观、水域景观、生物景观、天象与气候景观、遗址遗迹、建筑与设施、旅游商品、人文活动8个旅游资源主类。宜春有明月山温泉风景名胜区，有天沐温泉度假村，还有被专家誉为“江西第一古村”的宜丰天宝古村。萍乡市有著名的风景旅游区武功山，自然风光集雄、奇、峻、秀于一身。新余有集“水文化”和“仙文化”于一体的仙女湖。革命圣地井冈山景区景点更不胜枚举。

赣西北区旅游业逐步由粗放开发期走向发展期，由事业接待型走向经济产业型，以建立重点旅游区线以及行、游、食、住、购、娱六大要素系统配套的综合产业体系为目标的各项建设全面推进，旅游客源市场不断拓展，旅游经济体制和运行机制发生了深刻变化，旅游产业规模明显扩大，产出水平连续登上新的台阶。

二、产业布局

(一)农业产业布局

随着本区社会经济的不断发展以及产业结构的调整和升级，传统农业和现代农业发展水平都有一定的提高，已经形成了较完整的农业生产体系和布局。

1. 粮食生产布局

2012年，赣西北四市粮食总产量225.15×10^4 t，全区粮食种植面积达231.19×10^4亩(表6.2)。从种植面积看，本区粮食种植面积小，面积相对较大的是宜春市和新余市，产量也相对较高。其中宜春市丰城富硒大米以粒细长、晶莹剔透、无腹白著称，蒸煮后有“香、甜、软、滑”的特点，产地范围为江西省丰城市董家镇、湖塘乡、梅林镇、尚庄街道、桥东镇、荷湖乡、丽村镇、铁路镇、洛市镇、秀市镇、泉港镇11个乡镇街道的现辖行政区域。此外奉新县素以“贡米产地”“优质米之乡”而闻名，奉新大米外观呈清白色或精白色，有光泽，呈半透明状，米粒细长、大小均匀，坚实丰满，粒面光滑、完整。奉新是南方稻区第一个获得AA级绿色食品标志和有机食品标志的县。奉新大米远销全国30多个大中城市。

表6.2　2012年赣西北区粮食种植面积和农业生产情况

地区	种植面积 /10^4 亩	占全省比重 /%	产量 /10^4 t	占全省比重 /%
宜春市	61.97	1.14	100.38	4.89
萍乡市	8.21	0.15	56.14	2.73
新余市	149.58	2.74	61.13	2.98
井冈山市	11.43	0.21	7.50	0.36

注：本表根据《江西统计年鉴—2013》资料制作。

2. 畜牧业生产布局

赣西北区是江西省重要的畜牧业产区，2012年，全区实现畜牧业总产值110.60×10^8元，占全省牧业总产值的18.92%。从区域布局来看，牛养殖业主要分布在井冈山市，猪养殖业主要分布在新余市、宜春市和萍乡市，尤其是萍乡市，2011年萍乡市肉类总产量13.9×10^4 t，年末生猪存栏71.9×10^4头，增长2.8%；生猪出栏142.9×10^4头，增长3.4%。羊养殖业主要分布在宜春市的铜鼓县，该县地处赣西北山区，草山草坡资源丰富，群众素有养羊的习惯，是国家草山草坡综合开发、飞播牧草和江西省的百万山羊项目实施县，县内建有沩山牧场和铜鼓黑山羊种羊场，全县年山羊饲养量超过10×10^4头。所产铜鼓黑山羊具有以下特点：毛色黝黑，体格较大，体质结实，四肢发达，蹄质坚硬，行动敏捷，性情温驯，性成熟早，繁殖力强，适应性好，抗病力强；5～6月龄即可配种，胎产2羔，多的可产4羔，年产2胎；周岁体重超过19 kg，成年羊平均重25 kg左右，屠宰率平均50%左右。此外，上栗县东乡黑羽绿壳蛋鸡和萍乡市莲花县的血鸭也远近闻名。

3. 经济作物的生产布局

本区低山丘陵的红壤和湿润的气候适合优质茶叶生长，靖安县鑫农茶厂的“霞峰山”牌靖安白茶以“味甜香浓、色泽白嫩、汤色明亮、外形匀整”等特点名扬海内外；奉新县也是茶的故乡，沉积着丰厚的茶文化。奉新加工茶叶的历史悠久，宋埠、澡头一带尤为有名，荣获省优、部优殊荣的“长山”牌天工茶色、香、味、形俱佳；地处海拔千米以上的“翠峰”牌古迹茶，以其得天独厚、无污染的生长环境而出名。

本区的低山丘陵区也是全省重要的水果产区。猕猴桃分布在井冈山常绿乔灌木阔叶林中，多生长在山谷及流水旁。猕猴桃在井冈山主要集于梨坪、下庄、大井、荆竹山、小溪洞、石溪、茅坪、白石等地，其中梨坪、荆竹山、下庄、茅坪、白石等自然村四周的山林里最多，总产量可超过 15×10^4 kg。特别是荆竹山、茅坪一带，几十个山头都有成片野生猕猴桃，仅这两处的产量就可超过 5×10^4 kg。靖安的椪柑有“远东橘王”之称，具有株型紧凑、结果期早、果形美、色泽艳、肉脆、味甜、成熟晚、耐贮藏等特点。此外新余蜜橘、萍乡齐云山南酸枣糕也受到了高度评价。

4. 渔业生产布局

本区渔业生产条件良好，气候温和，雨量充足，热量适中，水质条件较好，水域不结冰，鱼类一年四季均可生长。渔业属于规模最小的一个部门，2011 年本区渔业产值只占农林牧渔总产值的 6.35%。本区渔业生产低下的原因跟水域面积小有很大关系。本区渔业主要布局在水域面积较大的新余市与宜春市，水产养殖面积分别为 18.05×10^4 亩和 23.90×10^4 亩。值得一提的是仙女湖的淡水鱼，采取人放天养的办法，以大自然杂物为天然饵料，放养无公害纯天然鱼，主要生产鳙鱼、鲢鱼、翘嘴鱼、鳊鱼、鳜鱼等鱼种，仙女湖“会仙牌”鱼荣获国家无公害天然鱼证书，远销广东、湖南、浙江等省，供不应求，深受消费者青睐。另外萍乡红鲫是当地的百年特产，它不仅有较高的观赏价值，而且肉质松软营养高。最关键的是，此纯种红鲫全国范围内仅萍乡独有。

(二)工业产业布局

在产业布局上，依据资源优势和发展基础，本区形成了较为合理的布局形式，区位优势不同的地区形成了不同的生产基地和生产中心。

1. 钢铁工业

本区矿产资源丰富，历史上就以矿产资源丰富而著称，已探明的矿产有煤、铁、锰、铜、石灰石、粉石英、瓷土等，为钢铁工业的发展奠定了基础。钢铁工业主要布局在萍乡和新余。萍乡钢铁有限责任公司位于江西省西大门的工业城市——萍乡，公司始建于 1954 年，是江西省最早的正规钢铁企业。经过几代萍钢人的艰苦奋斗，萍乡钢铁有限责任公司逐渐从仅有一座 40 m^3 小高炉的小铁厂发展成为一个年产 400×10^4 t 钢的现代化大型钢铁联合企业。公司通过了 ISO 9000 质量体系、ISO 14001 环境管理体系及 OHSAS 18001 职业安全健康管理体系认证，主要生产螺纹钢、高速线材、小型材三大系列多规格产品，产品辐射10多个省、市、自治区，远销美国、加拿大等国家和地区。“博升”牌产品获国家冶金实物质量“金杯奖”“全国用户满意产品”“江西省用户满意产品”“江西省重点保护产品”“全国质量免检产品 ”等多项荣誉称号。萍乡钢铁有限责任公司通过组织变革推动企业发展，通过技术进步托起企业，使企业持续健康快速发展。8年间，萍钢公司先后提前完成“1997～1999年三年发展计划”“1999～2000年两年发展计划 ”“2000～2002年三年发展计划”，又提前一年实现了江西省政府提出的“2002～2004年三年翻番目标”，钢产量由35×10^4 t增长到242×10^4 t；销售收入由6.4亿元增长到70亿元；税收由3 600万元增长到5.83亿元。

2. 新兴工业和光伏工业

江西省委、省政府确定的三个千亿元产业工程中，光伏产业的核心企业在新余。新能源产业已形成以光伏产业为核心，以风电产业、节能减排设备制造业、动力与蓄能电池产业为补充的格局。赛维LDK是中国500强企业。新材料已形成了以江锂新材料、赣锋锂业为龙头的新经济增长极。2011年，新余被列为全国首批“节能减排财政政策综合示范城市”、国家“城市矿业”示范基地和资源枯竭转型试点城市。

新余是一座快速崛起的世界光伏城。新余新能源产业发展迅猛，新能源产业对全市工业经济的贡献率达25%。尤其是光伏产业，发展迅速，在全国率先形成了从硅料到太阳能应用产品的完整产业链。中国工程院在新余设立了钢铁、新能源产业院士工作站，国家光伏工程技术研究中心落户新余。新余还是国家硅材料及光伏应用产业化基地，被命名为“国家新能源科技示范城”“国家可再生能源建筑应用示范城市”。

新余市南方硅灰石有限公司是我国最大的专业化生产硅灰石的集团公司。企业现拥有三个硅灰石矿山的开采证，三座矿山的硅灰石储存量超过$2\ 500\times10^4$ t，品质优良，开采条件优越，是我国硅灰石重要的生产基地。企业采矿、加工设备先进，技术力量雄厚，检测手段完善，通过了ISO 9001质量体系认证和ISO 14001环境管理体系认证，全部产品达到欧盟REACH法规要求。硅灰石超细针状产品获“国家星火计划项目证书”和“江西省重点新产品证书”。公司占地面积约600亩，建筑面积约15×10^4 m^2，年开采、加工硅灰石专用系列产品超过30×10^4 t。公司研发出锂化复合新型硅灰石专用系列、冶金专用系列产品及玻璃纤维、陶瓷纤维、玻璃钢、人造石、耐火材料等行业的专用产品，产品畅销全国各地，并出口日本、韩国及东南亚、中东、欧洲和非洲等地区。

3. 医药化工工业

医药化工工业主要布局在宜春市的上高、樟树，其中樟树是仁和集团的总部。仁和集团建于2001年，现已发展成为一家以医药经营为龙头，以科研生产为基础，集科、工、贸于一体，产、供、销一条线的现代医药企业集团。集团拥有江西仁和药业有限公司、江西仁和制药有限公司、江西药都仁和制药有限公司、江西铜鼓仁和制药有限公司、江西吉安三力制药有限公司和江西康美医药保健品有限公司等多家子公司。

4. 食品纺织工业

本区劳动力充裕，投资环境优越。其中上高县为响应省委、省政府加速工业化的号召，坚持把园区建设作为对接“长珠闽”、大力发展开放型经济、加速工业化的主战场，按照实施大规划、建设大园区、引进大项目、发展大工业的理念，规划建设了县工业园。园区距省会南昌110 km，西临宜春，320国道穿园而过，区位优势明显，交通便捷。按照产业、区位分为三区，即镜山园区、油籽洞鞋革产业园区和塔下建材园区。镜山园区地处县城东郊，距城区1 km，园区四周青山环抱，绿树掩映。油籽洞鞋革产业园区于2005年3月动工兴建，地处县城西郊，距城区5 km，320国道和武吉高速公路交汇于此。塔下建材园区地处县城南郊，上新公路横贯其中。

上高县工业园2001年9月正式动工建设，根据“工业园区化、园区城市化”的要求，按照“规划立园、项目兴园、科技强园、生态美园”的思路，不断做大做强，吸引了县内外企业向园区集中，其中就包括旺旺集团。旺旺江西总厂是旺旺集团在上高的一个经济板块，自2001年进入江西以来，上高是其在江西唯一的生产投资地。2007年8月旺旺集团正式在江西上高设立总厂，直接管理旺旺集团在江西的全部生产企业，总占地357亩，总投资达到$8\,230\times10^4$美元。旺旺江西总厂旗下的上高瑞麦食品有限公司、上高旺旺食品有限公司、江西旺旺食品有限公司、江西必旺食品有限公司4家企业共建成投产近40条生产线，2009年，实现销售收入13.5亿元，上缴税收4 165万元，安置劳动力2 000多人，2010年实现销售收入16.5亿元，上缴税收5 500万元。

(三)旅游业

截至“十五”末，本区旅游产业已有了长足进步，尤其是红色旅游，蓬勃兴起，迅猛发展。例如，井冈山依托“红色吸引人、绿色留住人、情景感染人”的旅游资源优势，围绕“红色摇篮、生态井冈、精神家园”品牌形象，坚持“世界文化与自然遗产申办地”“国际杜鹃花节举办地”“红色旅游高峰论坛主办地”“国民素质提升地”的战略定位，不断完善旅游基础设施，大力提升景区品牌影响力和知名度，积极拓展旅游市场，加强旅游服务管理。井冈山旅游业呈现持续、稳定、良性增长的发展态势。2012 年，井冈山接待游客 453.61×10^4 人次，实现旅游收入 33.24 亿元。

第四节　人地关系与可持续发展

一、区域发展状况

赣西北区自然资源丰富，工业发展快，是一个重工业占绝对优势的地区。但经济发展依然面临许多问题。一是结构性矛盾比较突出。农业基础薄弱，第一产业生产总值只占全省的 20.25%。第三产业比重上升慢，比全省第三产业比重低近 4 个百分点。二是经济增长方式粗放。资源型、初加工工业比重高，社会化分工水平低，产业配套能力弱，产业链条短；企业自主创新能力不强，高新技术产业发展缓慢。三是资源利用率不高，生态环境恶化(表 6.3)。

表 6.3　2012 年赣西北区国内生产总值及其分产业构成

地区	GDP /亿元	第一产业		第二产业		第三产业	
		总值 /亿元	比重 /%	总值 /亿元	比重 /%	总值 /亿元	比重 /%
赣西北	2 868.91	307.80	10.7	1 685.14	58.8	875.97	30.5

注：本表根据《江西统计年鉴—2013》资料制作；本表国内生产总值按当年价格计算。

为解决经济发展中存在的问题，必须坚持可持续发展战略。注重结构调整和产业升级，强化农业基础地位，大力发展高新技术产业，加快发展第三产业，不断提高第三产业比重，促进经济发展由工业推动为主向三次产业协调推动转换；大力增强自主创新能力，紧紧围绕农产品深加工、传统产业改造升级、高新技术研发和成果转化、资源合理有效开发，促进经济发展由资源主导型向创新主导型转化；大力推进资源节约和综合利用，注重资源节约和环境保护，促进经济发展由粗放型向集约型转变。

二、经济可持续发展的战略

(一)农业发展现状与对策——以宜春为例

1. 农业发展特征

宜春是传统农业大市，一直以来，其传统农业优势得到了较好的发挥，保持了在全省领先的位置。特别是近年来，全市农业产业化大力推进，农业综合生产能力不断提高，农业生产经营的组织化程度和社会化服务水平不断提升。但是，我们必须清醒地看到，全市农业农村经济的发展存在许多问题。

经济增长是建立在传统农业基础上的，随着工业化、城镇化的深入推进，农业资源要素流失加快，农业综合生产成本上升，农产品需求总量刚性增长，农产品消费的质量和安全要求不断提高，农业进入了高投入、高成本、高风险时期，这给传统农业发展提出了严峻挑战。

农产品出口企业规模小，竞争力弱。宜春市参与国际竞争的龙头企业普遍存在生产规模小、产品质量参差不齐、品牌不响的等问题。在一些农产品出口基地，不少出口企业不仅规模小、竞争力差，缺乏行会协作机制，有时为争夺国际市场常常互相压价、恶性竞争，内耗损失惨重。而且不少农产品出口企业实际上只充当了进口国企业代理商的角色，在国外一些市场，我国很多高质量的农产品用的都是外贸企业的品牌。这种现状使我国农产品出口处于被动地位，难以做大做强。

2. 农业发展策略

一要做大产业规模。力争新增1～2个综合产值百亿元以上的产业，重点做大粮食、畜禽、油茶、毛竹、有机富硒农产品和苗木花卉六大产业，将粮食、畜禽、油茶、毛竹等产业建设成为在全省乃至全国有重大影响力，能带动一方经济发展的重大产业。

二要做长产业链条。重点突破粮食、畜禽、油茶、毛竹、中药材、蔬菜、水果等农产品的精深加工，打造出几条科技水平高，精深加工能力强，产品附加值和市场占有率高，成长性好的产业链。按照"产加销一条龙"和"农工贸一体化"的要求，构建产业发展机制，形成完整的产业链条。

三要推进宜春重大农业产业发展，做大做强龙头企业。宜春市农业重大产业要以农业产业化、发展特色县域经济、做大特色支柱产业为主攻方向，紧紧围绕粮食、油茶、竹、有机(富硒)农产品、畜禽5个重大产业，大力培植龙头企业，提升加工能力，延伸产业链条。重点发展有机(富硒)农产品，打造一些知名企业和农产品品牌。加快"三品"认证步伐，打造农业"绿色"品牌，实现农产品出口多样化。要把大力发展无公害、无污染的绿色食品作为当前一项重要而又紧迫的任务来抓，加快推动农业市场化、国际化、标准化进程，争夺国内外市场竞争的制高点和主动权。

四要加强政府引导，制定完善的保障措施。各级政府要把农业利用外资、扩大农产品出口放在推动农业科技进步、结构调整和产业化发展的高度来考虑，放到巩固农业基础地位、加快社会主义新农村建设和农业现代化的战略意义上来考虑。要出台鼓励、扶持农业利用外资的有关措施，为开放型农业发展搭建平台，提供优质服务，营造开放型农业大发展、快发展的浓厚气氛，进一步提高农业利用外资所占的比重，扩大农产品出口的份额，如对农产品出口予以适当的补贴和政策扶持，在税收特别是地方税收上对农业外资项目予以减免和优惠，在农业外资项目用地上予以支持或优惠政策。

(二)工业发展现状与策略——以萍乡为例

1. 工业发展现状

萍乡有着100多年的采煤历史，百年老矿——安源煤矿更是闻名中外，新中国成立后，成为华东地区最重要的能源生产基地，有力地支撑起了本市和部分外省市的能源需要。同时，煤炭工业为兴工强市和壮大地方经济发挥了不可替代的作用，吸纳了大量社会劳动力，解决了大批农村人口的吃饭问题，促进了地方经济快速发展和社会稳定。但进入21世纪，特别是近些年来，可采用煤炭资源逐年减少和国家产业政策调控等的影响，大批煤矿陆续关停，原煤开采规模迅速萎缩，煤炭工业产值急转直下。一些老矿区废水、废渣堆积问题严重，地面塌陷、裂缝等地质灾害也十分突出，采煤沉陷区面积达87.7 km^2，且逐年增多。煤炭工业在发展中面临不少问题和矛盾。

一是可开采的探明资源很少。一方面，施行市场经济以来，由于探矿权的严格控制和勘探工作的严重滞后，萍乡市近年来基本没有进行有针对性的、正式的、大规模的煤炭资源勘探，导致可开采的探明资源很少，形成资源的相对枯竭，客观上将煤炭工业发展推进了“死胡同”。另一方面，煤炭资源分布虽然比较广泛，但由于地质结构的特殊性，地下煤层和煤质不够稳定，在当前国家产业政策规定下，能够建设中大型矿井的煤田资源难以有所突破，阻碍了煤炭工业的稳步发展。另外，资源利用与城市的规划发展已出现冲突和矛盾，如白源北拥有丰富的优质煤资源，但地面是萍乡市未来的城市中心。

二是资源利用率低。一方面受资金、技术、人才和环保等因素的影响，萍乡市对煤炭资源的深加工不足，综合利用率一直较低，普遍停留在原煤生产—销售—燃烧(终端产品)的层面。另一方面是缺乏规划，矿井林立，重复建设现象严重，造成资源浪费。

三是对外来煤的依赖越来越明显。由于本地原煤产量不断萎缩，萍乡市原煤需求越来越依赖于外地输入，曾经的煤炭重要输出地变为净输入地已成为事实。

四是品牌效应和意识不强。安源煤炭因闻名中外的安源煤矿而闻名，地质科学中安源煤系的命名也是萍乡历史的荣誉见证，可以说安源品牌是萍乡煤炭工业在发展中创造的巨大无形资产和难得资源。某种意义上说，安源的知名度甚至超出了萍乡。但安源依托品牌兴煤业、依靠品牌谋发展和跳出煤炭做品牌的思路还不够明晰和坚决。

2. 工业发展策略

(1)加大煤炭资源勘探力度，力求在资源存量上有新发现

巧妇难为无米之炊。没有可开采的煤炭资源和一定的煤炭储量作为物质基础和坚强后盾，煤炭工业的稳步发展就无法得到保证。

一是要统一思想认识，政府领导和业务主管部门要与地质勘探单位加强联系，围绕找资源、上项目、争资金、求扶持等问题，增强主动性、富于针对性、提高实效性、把握指导性，努力开创勘探工作新局面。

二是坚持科学发展，尊重自然规律，引用高科技手段，力求在处女地和深层寻矿找煤方面有突破性进展。

三是妥善处理资源利用与城市发展的关系，在确保不影响城市安全的前提下，合理利用、开发好已探明的白源北煤炭资源。对已破产的白源煤矿，要下决心关闭，以免给城市发展带来后患。

四是立足当前，鼓励和支持大中型矿山企业加强自身后备矿产资源勘查，抓好重点成矿区、带勘查工作，为合理开发利用矿山资源提供先决条件。

五是以建立有偿性的地矿勘探周转基金和上级项目资金扶持为手段，有效加大煤炭资源的勘探投入。

(2)优化结构，合理配置，提高资源利用效率

一是整合资源，实行集约化经营，通过改组、兼并或收购，整合一批具有较强竞争力的大中型煤炭企业集团。建议借鉴外省煤矿国有化经营的成熟思路和可行办法，将改制后的原国有煤矿(包括萍矿下属的安源煤矿、青山煤矿、巨源煤矿、高坑煤矿、黄冲煤矿以及市属国有煤矿)收归政府统一管理，以有较强实力的中心煤井为单位，在一定区域内改组、兼并或收购周边煤井，组建安源、青山、巨源、黄冲等煤矿集团公司。煤炭资源储量丰富的乡镇，可以收购本地所有矿井，由政府控股经营或集中开发一两个煤矿。

二是优化产业结构，延长产业链，实现煤炭资源的综合利用。在发展煤—焦—化工、煤—电—铝—型材—制品等产业链条的基础上，进行资源深加工，延长产业链条，实现资源综合利用。同时，要大力推广和发展低碳经济、循环经济。

三是要变废为宝，积极探索报废矿井利用新途径。萍乡城郊煤矿较多，有大批报废矿井，根据地质结构和矿井巷道完好情况，可将部分报废煤井改造成地质公园、地下仓储、商场、停车场、防空洞、工厂等。

四是发挥品牌优势，做大做强品牌经济。安源品牌是一种无形资产，是实现萍乡经济社会平稳较快发展的宝贵资源和有利条件，应依托、发展和利用好安源品牌，有效推行品牌战略和品牌策略，做强品牌经济。

(3)创新思路，用足用活政策

一是用好用活萍乡市全国资源枯竭型城市、比照享受东北老工业基地优惠政策及全国循环经济试点城市三张政策名片，加快转变经济增长方式和城市转型。同时要积极争取上级延长对萍乡市经济转型政策的扶持期限、扶持力度和扶持范围。

二是争取对萍乡市保留、重组部分国有煤矿的政策许可和优惠，推动煤炭工业的稳步有序发展。

三是争取对萍乡市新办煤矿的地质勘探、综合开发、能源接续等方面的扶持和帮助，力求尽快新办一两个具有较大规模的煤井，以此满足萍乡市兴工强市战略的能源需求，实现经济社会又好又快发展。

(三)旅游业发展现状与策略——以井冈山为例

1. 发展现状

近年来，井冈山依托“红色吸引人、绿色留住人、情景感染人”的旅游资源优势，围绕“红色摇篮、生态井冈、精神家园”品牌形象，坚持“世界文化与自然遗产申办地”“国际杜鹃花节举办地”“红色旅游高峰论坛主办地”“国民素质提升地”的战略定位，不断完善旅游基础设施，大力提升景区品牌影响力和知名度，积极拓展旅游市场，加强旅游服务管理，井冈山旅游业呈现持续、稳定、良性增长的发展态势。但当前景区在旅游产品、旅游接待、区域发展等方面存在一定程度的不平衡性，具体表现在以下几方面。

一是旅游产品比较丰富，但布局不平衡。经过多年来的开发建设，井冈山已形成龙潭、水口、主峰、杜鹃山等一批绿色景区；北山烈士陵园、黄洋界、茨坪毛泽东旧居、大井旧居以及大型实景演出《井冈山》红色景点和文化旅游项目；以“农家乐”为代表的乡村旅游项目；以“走一段红军路，扫一次烈士墓，听一堂传统教育课，唱一首红色歌谣，看一场红色歌舞晚会，吃一顿红军套餐”为主的红色拓展培训项目。这些旅游产品种类齐全，内容丰富，既有红色景点，也有绿色景点；既有观光型产品，也有“情景再现”、红色培训等参与性强的旅游项目；既有静态的，也有动态的。但从布局上来看，这些旅游产品主要分布在山上暨原五大哨口范围内，山下只有大型实景演出《井冈山》、茅坪八角楼、龙江书院以及“农家乐”旅游等新开发、改造的景点和新兴起的旅游形式，急需聚集人气的新城区，旅游产品更少。

二是游客总量在增大，但旅游淡旺季、旅游冷热点差异明显。近年来，通过举办杜鹃花节等节庆活动、开展旅游“大营销”和持续不断的宣传推介活动，客源市场得到不断拓展，来山游客总量持续增长，每年均保持两位数的增长比例，但是旅游接待淡旺季差异非常明显。据统计，2010 年 4 月—10

月，景区月均接待量达 41.73×10^4 人次，2010 年 11 月—2011 年 3 月，景区月均接待量只有 22.44×10^4 人次。同时，由于地理位置、景区特色以及景区设施等因素，景区与景区之间参观人数存在明显差异。历年统计数据显示，游览黄洋界、博物馆、北山、龙潭、杜鹃山等景区景点的游客非常多，游览五马朝天、龙江书院等景区景点的游客非常少。

三是景区品位和档次较高，但山上山下接待设施条件不平衡。近年来，随着各方投入加大和景区创优达标工作的推进，景区改造升级全面完成，硬件设施档次迈上了新台阶。同时，旅游接待设施也得到不断完善，如梨坪国际会议中心、全国青少年井冈山革命传统教育基地，集航空、高速公路、铁路为一体的立体交通网络已形成，景区观光车已全面运行，景区公路已全面改造升级。井冈山景区先后荣获国家首批“5A 级旅游景区”“全国文明风景旅游区”等荣誉称号，属于国内一流景区的第一方阵。但从山上山下来看，在旅游氛围、接待设施、旅游环境等方面仍存在一定的不同步。例如，山上接待设施比较完善，接待档次较高，服务比较规范，共有 100 多家宾馆酒店，星级宾馆酒店超过 20 家，其中，按照五星级标准建设的酒店 1 家，四星级宾馆酒店 7 家，三星级宾馆酒店 13 家。山下城区接待基础相对薄弱，虽然有 20 多家宾馆酒店，但还没有一家星级宾馆酒店，且管理粗放。与景区相连的广大农村地区环境整治仍然处于起步阶段，乡村旅游管理服务水平相对滞后。

2. 发展建议

为进一步做大做强井冈山旅游业，我们应顺应旅游业强劲的发展势头，采取有力措施，乘势而上，坚持把旅游旺季做稳，旅游淡季做旺；把“热点”景区做稳，所有景区做旺；把山上承载力做稳，山下承载力做旺，努力实现井冈山旅游业全面协调可持续发展。

首先把旅游旺季做稳，旅游淡季做旺。根据往年尤其是 2012 年的接待情况，旺季期间，来井冈山的游客多，接待任务重，经常出现“一房难求”、交通拥挤以及由此导致的接待服务质量下降等现象。淡季期间，来井冈山的游客稀少，效益低，大量接待设施闲置。为此，要在进一步增加游客总量的基础上，大力推行红色培训和商务旅游等季节性不强、调节游客高峰作用很强的旅游形式，减轻旺季接待压力，提升淡季旅游人气。同时，加大对温泉等深受游客欢迎的冬季旅游产品的开发力度；完善冬季旅游设施，策划推出“冬季赏雪”等冬季主题旅游活动；采取一定的优惠政策，增强井冈山冬季旅游魅力，促进冬季旅游市场繁荣发展。

其次把“热点”景区做稳，所有景区做旺。针对“热点”景区游客集中，“冷点”景区游客稀少的现状，要在进一步把“热点”景区做精做美的基础上，着力从以下几方面做旺“冷点”景区。一是加快改造升级，提升“冷点”景区品质。深入挖掘景点文化内涵，打造景区特色，做到“一景一品”，提升所有景区景点品位。同时，加快“冷点”景区交通设施、游览设施等基础设施建设，在所有景区开通观光车，进一步提升各景区景点的通达性和接待档次。二是科学制定旅游线路，增加“冷点”景区游览概率。按照景区特色和地理位置，整合所有景点，策划安排若干条旅游线路，将来山游客合理引导和分流到所有景区参观游览，提升所有景区人气。三是加大宣传推介力度，提升“冷点”景区知名度。在景区公共场所醒目位置以及博物馆、北山、黄洋界等游客集中的“热点”景区设置宣传牌或 LED 显示屏，介绍“冷点”景区情况；修编“冷点”景区导游词，加大对“冷点”景区的宣传力度，进而吸引更多游客参观“冷点”景区。同时，在“冷点”景区适当增加一些游客参与性强的商业性旅游项目，调动旅行社和导游员组织游客前往“冷点”景区参观的积极性。

最后把山上承载力做稳，山下承载力做旺。山上承载量过大，趋于饱和；山下地域广阔，空间很大。要深挖山上潜力，积极引导游客向山下延伸，做稳山上承载力，做旺山下承载力。一方面，要深挖山上承载力。继续推进“中国最美生态小镇”建设，加快现有接待宾馆改造升级，进一步提升山上接待设施档次。同时，加快大型生态停车场、南湖公园改造工程等项目的建设，有效扩大山上旅游接待空间。另一方面，要大幅提升山下承载力。积极做好罗浮旅游服务区规划设计工作，尽快启动该区域的开发建设；推进仙口、桐木岭等景区和森林生态观光园项目建设，拉长旅游线路，增强山下旅游吸引力和魅力。建设一批环境整洁、景观优美的文化村、生态村、民俗村，大力发展民俗风情、田园风光、“农家乐”等旅游形式，搞活乡村旅游市场。同时，大力扶持新城区酒店、购物场所、旅游休闲产业发展，不断扩大山上承接游客的能力。加快推进衡茶吉铁路、井睦高速公路建设，继续实施井冈山革命根据地重点区域环境综合整治工程，大力实施新农村建设等改善旅游设施的项目建设，不断完善山下旅游交通设施，优化旅游环境，增强旅游吸引力，实现山上山下均衡发展。

第七章　鄱阳湖自然地理区

章前语

鄱阳湖生态经济区是以江西鄱阳湖为核心，以鄱阳湖城市圈为依托，以保护生态和发展经济为重要战略构想的经济特区，人口为 $4\,456\times10^4$。国家把鄱阳湖生态经济区建设成世界性生态文明与经济社会发展协调统一、人与自然和谐相处的生态经济示范区和中国低碳经济发展先行区。国务院已于 2009 年 12 月 12 日正式批复《鄱阳湖生态经济区规划》，标志着建设鄱阳湖生态经济区正式上升为国家战略。这也是新中国成立以来，江西省第一个被纳入国家战略的区域性发展规划，是江西发展史上的重大里程碑，对实现江西崛起和实现新跨越具有重大而深远的意义。

关键词

鄱阳湖生态经济区；区域概况；自然资源；产业布局；可持续发展

第一节　区域概况

一、行政区域范围

鄱阳湖自然地理区位于江西省的北部。该区南部地势总体上极为低平，为坦荡的鄱阳湖平原。鄱阳湖平原周边分布着一些孤丘，如南昌的西山等；西北部修水、武宁一带丘陵起伏。大部分地方河道纵横，其中鄱阳湖平原的河网最为密集，拥有众多湖泊，包括鄱阳湖、军山湖等。鄱阳湖自然地理区是我国南方经济最活跃的地区之一，位于江西省北部，2015 年鄱阳湖自然地理区的行政区域范围包括南昌市区、九江市区和新余市区以及九江县、瑞昌市、星子县、德安县、湖口县、彭泽县、鄱阳县、乐平市、余干县、万年县、进贤县、东乡县、余江县、新干县、樟树市、丰城市、高安市、南昌县、新建区、安义县、永修县、临川区和鄱阳湖全部湖体，面积为 $5.12\times10^4\ km^2$，人口占江西省的50%，经济总量占江西省的60%。该区域是我国重要的生态功能保护区，是世界自然基金会划定的全球重要生态区，承担着调洪蓄水、调节气候、降解污染等多种生态功能。鄱阳湖是长江重要的调蓄湖泊，年均入江水量约占长江径流量的15.6%。鄱阳湖水量、水质的持续稳定，直接关系到鄱阳湖周边乃至长江中下游地区的用水安全。鄱阳湖生态经济区还是长江三角洲、珠江三角洲等重要经济板块的直接腹地，是中部地区正在加速形成的重要增长极，是中部制造业重要的基地和中国三大创新地区之一，具有发展生态经济，促进生态与经济协调发展的良好条件。

二、有关鄱阳湖

(一)水文、水系特征

鄱阳湖南北长173 km，东西最宽处74 km，平均宽16.9 km，湖岸线长约1 200 km，湖口水位21.71 m时湖面面积3 283 km^2，是中国最大的淡水湖。

湖面以松门山为界，分南北两部分。南部主湖区宽广，长133 km，最宽74 km，湖水较浅；北部狭长，为入江水道，长40 km，最窄处约2.8 km，湖水较深。湖水补给河流包括赣江、抚河、信江、饶河、修河和博阳河、西河等，经调蓄后，湖水向北由湖口注入长江。入长江水量年均1 460×10^8 m^3，超过黄河、淮河、海河水量的总和。鄱阳湖水系流域面积16.22×10^4 km^2，占长江流域面积的9%；年均径流量为1 525×10^8 m^3，约占长江流域年均径流量的16.3%。鄱阳湖是一个季节性变化巨大的吞吐型湖泊，洪水期与枯水期的面积、蓄水量相差悬殊。年内水位变幅为9.79～15.36 m，绝对水位变幅达16.69 m。每年春夏之交，湖水猛涨，水面迅速扩大，烟波浩渺；但到了冬季，湖水剧降，洲滩裸露，湖面仅剩几条蜿蜒的水道，形成“洪水一片、枯水一线”的景观。多年平均水位12.86 m；最高水位22.59 m(1998年7月31日)，面积达4 070 km^2，蓄水量300×10^8 m^3；最低水位5.90 m(1963年2月6日)，面积仅146 km^2，蓄水量4.5×10^8 m^3。

(二)地质地貌

鄱阳湖湖区第三纪时是一个巨大盆地。喜马拉雅运动时，西侧断裂上升为庐山，东侧陷落为鄱阳湖入江水道。第四纪时鄱阳湖湖区再度下沉。

“高水是湖，低水似河”是鄱阳湖的特征。湖底水道高程自南向北渐降，由海拔12 m降至湖口约1 m，鞋山附近为−1 m。

湖区由水道、洲滩、岛屿、内湖和汊港组成。

赣江自南昌以下分4支，主支在吴城与修水汇合，进入湖北部，为湖区西水道；南、北、中3支与抚江、信江先后汇入湖南部，为湖区东水道。东、西水道在褚溪汇合为入江水道。

洲滩分沙滩、泥滩、草滩3种。沙滩多在水位14 m以上，面积约1 895 km^2，草滩多在14～18 m，面积约1 235 km^2。

全湖现有岛屿25处，共41座(中、低水位时多为滩丘)，面积约103 km^2。

内湖出现在枯水期，中、高水位时与大水面连成一片，主要分布在东、南、西部。

汊港多分布在入江水道东岸、主湖区北岸和东北、东南一隅，主要汊港约20处。

(三)历史变迁

1. 鄱阳湖古称彭蠡泽、彭泽和宫亭湖

古代彭蠡泽范围大致包括今长江北岸的湖北东部的源湖、安徽西部的龙感湖、大官湖和泊湖等滨江湖泊区，与长江水面相连接。当时长江南岸由古赣江汇注而成的水域也与长江汊道在湖口相通，但湖面面积很小，直至秦汉时仍仅限于罂子口(东吴晋时古赣江流注彭蠡泽的交汇口)以北至湖口的狭长地带，因罂子口旁有宫亭庙，故称为宫亭湖。西汉后期，彭蠡泽与长江完全分离，江北水域逐渐演变成今江北诸湖，而江南水域则逐渐扩大，演化成今日的鄱阳湖。

对于“彭蠡泽”名称的变迁，学者看法不同，有的根据《尚书·禹贡》所载“导漾……东汇泽为彭蠡”(《尚书·禹贡》)，认为古彭蠡泽仅指江北水域，班固之说为附会之言。有的认为古彭蠡泽地跨长江两岸，包括江南水域，今鄱阳湖是古彭蠡泽解体演化而成的。在汉代，现鄱阳湖水域乃是湖汉水(今赣江)下游平原，汉代在此设置了阳县，汉昌邑王封地也在此。那时，长江主泓道在今龙感湖一带，在庐山以北的仅是长江一汊道，当时称为小江。约在东晋后期，长江主泓道移至今九江—湖口一带。江水阻挡了赣江的排水，还倒灌入赣江下游平原，逐步形成鄱阳湖。到了盛唐时，鄱阳湖面积最大达6 000 km^2。

在鄱阳湖大举南侵之前，低洼的鄱阳盆地上原本是人烟稠密的城镇，随着湖水的不断南侵，鄱阳湖盆地内的鄱阳县城和海昏县治先后被淹入湖中，而邻近海昏县、位于较高处的吴城却日趋繁荣，成为江西四大古镇之一，因此，历史上曾有“淹了海昏县，出了吴城镇”之说。

2. 人文历史

鄱阳湖流域自古以来就是我国经济较为发达的富裕地区，我国历史上很多杰出人物如徐稺、陶渊明、林士弘、刘恕、洪适、江万里、朱奋等曾在湖区生活。这里又发生过许多威武雄壮的英雄事迹，如周瑜操练水师，为赤壁之战打下基础；朱元璋与陈友谅在鄱阳湖大战，李烈钧在湖口发起“二次革命”等。

鄱阳湖是古代从北方进入江西的唯一水道，发生在鄱阳湖上的文人逸事和民间传说更是难以胜数。唐代诗人王勃在《滕王阁序》中的名句“渔舟唱晚，响穷彭蠡之滨”，描述的正是鄱阳湖上的渔民捕鱼归来的欢乐情景。宋代诗人苏轼在《李思训画长江绝岛图》中写的“山苍苍，水茫茫，大孤小孤江中央”，描写的是鄱阳湖的胜景。

3. 传说

相传远古时，江西这块地方并无大的湖泊，因此每年不是大旱便是洪涝，民不聊生。后来，赣北出了一位名叫彭蠡的勇士，力大无穷，且勤劳、善良、聪明，肯帮人解难。百姓连年逃荒要饭，他看在眼里，记在心上。于是，彭蠡立志要开凿一座大湖泊造福于民。他首先说服家人，动员附近乡民，跟他一起去挖地造湖，谁知开挖时，遇到一条修炼成精的千年蜈蚣，蜈蚣怕水，得知彭蠡在带领乡亲们挖地造湖，就设法阻挡。彭蠡发现他们头天刚挖好的地方，一夜之间被填塞完整，一连数日，造湖之举毫无进展，彭蠡犯疑，不知何故。一些乡民见到这样的场景心灰意冷，怨天恨地，有的甚至离开不干了，可彭蠡决心已定，毫不气馁，带领家人和少数乡邻继续坚持开挖，他双手虎口被震裂，鲜血直流，却没有半点怨言。彭蠡的善举，感动了天上司晨的酉星官，他决心助彭蠡一臂之力，除掉蜈蚣精，即命自己的两个儿子，大鸡和小鸡下凡帮助彭蠡除妖。大鸡和小鸡奉父王之命，合力大战蜈蚣精，在其上空各施神功，和蜈蚣精大战四十回合，难分胜负，此时，小鸡灵机一动，乘蜈蚣精眨眼之机，一挥宝剑直刺向其左眼，蜈蚣精鲜血直流，大鸡乘其受伤之时，一剑刺中其身，蜈蚣精终于被两鸡战败(故有蜈蚣怕鸡的传说)。那条战败的蜈蚣精，后来化作了松门山，横卧在万顷碧波荡漾的鄱阳湖之中。大鸡、小鸡担心这条蜈蚣精再祸及人间，便化作大矶山、小矶山，矗立于湖边，世代守着鄱阳湖，永保地方安宁。从此，彭蠡与家人、众乡民一起继续造湖，由于仙人暗中相助，不久大湖就造好了。岸边百姓再也不受旱涝影响，连年五谷丰登。后人为纪念彭蠡造湖有功，将该湖取名“蠡湖”，这就是彭蠡湖的由来。

三、江西发展史上的重大里程碑——鄱阳湖生态经济区

(一)鄱阳湖生态经济区简介

鄱阳湖生态经济区是以江西鄱阳湖为核心，以鄱阳湖城市圈为依托，以保护生态、发展经济为重要战略构想的经济特区。国家规划将鄱阳湖生态经

济区建设成为世界性生态文明与经济社会发展协调统一、人与自然和谐相处的生态经济示范区和中国低碳经济发展先行区。国务院已于2009年12月12日正式批复《鄱阳湖生态经济区规划》，标志着建设鄱阳湖生态经济区正式上升为国家战略。这也是新中国成立以来，江西省第一个被纳入国家战略的区域性发展规划，是江西发展史上的重大里程碑，对实现江西崛起和实现新跨越具有重大而深远的意义。

鄱阳湖生态经济区的发展定位是：建设全国大湖流域综合开发示范区，建设长江中下游水生态安全保障区，加快中部地区崛起的重要带动区、国际生态经济合作重要平台、连接长三角和珠三角的重要经济增长极、世界级生态经济协调发展示范区的建设。

(二)得天独厚的区位优势

环鄱阳湖经济区雄踞长三角、珠三角、闽东南三大经济发达地区所围区域的核心位置，是沟通沿海与内陆的枢纽，直接面向东亚和迅速崛起的亚太经济圈，置身于世界经济的整体之中，拥有无限的发展机遇，是国内外公认的发展现代化工业的理想区域。

第一，环鄱阳湖地区属资源型经济区域，自然资源丰富，且分布相对集中，易于开发利用。其中，能源储量在中国居重要地位，已探明的对国民经济有重要价值的矿产资源超过100种。环鄱阳湖经济圈还有丰富的水利资源和渔业资源，同时是中国重要的农业和畜牧业基地，粮食产量占全国的23%以上。

第二，该地区海陆空交通发达。区域内拥有20多个港口，构成了中国最为密集的内陆港口群，海运、铁路、公路、航空运输线路密集，形成了以港口为中心的陆海空立体交通网络，成为沟通华中、华东、华南经济和进入国际市场的重要集散地。已初步形成以南昌为中心，以沿江开放城市为扇面，以五个特大城市为支点的多功能、外向型的城市群。

第三，该区域产业结构调整凸显新的优势，金融环境正在改善。环鄱阳湖区已经形成了能源、化工、冶金、建材、机械、汽车、纺织、食品八大支柱产业，同时以优势的教育、科技资源带动了高科技产业发展，新兴的电子信息、生物制药、新材料等高新技术产业已成为这一地区的主导产业。红谷滩新区正在发展世界最大的金融区，为国际金融改革提供尝试。

第四，该区域科技资源和人才资源高度聚集，有优质的教育资源，学科门类齐全，师资力量雄厚，科研成果丰硕。南昌的高等教育在全国有重要地位，高等院校和科研院所较集中，科技优势明显，科技创新能力较强。全区拥有高等院校76所。

四、活力迸发的城市群

该区域作为辐射华中地区、华东地区的重要区域，致力于建设世界著名都市圈。该区以鄱阳湖为核心，环绕湖区有景德镇、九江、南昌、鹰潭、上饶共5个设区市，具有构建世界级城市群的多项有利条件。环鄱阳湖生态城市群空间范围以南昌为核心，以昌九工业走廊为重点，以环湖设区市九江、景德镇、鹰潭为主要支点，以环湖高速公路和铁路为轴线，辐射周围50 km左右的范围。以县域为单位，大体包括南昌市9县区，九江市10县区，景德镇市4县区，鹰潭市3县区，上饶市的鄱阳、余干、万年，抚州市的东乡县。

环鄱阳湖城市群是华中地区著名城市群，以我国最大的淡水湖——鄱阳湖为核心，由环绕鄱阳湖的城市组成。按照包含范围的大小分广义和狭义两种。环鄱阳湖城市群是中国经济最有活力且城市化率最高的地区之一，是全国城市群建设的先行者，致力于打造中部崛起的核心增长极。

(一)全面的优势

城市数量上：由“一条线”上的南昌、九江2个地级市，变为完整的“一个圈”上的南昌、九江、景德镇、上饶、鹰潭、抚州、新余、宜春8个地级市，人口占全省的66.3%，城市的规模和人口的数量都具备“城市群”的条件。在经济总量上，8个地级市的GDP占全省的72.2%，财政收入占全省的66.9%。如果把鄱阳湖比作月亮，那么8个地级市就好比8颗卫星，形成“众星捧月”之势，就像一个巨大的绕月经济圈，对全省经济的辐射力和拉动力都明显增强。

产业结构上：江西省支柱产业大多集中在这8个地级市。8个地级市的产业结构各具特色，经济外向度较高，产业分工与合作更加紧密，经济互补性较强。除了8个地级市外，还有8个县级城市：樟树、丰城、高安、贵溪、德兴等。县域经济发展势头良好，后发优势强劲，将会成为“环鄱阳湖城市圈”战略的梯次城市群。这些都有利于推进区域经济一体化进程，必将成为江西省规模最大，经济活力、发展潜力和创新能力最为突出的经济核心区。在旅游资源上，8个地级市的旅游资源都十分丰富，可以形成绿色生态、宗教文化、红色旅游经济圈，有利于推进“线路互通、客源互送、资源互享”，打造“环鄱阳湖城市圈”旅游品牌和精品线路，实现旅游经济的快速发展。

交通条件上：随着景鹰(抚)高速公路的建成通车，可形成以高速公路交通网络为基础，以南昌、九江为中心的可通江达海的4小时“环鄱阳湖城市圈”。这样，可以上接“武汉城市圈”，下连“皖江城市带”，进而承接“长三角”的辐射，从而加强“环鄱阳湖城市圈”在长江中下游的经济纽带作用。

（二）强大的竞争力

1. 先天竞争力

该城市群具有面向鄱阳湖、依托长江、内陆交通发达的区位优势，山水优美度居所有城市群之首；城市劳动力数量同样令其他城市群难以望其项背。此外，在城市水资源供给、交通通信等方面的优势也使该城市群成为投资热点。该城市群商品经济发达，农副产品丰富，工业基础雄厚，外向型经济发达。

2. 现实竞争力

随着外资、传统制造业和地方特色产业集群等城镇群发展机制的推进，南昌的国际性城市职能日益凸显，九江和赣州以生产性服务业为代表的现代中心城市职能日益加强，上饶、新余、萍乡、宜春等以先进制造业为主，抚州、景德镇、吉安、鹰潭等以传统制造业和地方特色产品加工工业为主的制造业基地基本形成。尽管如此，该城市群分工程度还略显不足。

随着外向型经济的发展，通过积极融入全球产业链，该城市群的全球制造业基地的特征正在形成。鄱阳湖城市群国际地位由此得到极大提高。南昌国际性城市的带动，使得鄱阳湖城市群积极融入全球城市分工体系，全球化巨型城市网络雏形已经显现。常住人口增长与移民人口增长优势不明显，GDP增长率逐渐放缓，但科技水平、医疗质量、文化设施、环境治理、港口交通等方面在国内仍位列前茅，该城市群正逐渐实现内部发展环境的优化。

（三）区域各城市发展坐标

南昌：全面提升中心城区的高端要素集聚、科技创新、文化引领和综合服务功能。强化昌北经济开发区、高新技术开发区和出口加工区的引领作用，重点发展汽车、航空、医药食品、电子信息、新型材料等产业，全面提升先进制造业基地水平；加快发展金融、商贸、物流、会展、旅游、服务外包等现代服务业，建设区域性商贸物流、金融、旅游集散中心和全国重要的服务外包示范基地。加快形成“南昌1小时经济圈”，联动发展新建、安义、进贤、余干、南昌县城和丰城、樟树、高安。

九江：进一步发挥通江达海的区位优势，加快临港产业开发，积极发展商贸旅游业，建成赣北区域中心城市、现代化港口旅游城市、区域性物流枢纽和长江沿岸重要工业基地。以九江城区为中心，联动发展瑞昌、沙河、湖口、彭泽沿江城镇板块以及德安、共青、永修、星子、都昌南部城镇板块。

景德镇：依托千年瓷都的产业基础和品牌优势，积极推进资源枯竭城市转型，大力发展功能陶瓷、结构陶瓷、生物陶瓷、工艺陶瓷和精品建筑陶瓷，培育陶瓷文化创意产业，建设世界瓷都、赣东北工业重镇和文化生态旅游城市。以景德镇城区为中心，联动发展浮梁、鄱阳、万年县城和乐平市区，形成以景德镇为中心的赣东北城镇群。

鹰潭：发挥铜产业基地、交通枢纽、旅游资源优势，建设世界铜都、赣东北物流中心和道教文化旅游城市；依托中心城区，向东逐步与贵溪城区连接成片，向南逐步建成宝山片区，进一步建设余江县城。

抚州：大力发展特色农产品加工、医药轻纺和文化产业，创建工业新城和文化生态旅游名城；以新城区为依托，联动建设东乡县城，加快融入"南昌1小时经济圈"。

新余：着力发展光伏、钢铁和旅游产业，建设光伏产业基地、特种钢材制造基地和赣西区域中心城市；以主城区为依托，重点建设下村、罗坊工业基地。

第二节　自然资源

鄱阳湖是中国最大的淡水湖泊，蕴藏着丰富的土地资源、水资源和生物资源，光热条件和风能资源也比较丰富。但是，由于自然的因素和人类活动的影响，自然资源的开发、利用存在不少问题，亟待治理和保护。所以，查明鄱阳湖自然资源的现状，作出综合评价，对于整治工作具有重要的实用价值和学术意义。

一、土地资源及形态特征

(一)鄱阳湖由众多的湖泊群组成

鄱阳湖是中国最大的淡水湖，形似葫芦，以湖中最大岛屿松门山为界分为两部分，北部为入江水道，南部为主湖区。湖盆自东南向西北倾斜，比降为1～12 m，湖岸线长约1 200 km，湖泊形态系数为109，发展系数(弯曲系数)为6。湖中有岛屿41座，面积103 km^2。当湖口站水位高程大于16 m时，鄱阳湖是一个完整的大湖泊，但在常水位(高程12.92 m)以下，鄱阳湖湖盆被分割为由多个大大小小的子湖泊组成的湖泊群。根据这些子湖泊的形态和水文特征，可以分为两种类型(表7.1)：一种是常年性湖泊，其湖盆与鄱阳湖主体有堤坝隔开，湖内水位不直接随主湖水位变动，它多是由围堵鄱阳湖湖汊而成的，如军山湖、陈家湖、珠湖、新妙湖、南北港等；另一种是季节性湖泊，其湖盆容纳在鄱阳湖主体之中，洪水季节时是鄱阳湖主体的组成部分，枯水季节湖盆出露，成为鄱阳湖湖盆中的湖中之湖，如汉池湖、大莲子湖、大沙芳湖、程家池、草湾湖、金溪湖等。

表 7.1　鄱阳湖主要子湖泊的类型和名称

常年性湖泊		季节性湖泊	
名称	面积/10^4 亩	名称	面积/10^4 亩
康垦湖	53.82	林充湖	1.86
军山湖	39.27	鲫鱼湖	1.48
珠湖	17.96	程家池	2.25
新妙湖	11.54	草湾湖	1.77
陈家湖	4.39	王罗湖	1.39
南北港	2.19	三洲湖	0.50
青岚湖	1.95	六老湖	1.20
矶山湖	1.71	金溪湖	0.40
大鸣湖	1.34	晚湖	0.45
饶丰内湖	1.22	大莲子湖	8.31
东湖	6.24	汉池湖	7.92
常湖	1.17	太阳湖	0.53
北甲湖	6.98	西湖	4.35
深湖	1.21	南姜湖	4.00
三湖	2.45	中湖池	0.29
大沙坊湖	2.42	沙湖	0.80
团湖	0.45	大湖池	3.60
边湖	0.35	蚌湖	9.74
南湖	0.52	大汉湖	9.12
北口湾	0.90	焦潭湖	5.18

注：常年性湖泊按高程 21.69 m 时计算湖面积，季节性湖泊按高程 14.5 m 时计算面积。

鄱阳湖湖盆的发育受到地质构造、泥沙沉积和水位升高等因素的制约。构造因素的影响比较缓慢，泥沙沉积速率也不高，如按悬移质沙在全湖均匀沉积计算，多年年平均值也只有 1.7 mm。然而，因种种原因，长江洪水水位在不断地高，如湖口站 1950—1969 年的年平均最高洪水位为 18.3 m，而 1970—1984 年的年平均最高洪水位升高到 19.2 m。鄱阳湖洪水受长江洪水的影响较大，所以湖面洪水水位也在升高，多年年平均的抬高速度大于泥沙的沉积速度。因此，湖水水位的升高便成为鄱阳湖演变的主要因素。按高水位时计算，鄱阳湖水位每升高 10 mm，湖面面积将扩大 1.35 km^2。随着湖水水位的抬高，鄱阳湖湖面面积还在继续扩展。

(二)鄱阳湖完整的水系和水陆生态系统

鄱阳湖几十年来受人类活动和自然因素影响，其空间格局处在不断的变化之中。从大规模围垦导致湖面萎缩到近年退田还湖，湖面在一定程度上得到恢复，从泥沙淤积导致各河口三角洲向湖中推进到湖中草洲面积扩大，至今，当湖水水位达 22.59 m 时，湖泊面积为 4 070 km^2。其独特的水位特征，即年内季节性和年际差异性的水位落差的巨大变幅依然不变，年内变幅为 9.59～15.36 m，年际最大变幅达 16.69 m。一般 4—6 月为五河主汛期，10 月至翌年 3 月是鄱阳湖的枯水期，多年平均水位为 12.86 m（吴淞），最高水位为 22.59 m（湖口站，1998 年 7 月 31 日），最低水位为 5.9 m（湖口站，1963 年 2 月 6 日）。鄱阳湖年内水位变幅为 9.79～15.36 m，洪枯水位变幅大。每年一涨一落，洪水时湖水浩渺，枯水时洪水归槽，草滩出露，故有“洪水一片，枯水一线”之说。

鄱阳湖是流域的汇水中心，仅以湖口与长江相通，控制着流域与长江的水量吞吐平衡。它不仅接纳流域赣江、抚河、信江、饶河、修水五大河来水，湖区周边还有 14 条 30 km 以上的河流直流入湖，在一定的情况下还接受长江水倒灌。较大的直接入湖的河流有清丰山溪、潼津河、漳田河、博阳河以及土塘水、候港水等。清丰山溪是芗、丰、秀、搓、白土、楮山 6 条河流的总称，以丰水最大，形成主流，河长 111 km，总集水面积 2 253 km^2。潼津河河长 85 km，流域面积 978 km^2。漳田河又称西河，河长 103 km，流域面积2 072 km^2。博阳河绝大部分在德安县境内，集水面积 1 220 km^2，主河长 93.5 km。土塘水、候港水均在都昌县内，为 35～40 km长的小河。

(三)围垦面积

鄱阳湖区现有圩堤 565 座，其中特大型圩堤 6 座，最大的信瑞联圩(余干县内)面积达 400 km^2。鄱阳湖区的圩堤主要分布在湖南岸的平原区域，其中位于入湖五大河流尾闾河湖交错地带的有 143 座，面积 2 745 km^2，占湖区圩区总面积的 66%；位于原湖滩、湖汊的有 108 座，面积 1 435 km^2。这些圩堤大多数是在新中国成立以前的漫长岁月里逐渐围成的，但以围垦速度而论，则以 20 世纪 50—70 年代最盛，80—90 年代的围垦极少(表 7.2)，盲目围湖造田现象得到有效控制。

表 7.2　鄱阳湖 1954 年后的围垦情况

年份	1954	1957	1961	1965	1967	1976	1984	1997
湖面积/m^2	5 160	5 004	4 720	4 410	4 128	3 914	3 889	3 859
湖容积/m^3	370	360	340	323	300	293	291	289
调节系数/%	17.3	16.9	16.0	15.2	14.2	13.8	13.8	13.8
围垦面积/m^2		156	284	310	290	206	25	30
累积围垦面积/m^2		156	440	750	1 040	1 246	1 271	1 301

由表 7.2 可知，1954—1997 年鄱阳湖因围垦，面积缩小了 1 301 km^2，湖泊对洪水的调蓄能力降低了近 20%。因 1954 年以后的围垦主要是对湖滩和湖汊较低地势处的围控，湖泊失去很大的调洪容积，极大削弱湖盆调蓄能力。湖盆形态的改变一般有两个方面的原因：一是泥沙淤塞湖盆；二是围控湖滩或湖汊。鄱阳湖年平均泥沙淤积量为 1 301.5×10^4 m^3，湖床平均每年淤高 2.6 mm。1954—1997 年大约淤高了 0.114 m，使得湖容积约减少 3.82×10^8 m^3，其数量仅占湖容积减少总量的 4.8%，真可谓微乎其微。由此可知，鄱阳湖面积的缩小和容积的减少，其主要原因在于围垦。

二、水资源及其特征

(一)水资源、水量

鄱阳湖地区多年平均年降水量为 1 574.6 mm，年蒸发量 1 080 mm。鄱阳湖地区地下水资源的年总量为 47.0×10^8 m^3，约为本区地表径流量的 16.9%。但分布不均，可供国民经济建设使用的可开采地下水资源总量为 23.6×10^8 m^3。鄱阳湖由湖口入长江的多年平均水量为 145.7×10^8 m^3，赣、抚、信、饶、修 5 条河入湖水量为 126.6×10^8 m^3。入湖、入江水量的变化系数分别为 0.26 和 0.27。一般每年的 2—6 月，5 条河入湖水量大于入江水量，是鄱阳湖的蓄水期，总蓄水量 17.8×10^8 m^3，7 月至次年 1 月均为鄱阳湖主要排水期。

(二)水文

鄱阳湖区的 9 个湖处在赣江西支、修河尾闾入湖洲前缘，其水文特征受赣江西支、修河及鄱阳湖水文情势三重影响。

鄱阳湖区水位与鄱阳湖水位的年内变化趋势一致，月平均水位 7 月最高，其次是 8 月；1 月最低，12 月次之。赣江吴城站历年最高水位为 22.29 m，历年最低水位为 10.46 m。都昌历年最高水位为 21.78 m，历年最低水位为 8.84 m。修河吴城水位与赣江水位之间有较稳定的关系，枯水时期差异较小。

赣江西支和修河河水直接进入鄱阳湖区，再经鄱阳湖北部湖面进入湖口水道汇入长江。其中赣江西支来水量约占赣江入湖总水量的1/4，占“五河”入湖总水量的14%，修河来水量占“五河”总量的9.2%，赣江西支与修河年平均流量的年际变化很大。

鄱阳湖区水体基本属于静态，其周围湖区水体流向与河槽一致，流速为0.3～0.8 m^3/s。在汛期，鄱阳湖区的湖泊与草洲被洪水淹没，与大鄱阳湖融为一体，湖流以吞吐流为主，其中中低水位期以重力型湖流为主，中高水位期以顶托型湖流为主，也经常出现倒灌型湖流。顶托型湖流的流向与重力型湖流基本相同，倒灌型湖流的流向则与此相反，流速为0.1～0.2 m^3/s。

赣江西支和修河是鄱阳湖各入湖河流中含沙量较大者，年平均含沙量分别为126 g/m^3和145 g/m^3，年输沙量分别为284.0×10^4 t和224.6×10^4 t(包括悬移质和推移质)，湖水含沙量随水位的变化而改变，两者关系密切。吴城(赣江)水位13 m时，含沙量最大，约120 g/m^3；水位超过13 m时，含沙量随水位升高而减小。如水位16 m时，平均含沙量约50 g/m^3，水位20 m时，平均含沙量仅10 g/m^3。水位低于13m时，含沙量随水位上升而增大。如水位9 m时，平均含沙量约90 g/m^3；水位11 m，平均含沙量约100 g/m^3。鄱阳湖自然保护区是鄱阳湖泥沙淤积较严重的区域，赣江西支尾闾河床平均每年约淤高20 mm；自然堤淤高速度相对慢些，平均每年约淤积10～15 mm；自然河堤内的洼地泥沙淤积速度很慢，速度均在1.5 mm/a以下。

(三)鄱阳湖总体水质良好，但已受到污染

根据鄱阳湖水质调查资料，湖水pH年平均值为7～7.6，溶解氧为6.9～8.3 mg/L，化学耗氧量为1.1～1.8 mg/L，生化需氧量为1.14～2.27 mg/L，氨氮为0.067～0.122 mg/L，总硬度为13.6～23 mg(CaO)/L，氯化物为0.8～2.1 mg/L，氰化物为0.001～0.004 mg/L，砷为0.001～0.005 mg/L，汞未检出，油类为0.019～0.113 mg/L，总磷为0.012～0.408 mg/L，总氮为0.144～4.736 mg/L。从以上各指标来看，鄱阳湖全湖总体水质尚属良好。但是，湖水中有重金属铜、锌含量超过渔业水质标准的现象发生。鄱阳湖容积大，蓄水量多，过境水量大，换水周期短，自净和对污染物的稀释能力强，水质的总体状况仍保持清洁水的标准，但目前铜、锌的超标现象和局部湖域油类等指标的超标，不能不引起有关方面的关注。

三、鄱阳湖自然区生物资源

(一)植被资源概况

赣北鄱阳湖自然地理区的地带性植被为中亚热带常绿阔叶林。该区位于赣东北自然地理区和赣西北自然地理区之间，从植被的角度，可将该区分为东部边缘地带、西部边缘地带和中部地带三个地带。东部边缘地带的植被状况与赣东北自然地理区基本相同，西部边缘地带的植被状况与赣西北自然地理区几乎相同。中部地带以余干县—进贤县—南昌县—新建区—安义县等县城的连线为界，分为北部和南部两个植被状况不同的部分。北部即鄱阳湖滨湖平原，是江河泛滥区，以栽培植被为主，自然植被以草甸、草本沼泽、水生植物群落为主。鄱阳湖的洲滩生长着芦苇、席草、莲、菱等极有价值的经济植物。在滨湖和五河下游两岸还有以蔓荆、茵陈蒿、柳叶白前、假俭草为主的隐地带性的沙地植被。低谷和河流阶地上有小面积的马尾松林、毛竹林、荒山灌木草丛和零星的阔叶林。鄱阳湖中浮生植物和软体动物都非常丰富。甲藻门类和硅藻门类在浮游植物中占绝对优势，这是极好的鱼类饲料。鄱阳湖水中生长着青鱼、草鱼、鳙鱼、鲤鱼、鲫鱼、鲑鱼等鱼类。这些水生动植物吸引着成群的野鸭、天鹅、雁、鹤、白鹭等禽鸟，形成了极为热闹的“冬季鸟会”。吴城镇的鄱阳湖水域的珍禽自然保护区已引世界瞩目。此界的南部，即赣江、抚河、信江下游丘陵地区为栲楠林、松杉林区，现状植被以荒山灌木草丛为主，主要植物成分有芒、刺芒野古草、菅、金茅、芒萁、映山红、乌饭树等，马尾松分布广泛。地带性植被为常绿阔叶林，单面积很小，次生性较强，只见于屋前村后，或是“风水林”，主要植物有青冈、木荷等。区内偶见珍稀植物，如花榈木、浙江马鞍树。

(二)水陆交替的鄱阳湖湖滩草洲生态系统

鄱阳湖水位夏涨冬落的水文条件促使鄱阳湖地区形成了高水湖相、低水陆相相互交替的独特的湖滩草洲生态系统，即湿地生态系统。这个系统的非生物环境主要是鄱阳湖水系带来的泥沙，在 14～19 m 高程处形成了 14.3×10^4 亩湖滩洲地。系统的初级生产者是适应于上述环境的草甸植物和湿生植物，且从草洲的低处至高处依次出现寥子草、苔草、芦苇、荻等植物群丛。系统内消费者是鸟、兽等。由于鄱阳湖湿地生态系统的良好和稳定，西部的吴城镇附近出现了世界上最大的白鹤越冬栖息地。1983 年综合科学考察时发现了有数百只白鹤在这里越冬，近几年数量超过千只，而 1983 年国际鹤类基金会在印度召开的世界鹤类会议估计的全世界白鹤数量仅为 320 只。此外，每年冬天还有大量的白头鹤、白枕鹤、黑鹤等珍禽来鄱阳湖越冬、栖息，引起了国内外鸟类工作者和湿地生态工作者的兴趣。为了保护候鸟和湿地环境，1983 年 6 月江西省人民政府批准建立了面积为 33.6×10^4 亩的鄱阳湖候鸟保护区。

鄱阳湖湖滩草洲上湖草的年产量可达 154×10^4 t。为了合理开发利用草洲资源，根据草洲高程和露水期(每年 11 月至翌年 3 月)的长短等情况因地制宜地发展畜禽产业，草洲的自然载畜(水牛)量约为 0.05 头/亩，自然载禽(鹅)量约为 5.9 羽/亩。汛期到来时，草洲被水淹没，是草食性鱼类良好的索饵场，成为喜草性产卵鱼类良好的产卵和幼苗育肥场。为了保护增殖鱼类资源，江西省人民政府在此设立了总面积为 39×10^4 亩的鄱阳湖鲤鱼、鲫鱼产卵禁渔区。

然而，冬陆夏水的草洲又是血吸虫的中间宿主钉螺滋生的良好环境，钉螺则成为湖滩草洲生态系统中对滨湖人民健康造成危害的重要因素。经考察，鄱阳湖湖滩草洲上现有钉螺滋生面积 93×10^4 亩，活螺密度在 5.4 只/m^2 以下。研究人员调查了 615 块草洲后得出，感染性钉螺在草洲的出现率为 29.01%，感染性钉螺密度为 0.009～0.018 只/m^2。钉螺和血吸虫病是湖区生态中的一大突出问题。

(三)鄱阳湖渔业资源严重衰退

1950—1984 年，鄱阳湖年平均渔捞量，50 年代前期为 1.91×10^4 t，后期增加到 2.10×10^4 t；60 年代前期升达 2.18×10^4 t，后期下降到 1.74×10^4 t；70 年代前期为 1.74×10^4 t，后期跌到 1.36×10^4 t。不仅产量锐减，而且鱼类群体结构低龄化和小型化的现象也越来越严重。以上特征表明鄱阳湖渔业资源已明显衰退。其主要原因是人类酷渔滥捕，大量使用有害于渔业资源的渔具渔法。例如，定置网是对鱼类的幼小个体有很高捕获能力的有害网具，近年来鄱阳湖上定置网的数量猛增，从 1978 年的 27 部，增加到 1981 年的 809 部，1982 年 1 875 部，1986 年 9 889 部。炸鱼、毒鱼、电捕鱼和竭泽而渔式的“斩湖”渔法等，对渔业资源的破坏都很大。此外，围湖造田和围堵湖汊等毁坏了经济鱼类的产卵场和育肥场，环境污染等对渔业资源的破坏也很大。渔业资源状况是水域生态系统的一个重要指标，渔业资源的衰退，说明鄱阳湖水域生态系统已遭到破坏，应引起人们的高度重视。

第三节　产业布局

一、农业及其布局

(一)农业(种植业)优势产业布局

1. 优质粮食生产基地

鄱阳湖生态经济区是江西省重要的粮食生产基地，因此，全区优质粮食生产基地的布局也应以此为基础，重点发展鄱阳湖粮产区，包括鄱阳湖及鄱阳湖以北地区的余干县、鄱阳县、万年县、乐平市、余江县、贵溪市、都昌县、永修县、武宁县9个县市；赣抚平原粮产区，包括赣中地区的临川区、东乡县、南昌县、进贤县、新建区、高安市、丰城市、樟树市、渝水区等。

2. 优质油料生产基地

江西的油料作物主要包括油菜籽、花生和芝麻等。鄱阳湖生态经济区油料生产基地布局应该立足资源优势，优化区域布局，充分开发利用冬闲耕地资源，增加油料作物种植面积。根据区域生产条件和农业发展态势，三种油料作物的布局如下：优质油菜优势产区包括彭泽、武宁、九江、永修、德安、星子、都昌、湖口、瑞昌、乐平、南昌、新建、安义、进贤、渝水、贵溪、新干、樟树、丰城、高安、临川、东乡、余干、鄱阳、万年25个县(市、区)。花生优势产区包括进贤、高安、樟树、鄱阳、新建、丰城、余江、新干、临川、余干、贵溪、乐平、渝水13个县(市、区)。黑芝麻优势产区包括鄱阳、进贤、余干、丰城、高安、乐平、贵溪、瑞昌、湖口、樟树、浮梁、新建、新干、武宁14个县(市、区)。

3. 优质棉花生产基地

鄱阳湖生态经济区是江西最重要的棉花种区，区域内部县市种植棉花的历史悠久，棉花单产水平高，品质好。全区范围内优质棉花生产基地包括彭泽、九江、湖口、永修、都昌、德安、星子、瑞昌、鄱阳、万年、进贤、新建等15个县(市、区)。

4. 优质蔬菜生产基地

根据现有条件，鄱阳湖生态经济区各个县市区均适合种植蔬菜，因此，优势产业布局应该从特色和区位优势的角度考虑，发达地区周边的县市区可重点发展无公害蔬菜，如南昌、九江、庐山区、高安、上高、贵溪、乐平、永丰、丰城等地区，重点建立无公害蔬菜生产基地，一方面满足当地需求，另一方面利用便利的交通条件，将优质蔬菜销往周边发达省份。环湖的县市区则利用水域面积大的优势，重点发展莲藕、水芹菜等水生蔬菜，如在余干、鄱阳、都昌、彭泽、德安、永修、新建、南昌、丰城等地发展莲藕；在乐平、余干、新建、南昌、九江等地发展水芹菜；在南昌、彭泽、都昌、余干、九江、永修、新建、星子等地发展茭白、荸荠、菱角等。

从特色优势出发，各县市区应重点种植本区域的名特优蔬菜，如湖口、九江的黄花菜，瑞昌的山药，乐平的豆薯，余干的辣椒等。

(二)林业优势产业布局

鄱阳湖生态经济区的林业在全省范围内并没有比较优势，但鄱阳湖生态经济区的水果和茶叶具有一定的特点，从现有发展基础来看，赣北的九江、德安、星子、都昌、湖口、瑞昌、彭泽、安义、新建、贵溪、余江、武宁这些区域可以重点发展早熟梨。庐山区、星子、永修、武宁等则重点发展无公害茶。

(三)畜牧业优势产业布局

在全省范围内鄱阳湖生态经济区的畜牧业具有明显优势，从区域产业发展基础和态势看，鄱阳湖生态经济区的畜牧业应重点发展生猪、肉牛和水禽。生猪养殖产业以高安、樟树、丰城、渝水区、南昌、新建、进贤、万年、余江、东乡、临川、新干、九江、瑞昌14个县(市、区)为重点发展区。水禽养殖则利用鄱阳湖水域面积广阔的优势，在南昌、新建、进贤、余干、鄱阳、永修等地重点发展。优质肉牛养殖方面则在高安、丰城、渝水区等区域重点发展。

(四)渔业优势产业布局

渔业是鄱阳湖生态经济区优势最明显的产业，鄱阳湖广阔的水域为水产养殖提供了得天独厚的条件。全区的渔业优势产区主要是环鄱阳湖的南昌、新建、安义、进贤、九江、武宁、永修、星子、都昌、湖口、彭泽、瑞昌、余干、鄱阳等地区。这些县市区的渔业已初具规模和特色，在全省范围内优势明显。例如，进贤、鄱阳、余干、九江、都昌、南昌、丰城、湖口、瑞昌、星子、新建等县市区已经成为全省虾、蟹养殖规模较大的区域。鄱阳、余干、万年、永修、武宁、九江等县市的鮰鱼养殖业也形成了一定优势。

二、工业及其布局

(一)经济形势良好的生态经济区工业园区

国务院批复鄱阳湖生态经济区规划，为江西的园区经济发展带来了前所未有的机遇。2015年以来，鄱阳湖生态经济区内工业园区、开发区招商引资成效显著，基础设施建设突飞猛进，生产效益稳步增长，运行质量稳步提高。鄱阳湖生态经济区所辖园区(开发区)39个，占全省园区总数的41.5%。一季度，39个工业园区招商引资签约资金达520.97亿元，其中1亿元以上项目资金429.62亿元，分别占全省园区总量的50.9%和58.2%，比上一年同期分别增长18.4%和43.1%。大项目的进驻和基础设施的建设发展，助推了工业园区的经济大发展，提升了鄱阳湖生态经济区的发展水平，壮大了全省工业园区经济总量。鄱阳湖生态经济区内39个园区的经济总量占全省园区总量的份额超过一半。

(二)江西崛起的龙头

鄱阳湖地区是江西省经济较发达、产业较密集、资源环境承载能力较强、对外开放水平较高、城市化发展速度较快和高素质人才较集中的地区，是实现江西崛起和新跨越的基础、后劲和希望所在。2011年鄱阳湖地区GDP、第二产业增加值、实际利用外资和进出口总额分别占全省的53.08%、66.74%、78.57%和71.33%。江西省财政收入10亿元以上的4个县区全在该区域，全省100强工业企业中的75%以上集中于此(表7.3)。该地区还是江西乃至中国中部地区重要的能源、原材料、装备制造业基地和国家重要的粮棉油生产基地，汽车、陶瓷、医药、电子信息、航空、机械制造、有色金属、轻纺、旅游、物流等产业较发达，在江西乃至中国中部地区都具有明显的优势，其中南昌的航空制造、鹰潭的铜冶炼、景德镇的高科技纳米陶瓷、九江的硅材料都达到了世界先进水平。南昌大学、江西财政大学、江西师范大学以及江西农业大学等江西较好的高等学校都集中于此，为其率先发展奠定了人才基石。

表7.3　各地区规模以上工业企业总产值(2012年)

单位：万元

分类	南昌市	九江市	新余市
1. 按登记注册类型及隶属关系分			
国有企业	5 508 486	1 105 174	67 259
中央企业	1 667 335	335 893	
地方企业	3 841 151	769 281	67 259
集体企业	44 621	106 680	155 060
股份合作企业	599 004	232 858	
联营企业		71 027	
有限责任公司	8 919 761	4 628 435	6 907 517
股份有限公司	3 860 339	3 860 339	
私营企业	7 993 462	11 731 544	3 538 097
港、澳、台商投资企业	2 272 926	2 834 696	781 956
外商投资企业	5 404 609	1 510 454	2 341 504
国有控股企业	8 819 819	5 064 113	3 894 759
2. 按轻、重工业分			
轻工业	16 860 635	10 335 129	1 785 893
重工业	17 742 574	17 453 435	12 005 500

注：本表根据《江西统计年鉴—2013》资料制作。

(三)发展基础扎实的绿色食品产业

大力发展绿色食品、有机食品是江西建设“绿色生态江西”的十大重点工程之一。鄱阳湖流域内有23个县(市、区)(2010年，下同)的25个基地已被农业部授予了“全国绿色食品原料标准化生产基地”称号，数量占到全国的16.6%，位居全国第二；24个县(市、区)被认定为“绿色农业示范区建设单位”或“绿色农业示范基地建设单位”；流域内绿色食品企业达382家，其中有10家是国家级农业产业化龙头企业，生产绿色食品产品916种，有机食品产品数415个，销售收入132亿元，出口额达1.4亿美元。大米、茶油、水产等产业在全国甚至国际上都具有一定影响力和竞争力。在发展模式上，大鄣山的“公司＋协会＋基地＋茶农”的绿色食品开发模式和赣南的“猪—沼—果”生态农业模式被联合国亚太经济合作组织作为典范推广。

(四)快速现代化的服务业

近年来，鄱阳湖生态经济区的现代服务业和先进的服务模式得到较大的发展和推广。2010年鄱阳湖流域服务业增加值2 247亿元，比2004年增长1倍以上。南昌、九江、赣州等地物流集聚区建设初见成效。连锁经营、物流配送、电子商务等现代流通方式得到较大发展，一大批工业品、农副产品专业市场和综合市场得到迅速发展。成功引进了招商银行、浦发银行、民生银行、汇丰银行、渣打银行等一大批金融机构，南昌向着区域金融中心的目标又迈出了重要一步。电子政务、电子商务等产业得到长足发展，信息产业发展势头良好，2010年信息及金融服务产业产值相比2004年增长了近3倍。

(五)发展迅速的新兴产业

一是加快依托园区发展工业的步伐，加速产业集聚。近年来环鄱阳湖区建设了30多个工业园区，规划论证了包括德镇建筑陶瓷产业基地、省动漫产业基地、鹰潭铜产业循环经济基地等40余个产业基地，把九江出口加工区等10余个工业园区设为首批生态工业园区建设试点单位。二是实施一系列重大发展战略，高新技术产业得到迅速发展。生态经济区内先后推进“六大支柱产业”“产业经济十百千亿工程”“高新矿业工程”“高新技术产业化工程”等一系列战略举措，工业化进程得到提速，支柱产业迅速发展。2010年，高新技术企业工业增加值738亿元，比2004年增长了16.5倍。

(六)打造南昌核心生长极

1. 综合经济实力不断增强，核心增长极“苗头”初显

《统计公报》显示，2012年，南昌国民经济运行稳中有升，主要经济指标在总量、增速、排位、比重上均出现积极变化，呈现“总量增、速度快、位次前、占比升”的较好发展态势。

从总量上看，地区生产总值、财政总收入和社会消费品零售总额实现了三大突破：一是地区生产总值首次突破3 000亿，达到3 000.52亿元；二是

财政总收入首次突破 500 亿，达到 500.16 亿元；三是社会消费品零售总额首次突破 1 000 亿，达到1 116.54 亿元。

从速度上看，全市地区生产总值、财政总收入(省口径)、规模以上工业增加值、500 万元及以上固定资产投资、社会消费品零售总额、实际利用外资、城镇居民人均可支配收入、农民人均纯收入 8 项指标增速均高于全省平均水平。

从位次上看，地区生产总值增速领跑全省；地方财政一般预算收入、500 万元及以上固定资产投资增速位居中部省会城市第一；社会消费品零售总额增速在全省设区市和中部省会城市均居首位。

比重上看，地区生产总值、财政总收入(省口径)、规模以上工业增加值、500 万元及以上固定资产投资、社会消费品零售总额、实际利用外资(省口径) 6 项指标总量占全省比重稳步提升。

2. 三次产业协调发展，第二、第三产业的主导作用不断巩固

南昌市产业结构不断调整，产业协调性不断优化。《统计公报》显示，三次产业结构从 2011 年的 5.1∶58.7∶36.2 调整为 2012 年的 4.9∶57.9∶37.2。2012 年，第二、第三产业实现增加值占 GDP 比重达 95.1%，比上一年提高了 0.2 个百分点。其中第三产业对经济增长的贡献明显提高，2012 年第三产业占 GDP 比重比上一年提升了 1 个百分点。

农业生产稳步发展。2012 年，农业总产值再攀新高，达到 249.35 亿元，比上一年增长 4.6%。粮食生产实现了“九连丰”，粮食总产、单产、种植面积呈现出“三增长”。全年粮食总产创历史新高，达到 243.65×10^4 t，并从 2006 年起连续 7 年稳定在 200×10^4 t 以上；粮食单产达到历史高点，每亩 436.09 kg，比上年提高 10.38 kg；粮食播种面积 558.72×10^4 亩，比上一年增长 0.4%。粮食人均占有量达到 476.8 kg 的新水平。

工业经济提速增效。南昌市坚持“工业强市”发展战略，走新型工业化发展道路，不断促进工业总量的扩张和质量的提升。2012 年，全市多数工业行业加快增长，34 个工业行业大类有 31 类实现增长。其中，增速超过 30%的行业大类有 6 个。全部工业增加值对 GDP 贡献率为 48.6%，拉动 GDP 增长 6.1 个百分点。规模以上工业企业完成增加值 967.26 亿元，增长 14.8%，分别高于全国和全省平均水平 4.8 和 0.1 个百分点。非公工业在全市工业经济中占据主体地位。2012 年，全市非公工业完成增加值 582.22 亿元，增长 18.4%，占全市规模以上工业的比重达到 60.2%。

现代服务业繁荣发展。2012 年，红谷滩万达广场开业，华南城一期加快推进，向塘铁路公路枢纽型物流基地等项目开工建设；全省金融产业服务园

建设全面启动，煌上煌等企业成功上市；滕王阁等景区扩建、开发、提升改造等项目加快实施，南昌市现代服务业快速发展。其中，交通运输、仓储和邮政业发展良好，共完成增加值128.74亿元，增长16.6%，同比加快了13.7个百分点。

3.“三驾马车”协调拉动，经济发展活力进一步增强

《统计公报》显示，2012年投资、消费和出口“三驾马车”齐头并进，协调拉动南昌市经济社会平稳较快发展，尤其是投资、消费等内需成为南昌市经济发展的重要支撑，是经济增长的主要动力。

固定资产投资高位增长。2012年，随着轨道交通一号线、朝阳大桥等项目的开工建设，全市投资总量不断攀升，充分发挥了对经济社会发展的支撑作用。全市500万元及以上固定资产完成投资2 623.03亿元，比上年增长31.0%，增速分别高于全国和全省平均水平10.4和0.9个百分点。民间投资成为固定资产投资的主要力量。2012年，全市民间投资1 715.05亿元，增长29.0%，占全市固定资产投资的65.4%。

消费市场持续繁荣。2012年，南昌市认真贯彻落实国家一系列扩大内需和促进消费的宏观调控政策，努力开拓消费市场，扩大消费，全市消费市场较快平稳发展。限额以上消费规模继续扩大，为全市消费品市场持续繁荣提供了有力保障。全市完成限额以上消费品零售额653.12亿元，增长25.2%，对全市社会消费品零售总额增长的贡献率为83.6%，同比提高1.3个百分点，拉动全市社会消费品零售总额增长15.4个百分点，同比提高0.2个百分点。

对外贸易保持增长。2012年，面对复杂的国内外环境，南昌市出口总额仍然保持“两位数”增长。出口总额64.65亿美元，比上年增长14.4%。与此同时，招商引资工作扎实推进，全市实际利用外资不断增长，达到26.40亿美元，增长15.4%，增速(省口径)分别高于全国和全省平均水平16.8和0.5个百分点，总量(省口径)占全省的比重为27.9%。

4. 经济运行质量不断提升，经济发展环境持续改善

2012年，南昌市认真贯彻落实国家各项宏观调控政策，在经济保持较快增长的同时，全市经济运行质量不断提升，经济发展环境持续改善。

运行质量不断提升。一是工业企业效益转优。2012年，南昌市工业经济效益综合指数同比提高45.9个百分点。规模以上工业企业实现主营业务收入3 855.03亿元，增长15.0%；实现利润204.91亿元，增长23.2%。二是财政收入结构优化。2012年，财政总收入占GDP比重达16.7%，比上年提高1.4个百分点；税收收入460.19亿元，占财政总收入的90.2%，位居全省首位，高出全省平均水平9.5个百分点。三是城乡居民收入稳步增长。2012年，

南昌市城镇居民人均可支配收入达 23 602 元，增长 13.8%，高于上年增速 0.3 个百分点，高于全市 GDP 增速 1.3 个百分点；农民人均纯收入达 9 730 元，增长 14.7%，高于城镇居民人均可支配收入增速 0.9 个百分点，高于全市 GDP 增速 2.2 个百分点。

发展环境持续改善。一是财政支出保障有力。2012 年，地方财政一般预算支出实现 345.51 亿元，增长 15.4%，财政支出继续向城乡社区事务、教育、科技等民生和社会事业领域倾斜。二是金融市场运行平稳。12 月末，金融机构(含外资)人民币各项存款余额为 5 723.14 亿元，比年初增长 12.6%；全市金融机构(含外资)人民币各项贷款余额 4 728.01 亿元，比年初增长 16.3%。三是物价涨幅持续回落。2012 年，全市 CPI 涨幅自 1—2 月的 4.4%回落至 1—7 月的 3%后一直控制在 3%以内。1—12 月为 2.9%，较上年同期下降 2.1 个百分点。

5. 民生事业得到切实保障和改善，社会事业协调发展

民生工程稳步推进。2012 年南昌市继续实施和完善积极的就业政策，把扩大就业摆在经济社会发展更加突出的位置，全年发放小额贷款 6.67 亿元扶持就业创业，城镇新增就业人员 8.02×10^4 人，新增转移农村劳动力 4.18×10^4 人，被国务院授予“全国创业先进城市”。大力推进基本养老保险、基本医疗保险和最低生活保障制度的建设，加快推进覆盖城乡居民的社会保障体系建设。全市城镇基本养老保险参保人数达到 132.24×10^4 人；城镇职工基本医疗保险参保人数 84.80×10^4 人，新型农村合作医疗统筹基金使用率超过 98%；共有 20.47×10^4 人享受低保，城乡低保对象的基本生活得到有效保障。大力实施以廉租住房、公共租赁住房为重点的保障性住房建设，保障性住房建设开工率全省第一，共建设廉租住房 5 000 套，公租房 5 021 套，改造农村危房 2 992 户，国有林场棚户区和国有垦区危旧房改造全部开工。

社会事业协调发展。2012 年，南昌市教育事业加快发展，义务教育网点建设和学校标准化建设扎实推进，城乡公办幼儿园建设全面启动，高中阶段教育基本普及，优质教育资源加速拓展。创新能力不断提升，获国家创新基金项目 42 项，省技术发明奖 1 项，省自然科学奖 1 项，省科技进步奖 15 项；新增 7 家省级工程技术研究中心和 9 家省级重点实验室。文化事业日益繁荣，农家书屋实现全覆盖，彭友善美术馆正式开馆；多部文艺作品获中宣部“五个一工程”奖和中国电视金鹰奖。卫生服务能力不断提升，市洪都中医院红谷滩新院、市第三医院朝阳院区等项目进展顺利，疾病预防控制体系更加健全。成功举办第十五届市运会，“全民健身示范城市”试点工作扎实推进。

千帆竞发风正劲，鲲鹏击浪从兹始。2012 年，南昌市紧紧抓住打造核心

增长极这一千载难逢的重要战略机遇，实现了经济社会发展新突破、新跨越。但也清醒地认识到，经济欠发达状况没有根本转变，产业结构有待进一步优化，创新能力还不强，收入水平还不高，加快转变经济发展方式任重道远；与中部其他省会城市和沿海发达地区相比，经济总量仍然偏小，城市规模和功能都有待提高。

（七）特色产业基地

1. 光电产业基地

以南昌为中心，重点建设硅衬底发光二极管（LED）芯片及器件项目、LED照明光源项目、高亮度LED显示屏项目、LED背光源项目、有机发光器件（OLED）项目、计算机等终端电子产品项目、移动通信产品研发及产业化项目。南昌的光电子产业进入国家火炬计划重点高新技术产业行列，在电子元器件，尤其在光电器件方面具有明显的特色和优势，是国内少有的具有LED全工序生产技术和实现半导体发光材料及芯片规模化生产的城市，有效地扭转了我国半导体发光材料及芯片97%依赖进口的被动局面。南昌市为了适应国家半导体照明工程产业化基地的建设，市委、市政府专门设立南昌市光电子产业化专项资金，每年安排600万元并建设南昌光电子科技大楼；另外市政工程建设期间还要优先使用本地的照明产品，以增强南昌市半导体照明工程产业在全国的竞争力。中国工程院院士陈良惠等5位院士、专家还被聘请为南昌"国家级半导体照明工程产业化基地"顾问。

2. 新能源产业基地

以南昌、新余为中心，重点发展高性能且资源高效利用的高纯硅材料、太阳能电池组件与发电系统、兆瓦级以上风电设备和螺杆膨胀发电机组等项目。南昌、新余将全面加强在光伏产业发展方面的合作，依托江西赛维LDK，通过错位发展，集成建设，延伸产业链，共同打造世界光伏产业基地（新余—南昌）。其中新余市重点发展硅料、多晶硅片及其他配套产品，全力打造光伏上游产品基地；南昌市重点发展薄膜电池、太阳能电池模组及其他配套产品，全力打造光伏中下游产品基地，共同做大做强江西光伏产业。在绿色能源产业方面，共同推进螺杆膨胀发电机产业，推广螺杆膨胀发电新技术，共同推进风电产业发展，新余集中力量发展风力永磁直驱发电机制造，南昌集中力量发展风电设备。在电动汽车产业方面，新余依托江锂等企业重点发展电池、电动汽车用复合材料制造，南昌依托江铃、百路佳重点发展电动汽车整车整合，共同打造电动汽车基地。在服务外包产业方面，充分利用南昌作为全国20个服务外包示范城市这一平台，为两市发展光伏、冶金等产业提供专业化、定制化程序及软件设计和维护。在冶金产业方面，通过资源整合和流程重组，实现资源优化配置，发挥规模效应，促进冶金产业优化升级。与此同时，两市还将加强在物流业、商贸业、旅游业、金融、城市建设和湖泊治理、交通、社会事业、工业园区、人才科技等方面的交流与合作，建立长期、稳定、全面的友好合作关系，互相支持，共同发展，有效实现资源、资金、技术、管理、市场和基础设施等方面的优势互补，推动两市经济又好又快发展。

3. 生物产业基地

以南昌、樟树为中心，依托南昌生物产业国家高技术产业基地和樟树中药产业传统优势，重点推进中药现代化，建设治疗艾滋病新药、抗癌原料药、新型功能糖、血细胞分析仪器、磁共振成像系统等产业化项目，积极培育生物医药、生物农业等新兴产业，形成从生物医药到生物医疗器械、生物医学工程、生物农业的完整产业链。2008 年南昌生物产业国家高技术产业基地认定以来，江西生物产业发展步入了快车道，产业规模不断壮大，各项经济指标连续快速增长，经济效益显著提升。生物医药、生物农业等产业已由新的经济增长点发展成为江西省工业的主导产业及高新技术支柱产业。现有规模以上重点生物企业近 500 家，从事生物研发、加工、生产、营销等人员超过 10×10^4 人，2011 年完成工业销售产值超过 600 亿元，年均增长达 30%，占全省整个工业销售产值的 5%，完成工业增加值超过 100 亿元，上缴利税 65 亿元，比国家生物产业基地认定前的 2007 年增长了 2 倍，占全省整个工业利税的 4.5%。其中南昌国家生物产业基地核心区创造的产值占全省的 2/3 以上，年均增长率达到 37%。基地核心区内的江中、济民可信、汇仁、仁和和正邦等企业集团年销售收入均已超过 20 亿元，过亿元的企业有 50 多家，现代中药销售收入在全国排名第二，约占全国 10%的市场份额。全省中药保护品种有 122 个，位居全国前列。已有汇仁、江中、正邦等知名企业销售收入超过 20 亿元，其中汇仁集团、仁和药业、江中药业和江西济民可信四家企业进入全国医药企业 100 强，全国中医药企业 20 强。在生物医学工程领域，血细胞分析等医学检验设备、一次性医疗器械等处于国内领先地位。特康科技有限公司自主研发了全自动血细胞分析仪并建成了国内规模最大的生产线。天人生态股份有限公司的真菌源生物农药在规模和技术水平上都处于全国领先水平，其产品在林业、农业方面正在广泛推广应用。

4. 铜冶炼及精深加工产业基地

以鹰潭、南昌为中心，以江铜集团为龙头，提高铜冶炼水平，重点开发铜引线框架、铜板带、铜箔、特种漆包线等高精度、高性能产品。

鄱阳湖生态经济区建设对鹰潭市很多行业产生了拉动影响，特别是一些主导产业。鄱阳湖生态经济区规划将鹰潭定位为铜冶炼精深加工基地，将按照循环经济发展的要求，打造“绿色世界铜都”。此外，鹰潭市将提升城市旅游功能，打造世界知名、国内一流的旅游胜地。同时，将充分依托和发挥交通区位优势，抓紧编制完成物流产业发展规划，全面启动现代物流园建设等，打造功能完备的区域性物流中心。

5. 优质钢材深加工基地

以超量或等量淘汰省内落后钢铁产能为前提，依托新钢、萍钢、南钢现有生产能力，以区域市场需求为导向，重点发展船板、弹簧钢、建筑用钢、线材等钢材深加工产品，提升钢材深加工水平。

6. 炼油及化工产业基地

以九江为中心，实施九江石化油品质量升级工程，适时实施化肥原料路线改造项目，落实环保措施。以永修为中心，重点发展有机硅单体和有机硅系列深加工。以樟树、新干为中心，积极开发离子膜烧碱、纯碱以及无机氯产品和有机氯产品。

7. 航空产业基地

以南昌、景德镇为中心，积极参与民用飞机制造，承担国际航空转包生产任务，重点建设南昌中国国家航空工业城。

景德镇航空零部件产业园规划面积 2 000 亩，将新建复合材料构件、高技术电源、软件工程等方面的企业以及园区配套服务企业。

8. 汽车及零部件生产基地

以环湖中心城市为重点，重点开发乘用车、商用车、特种车、混合动力汽车和纯电动汽车以及小型高速柴油机、汽油发动机、变速器、柴油车超低排放后处理装置。

第四节　区域可持续发展

一、区域发展存在的主要问题及其发展趋势

(一)生物多样性破坏十分显著

鄱阳湖湿地较常见的水生、湿生和沼生植物正在消失或严重退化。据调查，在 20 世纪 60 年代有 119 种；20 世纪 80 年代只有 101 种。物种消失的速度令人震惊。例如，原盛产于鄱阳湖的红花子莲和白花子莲等已基本灭绝，湖中现存的野生菱角也很少。一些湿生和沼生经济植物，如荸荠、慈菇、芋等也遭到了极大的破坏。在植物种类减少的同时，各类动物也相应减少。随着人类经济活动的发展、鄱阳湖湿地面积的大量缩减和泥沙淤积及河道变浅，

鱼类资源迅速减少，导致白鳍豚在鄱阳湖濒临灭绝，长江江豚种群数量急剧减少。在水生底栖动物中，刻裂丽蚌、环带尖丽蚌、中国尖嵴蚌、卵形嵴蚌、三巨瘤丽蚌、多瘤丽蚌、龙骨蛏蚌、橄榄蛏蚌等种类由于过度捕捞和环境污染等的影响已较为稀少。其中分布于吴城修河的龙骨蛏蚌，处于濒危状态；丽蚌资源则随着近年滨湖地区珍珠工业的发展而衰退，过度捕捞造成种群数量急剧下降。三角帆蚌、褶纹冠蚌是良好的淡水珍珠蚌，主要分布在通湖的进水河道，由于利用过度，产量呈逐年下降趋势，且下降速度越来越快。

(二)土地沙化日趋严重

据遥感调查，鄱阳湖区现有沙化土地面积 3.88×10^4 hm^2，其中固定沙丘 0.67×10^4 hm^2，半固定沙丘 1.36×10^4 hm^2，流动沙丘 0.85×10^4 hm^2，沙改田 1.0×10^4 hm^2。鄱阳湖风化流沙淹没大量农田，沙漠化面积不断扩大。更为严重的是流沙冲进鄱阳湖，淤塞水道，抬高河床，严重影响鄱阳湖的泄洪和航道的畅通。

(三)湿地植被退化严重

鄱阳湖湿地植被受自然和人为因素的影响，发生一系列的演变，其中人为因素的影响更为强烈。鄱阳湖滩地发育良好，但由于长期掠夺式的利用和围垦，实际分布面积逐年缩小。据实地调查和量算，1927—1988 年，共减少面积 318.7 km^2。其中，1964—1988 年，年平均减少 7.23 km^2。柴、草洲滩面积的减少速度有逐渐加快之势，最主要的原因是大面积的柴、草洲被围垦。从新中国成立初期至 20 世纪 70 年代末，湖区建圩 331 座，面积1 213.3 km^2，平均每年围垦的洲滩面积超过 40 km^2。近年来，这种状况有所改善，湿地植被已经有所恢复，主要表现为：植被在洲滩上的分布扩展了，植被面积增大；过去遭破坏的植物种群，已经出现恢复性的生长繁殖。长期以来，鄱阳湖洲滩植被的利用基本上处于一种掠夺式的无序状态，利用方式粗放、原始，只利用不保护，导致洲滩植被的产量和质量下降，大大降低了资源的利用价值。

(四)水土流失不断加剧

根据遥感普查，江西是南方水土流失最严重的省份之一，水土流失主要分布于鄱阳湖水系五河流域中、上游及鄱阳湖滨湖地区，水土流失面积占全省水土流失面积的 95.5%。水土流失造成大量泥沙流入江河湖库，致使全省各江河湖库大都出现了严重的淤积现象。20 世纪 50 年代，五河干流泥沙量约为 $1\ 000\times10^4$ t，80 年代以后，据鄱阳湖 7 个入湖水文站和湖口控制站多年观测，每年平均入湖泥沙 $2\ 524.3\times10^4$ t，其中鄱阳湖水系内 $2\ 419.8\times10^4$ t，包括来自坡耕地及疏残幼林地的悬移质 $2\ 104.2\times10^4$ t。开矿、修路等形成的弃土和重力侵蚀产生的推移质 315.6×10^4 t，造成中上游河道及塘、库、堰、坝淤积。还有每年 7—9 月从长江倒灌入湖泥沙量 104.5×10^4 t。除去出湖泥沙外，每年淤积在湖内的泥沙为 $1\ 209.8\times10^4$ t。泥沙的淤积使湖面自 20 世纪 50 年代初的 5 000 多 km^2 缩小到现在的 3 000 多 km^2，容积也由 $317\times10^8\ m^3$ 缩小到 $260\times10^8\ m^3$，很多水域已淤为洲地。

(五)资源保护与消灭血吸虫病的矛盾

鄱阳湖区辽阔的湖滩草洲是钉螺的滋生场所，沿湖各县为我国血吸虫病最严重的流行区之一。鄱阳湖区洲滩面积的 94.6%分布在海拔 14～17 m(黄海高程)的范围内。每年 4—10 月，当地居民上洲滩捕鱼虾接触疫水，血吸虫病感染可能性极大，占各感染方式的 43%～49%。加上人们上洲打湖草、放牧、种植和收割芦苇等农事活动，人畜感染的机会增加，助推了血吸虫病的流行。另外，由于洪涝灾害频繁，洪水期间人和牲畜挤在不卫生的蔽护处，洪水过后，灾区残渣粪便横溢，导致瘟疫流行，状况恶化。血吸虫病和其他流行性疾病的传播，严重威胁湖区人民的身心健康。但是，过去为了消灭血吸虫的中间寄主钉螺，不顾资源和环境的破坏，采取了一些不恰当的措施，加重了资源的破坏。例如，围垦部分洲滩和水面，减少了鱼类产卵场和鸟类栖息地。翻耕灭螺，造成草洲植被的严重破坏，年复一年，植被自然恢复力大大下降。由于大面积药杀钉螺，湿地生物(主要是动物，如鱼类、鸟类、底栖动物、水生动物及草洲动物等)遭受毁灭性的重创，基数大大减少，使得 20 世纪 70 年代中后期全湖渔捞量减少。

(六)鄱阳湖水质污染呈上升趋势

随着工农业生产的发展、乡镇企业的崛起，全省农药、化肥施用量增加，湖区地表径流和五河携带的面源污染物、工业废弃物排入湖内，造成湖泊水质恶化，湖泊生态系统结构遭到破坏，综合功能减退，湖泊老化过程加快。由于鄱阳湖湿地是鄱阳湖水系物流的汇聚中心，鄱阳湖水系流域面积占江西省面积的 94.1%，全省的废水排放后绝大部分最终都要随水系流入鄱阳湖。全省废水排放量的增加，必然导致鄱阳湖水中污染物的增加。根据 2002 年江西省生态环境现状调查，“九五”期间，鄱阳湖水质监测结果中，全湖 19 个监测断面，64.2%的断面为Ⅱ类水，30.5%的断面为Ⅲ类水，5.3%为超标断面。污染分担率相对较大的项目有总磷、挥发酚和高锰酸钾指数。水质评价结果表明，全湖水质基本维持在Ⅱ～Ⅲ类水标准，水质较好。从超标情况看，总磷、挥发酚、氨氮及高锰酸钾指数等项目在不同的水期在部分的监测断面上出现超标。从污染负荷比情况来看，湖口的蛤蟆石和都昌相对严重。鄱阳湖近年来正缓慢地向富营养化趋势发展，环境质量不断发生变化，这将对鄱阳湖湿地未来的发展产生深刻的影响。

（七）洪涝灾害日益频繁

水土流失及围湖造田等不合理的开发活动，使鄱阳湖的湖泊面积大大减少，蓄洪能力降低，鄱阳湖区洪涝灾害频繁发生。鄱阳湖区位于亚热带湿润季风气候区，降水的年际差异和季节变化都很大，不仅洪涝灾害频繁出现，而且旱灾也较严重。湖区灾害频度和灾害程度近年加大，1949—2000 年湖区有 36 年发生旱涝灾害，有 5 年涝上加旱，仅有 16 年风调雨顺。特大水灾一般 10 年发生一次，20 世纪 90 年代以来一般平均 3.3 年发生一次。特大旱灾平均每 6.4 年发生一次，90 年代以来一般平均 4 年发生一次。

二、区域可持续发展的对策

（一）加强管理，制定和完善与鄱阳湖湿地保护有关的法律法规

加强管理以实现总体开发和保护鄱阳湖。第一，由于鄱阳湖面积较大，加上局部利益、整体利益、长远利益、眼前利益的冲突，必须完善管理体制，以可持续发展为指导，贯彻执行生态环境保护基本国策，认真履行“预防为主，防治结合”的方针，确保生态保护与生态建设并举。第二，严格进行“强化监督管理”的方针，运用法律、行政、经济、技术和教育的手段，加强对资源开发活动的生态保护监督管理，减少开发活动对鄱阳湖生态的破坏。

（二）加强鄱阳湖湿地管理机构和管理机制建设

建立完善的管理机制是鄱阳湖生态环境可持续发展的重要保障。要完善鄱阳湖管理机制，就必须全面了解周边地区的自然、社会、经济情况和鄱阳湖湿地功能、作用，全面规划，合理布局，统筹兼顾实施鄱阳湖的总体开发和保护。本区应借鉴国外大江大河流域可持续发展和水资源保护的成功经验，建立高效、权威并具有科学运行机制的流域管理机构，强化对流域的宏观调控和重大决策权力，实行流域统一规划，统筹安排，统一管理。确立鄱阳湖地区流域管理与区域管理相结合的湿地行政新关系。

建立经济调控机制，妥善处理好沿湖群众生产生活与湿地保护的关系，改变沿湖群众对湿地资源依赖的状况，改善湖区产业结构，尤其是农业结构，如把捕捞与养殖结合起来，改变单纯依靠捕捞为主的状况，降低捕捞强度，才能有效地保护渔业资源。积极引导和开发湖区的替代产业，切实解决群众的生计，不断提高群众的生活水平。

（三）实施人工控湖工程

洪涝灾害和湖泊的调蓄功能衰退，是影响湖区生态环境质量以及经济发展的主要因素。为此，一方面有必要构建战略性控制工程，调蓄长江及“五河”洪水，兼有发电、航运、供水、水产等综合利用效益。还可利用水位调节

有效地蓄水灭螺，控制湖区血吸虫病蔓延。应抓紧实施“退田还湖、平垸行洪”，有效增加鄱阳湖的调蓄容积，做好加高加固圩堤和分蓄洪区建设及疏浚河道等措施，有效减轻湖区洪涝灾害。另一方面要加快鄱阳湖周边地区的森林植被恢复进度。鄱阳湖周边地区湿地森林资源贫乏，为了巩固鄱阳湖流域完整的森林防护体系，有必要在湖区宜林土地上最大限度地发展防护林、经济林和人工用材林。

(四)实施防治相结合的保护措施

一方面，要严格控制入湖河流污染物的排放。严格控制五河特别是赣江南支、乐安河上游沿岸厂矿的废水排放，降低有机物及重金属的污染，加强湖岸周围经济环境的管理，沿湖 5 000 m 以内的企业排放的污水必须达到国家地表水四类标准，对沿湖拟建项目严格执行国家“三同时”和环境影响评价制度。建议加大对违法排污行为的处罚力度。另一方面，要加强沿湖及湖内污染治理。随着近年来五河及周边地区地表径流排污量的增大，鄱阳湖的富营养化程度正在向中度阶段发展，重金属污染也日益严重，仅靠湖区的自净能力难以维持其良好的水质，因此需采用人工措施提高湿地的生物修复功能。种植去污植物是经济又有效的办法。国内学者已发现多种有很强吸收污染物能力的植物，这些植物大部分都易于栽种，生命力强，且有一定经济价值。例如，风车草、宽叶香蒲等植物，对去除污水中的氮、磷、化学需氧量、生物需氧量及重金属有很好的效果。还可借鉴国外经验，实施一些环境保护工程措施，如在岸边斜面上修建小型等级堤坝，可起到贮留污泥、净化水质的作用。重金属污染严重的河口处可以进行底泥疏浚，以间接削减有机物及营养盐负荷，除去重金属，恢复水环境质量。

要从根本上解决环境污染问题，必须发展生态经济，全面推广循环经济的清洁生产技术，提升当地经济运行的生态质量，实现经济与生态“双赢”，还要建成一个“资源—产品—再生资源—再生产品”的物质反复循环流动体系。

(五)加强湿地保护的科学研究

湿地生态系统以及它的演替过程十分复杂，湿地研究跨越了地貌学、水文学、地质学、生态学、环境科学、化学等学科。目前，湿地生态系统的生态、社会、经济效益已引起人们的高度重视，谋求经济、社会、生态协调发展是我国政府及科技人员面临的重要课题。针对鄱阳湖区的实际状况，鄱阳湖湿地研究主要包括以下课题：鄱阳湖湿地生态功能、效益与优化管理、湿地生态恢复研究、鄱阳湖湿地水资源优化配置研究、鄱阳湖湿地开发与保护示范区的研究与建设、高新技术在鄱阳湖湿地中的应用研究。

（六）采取综合措施控制血吸虫病

为了保障群众的健康，山江湖开发治理工程采取农业综合开发和健康教育相结合的方法控制血吸虫病，具体做法可以概括为：用低坝拦堵湖汊，与鄱阳湖主体隔离，减少人、畜与血吸虫疫水接触的机会，湖汊水体可用于水产、水禽养殖。岸边洼地或农田开挖成精养鱼池，稳定水位。水边植树造林，形成隔离带。高处的水田改为旱地，调整作物结构，种植水果、蔬菜，以减少耕牛数量，生猪实行圈养。在血吸虫病高发期，湖州禁牧。村中改水、改厕，利用手压机井解决生活用水，建设沼气池或卫生厕所，消灭人畜粪便中的虫卵。通过健康教育使群众增强保健意识，养成文明卫生的生活方式。这种治虫和治穷相结合的模式使许多血吸虫肆虐的地方彻底改变了面貌。

（七）开展湿地保护宣传教育

由于我国引进湿地概念相对较晚，还未形成管理湿地的完整的法律体系，沿湖一些干部和群众对湿地的作用和功能认识不够，只从局部利益和眼前利益出发，对湿地生态系统造成威胁。因此，有关部门应当加强湿地知识的普及和湿地保护的宣传工作，增强民众的湿地保护意识。为此，开展技术培训、提高湿地管理水平是非常重要的举措。在地方，特别是在沿湖乡、镇设专职技术员，组织湿地周边群众学习湿地保护和湿地资源合理利用的知识与技能，唤醒民众的湿地保护意识，才能达到真正保护湿地的目的。

第八章　赣中区

章前语

赣中区行政区域范围包括吉安市、吉安县、安福县、峡江县、泰和县、万安县、吉水县、永丰县。东邻抚州，南连赣州市的赣县、南康区、上犹县，西接莲花县、永新县，北与宜春市、萍乡市接壤，地势极为险要。全区总人口约为 330×10^4，人口密度约为 190 人/km^2。本区农业资源丰富，发展出富有特色的丘陵地区红壤农业模式。工业持续发展，以矿业、冶金、轻纺和食品等工业为主。

关键词

赣中区；自然条件；产业布局；区域差异；区域发展

第一节　区域概况

一、自然地理现状

赣中地区位于江西省中部，赣江中游，全区土地面积 $1.745\,5\times10^4$ km^2。该区轮廓近似一个紧握的拳头，南北最长处约 175 km，约跨纬度 1.7 个纬度，东西最宽处约 165 km。该区地貌类型多样，可概括为“七山半水两分田，半分道路和庄园”。赣江从南至北横贯该区，河谷平原面积广阔。低丘岗地和河谷平原相间分布。赣中区东部边缘地带是雩山山脉，西北部自北至南是武功山、万洋山的余脉，这使该地区形成一个较完整的盆地——吉泰盆地。低山、丘陵为其主要地貌类型，其中山地占 25.5%，丘陵占 58.9%，平原(含水面)占 15.6%。盆地被山体环绕，北部为东西向的武功山，西部和南部为罗霄山脉，两山呈弯月形，构成一道自西南至北部的屏障；东部和东南部则呈不规则月牙状，分布有雩山山脉中的玉华山、东固山等。两侧绵长的山脉几乎隔绝了盆地与东西两面的联系。东北部地势比较平坦，是盆地最大的开口。赣江从南向北贯穿而过，成为吉泰盆地与北面的赣抚平原、南面的赣州相连的重要通道。众多支流呈向心状汇入赣江，呈树叶状的河谷地带构成了盆地的腹地。

二、行政区域范围

赣中地区行政区域范围包括吉安市、吉安县、安福县、峡江县、泰和县、万安县、吉水县、永丰县，涵盖了吉安地区的大部分地区。

吉安市有两个市辖区：吉州区和青原区。市人民政府驻吉州区，距省会南昌 219 km。

吉安县位于江西省中部，地处吉泰盆地中心、赣江中游。县城敦厚镇距南昌 231 km，距吉安市 10 km。吉安县古称庐陵，秦（公元前 221 年）始建县，1914 年改吉安县。截至 2015 年，辖 13 镇 6 乡，人口54×10^4人，吉安县是国家商品粮食基地县、全省瘦肉型猪基地县、赣中南地区烟煤基地县、驰名中外的吉州窑所在地。

吉水县位于赣江中游，吉泰盆地东北部，京九铁路中南段。东邻永丰县，北接峡江县，西界吉安县，南连青原区。赣江与恩江合行洲渚间，形若“吉”字，吉水由此得名，全县通行吉水话，属于赣语吉茶片。全县辖 15 个镇，3 个乡：文峰镇、阜田镇、盘谷镇、枫江镇、黄桥镇、金滩镇、八都镇、双村镇、醪桥镇、螺田镇、白沙镇、白水镇、丁江镇、乌江镇、水南镇、尚贤乡、水田乡、冠山乡。共有 21 个居委会、249 个行政村。县政府驻文峰镇。

永丰县，北宋至和元年（1054 年）建县，历史悠久，人文鼎盛，素有“文章节义之邦”的美誉，辖 8 镇 13 乡（含 1 个民族乡），3 个国营垦殖场和林场。

万安县位于江西省中南部、吉安市南缘、罗霄山脉东麓。东接兴国县，南邻南康区，西接遂川县，北靠泰和县，全县通行赣语。全县辖 9 个镇，7 个乡：芙蓉镇、五丰镇、枧头镇、窑头镇、百嘉镇、高陂镇、潞田镇、沙坪镇、夏造镇、罗塘乡、弹前乡、武术乡、宝山乡、涧田乡、顺峰乡、韶口乡。

安福县地处吉安市西北部，南接永新，西与莲花、萍乡交界，北和宜春、分宜相接。东西长 76 km，南北宽 59 km。辖 13 个乡，6 个镇，4 个国有林场，7 个省（市）管辖的厂矿。

泰和县位于吉泰盆地腹地，地处井冈山下。泰和以“地产嘉禾，和气所生”而得名，东汉末年建县。泰和文化底蕴深厚，其中古典文化、红色文化、抗战文化、移民文化特征非常明显。泰和是庐陵文化的发祥地之一。

三、天然纽带

区内的京九铁路、105 国道、319 国道及“三南”公路，是连接北京、西南、华南、福建、港澳地区的纽带。赣中区上可溯赣江沟通闽粤，下可泛鄱阳湖与长江相连，顺抵长江下游发达省、市，在江西省占有特殊地理位置，是赣江中游物资交流及交通中心。

赣中区既是沿海腹地，又是内地前沿，北与长江三角洲对接，东与闽江三角洲毗邻，南与华南经济圈呼应，是至关重要的“黄金走廊”。近年来，该区以吉安市为中心的交通区位条件得到根本改善。航空方面，井冈山机场已开通了吉安至北京、上海的航班。铁路方面，京九铁路开通了吉安至北京、深圳、厦门的始发列车。水运方面，赣江航道贯穿该地区，是便捷的货运黄金水道。公路方面，赣粤高速、泰井高速、武吉高速公路相继建成通车，快速便捷的立体交通网络已经形成。从上海、深圳、广州、福州、厦门等城市到吉安，汽车用时 5～8 h，飞机则不到 1 h。

四、历史悠久的灿烂文化

该区有 7 县 1 市。秦始皇二十六年(公元前 211 年)，始置庐陵县。汉代庐陵属豫章郡。隋开皇十年(公元 590 年)，庐陵郡改为吉州，故吉安又有“吉州”之称。

庐陵文化是赣文化(江右文化)的重要支柱，是指以庐陵古治属为核心，辐射而涵盖现今吉安市 10 余县市区及周边市区的区域性文化。庐陵文化源于 7 000 年前的青铜文化，以“三千进士冠华夏，文章节义堆花香”而著称于世。庐陵府不但考取进士三千和状元二十一，而且在明代建文二年(1400 年)的庚辰科和永乐二年(1404 年)的甲申科中鼎甲 3 人均为吉安人，这种“团体双连冠”现象在中国科举史上绝无仅有。因而吉安有“一门六进士，父子探花状元，叔侄榜眼探花，隔河两宰相，五里三状元，九子十知州，十里九布政，百步两尚书”一说。

历史学家周盌书教授在 2001 年 4 月回吉安所作的学术报告中认为，庐陵文化“其内涵是博大精深，其表现是优美典雅，其精神是刚正义烈”。

(一)重视教育，科举兴盛

从隋至清，朝廷通过科举选拔人才和任命官吏。于是科举考中进士的多少，往往成为衡量一个地方文风是否昌盛、文化是否发达、人才是否众多、声望是否显扬的重要标志。庐陵地区有近 3 000 名进士，而文化发达的苏州只有 1 771 人，就一个州府而言，是全国最多的。明代有两届科考，前三名都是吉安府人，“双连冠”在全国更是绝无仅有的。吉安共有 21 名状元，名列全国第二。隋唐以后，官员多从举人、进士中选拔，江西出了 28 位正宰相，其中有 8 人来自吉安，来自吉安的还有 9 位副宰相和众多的尚书、巡抚。他们为国家，为社会做了大量有益的事情，有的为国捐躯，名留青史，有的在中国历史上具有深远的影响。

(二)崇尚文化

《全宋词》中作者 1 397 人，其中江西 174 人，居全国第二，吉安有 52 人。《哲学大辞典》收江西宋明时哲学家 50 人，其中吉安 10 余人。他们中有的是全国一流的哲学家，站在时代的前列，为追求理想奋斗不息。庐陵还培育了许多史学家、地理学家、农学家、教育家等。他们博学多才，为中华民族的文明、进步作出了贡献。

(三)注重精神和品格

欧阳修、文天祥、胡铨、杨邦乂、解缙、李时勉、刘球等，是庐陵先贤中的杰出代表，同时还有不少清官、义士等，他们饱读诗书，受到“忠君报国”和“天下兴亡，匹夫有责”的儒家思想熏陶，讲忠义，讲气节。这种精神影响到庐陵的文风、士风以及民风，成为一种优良传统，代代相承。

庐陵文化在中华民族文化的史册中，具有相当重要的历史地位，在一定的历史时期，成为民族先进文化的代表，有时甚至左右着文化潮流的前进方向。其在江西，则是赣文化的主要支柱之一。

五、第二、第三产业的兴起

该区土地肥沃，自然条件得天独厚，经过晋至唐的开发，该区成为江南最富庶的地区之一，并孕育了璀璨夺目的庐陵文化。如今的赣中地区仍然是江西省内仅次于鄱阳湖平原的第二大商品粮基地和最大的柑橘生产基地以及棉、麻等经济作物的主要产地。近年来，该区农业保持增长的同时，其第二、第三产业也得到了快速发展。2008 年 1 月，吉安市政府出台了《关于建设吉泰工业走廊的实施意见》，吉泰工业走廊的建设序幕由此正式拉开。吉泰工业走廊以井冈山经济开发区为龙头，以吉水县工业园、青原工业园、吉州工业园、吉安县工业园、泰和县工业园为支撑，力图用这占全区面积 3.6％的工业园区面积聚集全区 70％的经济总量。

吉泰工业走廊位于江西省中部。京九铁路，105 国道，319 国道及赣粤、武吉、泰井、石吉高速公路，赣江水道和井冈山机场构成走廊“水、陆、空”三路并进的立体交通网络。走廊及周边地区与珠三角、长三角、闽三角及长株潭城市群经济联系密切，是承东启西、沟通南北的重要枢纽。

交通条件的极大改善推进了该区旅游业的快速发展。该区旅游资源丰富，7县1市，多位于京九沿线和赣江河谷，自然景观类型多样，按景观要素和特点，主要有奇峰异石、湖光山色、飞瀑流泉、佳木名卉、珍禽异兽五大类。人文景观资源丰富，名胜古迹众多，历史上涌现出欧阳修、文天祥、杨万里、胡铨、罗钦顺、解缙等一大批杰出人物，为中华民族的文明与进步作出了巨大的贡献。赣江、105国道与京九铁路呈一“川”字形结构贯穿区内大部分县市，与县际、省际、乡村公路及吉安泰和机场形成沟通整个地区、连接大江南北的立体交通网，区位优势更加明显。京九、浙赣两大干线在省内相交，该区是南方游客直趋京沪、苏杭、黄山、庐山等旅游热点的重要通道，可望招揽游客前来本区观光游览。地域组合上，该区也具有较大的优势。借助于“大京九”，该区有望发展成为新的旅游中心，涵盖周边广大地区。

六、气候的南北过渡特征

赣中区的地形是以吉安、泰和为中心的吉泰盆地，西部是罗霄山脉中段山区，气候具有明显的南北过渡性特征。全区属中亚热带季风性湿润气候区，受东南季风影响，气候温和，光照充足，雨量充沛，四季分明，春夏多雨，伏秋常旱。

该区域气候温暖湿润，农业气候条件较为优越。全年平均日照时数约为1 800 h左右，日照百分率约为41%，年平均气温为17.7℃～19℃，1月平均气温为5.2℃～7℃，7月平均气温为29.2℃～29.8℃。冬季较温和，夏季则酷热。积温为5 700℃～6 000℃，高于同纬度的相邻气候区。该气候区年平均降水量约为1 400～1 550 mm，从总体情况来看，可以满足双季稻生长的需要。但降水多集中在早稻生长期间，一般4—6月的降水量占全年总降水量的50%以上。降水过于集中的年份容易发生洪涝灾害，降水过晚的话，在一些水利设施条件较差的地区易发生旱灾。

该地区主要的气象灾害有低温、洪涝和干旱等，其中春寒灾害尤为突出，区内春季回暖较早，日平均稳定通过10℃初日，平均为3月20日，但强冷空气南下后也容易形成春寒。春分寒较严重的年份有1952年、1953年、1954年、1955年、1961年、1962年、1964年、1968年、1970年、1972年、1976年、1982年、1987年、1991年。出现清明寒的年份有1962年、1972年、1976年、1991年。其中1962年该区出现春分寒连清明寒(3月21—23日，4月3—5日)，造成大批良种霉烂，造成很大损失。

七、发展中的城镇体系

该区位于江西省中部、赣江中游地区。从目前来看，其城镇化发展水平明显滞后于其工业化发展速度，这无疑影响了社会经济的全面发展。那么，如何在现有条件下，针对赣中地区的现实情况，调整城镇体系规划，以便进行合理布局和选择正确的城镇化发展道路，是城市亟待解决的重要问题。

随着中国区域经济的梯度推进，从沿海到内地的全方位开放格局已初步形成。赣中区位于长珠闽之间的内陆地带，其无论承接沿海还是通往中原，都处在“产销半径”的最佳范围，是承东启西、沟通南北的重要枢纽。赣中区面临一个新的重大发展机遇，打造现代轻型制造业基地，以加快中心城镇群崛起为目标，实施非均衡极化发展战略，构筑吉安市域的增长核心，完善中心城镇群的结构体系，建立产业协作纽带和发展协调机制，进而带动市域整体经济的跨越式发展。

赣中区中心城镇群的结构是一主两次的城市等级结构。一主指吉安中心城区，两次指泰和县和吉水县。

吉安市历来为全区域的政治、经济、文化、信息中心，为吉泰中心城镇群的发展核心和龙头，带动和辐射全市其他城镇发展。2012 年吉安市统筹推进城乡建设，城乡发展一体化进程加快。2012 年全市实施重点城建项目 231 个，完成投资 150 亿元。新增城镇建成区面积 27.2 km^2，城镇化率达到 41.6%。中心城区组建庐陵新区，规划樟山新区和青原山对接新区，重点推进了 120 个城建项目。一批公建项目完成主体工程，新增公园和园林绿地面积 95.5×10^4 m^2。县城建设完成投资 70 亿元，新增建成区面积 16 km^2。小城镇方面重点推进了 31 个示范镇建设。美丽乡村重点推进了 995 个村点建设。在中心城区大力推进“四城同创”、城乡洁净工程、无物业小区改造等。在县市城区实施美化亮化、园林绿化、老城区改造提升和城区管护工程。在农村加强对农村违章建房的整治，对主要干道沿线村庄进行庐陵建筑风格改造，改善城乡面貌。泰和是该区南部城市经济区的中心，它对万安、遂川等县以及井冈山市具有较强的辐射与吸引能力。吉水是中心城镇群北部门户，可发展成为工贸型滨江生态城市。

八、极富特色的地方方言

汉语方言俗称地方话，只通行于一定的地域，他不是独立于民族语之外的另一种语言，而是局部地区使用的语言。现代汉语各方言大都是经历了漫长的演变过程而逐渐形成的。形成汉语方言的要素很多，有社会、历史、地理方面的因素，如人口的迁移、山川地理的阻隔等。

赣中地区包括吉安地区的大部分，以吉安方言为代表。吉安方言是赣方言的一部分。由于历史的原因，赣方言和客家方言的相互影响，使得吉安方言在语音和词汇上具有自身的独特性。吉安方言中的一些常用词语，有很多是古代口语中遗留下来的，有很明显的古语遗迹。通过这些词语，可以看到古代文化在吉安演变和发展的痕迹，也可反映古代一些口语的较强生命力。例如，吉安方言不说学校，说书院、书馆、学堂、馆学等。吉安对中小学生考试每每不及格或留级多次的人，称为“老童生”或“老贡生”。吉安方言保留了很多古语的发音，这和该区悠久的历史传统及深厚的文化底蕴是分不开的。从方言就可以看出，该区对中国传统文化的沿袭较多。

赣中区以吉安市区为中心，辐射邻县的吉安方言，有两个较为明显的特征。

一是至今吉安没有一种可以在全区域通用的方言，存在着“方言岛”的现象。古庐陵的中心区一带，基本上还可以互通语言，但是永丰、万安等山区的语言，其他地方的人很难听懂，更不会说。就是原吉安县范围内，赣江以西的永阳话、万福话，也与赣江以东的富田语相差很大，相互间难以交流。要在吉安市所属的县市之间进行语言交流，只能用普通话。这种现象正是文化多源流入的痕迹。庐陵居民的远祖大多从北方迁入，有的是举家迁移，待站稳了脚跟，同族人或亲戚随之而来，形成小村落。他们说的是家乡话，在与外界交往中受到影响，与当地语言逐步融合，年长日久，便形成了与原来家乡话有别的语音。另外，在庐陵任州、县官的，大多是外籍人，卸任后便居住下来，不回家乡，代代繁衍，语音有别于其他家族，形成了“方言岛”。

二是吉安方言融汇了多方的语言因素，兼收并蓄。与北方方言相同的词很多，无须列举。与湖南方言相同的词，有脑壳、天光、鸡公、打平伙等；与湖北方言相同的词，有劳慰、发市（首次）、飘轻（很轻）等；与江浙一带的吴方言相同的词，有毛豆、火钳、领褂、结棍、吃价、拆烂污（捣乱）等；与客家方言相同的词，有走水、坐庄、后生、墨乌等。这些词虽在邻近吉安市区的地方发音有差别，但词意是相同的。据方言专家的研究发现，吉安方言语言结构非常简单而有系统，声韵调都是如此，而且大多无入声，外地人容易听懂。专家认为，这在很大程度上是因为古庐陵是文化贤士俊才集中之地，从而在频繁的文化交流中磨平了方言的棱角。

第二节　自然与资源特征

一、岗地丘陵为主的地表结构

赣中区地形是一个完整的盆地地形，通常称为吉泰盆地。地貌类型多样，以岗地丘陵为主。低丘岗地和河谷平原具有相间分布的特点。

该区河谷平原 1 186 km^2，居全省各区第二位。分布于赣江及其支流两岸，宽窄不一，一般宽度为 800～1 000 m，相对高度 15 m 左右。较大的盆地有吉泰盆地、永丰盆地、峡江盆地等。盆地的中部和河流的两侧是岗地，多为河流高阶地分割而成。岗地周围分布着低丘，相对高度为 70～200 m。低丘再向外是高丘陵地区，相对高度约 200 m，坡度为 20°～30°。山地分布在边缘地带。

赣中区东部边缘地带是雩山山脉的西侧。雩山山脉呈东北—西南走向，由东部边缘延伸至南部边缘，到达万安县后，几乎与赣南地区的诸广山的北端相连。该区西北部自北至南是武功山、万洋山的余脉。武功山、万洋山的余脉都为东北—西南走向，并呈“多”字形形态分布。西部的边缘山地和东部边缘山地正好在该区的南部交会，成“Y”字形的架势。西北的武功山余脉基本上沿该区北部边缘从西向东一直伸展到赣江的西岸，这样便使该区成为一个较完整的盆地状地势。

东部边缘的多数山峰海拔均超过 1 000 m。位于永丰、乐安、宁都 3 县交界处的灵华山海拔 1 454 m，吉安县东固的大鸟山海拔 1 204 m，万安县的天湖山海拔 1 164 m。西北边缘的武功山主要的山峰有百丈峰、大岗山、明月山、白鹤峰和安福县内的笋尖峰，其中白鹤峰海拔1 918 m，是区内最高峰。位于吉安县和安福县交界处的万洋山余脉天柱峰，海拔也在 1 000 m 以上。该区的边缘山地虽有较多的山峰海拔大于 1 000 m，但从全省地形大势来看，仍属于江西省东、南、西三面边缘山地的内侧，山势逐渐降低，为低山类型，海拔一般为 500～800 m。

区域内山脉绵长，山岭起伏，因此地形极为复杂，平原、丘陵、山地、盆地互相交错。西部有革命圣地——井冈山。西北部有武功山，其最高峰——高天崖，海拔达 2 020 m，是全省有名的高峰之一。属于雩山山脉的云良山、东固山绵延该区东南，因而形成该区西南高，东北逐渐平坦，四面环山，中间为一大盆地——吉泰盆地的地势。本区各县市当中，永丰、安福的山地较多，其余均为半山区和丘陵地带，仅在赣江及其支流沿岸可见到宽广的河谷盆地。

由于山多，河流纵横交错。赣江贯穿于中，经万安、泰和、吉安、吉水、峡江5个县市。西有蜀江、禾水、泸水，东有乌江等主要支流汇入赣江。各河上下游，大小溪水数十条，水力资源丰富。这种复杂的地形，造成了该区农业资源的分布特点：沿河两岸较为平坦的河谷盆地，土壤较为肥沃，多种植双季稻和经济作物。连绵起伏的丘陵红壤地区，土壤较贫瘠，多种植水稻。水源丰富的山区，乃是林业资源和水稻区所在地。

二、适宜的气候为农作物的生产提供了水热条件

该区气候特点是冬季温和，夏季酷热，年降水量丰富。但降水量季节分配不均，集中在4—6月。无霜期277～301 d。夏季气温南北相差小，冬季气温南北相差大。降水集中的季节常发生洪涝灾害，旱伏时节干旱严重。降雨较集中，4月、5月、6月三个月的降雨量平均为700 mm左右，三个月的总降雨量约占全年降雨量的50%，且多暴雨，常引起洪水灾害和水土流失。但8—10月雨量稀少，为干旱季节，容易出现秋旱。

这一地区的降雪，一般在1月初开始，2月底结束，最早从12月开始，迟则到3月中旬，一般雪量甚小。11月下旬一般为初霜期，终霜期在2月下旬。冰冻也在此期间出现。因此，在这期间需做好防冻、防霜工作。

这一地区的气候具有明显的南北过渡性特征。气候温暖湿润，农业气候条件较为优越，可以满足双季稻生长的需要。无霜期长，气候温和，这是十分优越的温度条件。以水稻为例，日平均温度稳定在10℃以上就是它的适宜播种期，生育期中需要20℃以上的适温，栽培双季稻需要年平均温度16℃的温度条件，该区气温能充分满足水稻等作物生长的需要。该区雨量充沛，能满足水稻和各种作物对水分的需要。

三、以赣江为主的地表水系

赣中区的主要河流是赣江的中游及其支流，在万安县良富村流入该区，经万安县、泰和县、吉安县、吉安市、吉水县和峡江县，在峡江县的江家村流出该区。赣江在区内的流程约为240 km。赣江在万安县内河道狭窄，宽仅100～400 m，河床多滩礁，形成十八滩，俗称“万安十八滩”。万安县城南的河道上建有年发电量50×10^4 kW的万安水电站。赣江纵穿吉泰盆地而过，到峡江县内两岸山丘对峙，河流紧缩至宽不到200 m。流出该区之后，河道变宽，宽度一般为600～800 m。

区内赣江的东西两侧有众多的支流汇入。赣江东侧的支流较西侧支流短

小。东侧支流大多源于该区的边缘山地，近乎东西流向汇入赣江。较大的支流有泷江和恩江。泷江流经永丰县、吉水县，在张家渡注入赣江。恩江源于乐安县南部，经永丰县、吉水县，在吉水县城南隅注入赣江。赣江西侧有两条大的支流：遂江和禾水。遂江从遂川县进入该区的万安县，最终注入赣江。遂江在该区的流程不足 15 km。禾水从永新县进入该区的吉安县，流经泰和县和吉安市，在吉安市的西南隅汇入赣江。禾水在该区的流程较长，约 90 km，并在其南、北分别纳入牛吼河和泸水两条支流。牛吼河源出万洋山，流经泰和县，在王家村与禾水交汇。此外，还有蜀水、同江河等赣江西侧支流。赣江像一条中轴线贯穿该区，东西两侧的支流像众多的脉络向东向西穿切平原、低丘、岗地，伸向外围的中山地带。

该区水力资源丰富，发展水电事业前景良好。区内河流众多，以赣江为中轴，有 28 条支流汇入，流域总面积约 2.9×10^4 km^2，水资源总量为 196.75×10^8 m^3。赣江从万安良口经泰和、吉安、吉水、峡江流至新干三湖，过境河长289 km，占赣江总长的 35.2%。全市现有水库 1 206 座，蓄水量达 19×10^8 m^3。地表水人均占有量约为 4 800 m^3。地下水埋深 3～5 m，含水层厚 8～15 m，多年平均地下水总量为 46×10^8 m^3，丰水年地下水总量为 56×10^8 m^3，平水年为 45×10^8 m^3，枯水年为 28×10^8 m^3。

四、类型多样的土壤和植被

雩山山地丘陵的土壤以红壤、紫色土为主，局部地区分布山地黄棕壤。吉泰盆地丘陵地区的土壤以红壤、黄壤和冲积土为主，其次是紫色土和山地黄棕壤。

红壤是由第四纪红色黏土和花岗岩、千枚岩、砂页岩发育而成的土壤。其实质是脱硅富铝和生物富集相互作用的结果。红壤广泛分布于全区丘陵和岗地，表层土壤有机质含量低，磷缺乏，钾含量不高。红壤分布面积大，植被覆盖以天然阔叶林和人工针叶林为主。

紫色土是由紫色岩类风化物直接发育而成的一种土壤。主要分布在吉安、吉水、永丰等县的低丘岗地，海拔 100～200 m，面积 4 495.93 hm^2，占各类土壤总面积的 0.19%。此类土壤碳酸钙含量高，土壤养分含量比中性紫色土高。大多用来种植蔬菜、豆类等作物。

黄壤是区内土壤垂直分布带中的一种土壤，主要分布在吉泰盆地外围的中山地带，面积 75 652.47 hm^2，占各类土壤总面积的 3.23%。黄壤发育度较高，有机质含量多在 4%以上。黄壤分布区植被生长状况良好，植被覆盖率高，多数为区内的林业基地，种植树种以杉树为主，部分为竹林，常绿阔叶林和落叶阔叶林也有很多。

冲积土是由新近的流水沉积物发育而成的一种土类，在该区主要分布在赣江、恩江、乌江、泸水、禾水等河流的三角洲、江心洲、河漫滩地带，面积5 017.6 hm^2，占各类土壤总面积的0.21%。其成土时间很短，无剖面层次发育，主要是卵石、砾石，并夹有粗砂和细砂，时遭洪水淹没，一般无法开垦利用。

黄棕壤是区内土壤垂直分布带中位于黄壤之上的一种土壤，主要分布在安福等县，面积28 111.6 hm^2，占各类土壤总面积的0.69%。该类土壤在该区内无亚类。其发育于温凉湿润、云雾多的气候条件下。因所处位置海拔较高，相对高度大(海拔1 200m以上)，坡度陡，有效土层不厚，剖面层次发育比较完全，土壤养分含量较高，有机质含量在5%以上，植被生长茂盛，其植被主要为常绿阔叶混交林。

赣中区的植被属中亚热带常绿阔叶林，但区内不同地区存在一些差异。该区的安福县和峡江县紧邻赣西北区和鄱阳湖区，安福、峡江两县的植被土壤分别与赣西北、鄱阳湖这两个区南部的植被土壤状况基本类似。安福县和峡江县以南的广大地区，以水边镇—万安县的东侧连线为界，界东是雩山山地丘陵地区，界西是吉泰盆地丘陵地区。界东是雩山山地栲楠林、松杉林区，现状植被以马尾松、杉树和毛竹为主。岗地有马尾松疏林和荒山灌木草丛。地带性植被为槠、青冈、木荷、钩栲等成分构成的中亚热带常绿阔叶林，沟谷地带的常绿阔叶林中还常见罗浮栲、闽粤栲、树参、粗叶木、黄藤、华南紫萁、莲座蕨等。界西是吉泰盆地丘陵栲楠、蕈树林和松杉林区，现状植被以马尾松、杉树、毛竹林为主，此外还有荒山灌木草丛。主要的植物种类有刺芒野古草、芒蕨、金茅、芒萁、映山红、三叶赤楠、乌饭树、山芝麻、千斤拔、龙爪茅。低丘岗地的植被覆盖率较低。地带性植被是中亚热带常绿阔叶林，主要树种有青冈、甜槠、木荷、栲树、罗浮栲、红楠、杜英、薯豆等。伴生树有猴欢喜、茶梨、蕈树等。

五、丰富多样的资源：矿产资源、农业资源、旅游资源

(一)矿产资源

该区地下矿藏众多，主要有煤、铁、钨、钼、镍、铌、钽、铍、砂金、耐火黏土、泥炭、锰、钾、稀土、白泥、萤石、花岗石、大理石、粉石英等50多种。有开采价值的矿点400多处。还有金、银、铀、钴、锡、铂、重晶石等矿种。钨矿储量仅次于赣南，位居全省第二。花岗石资源颇为丰富，且结构均匀、质地坚实、品种多样，花色有桃红、赤红、墨绿玉、墨玉、翡翠

玉等17种，储量超过9×10^8 m³。大理石储量达2×10^8 m³，矿体裸露、矿石纯净细腻，晶莹如玉，质润坚韧，经火耐磨，颜色有白、红、青、绿、黑数种。萤石、瓷土、岩盐矿、钾盐矿、石膏等，品位高，杂质少，储量均在$5\ 000\times10^4$ t以上。泥炭资源是本地一大优势矿种，是一个有开采价值的矿种。

区内的采掘工业，以煤炭采掘为主，其次是钨矿、铁矿。冶炼工业，主要是炼铁，但企业不多，规模不大。无烟煤的主要生产企业有：江西省大光山煤矿，吉安地区北华山煤矿，吉水县石莲煤矿、白水垦殖场煤矿，永丰县杏严煤矿，万安县宝山煤矿，安福县河西煤矿、源福煤矿、连村乡吉福煤矿等72户。无烟煤原煤质量差异较大。洗精煤生产企业为天河煤矿洗煤厂。钨砂是钨矿经过精选而成的产品。区内发现的钨矿点、矿化点有90多处，主要集中在安福、泰和、万安等县市。共探明三氧化钨储量约3.687×10^4 t。钨矿石中伴生有金、铜、铅、锌、钼、铋等矿产，可综合回收利用。区内铁矿石主要有两种类型：一种是赤铁矿，主要分布在永新县，探明储量约为$2\ 400\times10^4$ t，含铁品位约为50%；另一种是变质磁铁矿，主要分布在安福、吉安、新干等县，探明储量约为3×10^8 t，品位为30%，但有害杂质低，且易采易选，开采前途广阔。

吉水县邱陂乡坝背村发现的优质天然矿泉水，含有20多种有益于人体健康的微量元素和化学元素，属低矿化低钠富含偏硅酸重碳酸镁钙型矿泉水，可建一个年产3 000～10 000 t规模的矿泉水厂。安福县发现的新矿产中含锂瓷石，此矿有较高开采和利用价值。

(二)农业资源

该区气候属中亚热带季风性湿润气候，气候温和，雨量充沛，光照充足，四季分明。冬夏长，春秋短，无霜期长，冷冻期短。冬春阴冷，夏热秋燥。全区热量资源丰富，但冷热差异较大，雨水充沛，但丰而不均，光照虽少，但光热同季，光能潜力大，有发展农、林、牧、渔大农业的气候优势。赣江贯穿该区，也为该区提供了发展农副业的有利条件。该区农业资源丰富，农副产品主要有水稻、毛竹、武功山云雾茶、泰和乌鸡、峡江鲥鱼等。

该地区内的粮食作物生产，自古至今以种水稻为主，兼种甘薯、大豆、小麦和其他杂粮。新中国成立后至1980年，一度贯彻“以粮为纲”，水稻播种面积占粮食作物播种面积的93.5%，甘薯占1.8%，大豆占2.8%，其他杂粮占1.9%。1980年后，遵循“决不放松粮食生产、积极发展多种经营”的方针，水稻播种面积逐渐减少。

该区地处中亚热带，雨水充沛，宜于水稻生长。水稻栽培的发展是从中稻开始的，而后逐步发展到以早稻和二季晚稻为主，中稻、一季晚稻面积越来越小，形成复种指数不断提高的新格局。该区自古就是重要产粮地区，北宋农学家曾安止在《禾谱》中说："江南俗厚，以农为生，吉居其右，尤殷且勤，漕台岁贡百万斛，调吉谷者，十常六七。"

毛竹为用材、经济林种之一，其株型刚直挺秀，枝叶翠丽，根系发达，具有生长快，产量高，纤维长，富韧性，自我繁殖能力强，一年栽植多年受益等特点，毛竹可以用来制作各种农具、日用篾器、乐器和工艺品，还是制造高级纸张的上乘原料，毛竹的竹笋还是制作明笋片、玉兰片的高级食品原料。

该区毛竹资源丰富，早在 14 世纪 60 年代就已开始被广泛栽培利用。该区是全国重点毛竹产区之一，现有毛竹林面积 89×10^4 亩，蕴藏量超过 $8\,740\times10^4$ 根，年产商品竹 100 余万根，名列全省前茅，在区内林业经济中的地位仅次于杉、松木，位居第三。

武功山云雾茶产于安福武功山。该山常年云雾缭绕，湿度大，土壤深厚，有机质丰富，pH 值在 5 左右，为茶树的生长提供了优越的自然条件。

区内马尾松资源极为丰富，占全区国土面积的 15.4%，活立木蓄积量 $2\,160\times10^4\ m^3$。马尾松是本区主要的用材、薪炭和产脂树种，其木材既是造纸工业和矿井、铁路、建筑、桥梁建设的上乘原料，又因其含有丰富的松脂(成年松树单株含量 50～70 kg)成为化工和国防工业的重要原料。

鲥鱼广布于我国的东部及南部沿海一带，在海中生活三到四龄，性腺成熟，于每年春季四五月间，自大海上溯到长江、鄱阳湖，进入赣江，在中游的新干、峡江、吉水一带产卵。此域河段支流交叉，具有独特的水文及河床底质条件，遂成为鲥鱼在长江水系中的最大天然产卵场。待孵苗后，鲥鱼又随水而下，大部分幼鲥鱼栖息于鄱阳湖内，秋末冬初再由鄱阳湖经长江入东海生长。本地区峡江等县为保护鲥鱼资源，发展鲥鱼生产，已成立了鲥鱼科研攻关协作组织，于 1982 年突破了人工繁殖和育苗难关，使鲥鱼年产量得到较大增长。

泰和乌鸡又名武山鸡，是一种享誉中外，集观、尝、滋补于一体的珍稀家禽。原产于本区泰和县武山脚下的汪陂村，相传有 500 年的饲养历史。清乾隆年间列为贡品，赐名"武山鸡"。该鸡 1915 年在巴拿马万国博览会上展出，获得赞誉。

(三)旅游资源

该区历史文化悠久，自然风光秀丽，文物古迹众多，革命旧址遍布，旅游资源极其丰富。境内有国家级风景名胜区、省级风景名胜区以及众多重点文物保护单位。在这些旅游资源中，号称“天下第一山”的革命摇篮井冈山，以“历史红、山林好”，集名山胜景于一身，成为中国独具特色的名山，吸引成千上万的游客前来瞻仰观光。佛教圣地青原山乃禅宗青原法系的发祥地，其繁衍的曹洞、云门、法眼三宗已远播日本、朝鲜、越南等国。国家森林公园武功山以其10万亩高山草甸而成为江南绝景，自古与庐山、衡山同誉为江南三大名山。白水仙—泉江风景名胜区岭峻岩奇，山深林密，泉瀑迭出，自然景观奇特。著名的古文化遗址、人文景观有被称为青铜器之都的商代墓葬遗址，有国内罕见的战国粮仓遗址，有古代黑釉瓷生产中心——吉州窑遗址，有江西三大古书院之一的白鹭洲书院以及文天祥纪念馆、欧阳修纪念馆；还有古韵浓郁的渼陂、钓源、梅冈古村等。

吉安旅游景点众多，独具风姿，不但文化古迹多，革命遗址聚集，而且自然风光和人文景观融为一体，是一个文化的家园，一个红色的摇篮，一个绿色的宝库。庐陵文化旅游、井冈山旅游和绿色生态旅游构成了吉安旅游观光的独特魅力。庐陵文化生态园是展示吉安优秀传统文化的大型城市公园，是城区最引人入胜的景观，是吉安一张最亮丽的名片。庐陵文化生态公园占地5 000余亩，主要景点有文星塔，它是吉安人文兴盛现象的象征和标识。“崇文重教，人才辈出”，是吉安传统文化的显著特色。建文星塔的目的是勉励吉安学子洁身自爱，勤学苦读，祈望吉安文运兴盛不衰。塔中展示以庐陵科举文化为主的内容，既反映历史的辉煌，缅怀先贤的功德，又昭示后人见贤思齐，继往开来，让游人在欣赏壮美风光的同时，领略庐陵文化的风采。水幕电影——音乐喷泉喷水高度达到138 m，可观看水幕电影。庐陵堤采取路堤结合的形式，两侧湖光山色尽显庐陵风情。庐陵千年古樟树龄达2 000多年，是世界公园中树龄最大的树。庐陵民俗馆设计精美宏伟，馆内展示吉安的民俗文化。庐陵湖波光粼粼，千亩湖面美不胜收，湖上仿古画舫穿梭其间，亭台楼阁尽显江南庐陵望郡风华。

1. 天祥景区

天祥景区占地面积1 000余亩，景区内蕴含着红、绿、古三种资源，由文天祥纪念馆、天祥公园、将军公园三个景点组成。2011年5月21日，该景区最后一个景点——天祥公园开园迎客，这标志着该景区旅游基础设施得到了全面完善。天祥景区是为纪念伟大的南宋抗元英雄文天祥和走上革命道路的46位开国将军而专门兴建的一处景区；景区地处吉安县城东当缅山(105国道和吉井公路交会处)，距中心城区吉安市10 km，距吉安火车站13 km，距赣粤高速公路吉安县出入口7.5 km，距井冈山机场29.5 km，距吉安航运码头12 km，交通便捷，可进入性强。(图8-1)

图 8-1　天祥景区

2. 吉州窑遗址

吉州窑坐落在吉安县永和镇西侧一块约 2 km 长、1 km 宽的平地上，24 座古窑包如岗似岭，分布其间。这里曾是古东昌县县城所在地，属吉州管辖，故称“古州窑”。它历史悠久，规模宏伟，产品丰富而精美，一直为国内外人士所向往，是我国保存完好的古名窑遗址之一。(图 8-2)

图 8-2　吉州窑遗址

3. 白鹭洲书院

白鹭洲书院位于吉安市东赣江中的白鹭洲上。白鹭洲方圆数十里，因形似白鹭得名。白鹭洲书院建于南宋淳祐元年(1241 年)，吉州太守江万里为来此讲学的朱熹、周敦颐、程大中、邵雍、张载、程颐 6 位儒学大师立祠建书院。宋理宗御赐“白鹭洲书院”五字，由于庐陵一府进士人数天下最多，状元数量天下第二多，白鹭洲书院功不可没，所以白鹭洲书院被世人列为江西四大书院之一。该书院培养造就了文天祥、刘辰翁、邓光荐等众多天下栋梁。书院经历代修葺，古迹犹存。风月楼高三层，雕梁画栋，雄伟壮观。

4. 青原山

青原山在吉安市东南 10 km 处，海拔不高，名胜古迹甚多。青原山净居寺建于唐开元二十九年(公元 741 年)，为禅宗青原一系开创者行思的道场。主要建筑物有青原山祖关、大庙、七祖塔、待日桥、钓台石、五笑亭等，以大庙最为壮观，正门上镌刻文天祥手书“青原山”三字。庙内有天王殿、大雄宝殿、毗卢阁等。青原山自古为著名游览胜地，历代名人颜真卿、苏东坡、文天祥等曾到此游览。自唐代起，青原山就是佛教圣地。

5. 欧阳修纪念馆

欧阳修纪念馆位于永丰县城恩江北岸的永叔公园内，主体建筑有宰相府、明道阁、致用阁等，在这座标准的砖木结构的仿古建筑内开辟了欧阳修生平事迹陈列室，全面扼要地介绍了欧阳修的生平、政绩以及文学、史学等方面的贡献。公园内还有醉翁亭、六一亭、至喜亭、泷冈阡表碑亭等建筑，5 000 多平方米的湖，雄伟高大的欧阳修石刻像，古今闻名的欧阳修亲自撰书的泷冈阡表碑，占地近 200 m² 的假山，近千米的石径古道，基本形成了一个古典园林式格局。公园自然景观和人文景观也十分丰富，楼塔山水错落有致，步移景迁。(图 8-3)

图 8-3　欧阳修纪念馆

6. 梅冈古村

梅冈地处泰和县万合镇店边村，是王姓家族千年聚居的福地。自梅冈始祖休文公生南唐明崇三年(公元932年)算起，传至2011年，历经1 079年。梅冈王氏宗祠本仁堂，从元朝起，大体经历“简陋式、普通式、壮观式、豪化式”之构建变迁。1341年间始建宗庙，砖篱混构，比较简陋，不成大雅。1403年间重建宗祠本仁堂，始为凸形，上窄下宽，仍见普通。1406年间增建上栋左右图书府和翰墨林厢房，祠宇上下对称，端雅大方，蔚为壮观。(图8-4)

图8-4 梅冈古村

7. 武功山

武功山位于吉安市安福县西北部，这里层峦叠峰，危崖嵯岈，飞瀑腾空，溶洞幽深，风光旖旎，美不胜收。主要景观分布在三天门、观音岩、金顶3个景区之中。三天门景区位于武功山主峰白鹤峰的南面约5 km处，海拔1 000 m。三天门古称图坪坳，四面环山，宽阔平坦，周围还有众多的深谷飞瀑。这里有保存较好的次原始林带，名木古树，遮天蔽日，环境幽静，野趣盎然。

第三节 产业发展与布局

赣中区历史悠久，以吉安市为主导，吉安寓“吉泰民安”之意，古称“庐陵”，现直属江西省，是江西省中部地区经济文化中心，也是以历史文化和革命传统文化为特色的著名旅游城市。2000年5月11日，经国务院批准，撤销吉安地区设立地级吉安市，辖吉州区、青原区、井冈山市和吉安、泰和、万安、遂川、永新、永丰、吉水、峡江、安福、新干10县，赣中区涵盖其中的吉州区、青原区、吉安、泰和、万安、安福、吉水、永丰、峡江2区7县，区域面积较小，约占全省面积的15%。

赣中区经济条件优越。近年来，该区以加快发展为主题，以结构调整为主线，以改革开放和科技进步为动力，把提高人民生活水平作为根本出发点，充分发挥吉安的比较优势，加速工业化、城镇化和产业化进程，大力推进经济结构的战略性调整，促进经济增长方式的根本性转变，切实增强经济竞争力、环境吸引力和社会凝聚力，区内经济持续稳定增长，综合经济实力不断增强。

赣中区产业结构得到进一步调整，第一产业所占比值逐步减少，第二、第三产业所占比重逐渐增加，产业结构呈"二三一"格局。但赣中区产业结构与全省相比，第一产业所占比重偏高，而第二、第三产业所占比重较全省低（表8.1）。因此，赣中区应充分认识自身资源优势和市场需求变化趋势，大力推进产业结构的战略性调整，在保证农业稳定发展的同时，加快发展第二、第三产业，逐步缩小与全省的差距。坚持以工业化为主导，以城镇化为支撑，以推进农业现代化为基础，统筹城乡经济协调发展。

表8.1　2012年赣中区产业结构与全省产业结构对比

地区	国内生产总值/亿元	第一产业		第二产业		第三产业	
		总值/亿元	比重/%	总值/亿元	比重/%	总值/亿元	比重/%
全省	12 948.88	1 520.23	11.74	6 942.59	53.62	4 486.06	34.64
赣中区	1 006.07	180.51	17.94	520.40	51.73	305.16	30.33

一、全面发展的农业

赣中区属中亚热带季风性湿润气候区，受东南季风影响，气候温和，光照充足，雨量充沛，四季分明，春夏多雨，伏秋常旱。

赣中区气候温暖湿润，农业气候条件较为优越。新中国成立以来，农业生产得到较快的发展，特别是近年来，农林牧渔各业商品生产发展很快，呈现一派繁荣兴旺的景象。2011年，本区农林牧渔总产值为2 066 493万元，其中农业所占比重为48%，林业为10%，牧业为31%，渔业为9%，农林牧渔服务业为2%。

赣中区耕地资源丰富，土壤肥沃。本区盛产水稻、豆类、红薯等粮食作物和花生、油菜籽、茶叶等经济作物。党的十一届三中全会以来，由于实行了家庭联产承包责任制，农业生产得到快速发展。

（一）发展状况

1. 种植业

在本区农业生产部门结构中，种植业的地位最高、规模最大。它每年创造的产值占农业总产值的47.8%，远远大于林、牧、渔等部门。

(1)粮食作物

在总播种面积中，粮食作物播种面积所占比重最大，超过70%，高于全省平均水平67%，经济作物和其他作物合计不足30%。2012年，全区粮食总产量为3 855 513 t。在粮食生产中，谷物、豆类、薯类是本区主要的粮食作物。

水稻是本区最重要的粮食作物，种植历史悠久，种植经验丰富，种植面积最大。历年来，水稻播种面积占全年粮食播种总面积的86%，其产量约占全年粮食产量的94%。该区地处中亚热带，雨水充沛，宜于水稻生长。

豆类是本区仅次于稻谷类的第二大粮食作物，2012年，本区豆类播种面积为26 479 hm^2，比上一年增长1.9%。豆类总产量为42 725 t。大豆既是粮食作物，也是油料作物，营养丰富，食用价值很高。区域内豆类栽培历史悠久，种类较多，到明代，已有黄豆、青豆、黑豆、绿豆、赤豆、蚕豆、豌豆、扁豆、豇豆、虎斑豆、峨眉豆、刀豆等。区内以种植大豆为主，每个县都有自己的地方品种，其中具有代表性的地方特色良种有吉安早黄豆，吉水的乌皮豆、八月黄(田塍豆)、泰和马屎豆，永丰青皮豆，万安茶豆、大头黄豆。20世纪50年代以前区域内种植当地农家品种。60年代引进了瑞金小黄豆，特早熟高产的新华麻杂豆、矮脚早。80年代引进湘豆5号、浙春1号、浙春2号、矮脚青、六月白、寿春96-6。在水稻产区多以稻豆轮作，推广种植面积20×10^4亩左右。

薯类作物有红薯(吉安称番薯)、马铃薯、怀山、脚板薯、芋头、魔芋、竹篙薯、木薯8种。马铃薯既当粮又当蔬菜，脚板薯、芋头、魔芋、竹篙薯多为蔬菜。红薯是境内的传统旱粮，各县(市)均有种植，分别以鲜薯和薯干的形式保藏，也可加工成淀粉、粉皮、粉丝，还可用薯酿酒，制成酒精。中华人民共和国成立前山区有“一季番薯半年粮”之说，以番薯作为主食。随着食品工业的发展，番薯还可制成许多人们喜爱的食品。2011年，本区薯类播种面积为20 371 hm^2，薯类粮食产量为103 577 t，仅占本区粮食作物产量的2.6%。

(2)经济作物

赣中区的经济作物种类繁多，有油料、蔬菜、烟叶、甘蔗等，其中油料最为重要。

赣中区的油料作物主要有油菜籽、花生、芝麻。2010 年赣中区油料作物种植面积为 142 872 hm^2，占全省油料作物播种面积的 19.5%，基本可以满足本区人民生活食用油的需要。在油料生产中油菜籽种植面积最大，约占本区油料种植面积的 82.4%。花生、芝麻各占约 15.3%、2.3%。从生产布局看，各县都种植油菜籽，但吉安县、吉水县、峡江县、泰和县、安福县种植面积较大，产量较高。吉安县、吉水县、泰和县的花生种植面积较大。芝麻是古老的油料作物之一。由于芝麻耐旱、耐瘠、出油率高，但产量比其他油料作物低，因此，农民只利用贫瘠缺水的旱地、沙滩洲地或山坡地种植，布局较分散。

境内蔬菜栽培历史悠久。东汉时期，安福县种有枫田辣椒(又名灯笼椒)，距今有 2 000 多年历史。明洪武年间(1368—1398 年)萧姓人家定居泰和县城南门外排田，每年冬季利用赣江边的优质油沙土种植萝卜，后冠名“排田萝卜”，是今泰和酱菜的主要原料。明弘治年间(1488—1505 年)，泰和赣江两岸居民采集山区的野生山药种植，经长期驯化选育成为现在的泰和竹篙薯。经劳动人民长期栽培积累，蔬菜种类不断增加。随着中外交流，本区又不断从国外引进了许多蔬菜品种。据不完全统计，截至 20 世纪末，区内有蔬菜种类约 150 多种。

2. 林业

赣中区属于亚热带季风气候区，气候条件好，利于植物的生长，林业资源丰富。但是由于人口的急剧增长以及大面积的垦荒和乱砍滥伐，森林资源急剧减少。2012 年该区林业总产值约占农业总产值的 10%。全年造林面积达 23 450 hm^2，占全省造林总面积的 10%。

本区主要是赣江两岸的平原与丘陵地区，海拔 350 m 以下，包括吉安、万安、泰和县东部丘陵，以及吉水、峡江、安福、永丰等县和吉安市的平原与丘陵地区。组成地层有元古代片岩、古生代砂岩、石灰岩及新生代的第三纪页岩；北部峡江、新干县有古生代乐平煤系的煤以及第四纪赣江红土层和冲积层。年平均气温 18℃～19℃，1 月份平均气温 6℃～7℃，绝对最低气温 −5℃～−7℃，无霜期 270～290 d，降雨量 1 400～1 600 mm。植被多为次生植被，组成树种有杉木、马尾松、湿地松、油茶、油桐、樟树、岗松、三叶赤楠、木荷、白栎、茅栗、黄瑞木、算盘子、乌饭、米饭花、荚蒾、了哥王、金樱子、映山红、枸骨等，其中油茶、湿地松、油桐和大部分马尾松为人工栽培植被。湿地松引种栽培已 50 余年，人工造林面积约 378×10^4 亩，生长良好。经济林主要有柑橘、油茶、油桐、板栗等。

3. 畜牧业

畜牧业是本区仅次于种植业的第二大农业经济部门，也是本区传统的经济部门。本区畜牧业发展的有利条件有三：一是气候温暖湿润，利于畜禽的繁殖和生长；二是饲草饲料资源丰富，既有天然牧草、农作物的秸秆和杂粮，又有丰富的食品工业的下脚料；三是劳动力资源丰富，利于规模经营、组织饲养和畜产品的加工等。本区畜牧业的发展十分迅速，2011年畜牧业占农林牧渔业总产值的30.8%，是农业经济部门中发展较快的部门。

本区畜禽品种主要有猪、牛、鸡、鸭等。本区优良品种多，如安福米猪，为本区安福县地方优良品种，因其肉质鲜嫩，皮薄，脂肪含量适中等特点而成为制作“安福火腿”的指定原料。“安福火腿”曾于1915年参加巴拿马国际博览会获得好评。安福米猪具有耐粗饲、适应性强、生长快、产崽率和屠宰率高等特点，是本区的一个稀有猪种。

吉安黄牛是江西省三大地方良种黄牛之一。吉安黄牛经过长期选育繁殖，具有抗高温、耐高湿、耐力持久、便役使等优点。吉安黄牛生长快，肉质鲜嫩、味美、营养丰富。据测定耕牛肥育60 d后，屠宰率可达52.48%，净肉率增至42.91%，眼肌面积最大可达56.39 cm；产乳期约8个月，具有肉、乳兼用性能。此外，其皮质坚韧富有弹性，是皮革制品的上乘原料。泰和武山鸡又名白毛乌骨鸡，是一种享誉中外，集观、尝、滋补于一体的珍稀家禽，原产于本区。该鸡是一种名贵的滋补药材，据李时珍《本草纲目》记载，“泰和乌骨鸡，甘辛热无毒，补虚劳亏损，补气养血，治女人崩带下，治肝肾病”，对多种妇科病以及肺结核、心脏病、神经衰弱、肝炎、胃溃疡、小儿软骨病等症疗效卓著。

本区畜牧业发展逐步趋于专业化、商品化、集约化，实行规模经营，形成规模效应。2011年全区肉类总产量达40万余吨，禽蛋产量达4万余吨，出栏肉猪头数多达350×10^4头。本区畜牧业虽然发展较快，但是人均畜产品数量还是低于全国平均水平。随着人民生活水平的提高，多畜产品的需求增多，今后还需大力发展，完善产业结构，实行集约化经营。本区畜牧业的发展潜力还很大，很多草地、荒山、农作物的秸杆以及粮食下脚料没有得到充分利用。随着各种饲料资源的开发利用、科学饲养技术的推广、管理水平的提高，全区畜牧业必将会有更大的发展。

4. 渔业

在本区农业生产中，渔业属规模最小的一个部门。2011年，渔业产值占农林牧渔业总产值的9.1%，低于全省13.4%的平均水平。本区渔业水平较低并不是因为生产条件限制，而是因为重视不够，生产潜力没得到充分发挥。

本区渔业生产条件良好，主要表现在以下方面。

(1)水域条件

赣江境内河段长264 km，从南向北穿越区内7个县(市)，大小支流从东西两侧汇入赣江，总长6 913 km，其中有禾水、乌江、泸水、孤江、蜀水等主要支流23条，总长1 765.9 km，江河总水面约5.79×10^4 hm^2。赣江及其主要支流蕴藏着较为丰富的水生生物资源和鱼类资源，是主要的渔业捕捞场所；有些河段河面较宽敞，流速缓慢，具有开辟为养殖水域的条件。

(2)水质条件

每年3月下旬至12月上旬，水温均在15℃以上，即鱼类生长期可超过250 d，其中水温22℃的最适生长期超过150 d。水的pH值偏酸性，钙、镁离子含量适中，总硬度偏小，属过软水；氨氮、总磷、总铁均在适宜值内，硅酸盐和溶解氧含量丰富。

(3)饵料丰富

鱼类的饵料生物主要包括浮游生物、水生植物和底栖动物，它们的种类组成和数量与鱼产量密切相关。区内的池塘、水库、江河等水域中，浮游植物有382种，以池塘最多，有288种；其次是水库，有165种。浮游动物有195种，亦以池塘最多，有129种；水库次之，有97种。有水生维管束植物77种，底栖动物20多种。

(4)鱼类资源丰富

全区有鱼类143种(含亚种)，占江西已知鱼类的92.9%，占中国已知淡水鱼种类的18%。分属12目24科，其中鲤科83种，鲍科13种，鳅科11种，其余20科40种。主要经济鱼类有鲤、鲫、鳊、青、草、鲢、鳙、鲥、鲔、鲴、鳜、鲇、鳢、鳝、泥鳅等30余种。这些鱼类大多分布较广，有较高的经济价值。此外，还有鳗鲡、赤眼鳟、乌鳢、月鳢、斗鱼、黄角鱼、大银鱼、鳘条、石鲩、辫结鱼、麦穗鱼、棒花鱼、红鳍鲌、黄鳔鱼等。

鲥鱼是区内名贵的海河洄游性鱼类，《本草纲目》载："初夏时有，月余则无，故名鲥鱼。"它生活在海洋，到江河产卵繁殖。每年4—6月，由近海经吴淞口进入长江，溯江而上到区内赣江河段产卵繁殖。所产之卵顺水漂流而下，孵化出的鱼苗进入鄱阳湖，自然育成苗种后出湖口，到长江育肥成长。

中华人民共和国成立前，区内水产养殖面积很小，产量很低。至新中国成立前夕，全区的养殖产量不到500 t。新中国成立后，中国共产党和人民政府对水产养殖业实行扶持的政策，确立了"以养为主，养捕并举"的方针。1978年中共十一届三中全会召开后，实行改革开放政策，水产养殖实行承包经营，取消水产品派购，放开价格，大力提倡科学养殖，极大地调动了群众的养殖积极性，水产养殖得到迅速发展。

5. 农林牧渔服务业

随着农村经济的发展，农林牧渔服务业迅速发展。2011 年全区农林牧渔服务业产值高达 3.17 亿元，约占农林牧渔业总产值的 1.7%。其中，吉安市的市辖区和泰和县的农林牧渔服务业所占的比重较大，发展最快。

根据该区区情和农业生产现状特点，本区农业经济的发展还要继续以改田治水为重点，吉安地区农业综合开发的宗旨是改田、治水、增产、增收。即以改造中低产田、改善农业基本生产条件为重点；推行立体开发模式，实行山、水、田、林、路综合开发治理，使大部分项目区基本建成“田成方，树成行，渠相连，路相通，旱能灌，涝能排”的高产稳产田，分别推广丘陵山区、平原地区、低洼易涝地区等不同类型的立体生态开发模式，推广农业生产新科技，吉安地区的农业综合开发要特别注重农业新技术在项目区的推广应用。通过引进良种、举办培训班、印发资料、现场示范、典型带动等办法，利用旱床育秧、大棚蔬菜、肉牛改良等技术促进项目区科技进步，推动“科技兴农”战略的实施。加快农业生产专业化和基地化建设，以建设小康社会为目标，全面推进农村经济的发展。

6. 红壤上的一颗明珠——泰和千烟洲

千烟洲位于江西省吉安市泰和县灌溪镇。千烟洲，这个赋有诗情画意的名字，让人不由得想起江南水乡的烟雨迷蒙，或是千余人家炊烟袅袅的景象。它不是村名，只是一片低山丘陵区的统称。千烟洲的地形属于典型的江南红壤丘陵，土层浅薄、贫瘠，林木生长缓慢。过去，附近的农村居民经常前来砍伐，过度的樵采，导致丘陵上有限的森林植被遭到严重破坏，大部分地方仅剩一点灌丛和草丛，而这些灌、草植被也在不断地沦为当地居民的采薪对象。由于植被覆盖率低，水土流失极其严重，千烟洲被人们用这样几句话来形容：“晴天一块铜，下雨一包脓，远望黄蒙蒙，近看水土空。”严重的水土流失反过来又使土层更加贫瘠，这里土地利用率仅为 10.9%。

1980 年，中国科学院考察队在对南方丘陵进行考察后，鉴于千烟洲的地形特征、土壤特点、水土流失情况非常具有代表性，选定它为南方低山丘陵恢复生态的试验基地，1982 年，中科院千烟洲生态试验基地成立。中科院泰和千烟洲综合开发试验站提出了“丘上林草丘间塘，河谷滩地果鱼粮，加工流通相促进，畜牧水产更兴旺”的开发模式。

千烟洲的问题可概括为：水土流失严重导致农业生产环境恶劣；农村生活用柴不足而过度樵采导致水土流失。这两大问题导致千烟洲宜林而少林，多雨而缺水，资源多样而经营方式单一，土地有余而生活贫困。为了解决农业生产环境恶劣的问题，科学家提出构建立体农业生产体系。

第一步：治水。充分利用各小流域的丘间沟谷洼地，因地就势地新建或加高加固原有的水塘，在不到 2 km^2 的试验区，专家和当地农民建起了大大小小的山塘水库 20 多座，雨季有效地拦蓄山洪减少水土流失，旱季保证农田和果园的灌溉，同时还可在水塘中养鱼。

第二步：治田。由于水塘蓄水较丰，灌溉有保证，这样就将原来的一季稻改种双季稻，同时改造低产田，进而达到增产增收的目的。

第三步：治坡。利用水塘周围比较平缓的坡地，进行人工种草或开辟橘园，形成“草基鱼塘”和“果基鱼塘”，开创丘陵地区“基塘”生产新模式。

第四步：治丘。在丘陵上种毛竹、湿地松、马尾松等用材林树种，幼树时在林间人工种草，防止水土流失。

这样，千烟洲的农业生产环境得到了初步改善，农民的收入得到了提高。为了解决农村生活用柴不足而过度樵采导致水土流失的问题，科学家提出构建生态农业体系。

第一，推广沼气化。千烟洲地处亚热带，沼气池每年的有效利用时间长达 9 个月，可解决 3/4 的农村生活用能，最大限度减少对柴草的樵采，沼气池的残渣和废水又是农业生产的优质有机肥，这是生态农业生产体系的一个重要环节。

第二，发展畜牧业。如果没有足够的牲畜粪便供应，沼气池产气不足，就不能很好地满足农村生活用能，进而有可能使丘陵植被再度遭到破坏；另外，如果没有草食牲畜的发展相配合，幼林下面种植牧草就成了单纯的水土保持活动，没有经济意义，而失去了经济动力也就没人愿意种草了；在扩大肥源方面，如果没有大量有机肥的充分供应，生态果园、农田、鱼塘的高产也就会受到影响。由此可见，畜牧业不仅是生态农业生产体系的一个重要环节，更是它的灵魂，所以该地区非常重视畜牧业，近十几年来畜牧业发展的速度非常快。

经过多年的开发，千烟洲形成了“丘上林草丘间塘，河谷滩地果鱼粮，畜牧水产相促进，加工流通两兴旺”的产业链和食物链，水土流失得到控制，森林覆盖率超过 95%，经济效益也逐渐显现。千烟洲生态试验基地同时承担和完成了国家级、省部级科研项目 20 项，国际合作研究项目 6 项，获国家及省部级科技奖励 6 项；接待外国专家的考察团 27 批次。其红壤开发模式在里约热内卢会议上被推选为国际样板，被联合国授予全球生态修复“百佳”的称号。该站开展的南方红壤丘陵水土资源利用与环境研究成果被收入高中地理教科书。

我国著名土壤地理学家席成藩说：千烟洲为开发治理南方红壤丘陵树立了样板，它不但可以让农民脱贫致富，而且可以改变农民的生活方式。在泰和县各个乡镇，处处丘陵，处处果园，处处是小楼房。据统计，泰和县现有果园面积 9 万多亩，住在果园里的农户达 2 000 户。一户一楼，一户一池（沼气池），村在林中，房在绿中，人在花中。

（二）农业发展特色

1. 农业生产结构与布局日趋合理，特色产业基本形成

通过对农业结构的调整优化，全区已形成优质粮油、水果、竹业、药材、畜禽、水产、蔬菜等八大主导产业。如安福火腿，产量达 30×10^4 条；泰和乌鸡，综合加工达 400 多万羽；永丰蔬菜，种植面积达 16 万多亩。此外，峡江的烟叶，吉水的花生，吉安（市）的甲鱼，泰和、安福、吉安（市）的肉牛，万安的大水面开发，吉安县的林产化工等产业和产品的档次和规模都有较大提高。2012 年赣中区主要农产品产量及占全省的比重见表 8.2。

表 8.2　2012 年赣中区主要农产品产量及占全省比重

	粮食	麻类	油料	水果	烟叶	肉类	水产品
赣中区产量/t	3 874 567	86	160 864	306 542	6 048	495 423	180 645
赣中区产量占全省的比重/%	20.0%	0.7%	16.0%	11.0%	16.0%	15.0%	8.0%

2. 农业布局相对集中，基地建设初具规模

各县市按照“因地制宜，突出特色，集中连片，规模发展”的原则，通过政策引导，多方扶持，系列服务，发展了一批基地乡、基地村，并以此辐射带动全区。截至 2014 年，全区已建成千亩以上种植业基地 240 个，千头以上猪、万羽以上禽的养殖业基地 204 个，基地的覆盖面达到农户总数的 35%，部分县市初步形成了“一乡一村一产品，一路一线一产业”的发展格局。

3. 龙头企业正在启动

全区培育了一批能引导农民生产、带动相关产业发展的龙头企业。安福火腿集团公司投资 1 500 多万元新建了一条生产线，年加工量由原来的 3×10^4 条增加到 10×10^4 条；泰和乌鸡系列产品发展为五大类、30 多个产品，年加工产值 3.6 亿多元；永丰蔬菜公司新建一座蔬菜保鲜库，扩建蔬菜批发市场和加工企业，蔬菜加工销售量达到 6.5×10^4 t；吉安市的水磨糯米粉、峡江和万安的米粉、吉水的香料油等加工企业都有较大的发展。全区龙头企业产值占全区工业总产值的 31%，龙头企业的启动，不仅使农产品实现了增值增效，而且对基地和农户的生产起到了很好的引导和带动作用。

4. 农业产品商品率较高，产销衔接更加紧密

各地把农产品销售摆到与生产同等的位置来抓，初步形成了以县城为中心，乡镇集市为依托，专业批发市场与集贸市场相结合的多层次、多类型、开放式的农村市场体系。2012年，各县市有农副产品综合批发市场38个，专业批发市场42个，民间贩运组织190多家，从事农副产品运销的农民16万多人，运销车辆1万多辆，年销售额突破21亿元。

二、新兴的工业

(一)发展状况

2012年，全区实现工业增加值404.45亿元，增长17.2%。截至2012年年末，吉安市共有631家规模以上工业企业(年主营业务收入2 000万元以上)，实现增加值330.8亿元，增长19.2%，实现总产值1 560.57亿元，增长52.3%。在规模工业总产值中，按行业分，国有经济增长23.1%，集体经济增长35.8%，股份制经济增长55.7%，其他经济增长38.9%；按轻重工业分，轻工业增长51.7%，重工业增长52.5%。全部工业企业用电量38.86×10^8 kW·h，增长16.3%。

全区规模工业经济效益综合指数为378.47%，同比提高44.59个百分点；实现主营业务收入1 552.67亿元，增长53.2%，产销率达到98.97%；实现利税总额169.95亿元，增长44.0%，其中利润总额104.84亿元，税金总额65.11亿元。

全区共有13个高新技术开发区和工业园区。共完成基础设施投入50.07亿元，增长19.0%；实现工业增加值295.2亿元，增长23.2%；吸纳从业人员21.79×10^4人，增长13.5%；实现利润总额104.32亿元，增长56.9%；上缴税金59.9亿元，增长32.0%。

本区物华天宝，矿产资源十分丰富，已发现探测的铁、硅石、岩盐等矿产种类达55种，占全省已发现矿种数的33%，矿产地590处，已探明的矿石资源储量达9.75×10^8 t，远景资源量达110×10^8 t，潜在经济价值超过1 058亿元。合理开发利用矿产资源，对做强做优区域经济规模、结构和质量有着明显的乘数放大效应。由于本区矿产资源开采技术落后，开采规模小，矿产资源加工利用率总体水平较低等因素的制约，矿业经济一直在低水平徘徊。把矿产资源潜在优势变为经济优势，使矿业成为经济支柱产业，始终是本区工业发展的目标，是山区渴望致富的群众的梦想。

近年来，吉安市以提高矿产资源对经济社会可持续发展的保障能力为目标，着力培养能源冶金、化工建材、硅石加工三大矿业经济区，按照各地域

不同的潜在资源优势，加大开发力度。2009 年全市辖区内出让的采矿权 446 宗，实现采矿权价款 8 975 万元，探矿权价款 4 001.9 万元，征收矿补费入库 796.19 万元，矿业权收益大幅度增长。安福、吉安和永丰三县是吉安市煤、铁、石灰石等矿产的主要分布区，煤炭、铁矿、石灰石保有资源储量分别为 $3\,600\times10^4$ t、3.4×10^8 t 和 $4\,100\times10^4$ t，三县矿产总产值达 29 亿元；作为全市财政收入大县的吉安县、安福县，矿业利税已分别占全县财政总收入的 31.9%和 36.4%，在推进矿业经济成为县域经济产业支柱的同时，也为打造全市能源冶金矿业经济区奠定了扎实的基础。永丰县是化工建材矿业经济区的基地，岩盐、萤石和水泥用石灰石保有资源储量总计达 2.45×10^8 t。

三大矿业经济区的全力培育，不仅使吉安市逐步形成冶金、盐化工、氟化工、多晶硅 4 个矿业支柱产业，也彰显出吉安市招商引资的优势。在 2010 年全省新年矿权第一拍中，安福县杨家桥矿区灯盏窝矿段就拍出了 14.6 亿元的“天价”，创下了江西省采矿权拍卖历史新高。

区内纺织业历史悠久。旧时，农村妇女农忙务农，农闲纺织，或白天务农，夜晚纺织。新中国成立时，城区针织业有 33 户，手摇袜机 227 台，工人 166 名；织布业有 39 户，工人 166 名；毛巾业及印染业 40 户，工人 162 人。纺织、针织、印染行业共有员工 494 人，占城区职工总数的 41.3%，总产值 104.70 万元，占城区工业总产值的 18%。中共十一届三中全会召开后，区内的纺织工业又有新的发展。吉安市区的纺织工业进行了产品调整和技术改造，添置了各种型号宽幅织印机、印花机、印染机等设备，提高了产品质量档次，并形成了色织、袜子、内衣、床单 4 个生产领域。本区主要纺织品为棉纺织品和麻纺织品，主要分布在泰和、吉水和永丰县。

(二)吉泰走廊

江西吉安市是革命老区、农业大市、“赣中粮仓”。长期以来，当地中心城市工业经济的辐射能力较弱，龙头带动作用不强。如何实现超常规、跨越式发展，成为摆在吉安科学发展道路上的一道难题。面对难题，吉安市委、市政府提出了非均衡发展战略，即集中有限的资源，在优势地区和优势产业上，实现重点突破，打造“吉泰工业走廊”这一经济增长极。

吉泰工业走廊地处江西省吉安市中部，其核心区以 105 国道为轴线，北起吉水县醪桥火车站，南至泰和县城南一线，东以吉安县永和镇为分界点，西至赣粤高速公路，南北长约 70 km，东西宽约 12～14 km，总面积约 900 km^2，依次贯通吉水县、青原区、吉州区、江西井冈山经济技术开发区(原吉安市高新区)、吉安县、泰和县“三县三区”。截至 2015 年，吉泰工业走廊核心区工业增加值、主营业务收入、上缴税收分别达到 800 亿元、2 500 亿元、100 亿元，均占全市比重的65%以上；其中规模以上工业增加值将占全市规模以上工业增加值的70%以上，力求以全市3.6%的国土面积承载全市70%的经济总量。不仅如此，从全省区域经济发展大局来看，建设吉泰工业走廊，对改善江西省经济空间结构具有重要的战略意义。

吉安市进一步出台了相关政策，制定了财政扶持、融资、税收优惠、人才引进、技术创新和出口补贴等一整套优化组合生产要素、促进吉泰工业走廊建设的政策。

在土地利用方面，吉安市统一了工业走廊用地征用和用地价格，对落户工业走廊的工业项目，土地价格在有关规定内给予优惠。市政府每年在省下达的建设用地指标中预留不少于30%的指标，专门用于走廊区域重大工业项目，优先保证重点项目、龙头企业、发达地区整体转移的产业、国内外战略投资者的项目用地需求。

在税费优惠方面，吉安市统一走廊区域内各区县对落户企业所缴增值税地方留成部分和所得税的奖补，及其他建设规费的减免标准，避免各县之间、园区之间无序竞争。

在降低物流成本方面，吉安市出台加快发展铁海联运的优惠政策，对从事铁海联运的物流企业给予扶持和奖励。

在基础设施和社会服务配套上，实现区域内交通、电力、水利、信息、环保、邮政基础设施一体化建设；以重点高中、职业学校和三甲医院建设为重点，扩张区域内优质教育和卫生资源，促进公共服务一体化。

明确的发展目标和有力的政策扶持，使吉泰工业走廊成为吸引各种经济资源的“磁铁”。提出建设吉泰工业走廊后，当年吉安工业固定资产投入高达215亿元，为计划投入100亿元的2.15倍，其中大部分都投向了吉泰工业走廊。

光有地理上的“走廊”概念，没有强大的产业支撑，成不了“工业走廊”。在落实《吉泰工业走廊建设规划》时，吉安市注重抓好产业建设，重点打造电子信息、冶金机械、医药化工、食品加工、建材和电力六大支柱产业。六大工业园区各有特色：井冈山经济技术开发区重点发展电子信息、医药化工和食品加工；吉水县工业园重点发展标准件及电镀、精细化工和食品加工业；河东经济开发区重点发展有色冶金和电力工业。六大工业园区合理确定产业定位和布局，差异发展，相得益彰。

三、快速发展的旅游业

本区地处江南丘陵地带，三面环山，中央是吉泰盆地，赣江从南至北横贯该区。北部为东西向的武功山，西部和南部为罗霄山脉，两山呈弯月形构成一道自西南至北部的屏障；东部和东南部则呈不规则月牙状，分布有雩山山脉中的玉华山、东固山等。本区历史文化悠久，自然风光秀丽，文物古迹众多，革命旧址遍布，旅游资源极其丰富。

在这些旅游资源中，号称"天下第一山"的革命摇篮井冈山，以"历史红、山林好"，集名山胜景于一身，成为中国独具特色的名山，吸引成千上万的游客前来瞻仰观光。佛教圣地青原山乃禅宗青原法系的发祥地，其繁衍的曹洞、云门、法眼三宗已远播日本、朝鲜、越南等国。国家森林公园武功山以其10万亩高山草甸而成为江南绝景，自古与庐山、衡山同誉为江南三大名山。白水仙—泉江风景名胜区岭峻岩奇，山深林密，泉瀑迭出，自然景观奇特。

吉安古称庐陵，有2 200多年的建置史。自古物阜民淳、名士荟萃，素有"江南望郡"和"文章节义之邦"的美称。境内孕育了丰富深厚的青铜文化、陶瓷文化、书院文化、科举文化、宗教文化和民俗风情，在一定历史时期代表了民族先进文化的主流，逐步形成以刚正义烈为内核的庐陵文化。吉安名人辈出，涌现了高唱《正气歌》的民族英雄文天祥，名列唐宋八大家的宋代文坛领袖欧阳修，南宋四大诗家之一、诚斋体的首创者杨万里，铁骨铮铮的名臣胡铨，主编世界上篇幅最大、时间最早的百科全书《永乐大典》的江南才子解缙，安国定邦的宰相周必大、杨士奇、彭时，中国四大贤母之中的陶母、欧阳母，唯物主义哲学家罗钦顺等一大批享誉中华的名人志士。吉安历史人文景观十分丰富，遍布全区各地，其中有商代墓葬、战国粮仓、吉州古瓷窑、白鹭洲书院，以及文天祥、欧阳修纪念馆等。这众多具有庐陵文化特色的历史人文景观，是吉安独特而又宝贵的旅游资源。

今后该区以"开发大井冈旅游，发展现代化产业"为旅游业总体发展思路，调整区域功能，发挥井冈山(旅游吸引物中心)、吉安(行政服务中心)、泰和(集散中心)协同作用，以发展红色旅游为龙头和核心动力，以"吉安：辉煌井冈、成功之地"为主体形象，整合全市红、绿、古旅游资源，主打红色文化、绿色生态、古色庐陵、会展节庆活动、休闲度假、专门兴趣六大特色主题旅游产品，进一步理顺旅游管理体制，强化市场机制和政府主导有机结合的优势，真正成为"江西旅游重点区，沿海休闲后花园，红色旅游首选地"。

第四节 区域差异与可持续发展

一、区域差异

赣中区经济地域差异并不是很明显，赣中区包括了2个市辖区和7个县，地域面积不大，所在区域全归地级市吉安市管辖，所以该区所有的县市在自然与资源条件、社会经济条件、经济发展水平以及产业结构方面都比较相似，但是还是存在着一定的区域差异。2012年赣中区社会经济发展水平比较见表8.3。

表8.3 2012年赣中区社会经济发展水平比较表

项目	人口密度/(人·km^{-2})	国内生产总值/万元	人均国内生产总值/元	国内生产总值构成（一、二、三产业比）	居民消费水平/元	农村居民人均纯收入/元
吉州区	809	764 939	22 367	10.04：36.43：53.53	8 476	7 872.54
青原区	226	552 132	25 562	11.83：61.09：27.07	7 172	6 319.29
吉安县	227	916 099	19 608	21.38：54.40：24.22	7 726	6 250.31
吉水县	207	741 310	14 711	22.08：47.45：30.47	7 003	7 165.62
峡江县	135	360 999	19 503	25.73：49.83：24.45	7 816	5 996.62
永丰县	167	776 970	18 052	19.34：45.06：29.56	7 215	7 159.71
泰和县	208	897 869	17 387	22.34：54.11：23.55	7 342	6 948.63
万安县	149	401 309	13 205	23.28：47.80：28.92	6 338	4 917.00
安福县	142	779 045	20 141	20.99：55.41：23.60	6 866	6 752.00

从人口密度看，2012年赣中区各县市区中人口密度最高的是吉州区，达到了809人/km^2，大约是峡江县的人口密度的6倍。人口在经济较繁华的地方集聚。

从生产总值看，最高的是市辖区，两个市辖区的生产总值总和达到131.7亿元，远远超过其他县。从生产总值还可以看出，赣中区越靠近吉安市市辖区的地区生产总值越高，吉安市市辖区在该区的中心作用得以体现。

在产业结构方面，吉州区的第三产业所占比重远远高于其他地区，青原区的第二产业比重明显较高。赣中区产业结构还有待进一步优化调整，应大力发展第二、第三产业，尽快提升其在总产值中的比重。

赣中区各县市区的居民消费水平和农村居民人均纯收入差距并不大。市辖区平均水平较高，在农村居民纯收入中，万安县稍逊于其他县市区。

二、区域经济发展

经济总量偏小、人均水平偏低、工业基础薄弱、城镇化水平滞后、城乡发展不均衡，这是赣中区最突出的实际状况。基于这个现实，结合阶段性特征，坚持“非均衡”发展战略，以吉泰走廊的率先崛起带动全局发展；坚持工业和现代服务业“双轮”驱动，努力形成多点发力、互动并进的发展格局；坚持城乡统筹、城乡同治，以高品质高标准推进城乡建设。

（一）调整优化工业结构，走新型工业化道路

新的历史发展阶段为赣中区工业发展创造了良好的机遇，赣中区应抓住机遇，调整优化工业结构，走新型工业道路。坚持“做优产业、做大园区、做强企业、做响品牌”思路，以自主创新、体制创新、管理创新为动力，以优化结构和产业升级为主线，以发展支柱产业为重点，以工业园区为载体，以承接沿海地区产业转移为着力点，以实施品牌战略为突破口，努力构筑以轻型工业为主导、以现代制造业为支撑、以民营机制为主体的工业经济新格局，走一条轻（轻型工业）、新（新技术）、高（高效益）的符合区域实际的新型工业化道路。

首先，做优支柱产业。充分发挥我区资源、技术、要素和区位优势，努力延伸产品和产业链条，集中力量培育壮大电子信息、医药化工、食品、电力、建材、冶金机械六大支柱产业。

其次，做大工业园区。按照“规划科学、定位准确、布局合理、功能完备、体现特色、集成配套”的思路，明确市、县（区）各个工业园区功能定位和主导产业，加快行业支柱型企业和上下游关联企业、配套企业的引进，完善产业配套体系，提高产业的集中度和关联度，引导产业定向集聚，形成一批主导产业突出、产业配套程度高的中小企业集群和特色工业园区。市高新区重点发展科技含量高、发展前景广、环境污染少的生物制药、电子信息等高新技术产业；各县（区）工业园重点发展有资源优势、有产业基础、能充分利用劳动力的食品加工、林产化工、纺织服装、新型建材、机械、制药等特色主导产业。

再次，做强骨干企业。借鉴外地经验、结合该区实际制定加快骨干企业成长的发展机制和帮扶措施，支持优势企业通过资产重组、资源整合，培育一批主业集中、品牌突出、市场竞争力强的骨干企业和规模企业。同时，围绕产业集群式发展，发展一批与龙头企业联系紧密、优势互补、分工协作的

“专、优、特、精”中小企业，推动产业协作配套，促进大中小企业协调发展。以承接沿海产业转移为突破口，大力引进和发展鞋帽、玩具、箱包、日用陶瓷、家具、手工艺品、文具、皮革及其制品、印刷及包装装潢、塑料制品、电动自行车及小家电等轻工业生产企业，努力培育新的产业集群。

最后，做响品牌产品。围绕全面增强自主创新能力，广泛应用高新技术和先进实用技术改造提升传统产业，积极引导企业采用国际标准和国内先进标准组织生产管理，支持鼓励企业争创驰名(著名)商标、名牌产品，提高产品的知名度和竞争力。积极引导企业加大技改投入，全面提高企业装备水平，增强企业的核心竞争力；建立健全企业技术创新体系，鼓励支持企业建立研发机构，开发具有自主知识产权的主导产品和关键技术；鼓励企业加强与科研院所和高校的合作，强化产学研联合，提高科研成果转化率；坚持以信息化带动工业化，以工业化促进信息化，加快企业信息化建设，提高企业生产自动化和营销网络化水平。

(二)推进社会主义新农村建设，加快农业农村现代化建设

按照生产发展、生活宽裕、乡风文明、村容整洁、管理民主的要求，从制订规划、扶持产业、完善设施、倡导文明入手，因地制宜，注重实效，扎实推进社会主义新农村建设。

1. 大力调整农业结构

按照省委、省政府提出的“希望在山、潜力在水、重点在田、后劲在畜、出路在工”的思路，优化农业经济结构和区域布局，努力提高农业效益，增加农民收入，建立起既能充分利用资源，又能适应市场经济需要，使各部门协调发展的农业结构。

巩固和提高粮食生产能力。继续贯彻执行国家稳定粮食生产的各项政策，严格执行基本农田保护制度，扩大优质粮种植面积，加大中低产田改造力度，扩大高产稳产、抗灾保收面积，提高粮食综合生产能力，巩固和加强粮食主产区地位。

调整种植业结构。坚持以优质、高效、高产、生态、安全为导向，积极发展多种经营，优先发展无公害蔬菜、优质烤烟、优质油菜、有机茶、特色果业、特色中药材等高效经济作物。

调整畜牧业结构。充分发挥该区粮多、山多、草多的优势，继续发展以生猪、禽蛋类为重点的农区畜牧业，突出发展草食性畜牧业，大力发展水禽业和奶业，加快生猪、肉牛、肉羊等品种的改良和引进，逐步提高草食畜禽在肉类总产量中的比重，提高泰和乌鸡、吉安红毛鸭、吉水灰鹅等地方优秀品种在家禽养殖中的比重。

调整水产结构。合理开发水面、滩涂等区域的渔业资源，加快品种更新换代，扩大名特优新品种养殖规模，调整养殖模式，重点发展高效生态型水产养殖业，积极发展高科技工厂化养殖，因地制宜发展水库和稻田养殖，搞好水产品精深加工，提高水产品的附加值。

调整林业结构。认真贯彻落实林业产权制度改革的各项政策，充分调动广大林农发展林业生产的积极性。按照分类经营要求，调整和优化林种、树种结构，大力发展花卉苗木、速生丰产用材林、工业原料林和高效经济林。

2. 壮大农业主导产业

坚持“公司加基地带农户”的产业化经营方向，围绕食品、林产化工、中药材等产业，重点扶持一批规模大、带动力强、外向度高的加工型、流通型、种养型龙头企业，通过龙头企业与优势产业的结合，形成龙头企业、农村经济合作组织加基地带农户的利益连接机制，提高农业产业化经营水平。提高农产品的商品转化率，构建农产品精深加工的产业链。鼓励和引导规模经营，因地制宜、集中连片地布局建设一批绿色优质稻、优质油菜、特种水产、特色果业、花卉苗木、无公害蔬菜、有机茶、特色中药材、烟叶、畜禽养殖基地，全面实施“一村一品”工程，大力发展集约型、效益型、外向型农业，形成特色农产品区域化布局、规模化生产、一体化营销。

3. 加强农村基础设施建设

坚持规划先行，以高标准、高质量完成乡村总体规划和详细规划编制，尊重农民意愿，典型示范，逐步推开，严格按照规划搞建设，做到规划一步到位、建设分步实施。积极推进全区农村通路、通水、通电、通广播电视、通电话、发展沼气的“五通一气”工程建设，全面开展清垃圾、清污泥、清路障、改路、改水、改厕的“三清三改”，改造“空心村”，绿化美化净化村容镇貌。

4. 健全农村公共服务体系

大力发展农村教育事业，普及和巩固农村九年义务教育。加强农村公共卫生和基本医疗服务体系建设，提高乡镇卫生院建设水平，以“民办公助”的形式加强行政村卫生所建设，基本建立新型农村合作医疗制度，逐步完善农村大病医疗救助制度，加强人畜共患疾病的防治。加强农村文化体育设施建设和管理，活跃农民文体生活。加强农村社会保障，基本实现农村“五保”对象集中供养。扎实开展文明村镇创建活动，倡导健康、文明、科学的生活方式。加强农村党组织和基层政权建设，完善村民自治，推进村务公开、政务公开和民主管理。加大扶贫开发力度，采取易地搬迁、整村推进、以工代赈、社会扶助等多种扶贫措施，切实改善贫困人口生产生活条件。逐步把区域内的农村建设成为经济繁荣、设施配套、功能齐全、环境优美、生态协调、文明进步的社会主义新农村。

(三)创新发展旅游业

围绕把该区建成"江西旅游重点区，沿海休闲后花园，红色旅游首选地"的目标，抢抓国家积极发展红色旅游的契机，把旅游业培育成为本区新的支柱产业和经济亮点。

形成开发大格局。突出"红、绿、古"的旅游资源特色，实施精品开发战略，以红色摇篮文化、绿色自然生态、古色庐陵文化、会展节庆活动、休闲度假、专门兴趣六大类旅游产品为主题，以井冈山红色及会议旅游发展区、庐陵文化旅游发展区、安福武功山生态旅游发展区为重点，加大旅游产品开发力度，加快建设青原山、东固、吉州窑、武功山、万安库区以及庐陵文化园、井冈山农业科技观光园等景区、景点，实现本区旅游产业的大扩容和产品质量的大提升。

(四)加快新型城市化进程，统筹城乡协调发展

坚持走注重发展城市产业、完善城市功能、提升城市品位、美化城市面貌的新型城市化道路，按照"做大中心，提升县城、优化城镇、协调发展"思路，形成以中心城区为核心、县城为节点、重点建制镇和一般乡镇为纽带、京九铁路和赣粤高速以及105国道沿线百千米城镇走廊为主轴的现代化城镇体系，促进城乡统筹协调发展。

1. 做大做美中心城市

突出做大做美吉安市中心城市，进一步巩固和强化中心城市的核心地位。按照产业聚集、功能完善、节约用地、合理布局、彰显特色的原则，加快中心城市的产业集聚和人口集聚，增强中心城市的集聚和辐射能力，实现城市规模和结构层次的新跨越，使之成为京九沿线城市带江西走廊上产业发达、经济繁荣、功能完善的现代化区域性中心城市。要突出城市特色，充分结合吉安市自然山水格局，构建自然生态环境和绿色景观体系，形成"城外山环水绕，城间山水相间，城中见山通水"的风格独特的城市山水景观格局。要优化城市空间布局，抓紧修编吉安市中心城区总体规划，加快推进吉州南展北扩、青原东进步伐。加速推进中心城区与吉安县城连接融合，构建"两江三岸"的大城市框架。要进一步明确城市功能定位，优化产业布局。吉州区要立足现有产业基础，培育发展电子、食品和轻工业，同时配合城南、城北新区的建设完善行政、商贸、城市旅游、文化体育、社会公共服务等各项城市功能；青原区要依托华能电厂、吉安火车站、井冈山大学和贸易广场，利用后发优势，重点发展物流、教育、旅游、商贸等现代服务业。通过协调发展，推动吉安市成为赣中重要的轻型现代制造业基地和商贸旅游中心。

2. 完善小城镇功能

加快小城镇建设步伐，把小城镇建设成为带动农村工业化的基地和集聚农村人口的重要场所。着力抓好中心城区卫星镇的建设，出台扶持政策，尽快壮大卫星镇的人口规模和经济总量。完善小城镇功能。进一步加大对小城镇基础设施和公共服务设施的投资力度，逐步完善道路、能源、给排水、垃圾处理、通信、信息网络等设施，切实改善小城镇的生产条件和居住条件。繁荣小城镇经济。依据各地的区位优势、资源优势，以市场为导向，以产业为依托，大力发展特色经济，提高小城镇经济实力。围绕发挥小城镇功能，兴办各种服务业，因地制宜发展各类综合性和专业性商品批发市场。充分利用风景名胜及人文景观，发展古镇名村旅游业。

3. 建立城乡协调发展的体制机制

进一步深化户籍管理、就业培训、社会保障、城镇用地等制度的改革创新，逐步建立有利于改变城乡二元结构、促进城乡协调发展的体制。加快户籍管理制度改革步伐，实行按居住地划分城乡人口的户籍登记制度；适当放宽城镇准入条件，放开农民进入城镇的户籍限制。对职业和住所稳定的进城农民，尊其意愿可转为市民，并在文化教育、医疗卫生、劳动就业、社会保障等方面享受与城镇居民同等待遇。对完全失去土地的进城农民工，协助其逐步转为城市人口，为其提供就业培训或最低生活保障。对就业适应能力较差的临时进城务工农民，继续实行亦工亦农、城乡双向流动，切实保护其合法权益。建立农民进城的全程服务体系，完善就业指导、技能培训、法律援助等各项措施，增强农民职业转换能力。完善城镇用地制度。按照既有利于保护耕地、又有利于促进城镇合理发展的方针，调整城镇用地结构，在符合土地利用总体规划的前提下，利用土地置换政策和存量用地调整机制，妥善解决城镇建设用地问题，促进土地集约利用。

第九章　赣南区

章前语

赣南，即江西南部，由于江西南部绝大部分隶属于赣州市，所以赣南基本等同于赣州市，赣南户籍总人口 900×10^4 人，其中常住人口 850×10^4 人，约占江西总人口的五分之一，约占江西土地面积的四分之一。赣州是国家历史文化名城，是赣南政治、经济、文化中心，江西南大门，被誉为“宋代历史博物馆”。赣南人文荟萃，文化底蕴丰厚，5 000 年前就有先民在此繁衍生息。该地区具有浓厚的客家文化，建有“客家文化城”，全境通行客家话和赣州话。同时，赣南地区还是著名的红色革命老区。

关键词

赣南区；四省通衢；矿产资源；旅游资源；产业布局；区域差异

第一节　区域概况

一、三脉相拥、三水相绕、四省通衢

赣南，即江西南部，由于江西南部绝大部分隶属于赣州市，所以赣南基本等同于赣州。赣州市位于赣江上游，东邻福建省三明市和龙岩市，南毗广东省梅州市、韶关市，西接湖南省郴州市，北连本省吉安市和抚州市。地处24°29′N～27°09′N，113°54′E～116°38′E。南北相距 295 km，东西相距 219 km，全市总面积 39 379.64 km^2，为江西省最大的行政区。赣州市是珠江三角洲、闽东南三角区的腹地，是内地通向东南沿海的重要通道，也是连接长江经济区与华南经济区的纽带。赣州市是“据五岭之要会，扼赣闽粤湘之要冲”，自古就是“承南启北、呼东应西、南抚百越、北望中州”的战略要地。赣州市人民政府驻章贡区，距省会南昌市 423 km，距广东省广州市 465 km。

赣南多山，武夷山脉盘踞于东，南岭山脉的大庾岭和九连山横卧于南，诸广山脉屏居于西。众多的山脉及其余脉向中部延伸，形成全区四周高中部低，南高于北，山峦起伏，河溪密布的地貌。全区海拔千米以上的山峰450座，大小不等的盆地50多处，崇义、上犹与桂东县交界处的齐云山海拔2 061 m，为全区最高峰，赣县湖江乡张屋村海拔82 m，为全区最低处。赣州市四周山峦重叠、丘陵起伏，导致溪水密布，河流纵横。地势四周高中部低，南高北低，水系呈辐辏状向中心——章贡区汇集。赣南山区是赣江发源地，也是珠江之东江的源头之一。千余条支流汇成上犹江、章水、梅江、琴江、绵江、湘江、濂江、平江、桃江9条较大支流。其中由上犹江、章水汇成章江；其余7条支流汇成贡江；章贡两江在章贡区相会而成赣江，北入鄱阳湖，属长江流域赣江水系。另有百条支流分别从寻乌、安远、定南、信丰流入珠江流域的东江、北江水系和韩江流域梅江水系。

二、建置沿革以及现行政区划

近年来，境内发掘的多处新石器时代时期的实物证明，远在四五千年前就有先民在赣南繁衍生息，旧志亦说赣南“开化远于唐”。春秋战国时期，赣南先后属楚、吴、越，后又属楚国。秦统一六国后，始皇帝三十三年(公元前214年)，发大军50万为五军，其中一军守庾岭之界，置南壄县，隶九江郡，为赣南建置政权之始。汉增置于都、赣2县，统属豫章郡。三国时属吴，吴嘉禾五年(236年)析庐陵郡置庐陵南部都尉，隶扬州，治于都，领7县，为赣南设立市一级行政机构之始。淳化元年(990年)，以虔州原辖南康、大余、上犹3县另置南安军，治大余。虔州领10县，隶江南西路。为赣南分设两个政区之始。至乾隆十九年(1754年)，升宁都县，为宁都直隶州，辖瑞金、石城2县，为赣南分设赣州府、南安府、宁都直隶州3个政区之始。中华民国元年(1912年)废府(州)、厅设县，县直隶省。中华民国三年(1914年)江西设浔阳、豫章、庐陵、赣南4道。赣南道，治赣县，领17县。赣南3个政区复合为一。苏维埃时期(1928—1934年)赣南各地先后成立苏维埃政府，分别隶属江西、湘赣、粤赣、赣南省苏维埃政府。1949年后分设赣州、宁都两个分区。1952年8月，撤销宁都分区，赣南再次合二为一，领18县(市)。1978年8月，设立赣州地区行政公署。1983年10月广昌划归抚州地区。1999年7月，撤销赣州地区设立赣州市，领18县(市、区)，原县级赣州市改称章贡区。

2015年，赣州市辖2区1市15县，即章贡区、南康区、瑞金市、赣县、信丰县、大余县、上犹县、崇义县、安远县、龙南县、全南县、定南县、兴国县、宁都县、于都县、会昌县、寻乌县、石城县。

三、兼容开放、客家摇篮

春秋战国时期，赣南人烟稀少。公元前214年，秦始皇以一军守庾岭之界，与当地人杂居，中原文化技术开始传入赣南，促进了赣南生产事业的发展，赣南人口随之渐增。历代战乱中，中原汉族人口陆续南迁，特别是晋代“永嘉之乱”和北宋末年“靖康之乱”，北方人口大规模南迁。清顺治十八年(1661年)，清廷欲绝郑成功物资，下令封锁沿海，闽南粤东人口迁居赣南的甚多。外来人迁居赣南农村后，当地人以其系客籍户，称为客家人。2011年全市汉族人口888.95×10^4人，占总人口的99.1%。有杂散居少数民族41个，人口8.04×10^4人(含外出人口)，以畲族为主，回族集中在章贡区，瑶族集中在全南，有民族村30个。赣南区为江西客家人的主要聚居区，亦是全国范围内客家人占当地人口比例最大的地区之一。(图9-1)

图9-1 江西省赣州市赣县客家文化城

(一)客家人的最大聚居地

客家，汉民族重要分支和重要民系。客家人是指原籍为中原或黄河流域地区的中原汉族，自东晋以来不断南迁，逐渐进入赣南、闽西、粤东等地定居，开始成为具有“特殊身份”的一个族群。

在客家人迁入之前，赣州除部分地区有少量当地人居住外，大部分是一片尚未开发的蛮荒之地。但在经历了中原汉民向南方的五次大迁徙以后，赣州成了客家人最大的聚居地。目前全市各县(市、区)，除章贡区和信丰县的嘉定镇以及其他几个居民点外，其余均属客家方言区。这里既有唐宋以来世居的“老客家”，又有明清时期从粤东和闽西回迁到赣州的“新客家”。

(二)客家民俗

1. 客家方言

客家方言被学术界称为研究古汉语的“活化石”。赣州客家话跟闽西和粤东客家话相比，有几个特点：一是赣州是赣方言和客家方言的交会点，显现出客赣方言的联系和差别；二是这里自唐宋以来的世居客家姓氏较多，因此方言中保留中原古韵成分较多；三是明末清初粤东、闽西的客家人又大量回迁赣州，使赣州的客家方言不像粤东、闽西那样统一，而是同中有异，县与县之间不一样，甚至乡与乡之间也会显出差异。正所谓“五里不同音，十里不同俗”。

2. 客家文艺

赣州客家文艺形式丰富多样，有赣南采茶戏、兴国山歌、于都唢呐、赣县东河戏、石城灯彩、信丰手端木偶戏、宁都采茶戏和傩戏、龙南香火龙和杨村过山溜、赣州南北词，以及各种宗教酬神舞、五句板、古文、风俗歌、民间小调等，可谓众彩纷呈。其中最具影响力，且具有土生土长的纯客家风情，并被列入第一批国家级非物质文化遗产名录的是赣南采茶戏和兴国山歌。

赣南采茶戏俗称“茶灯戏”“灯子戏”，是中国戏曲百花园中的一朵奇葩，是客家艺术中最绚丽的一朵奇葩，有“客家艺术一枝花”的美誉。它是以“九龙茶灯”为基础，吸收赣南其他民间艺术而逐步形成的，是赣南大地上土生土长的民间戏种，至今已有300多年的历史。它载歌载舞，气氛轻松活泼，语言幽默风趣，融民间口头文学、民间歌舞、灯彩于一体，具有浓郁的生活气息和深厚的文化底蕴，是客家人劳动和智慧的结晶。题材上多以基层群众，尤其是手工业工人、艺匠的日常生活为表现对象，剧目多以喜剧、闹剧为主。其表演艺术特点主要表现在小丑、小旦两个行当，曾有“三角成班，两小当家”之说。

客家人爱唱山歌，一曲美妙动听的客家山歌，能激起每一个客家儿女的无限激情，而兴国的山歌则唱得最为普遍，广泛流行于民间。兴国山歌内容极其丰富，题材广泛多样，真实地表达了客家人民对美好生活的向往，对旧社会罪恶的鞭笞，对封建礼教的反抗。土地革命战争时期，兴国山歌成为苏维埃政权的主要宣传形式之一，在我国革命文化史上写下了光辉一页。兴国山歌是中原古风遗韵和兴国当地文化相融汇的结晶，是我国民间艺术一颗璀璨的明珠。

3. 客家美食

赣州是客家饮食文化发祥地之一，其客家饮食文化源于中原，是中原传统文化与赣州当地文化交融的结果，它始于两晋，成熟于明清。其中的客家菜文化内涵丰厚，从用料、烹制方法到风味自成一派，其味型以鲜辣醇厚见长，清淡脆嫩兼具，原料山野气息浓郁，烹调方法精妙考究，人文气息意蕴深远，比较符合现代人"返璞归真"的消费观念，具有很强的生命力。四星望月、酿豆腐、小炒鱼、萝卜饺、荷包胙、凤眼珍珠、三杯鸡、肉丸子、黄元米果、擂茶等风味独特，美味可口，是享誉海内外的客家美食。特别是兴国客家的传统菜——粉蒸鱼，1929 年 4 月毛泽东在兴国品尝后，亲自命名为"四星望月"，从此这道菜声名远播。

(三)客家精神

客家精神来自 5 000 年历史文化的沉积，来自万里迁徙和拓展生存环境的磨炼，来自祖辈一代一代的言传身教，来自客属先贤"源于斯，高于斯"的添新增彩。赣州孕育伟大的客家民系的同时，也孕育了多彩的客家文化，培育了不朽的客家精神，即纯朴善良，勤劳节俭，崇文重教，拼搏进取，热情好客，开明开放。

四、红色故都、共和国摇篮

(一)中华人民共和国从这里走来

为粉碎湘赣两省国民党军队对井冈山根据地的围攻，1929 年 1 月 14 日，毛泽东、朱德采取"围魏救赵"战术，率领红四军主力 3 600 余人离开井冈山，向赣南、闽西挺进，开辟新的革命根据地。在根据地人民的大力支持和拥护下，红军经过一年多的艰苦奋斗，特别是在取得三次反"围剿"战争胜利以后，逐渐形成了以瑞金为中心的中央革命根据地。1931 年 11 月，中华苏维埃共和国在瑞金成立，并定都瑞金。由中国共产党领导、劳苦工农大众当家做主的中国红色中央政权诞生。

(二)长征从这里开始

第五次反"围剿"失利后，中央革命根据地日益缩小，中央红军被迫从苏区突围，实行战略转移。1934 年 10 月中旬，中央红军主力和中央党、政、军领导机关共 8.6 万余人，从瑞金、于都出发，开始了震惊中外的二万五千里长征。

(三)艰苦卓绝的南方三年游击战争

中央红军主力开始长征后，根据组织安排，中共中央分局书记项英、苏维埃中央政府办事处主任陈毅等领导留守的红军部队和干部群众，在苏区坚持游击战争。1935 年 3 月，中央苏区全部被国民党军队占领，苏区人民惨遭报复。项英、陈毅根据遵义会议后中共中央的电报指示，指挥留守红军队伍分成九路，从于都南部山区向外突围。项英、陈毅辗转来到赣粤边境的油山地区，领导赣粤边红军游击队，开展了艰苦卓绝的三年游击战争。

红军三年游击战争，其艰苦程度丝毫不亚于红军二万五千里长征。它牵制了大量的国民党军队，在战略上配合了主力红军的长征行动，为中国共产党保存了在中国南方的革命战略支点和一批骨干力量，为后来建立新四军，开辟华东、华中、华南抗日根据地奠定了坚实的基础。

(四)永恒的苏区精神

土地革命战争时期，毛泽东、朱德等在领导创建以瑞金为中心的中央革命根据地的斗争中培育了伟大的苏区精神。苏区精神内容丰富，博大精深，可以概括为："坚定信念，求真务实，一心为民，清正廉洁，艰苦奋斗，争创一流，无私奉献"。它既是井冈山精神在苏区时期的深化和发展，又是长征精神、延安精神的先河和源头。

在苏区时，中国共产党和苏区干部十分注重执政为民，真心实意为群众谋利益。中国共产党和苏维埃政府所做的每件事情，无不是在为人民大众谋利益。这也是群众真心实意地拥护革命，拥护苏维埃的根本原因。

在瑞金时，毛泽东教导苏区干部要关心群众生活，注意工作方法，并率先垂范。当年，他住在叶坪村，经常帮助驻地附近农民引水抗旱，组织村民兴修水利。后来中央政府迁到沙洲坝，为解决饮水问题，毛泽东又亲自指导和帮助沙洲坝人民打了一口井，这就是著名的"红井"。新中国成立后，当地人民从心底里感谢毛主席，特意在井边竖了一块木牌，上写"吃水不忘挖井人，时刻想念毛主席"。后来木牌改为石碑，清澈的井水至今还滋润着沙洲坝的人民。

五、山川秀美、人杰地灵

赣南是一个美丽的地方，更是孕育人才的地方。唐代，中书令钟绍京，工书法，誉满长安，所书灵飞经小楷，历千年至今不泯。南宋曾几，为文纯正雅健。明末清初，宁都"三魏"才学出众，名扬海内；罗牧善画山水，时称"江西派英才"；状元戴衢亨，一门四进士，叔侄两宰相，时称"西江四戴"。现代，袁玉冰创建江西最早的革命团体"改造社"，创刊《新江西》，积极传播马列主义，是"江西三杰"之一。陈赞贤参加创建中共赣南组织，积极领导工人运动，成为大革命时期赣南工人运动的先驱。《资本论》翻译者郭大力毕生致力于研究、介绍和宣传马克思主义，造诣之深，享誉中外。无产阶级革命家萧华年少早慧，14 岁任中国工农红军原总政治部青年部长，17 岁任少共国际师政委，英勇善战。红一方面军参加长征的 30 名巾帼英雄中，有 4 位是赣州人。1955—1965 年授衔的人民解放军将军，赣南籍的有 132 名(上将 3 名，中将 10 名，少将 119 名)。

赣南名胜古迹甚多。大余梅关始设于秦，位于梅岭之隘，地高峻险，气势雄伟，北、南关门上分别嵌“南粤雄关”“岭南第一关”匾额，字体苍劲雄浑。梅岭古驿道穿关而过。梅岭以梅著称，南北气候迥异，有“南枝花落，北枝始开”之独特自然景象，历代文苑名宦、骚人墨客路过于此，见景生情，咏诗作赋，刻石题碑甚多。近年来，海内外慕名而来览胜的人甚多，此处成为旅游热点。赣州城西北隅的郁孤台，三层楼阁，秀美雅致。登台瞭望，古城景物尽收眼底。宋代大词人、爱国英雄辛弃疾登台生感，写下千古名词。苏东坡、文天祥及历代文人墨客，寄高景之思，多有题咏。耸立在章、贡两水汇合处赣州古城墙上的八境台，始建于北宋，台高三层。远望崆峒披纱，峰山白云闲；近瞰章贡奔流，赣江流水急。赣州市郊通天岩，峭壁悬崖，洞天生幽，佛像、题刻之多，居江西名山胜景之冠，是江西省著名的艺术宝库。宁都翠微峰，奇峰异洞，幽静秀丽，被道家列为七十二福地中第三十五福地，明末清初“易堂九子”在此隐居，潜心讲学，海内咸仰。赣县宝华寺，始建于唐，庙宇巍峨，雕像庄重，寺中玉石塔晶莹耀目，有“江南第一塔”之誉；寺内唐代碑刻和门前千年古柏，至今犹存。兴国灵山，距县城 7 km，以奇峰怪石、曲径幽林、涧深泉冽称胜；一线天、方竹径、引路松、芭蕉洞、滴珠泉、匹练泉、白莲池、归一门，列为灵山八景，历代文人题咏颇多。大余丫山灵岩寺，始建于唐，经历代修缮扩建，规模宏伟，有殿、堂、楼、阁、僧房、客舍近百间，结构严整，布局合理，殿前描金绘彩，雕刻精致。寺前狮子桥胜景，桥畔古木森林，清静幽雅。崇义县聂都仙鹤岩，岩高 10 m，有地下河、楼阁、巷道，深幽宏大。岩内有 7 个 30～40 m 长宽的大厅，大厅内钟乳结石，千姿百态，五彩缤纷。洞内有佛像、床榻、钟鼓，有井深不可测，清泉可酌。地处江西南大门的龙南武当山，99 座石峰耸立于赣粤边界，奇峰如戟；九连山自然保护区的热带原始植被旖旎迷人，珍禽异兽出没其中；土围子倾沁淳悠的客家古韵，耐人寻味。会昌汉仙岩，以其奇异之洞窟，供人探幽；兴国社富乡莲花寨，以其峰巅天池盛产的江西鲜有之莼菜，吸引游人。第二次国内革命战争时期的红色故都瑞金革命旧址群等 15 处全国文物保护单位，前往瞻仰者络绎不绝。

第二节 自然与资源特征

一、山地为主的地貌类型

赣南自然地理区地貌以山地为主，丘陵次之，盆地河谷再次。这3部分地貌分别占全区面积的56%、28%和16%。地势东、南、西三面高，北面低。

该区东部边缘和东南端由武夷山脉的南段盘踞。雩山位于该区的东北部，呈北东—南西走向，与武夷山脉平行，从广昌经宁都、兴国一直伸展到于都、赣县。该区西部和西南端依次为诸广山、大庾岭和九连山，它们也是北东—南西走向。因该区是江西东西宽度紧缩的地域，东、南、西三面的山脉余脉分别向西、向北、向东伸展，并且相互连接致使区内山地覆盖率高达56%，面积超过2.4×10^4 km^2，占全省山地的40%，是一个山地自然地理区。

赣南自然地理区边境山峰林立，区内山峰密布，山峰海拔较高，多为1 400～1 700 m，个别山峰超过2 000 m。赣闽边境的山峰有牙梳山、鸡公岽、狮子岽、大顶岽等。赣粤边境有项山甑、阳天嶂等。赣湘边境有赤水仙、老虎岩、高山丛、南风面等。边境层峦叠嶂、交通闭塞。但大余县境内的梅岭关，历史上在沟通广东与江西乃至中原的往来中起过重要作用。区内山峰有宁都县的翠微峰，宁都县与兴国县交界线上的酒富岽，于都县的雩山，于都县与赣县交界的罗仙岽，赣县的峰山、水鸡岽，于都县与会昌县交界的种公嶂，寻乌县的鸡笼嶂，安远县的九龙嶂，安远县与信丰县交界的虎山，定南县的云台山，定南县与龙南县交界的马鞍山，龙南县与全南县交界的信丰坳等。区内山峰海拔一般为1 000 m左右，比省边境地带的山峰略低。

海拔300～500 m的地区为丘陵地区，共占面积1.2×10^4 km^2。丘陵分布在山地与盆地、河谷平原之间。依岩性可分为变质岩丘陵和花岗岩丘陵两类。变质岩丘陵坡度较大，沟谷窄，山势较高峻。花岗岩丘陵是由花岗岩体沿断裂带侵入，后经风化剥蚀而出露于地表面形成的。丘陵地区风化壳发育，因人类活动，不少地区植被遭受破坏，水土流失现象尤为严重。

因久经剥蚀，该区的山脉脉络不甚明显，山地丘陵成逶迤起伏态势。其间棋子式布满一系列盆地和河谷平原。盆地的走向基本呈北东—南西走向，与地质构造线是一致的。区内有大小盆地近50个，主要有广昌盆地、石城盆地、宁都盆地、信丰盆地、大余盆地等。其中赣州盆地最大，面积达1 500多km^2，地势平坦，河流纵横，沿河两岸有较宽阔的河谷平原。土层较厚、土地肥沃。

盆地四周是低丘岗地，地势较高，土层较薄，土质瘠薄。

二、峰回路转、连云叠嶂

赣州地区位于南岭之北，山峰环列，山峦起伏较大，坡度较陡，坡度一般在16°～45°，其中26°～35°的占34%，36°以上的占14%。环绕于四周的山脉有：武夷山山脉，盘踞于东，为赣、闽两省天然分水岭，东属福建，西属江西；南岭山脉的大庾岭和九连山，横亘于南，是赣、粤两省天然屏障，岭南是广东，岭北是江西；诸广山山脉，居于西缘，将赣、湘两省相连，西麓为湖南，东麓为江西；雩山山脉，贯穿于中东部，以宁都肖田为发端，从东北向西南的兴国、于都延伸至赣县、安远和会昌。一条条山溪从一座座山峦之中流出，故此，赣南山区成为赣江的发源地，也是珠江之东江的源头之一。

武夷山山脉　起自牛牯岽，迄于狮子岩(岩溪)，蜿蜒于石城、瑞金、于都、会昌、寻乌、宁都等县市的部分地方。版幅：东西跨121.5 km，南北跨213.75 km，面积7 932.65 km²。其西麓主要山峰有项山甑、鸡公岽、牙梳山、金华山、仙人湖岽、梅山顶、洋石岽、大顶岽等。

南岭山脉(大庾岭和九连山)　盘踞在大余、信丰、全南、龙南、定南全境和安远、寻乌、会昌、南康、赣县、于都、赣州市的部分地方。版幅：东西191 km，南北168.75 km，面积17 613.28 km²。大庾岭，长202.5 km。九连山，起自饭池嶂，迄于河背，长225 km。其北麓主要山峰有黄牛石、帽子峰、油山、饭池嶂、仙人嶂、登高岽、鸡笼嶂、丫鬟钵、九龙嶂、乱罗嶂、分金嶂、禄山、峰山等。

诸广山山脉　起自罗霄山脉的烂泥湖，迄于板坳，长93 km。盘踞在上犹、崇义的全部和大余、南康、赣县、赣州市的部分地方。版幅：东西106.5 km，南北105 km，面积6 707.73 km²。主脉从东北走向西南，支脉则从西北向东南往东。其东麓主要山峰有齐云山、赤水岭、聂都山、烂泥湖、五指峰、白鹤岭、天华山、蛤湖岽等。

雩山山脉　起自宁都肖田的王陂嶂，迄于赣县韩坊的鸭子嶂，盘踞在宁都、于都、兴国、会昌、安远、赣县等县的部分地方。版幅：东西120 km，南北142.5 km，面积7 125.98 km²，其主要山峰有凌云山、王陂嶂、大乌山、云峰嶂和雩山等。

三、山水相融、百川汇宗

赣州市四周山峦重叠，丘陵起伏，溪水密布，河流纵横。地势四周高中部低，南高北低，水系呈辐辏状向中心——章贡区汇集。赣南山区是赣江发源地，也是珠江之东江的源头之一。千余条支流汇成上犹江、章水、梅江、琴江、绵江、湘江、濂江、平江、桃江9条较大支流。其中上犹江、章水汇成章江；其余7条支流汇成贡江；章、贡两江在章贡区相会而成赣江，向北流入鄱阳湖，属长江流域赣江水系。另有百条支流分别从寻乌、安远、定南、信丰流入珠江流域的东江、北江水系和韩江流域的梅江水系。区内各河支流，上游分布在西、南、东边缘的山区，河道纵坡陡，落差集中，水流湍急；中游进入丘陵地带，河道纵坡较平坦，河流两岸分布有宽窄不同的冲积平原。

(一)赣江

赣江以章、贡二水在章贡区汇合而得名，古代传说以“赣巨人”而名水，主源为贡水，发源于石城县横江镇洋地石寮岽，为江西省最大河流。赣州市境内赣江长度45 km(自章贡区八境台至赣县尧口)，自南向北流向。河流落差11 m，平均坡降0.24‰。赣江在境内位于24°30′N～27°10′N、113°55′E～116°35′E。流域面积3.64×10^4 km^2(包括由湖南、广东、福建省流入的流域面积1 016 km^2)，约占赣江总流域面积的44.8%，流域形状近似侧面开口的马头形，全区18县(市、区)基本属于赣江上游区。

(二)水文特征

赣州市位于赣江上游，是以暴雨洪水为主要自然灾害的地区。每年4—9月为汛期，5—6月为洪水多发月，旱汛和秋汛也有发生。2009年，全市平均降水量1 329.2 mm，与多年平均值(1 580.2 mm)比较减少15.9%。年径流量为194.46×10^8 m^3，全市径流量年内分配不均衡，汛期(4—9月)实测径流量为138.48×10^8 m^3，占年径流量的71.2%，非汛期径流量为55.98×10^8 m^3，占全年径流量的28.8%。

(三)水资源及用水量

本市属于水资源丰富地区，高于全省、全国人均水资源占有量。2009年，全市水资源量为208.01×10^8 m^3，与多年平均值比较减少34.1%，低于常年水平。

全市总用水量36.03×10^8 m^3，其中：农林牧渔业用水量29.07×10^8 m^3，工业与建筑业用水量3.08×10^8 m^3，服务业用水量0.41×10^8 m^3，居民用水量3.24×10^8 m^3，城镇环境用水量0.23×10^8 m^3。2009年全市人均水资源量为2 470 m^3，与上年比较有所减少。

(四)河流水质概况

在赣江、贡水、章水、上犹江、桃江、梅川、绵江、平江、濂江、湘水、琴江、崇义水、九曲水、寻乌水14条大中河流及18个县(市、区)设有45处水质监测断面，在各监测断面进行了4～6次水质监测，对江河水中金属化合物、非金属化合物和有机化合物等26个项目进行了监测分析。继续加大对章水赣州段、平江兴国段、贡水峡山站、寻乌水马蹄河寻乌段和定南水下历河定南段5个重点河段的水体监测力度。在继续做好东江源区寻乌水、定南水源区的水环境监测评价的同时，对新增的寻乌斗晏、定南长滩、信丰九渡、崇义杉皮埂、信丰九渡、会昌周田、赣县攸镇6个省、市界河断面和16个“百大哨口工程”的水质水量进行动态监测。其中，主要江河重要水域全年水质状况为：质地优良的Ⅰ、Ⅱ类水质全年比例为37.7%，丰水期35.8%，枯水期37.7%；合格的Ⅲ类水质全年为32.1%，丰水期28.3%，枯水期18.2%；轻度污染的Ⅳ类水质全年为17.0%，丰水期22.6%，枯水期15.1%；重度污染的Ⅴ类水质全年为3.8%，丰水期9.4%，枯水期5.7%；严重污染的超Ⅴ类水质全年为9.4%，丰水期3.8%，枯水期15.1%。

四、植物王国、生态名城

赣南素有“深山长谷，荒翳险阻”之称，“环赣皆山”，森林茂密，植被覆盖率较高。中华民国初期，战乱频发，山林受到严重破坏。新中国成立后，在党和政府的领导下，依靠和发动群众植树造林，绿化荒山，植被覆盖情况有所恢复。但是随着人口增加，社会主义建设事业的发展，加上工作中的失误，几度出现林木被过量砍伐甚至乱砍滥伐的现象。改革开放后，党和政府又带领广大群众恢复植被，绿化荒山。截至2012年，赣州市实现森林覆盖率76.2%，成为不折不扣的生态城市。

五、典型的亚热带季风气候

赣州市地处中亚热带南缘，气候属亚热带丘陵山区湿润季风气候，具有冬夏季风盛行，春夏降水集中，四季分明，气候温和，热量丰富，雨量充沛，酷暑和严寒流时间短，无霜期长等气候特征。

六、种类齐全、富有特色的自然资源

(一)土地资源

受地质构造关系和成土诸因素影响，赣南形成了土地类型地域性强，土地利用差异明显，山地多、平原少，耕地面积小、耕地后备资源不足，土地绝对数量大，人均占有量少的特点。除林地的人均占有量高于全国人均占有量外，其余的人均占有量低于全国人均占有量。

(二)水资源

境内有大小河流1 270条，河流面积14.49×10^4 hm^2，总长度为16 626.6 km，

河流密度为 0.42 km/km²。多年年均水资源量为 335.7×10⁸ m³，人均占有量为 3 900 m³，略大于全省人均量，比全国人均量高出 70%。赣州市基本属富水区。在水资源中，地表水资源量为 327.53×10⁸ m³，地下水资源可动量为 79.13×10⁸ m³，占河川总流量的 24.46%。境内温泉 53 处，除章贡区、赣县、南康外，其余 15 县(市)均有分布，寻乌最多，达 14 处。水温 79℃的 1 处，为水温最高处，出水量最大的为崇义县分水坳温泉，出水量为 50 L/s，其次为安远县虎岗温泉，出水量为 24.89 L/s。温泉水已有一部分被开发用来养鱼、育秧、养殖、洗涤、旅游等。

(三)森林资源

赣南是我国商品林基地和重点开发的林区之一。其植物区系具有种类繁多，成分复杂，起源古老等特点。赣南保留了大量的第三纪植物区系，是古老植物种属的“避难所”，是东亚植物区系的发源地之一，还是我国特有植物珍贵树种较多的地区。在动物地理区划上，赣南属东洋界华中区东部丘陵平原亚区，有较多森林野生动物(昆虫)种类分布在境内各地。西南部的九连山，是我国中亚热带南缘东端自然生态系统保存最完整的地段，保存了一些野生动植物的活化石和珍贵树种。

(四)植物资源

据历年多次森林植物调查资料估算，境内森林野生有经济价值的植物主要有 3 类 220 科 2 298 种。其中蕨类植物 31 科 74 种，裸子植物 9 科 29 种，被子植物 180 科 2 195 种。在这些植物中，有乔、灌、藤本树种 1 600～1 800 种，已掌握的有 134 科 1 736 种，采集有标本的 126 科 384 属 1 170 余种，其中：乔木树种 500 余种，灌木(含藤本)树种 650 余种，竹类 20 余种；有珍稀濒危树种 124 种，属于国家一、二、三级保护树种 40 余种；引进树种 200 多种。

(五)微生物资源

区内森林有经济价值的微生物主要是野生大型真菌，有 2 纲 6 目 21 科 84 种。其中层菌纲 4 目 19 科 80 种；复菌纲 2 目 2 科 4 种。

(六)动物资源

赣南历史上曾有剑齿象、犀牛、大熊猫、金丝猴、长臂猿、麋鹿等动物繁衍生息。随着气温的下降，上述动物逐渐向西南退缩，先后绝迹于赣南。中华人民共和国成立后，有关部门曾多次开展野生动物调查，基本查清了赣南森林野生动物(包括昆虫)的种类和分布。除森林昆虫 18 目 130 科 912 种，并发现有全国新种、江西新种 69 种外，赣南还有陆生野生保护动物 125 种，其中：国家级保护的 48 种，省级保护的 77 种。这些野生动物，既有南北广泛分布的种类，也有分布于华南亚区的种类，还有与西南亚区种类相似的部分动物种类。在它们中，有经济价值较高且稀有的华南虎(20世纪60年代前有，80年代后销声匿迹)、金钱豹、猕猴、水鹿、水獭、苏门羚、平胸龟、黄腹角雉、白鹇、穿山甲、棘胸蛙、蟒蛇等，也有云豹和金猫，还有最近发现的江西新种花姬蛙、三叶蹄蝠。

(七)矿产资源——世界钨都、稀土王国

赣南是全国重点有色金属基地之一，素有“世界钨都”“稀土王国”之美誉(图9-2、图9-3)，已发现矿产60种，其中有色金属10种(钨、锡、钼、铋、铜、铅、锌、锑、镍、钴)，稀有金属10种(铌、钽、稀土、锂、铍、锆、铪、铷、铯、钪)，贵重金属4种(金、银、铂、钯)，黑色金属4种(铁、锰、钛、钒)，放射性金属2种(铀、钍)，非金属25种(盐、萤石、滑石、透闪石、硅石、高岭土、黏土、瓷土、膨润土、水晶、石墨、石棉、石膏、芒硝、重晶石、云母、冰洲石、钾长石、硫、磷、砷、碘、大理岩、石灰岩及白云岩)，燃料5种(煤、泥炭、石煤、油页岩、石油)。以上矿产中经勘查探明有工业储量的为钨、锡、稀土、铌、钽、铍、钼、铋、锂、铷、锆、铪、钪、铜、锌、铁、钛、煤、岩盐、萤石、硫、白云岩、石灰岩等20余种。全市有大小矿床80余处，矿点1 060余处，矿化点80余处。全市保有矿产储量的潜在经济价值达3 000多亿元。境内发现的砷钇矿、黄钇钽矿为我国首次发现的矿物。1983年国际矿物协会新矿物与矿物命名委员会审查通过并正式确认的赣南矿，为当时世界首次发现的新矿物。

图9-2　钨矿

图 9-3　稀土

(八)旅游资源

1994 年赣州被国务院批准命名为“国家历史文化名城”，2003 年被命名为“中国优秀旅游城市”。

赣州旅游配套设施日益完善，服务水平迈上新台阶。截至 2015 年，全市拥有三星级以上酒店 48 家(其中五星级 1 家，四星级 12 家)，旅行社 62 家，导游员 1 400 余人，旅游从业人员已超万人。赣州旅游资源丰富，产品独具特色。截至 2015 年，赣州有国家重点文物保护单位 22 处，有国家级文化保护单位 10 处 64 个点，省级文物保护单位 54 处；有国家级风景名胜区 1 处(安远三百山)，国家级自然保护区 2 处(龙南九连山、崇义齐云山)，国家级森林公园 8 个(宁都翠微峰、崇义阳岭、安远三百山、上犹五指峰、大余梅关、龙南九连山、上犹陡水湖、章贡区峰山)，国家 5A 级景区 1 个(瑞金共和国摇篮景区)，国家 4A 级旅游区 15 处(通天岩风景名胜区、宝葫芦农庄、崇义阳岭、瑞金叶坪红色旅游景区、瑞金中央革命根据地历史博物馆、五龙客家风情园、龙南关西新围、安远三百山、定南九曲旅游度假村、赣县客家文化城、大余丫山风景区、兴国三僚景区、石城通天寨景区、会昌汉仙岩景区、宁都翠微峰景区)，国家 3A 级旅游区 3 处(于都长征第一渡、龙南栗园围、龙南客家酒堡)。赣州已形成了“红色故都、江南宋城、客家摇篮、生态家园、世界橙乡、堪舆圣地”六大旅游品牌。

1. 红色故都

赣州是毛泽东思想的重要发祥地，是全国著名的革命老区。1931 年 11 月 7 日，在赣州瑞金的叶坪村，诞生了一个“赤色中国”——中华苏维埃共和国，故有“红色故都”“共和国摇篮”之称。第二次国内革命战争时期，毛泽东、朱德、周恩来、邓小平等老一辈无产阶级革命家都在这里战斗、生活过，中央革命根据地在这里创建，彪炳史册的中华苏维埃共和国在这里奠基，举世闻名的红军二万五千里长征从这里出发，艰苦卓绝的三年游击战争在这里打响。赣州为革命牺牲的有名有姓的烈士多达 10.8×10^4 人，占江西省烈士总数的 43%，占全国烈士总数的 7%；仅兴国一县就有烈士 23 719 人，其中牺牲在长征路上的有 1.37×10^4 人，每走 1 公里就有 1 名兴国籍战士倒下。在共和国的第一代将帅中，十大元帅中有 9 位(徐向前除外)、十大将军中有 7 位(粟裕、陈赓、黄克诚、谭政、萧劲光、张云逸、罗瑞卿)都在赣南这块土地上生活过、战斗过。这里既给我们留下了宝贵的精神财富，又留下了一大批革命旧址等红色资源。赣州因此被列为全国 12 大重点红色旅游区、30 条红色旅游精品线路和 100 个红色旅游经典景区之一，主要景点有著名的苏维埃三大旧址群、长征第一山、长征第一渡、宁都起义指挥部旧址，还有全国著名的将军县兴国、邓小平任会寻安中心县委书记的旧址等。现有中央和国家 40 多个部委在这里寻根溯源，建立了爱国主义和革命传统教育基地。

2. 江南宋城

赣州是江西省所有城市中保存文物古迹尤其是宋代文物最多的一座滨水城市，故有“江南宋城”之誉。这里古迹众多，有被学界称为宋代孤品的古城墙，有中国唯一至今仍在使用的古代排水系统——古福寿沟，有江南第一石窟——通天岩，还有具有近 900 年历史至今仍在使用的古浮桥，中国八景文化的发祥地——八境台，南宋词人辛弃疾留下千古绝唱《菩萨蛮·书江西造口壁》“青山遮不住，毕竟东流去”的郁孤台。这里文化厚重，是宋明理学的奠基地、客家文化的孕育地和传播地，更是风水文化发展和形成的地方。宋代理学创始人周敦颐在这里写下了著名的《爱莲说》；成王成圣的王守仁(王阳明)在这里潜心研究心学；明代戏曲家汤显祖在这里创作了千古奇剧《牡丹亭》；风水祖师杨筠松在这里创立了形势派风水理论。这里名人荟萃，王安石、苏东坡、辛弃疾、文天祥、海瑞都曾驻足赣南，寄情山水，留下了许多墨迹华章；岳飞、戚继光、石达开等一批名将在赣南留下了许多传奇故事；此外，蒋经国曾经主政赣南达 6 年之久，留下了蒋经国旧居、中华儿童新村等许多遗址。

3. 客家摇篮

赣州是客家先民从中原南迁的第一站，是客家民系的发祥地，是客家人的主要聚居地之一，全市客家人口占 95%以上，世称“客家摇篮”。2004 年，赣州市成功举办了世界客属第十九届恳亲大会，在世界客属中再次奠定了客家摇篮的地位。这里有600余幢神奇的客家围屋，被称为“东方的古罗马”，至今保存完好且具有代表性的有龙南关西新围、燕翼围和安远的东升围，走进围屋就像走进古老的城堡。这里有规模宏大的客家文化城，是客家后人寻根祭祖的圣地；还有那尘封已久的客家古村落——白鹭村；更有那古风古朴的赣南采茶戏、兴国山歌、客家擂茶。

4. 生态家园

赣州素有“绿色宝库”“生态王国”“江南水乡”之美称，赣州是香港同胞饮用水东江的源头，故有“东江源头”之名。俗话说“江西九十九条河，只有一条通博罗”，这条河就是安远三百山的镇江河。三百山绵延333 km^2，这里有奇峰幽谷、飞瀑深潭、古树怪石、温泉地势；这里原始森林茂密、奇花异草斗艳、飞禽走兽成群，是饮水探源、登山探险、科考野营、温泉度假的好地方。此外，被誉为“天然氧吧”的崇义阳岭，负离子含量平均达9.2×10^4个/cm^3，最高值达19.2×10^4个/cm^3，这里天空云淡、竹海茫茫、飞瀑流泉、空气清新，是一个休闲养身的好去处。

5. 世界橙乡

赣州是中国最适宜种植脐橙的地区之一，是全国得天独厚的脐橙、柑橘种植基地，全市果业总面积263×10^4亩，其中脐橙种植面积180×10^4亩，产量140×10^4 t，成为脐橙种植面积世界第一、年产量世界第三、全国最大的脐橙主产区，被誉为“世界橙乡”。秋冬季节正是橙黄橘红之时，满山遍野看到的都是橙黄，丰收美景尽入眼帘。游人可以到橙园里尽情享受采橙、品橙的乐趣。

6. 堪舆圣地

世界风水在中国，中国风水在赣州，赣州堪舆文化、儒释文化、宋城文化、客家文化交相辉映。赣州兴国的三僚村，被称为“中国风水文化第一村”，成为堪舆文化的发祥地、世界风水文化爱好者朝觐的圣地。风水祖师杨筠松，携弟子曾文辿、廖金精隐居三僚著书立说，创立中国赣派风水文化理论体系，曾、廖二人师承杨公奇术并发扬光大。从此，中国风水文化传播海内外。五代十国、宋、元、明、清历朝，共出了24个国师、72个明师，其中白衣承诏，由皇帝钦封为钦天监博士的风水师就达36人。古都南京、北京著名建筑，如明十三陵、故宫、长城、清东陵等都由三僚风水先生堪择。

第三节　产业发展与布局

一、产业发展状况[①]

(一)综合

2012 年，赣南区实现地区生产总值(GDP)1 508.43 亿元(图 9-4)，比上年增长 11.9%。其中，第一产业增加值 252.41 亿元，增长 4.8%；第二产业增加值 696.78 亿元，增长 13.7%；第三产业增加值 559.24 亿元，增长 13.2%。三次产业结构由 2011 年的 17.4∶47.2∶35.4 调整至 2012 年的 16.7∶46.2∶37.1。非公有制经济实现增加值 922.99 亿元，增长 13.9%。

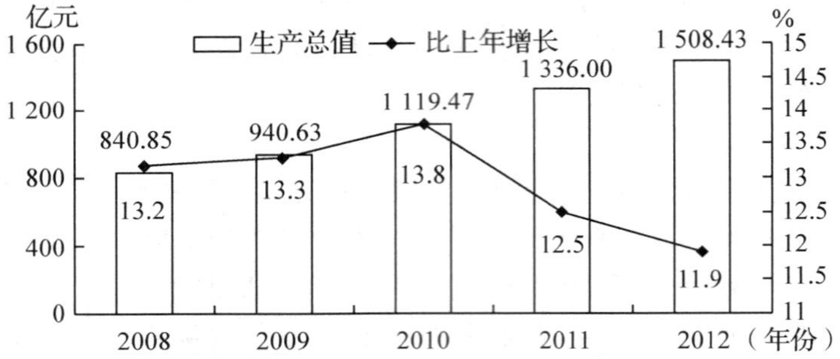

图 9-4　2008—2012 年赣州市生产总值及其增长速度

(资料来源：《赣州市统计年鉴－2013》)

全年居民消费价格比上年上涨 2.8%，其中食品价格上涨 5.5%(表 9.1)。商品零售价格上涨 2.6%。工业生产者购进价格下降 0.34%，其中有色金属材料及电线类下降 12.0%，农副产品类上涨 8.2%。工业品出厂价格下降 2.6%，其中冶金工业下降 12.0%，建筑材料工业下降 4.5%，造纸工业下降 4.2%。

① 赣州市统计局：《2012 年赣州市国民经济和社会发展统计公报》，http：//www.jxstj.gov.cn/id_OLDCOLUMN3390374/news.shtml，2019-12-26。编辑注：此处为了呈现赣南区产业发展状况，只对引用内容作了格式方面的修改，未对统计数据作出修改。

表 9.1　2012 年居民消费价格比上年涨跌幅度

指标	比上年涨跌/%
居民消费价格	2.8
食品	5.5
#粮食	4.5
烟酒	0.8
衣着	2.9
家庭设备用品及维修服务	−0.2
医疗保健和个人用品	2.6
交通和通信	1.4
娱乐教育文化用品及服务	1.8
居住	0.3

资料来源：《赣州市统计年鉴－2013》。

2012 年年末全市就业人员为 506.35×10⁴ 人，比上年末增加 14.66×10⁴ 人，其中，城镇就业 108.69×10⁴ 人，比上年末增加 4.87×10⁴ 人。2012 年年末城镇登记失业率为 3.23%。

2012 年全年财政总收入 230.82 亿元，比上年增长 28.0%。其中，公共财政收入 141.30 亿元，增长 28.4%(图 9-5)。全年各项税收收入 210.12 亿元，增长 35.4%(表 9.2)。

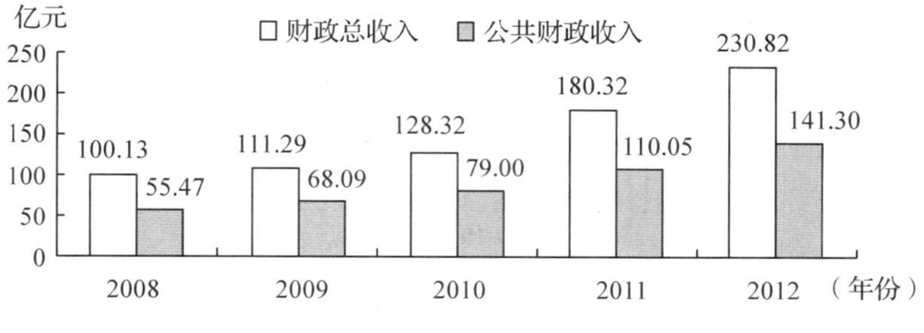

图 9-5　2008—2012 全市财政收入

(资料来源：《赣州市统计年鉴－2013》)

表 9.2　2012 年税收及其增长情况

	指标值/亿元	比上年增长/%
税收合计	210.12	35.4
第一产业	0.21	29.1
第二产业	114.38	34.8
#工业	92.81	33.9
第三产业	95.53	36.1

资料来源：《赣州市统计年鉴－2013》。

(二)农业

赣南地处中亚热带南缘，东距台湾海峡 360 km，南至南海 230 km，由于距离海洋较近，受海洋气候影响，同时环列四周的高山又相对减缓台风和寒潮的侵袭，因此具有气候温和，热量丰富，雨量充沛，春夏降水集中，四季分明，酷暑和严寒时间短、无霜冻时间长的特点。但是赣南地区地形以山地、丘陵为主，加上该区存在较为严重的水土流失等环境问题，该区农业发展受到了较大的限制。

2012 年全年粮食种植面积 769.63×10^4 亩，比上年减少 1.48×10^4 亩；烤烟面积 14.64×10^4 亩，比上年增加 2.25×10^4 亩；蔬菜及食用菌面积 162.29×10^4 亩，比上年增加 1.62×10^4 亩；花生面积 48.89×10^4 亩，比上年增加 1.69×10^4 亩；茶园面积 15.25×10^4 亩，比上年增加 1.74×10^4 亩；果园面积 281.76×10^4 亩，比上年增加 7.37×10^4 亩，其中，脐橙面积 178.12×10^4 亩，比上年增加 4.22×10^4 亩。

2012 年年粮食产量 280.03×10^4 t，比上年增长 0.5%(图 9-6)；蔬菜及食用菌产量 249.20×10^4 t，比上年增长 3.0%；水果产量 169.02×10^4 t，比上年下降 4.0%，其中脐橙产量 125.09×10^4 t，比上年下降 6.2%(图 9-7、表 9.3)。

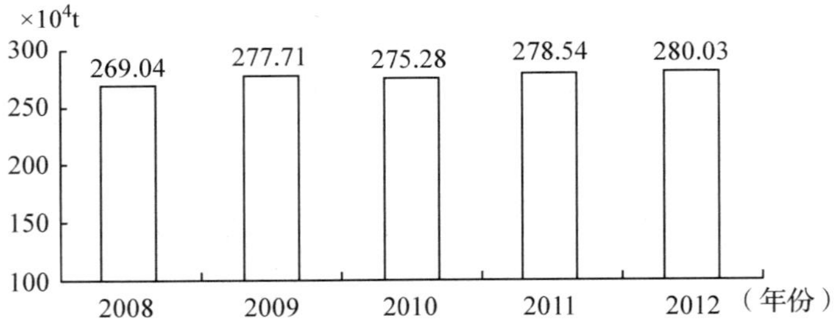

图 9-6　2008—2012 年全市粮食产量

(资料来源：《赣州市统计年鉴－2013》)

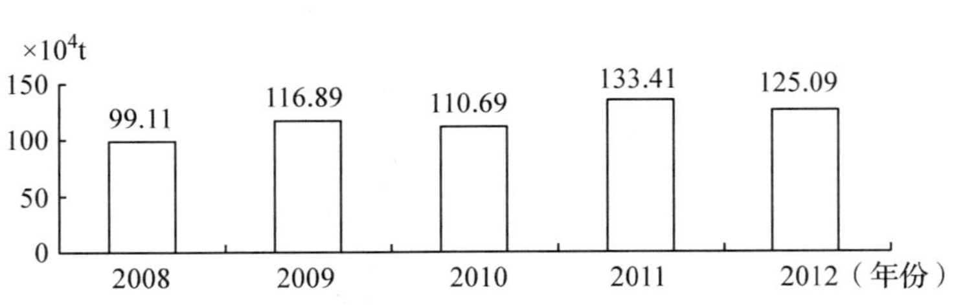

图 9-7　2008—2012 年脐橙产量

(资料来源：《赣州市统计年鉴－2013》)

表 9.3　2012 年主要农产品产量及其增长速度

产品名称	产量/t	比上年增长/%
粮食	280.03×10^4	0.5
＃早稻	111.21×10^4	0.3
＃二晚稻	131.33×10^4	0.7
油料	10.43×10^4	4.6
＃花生	8.72×10^4	4.9
烤烟	2.03×10^4	10.4
蔬菜及食用菌	249.20×10^4	3.0
莲子	8 478.00	27.7
茶叶	3 600.00	37.3
水果	169.02×10^4	−4.0
＃脐橙	125.09×10^4	−6.2
＃西瓜	22.63×10^4	−1.3

资料来源：《赣州市统计年鉴—2013》。

2012 年肉类总产量 65.08×10^4 t，比上年增长 6.0%。生猪年末存栏 349.3×10^4 头，比上年增长 5.3%，其中能繁殖母猪年末存栏 34.8×10^4 头，比上年增长 12.5%。生猪出栏 588.17×10^4 头，比上年增长 6.9%(图 9-8)。全年水产品产量 27.5×10^4 t，比上年增长 8.6%。(表 9.4)

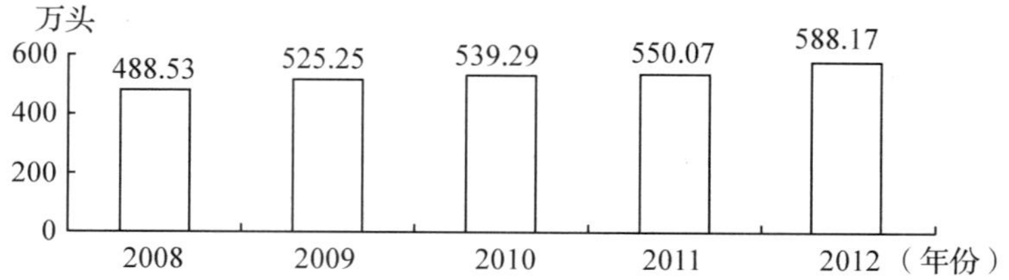

图 9-8　2008—2012 生猪出栏头数

（资料来源：《赣州市统计年鉴—2013》）

表 9.4　2012 年主要畜牧、水产品产量及其增长情况

产品名称	单位	产量	比上年增长/%
肉类总产量	$\times10^4$ t	65.08	6.0
猪肉	$\times10^4$ t	47.44	7.1
牛肉	$\times10^4$ t	3.36	1.1
禽肉	$\times10^4$ t	13.90	3.7
牛奶	$\times10^4$ t	4.00	−18.2
禽蛋	$\times10^4$ t	6.06	2.4
出栏肉猪	$\times10^4$ 头	588.17	6.9
家禽出笼	$\times10^4$ 只	10 253.83	2.6
水产品产量	$\times10^4$ t	27.50	8.6

资料来源：《赣州市统计年鉴—2013》。

2012年荒山荒地造林面积 $30.12\times10^3\ hm^2$。年末实有封山育林面积 $30.88\times10^3\ hm^2$。全市已建成大型水库5座，中型水库37座，小型水库977座，引水工程 5.16×10^4 处，机电排灌面积 $28.49\times10^3\ hm^2$。全年有效灌溉面积 $263.05\times10^3\ hm^2$，旱涝保收面积 $226.72\times10^3\ hm^2$。年末机械总动力 667.4×10^4 kW，比上年末增长9.7%。

(三)工业与建筑业

1. 第二产业发展状况

2012年全部工业增加值603.48亿元，比上年增长14.0%(图9-9)。其中，规模以上工业企业完成增加值566.97亿元，比上年增长14.8%。在规模以上工业企业中，轻工业比上年增长18.4%，重工业比上年增长13.6%。分企业类型看，国有企业比上年增长12.2%，集体企业比上年增长23.5%，股份制企业比上年增长10.4%，私营企业比上年增长21.7%，外商投资及港澳台企业比上年增长15.0%(表9.5)。规模以上工业主要产品产量及其增长情况见表9.6。

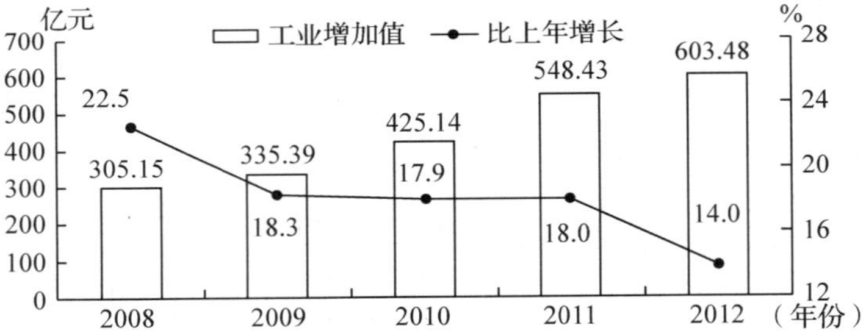

图9-9 全市全部工业增加值及其增长速度

(资料来源：《赣州市统计年鉴—2013》)

表9.5 2012年规模以上工业增加值主要分类情况

指标	指标值/亿元	比上年增长/%
中央、省属企业	26.29	−3.2
市属企业	21.82	1.3
县属企业	518.87	16.7
轻工业	153.63	18.4
重工业	413.34	13.6
国有企业	24.32	12.2
股份制企业	151.75	10.4
私营企业	248.65	21.7
外商及港澳台投资企业	139.06	15.0
非公有制工业	473.82	18.0
大中型工业企业	209.07	8.7
工业园区企业	456.59	14.8

资料来源：《赣州市统计年鉴—2013》。

表 9.6　2012 年规模以上工业主要产品产量及其增长情况

产品名称	单位	产量	比上年增长/%
原煤	$\times 10^4$ t	37.28	−29.2
发电量	$\times 10^8$ kW·h	43.04	−8.1
火电	$\times 10^8$ kW·h	33.67	−11.0
水电	$\times 10^8$ kW·h	9.37	3.8
钢材	$\times 10^4$ t	115.87	−3.1
饲料	$\times 10^4$ t	239.16	27.7
饮料酒	$\times 10^3$ L	82 654	17.5
服装	$\times 10^4$ 件	15 499	−5.5
人造板	$\times 10^4$ m^3	164.09	14.1
家具	$\times 10^4$ 件	632.59	55.4
机制纸及纸板	$\times 10^4$ t	23.87	1.8
水泥	$\times 10^4$ t	1 229.58	11.2
灯具及照明装置	$\times 10^4$ 套(台，个)	297.08	494.8
十种有色金属	t	26 935	30.6
彩色电视机	$\times 10^4$ 台	117.59	20.0
电力电缆	$\times 10^4$ m	11 984.2	61.8
矿山专用设备	t	6 896	5.3
发电设备	$\times 10^4$ kW	34.41	22.6
自来水生产量	$\times 10^4$ m^3	18 704	26.3

资料来源：《赣州市统计年鉴—2013》。

2012 年规模以上工业经济效益综合指数为 257.91%，比上年下降 41.4 个百分点。规模以上工业企业实现主营业务收入 2 090.94 亿元，比上年增长 12.2%；利润 98.83 亿元，比上年下降 18.3%。

全市具有资质等级的总承包和专业承包建筑企业完成产值 181.25 亿元，比上年增长 28.3%。全市建筑业企业上缴税收 21.56 亿元，比上年增长 38.7%。

2. 第二产业发展特色

有色冶金及新材料行业加强矿产资源的保护和合理开发利用，推动产业整合，延伸并拉紧产业链，大力发展深加工和应用产品。稀土行业以稀土分离、金属冶炼为基础，重点发展发光材料和永磁材料及应用产品；钨行业以钨深加工为发展方向，重点发展超细钨粉、优质硬质合金及特种钨丝；钴行业要在稳步提高钴分离能力基础上，扩展钴粉、钴粒等产品；锡行业大力发展锡合金及锡的应用产品。

食品业围绕龙头企业，实施品牌战略，提高市场占有率。重点发展卷烟、白酒及啤酒；加快发展绿色食品、有机食品和客家特色食品；做大做强果品和乳制品加工业。

现代轻纺业发挥比较优势，大力承接沿海产业梯度转移，重点发展劳动密集型出口加工贸易企业。纺织业发展服装、针织、丝绸等产品；轻工业发展造纸、制鞋、印刷包装业，其中造纸业重点实施林浆纸一体化工程，发展高档纸产品，加速产品升级换代。

机电制造业依托核心企业，加大技术创新力度，积极开拓国内国际市场，努力提高产品自主开发及配套协作水平。汽车(摩托车)零部件业重点发展轿车变速器、高档车用变速器和高档次摩托车齿轮；发电设备制造业大力发展新型大中型水轮发电机组；通用机械制造业大力开发大型、特种压缩机，扩展印刷机产品；专用改装车加大招商引资力度，扩大生产规模。

新型建材业按照国家产业政策要求，依托我市丰富的资源优势，鼓励发展4 000 t/d以上新型干法水泥；大力发展非金属开采及加工业，发展新型墙材、新型装饰装修材料和陶瓷等。

制药业依托现有企业，实施资本运作，推进技术进步，大力开发和引进新产品，进一步提升行业竞争力。重点发展化学制药、生物制药和中成药，加速中药现代化。

3. 主导产业发展布局

主导产业发展布局要服从于赣州城市总体发展规划的要求，在现有产业发展基础上，以工业园区为主要载体，根据各主导产业的关联度、差异化、特色化和企业群落的实际情况，以市场引导为主，政府推动为辅，合理配置资源，突出区域分工，形成产业集聚，避免产业趋同和低水平重复建设，最大限度地发挥产业发展的整体效应和集聚效应，逐步形成“一区一圈两翼两线”的主导产业发展格局。即围绕赣州中心城区、“1小时都市经济圈”、瑞金市和龙南县两个次中心城市、赣粤高速公路和赣龙铁路沿线展开产业布局，实施区域分工，统筹协调，全面发展。

中心城区发挥城市资源和经济优势，增强产业集聚能力、要素集约能力和辐射影响能力，带动全市产业发展，按河套内和河套外进行工业布局。河套内老城区不再新建工业企业，保留无污染、低噪声、环保型、劳动密集型的都市型工业，并鼓励和支持原有工业企业“退城进园(郊)”发展。河套外以赣州经济技术开发区、沙河工业园为主要平台展开工业布局，延伸辐射赣县和南康区现有工业园区，重点发展以精深加工为主的有色冶金及新材料业，以酒、烟为主的食品业，以汽车零部件为主的机电制造业，以造纸、服装为主的现代轻纺业和制药业。在赣州市中心城市总体发展规划要求内，在赣江下游适当区域，设置轻化及有色冶金工业区，发展排放达标的造纸、纺织印染、有色金属冶炼等工业。

“1小时都市经济圈”围绕中心城区展开产业布局，区域内的于都、兴国、上犹、大余、信丰等县发挥优势，依托工业园，分别培育1～2个具有特色的主导产业。重点发展新型建材业、特色食品业和有色加工业。

“两翼”以瑞金市、龙南县两个次中心及周边县展开产业布局。重点发展新型建材业、稀土加工业和劳动密集型出口加工贸易产业。

沿“两线”县市及其他县依托现有产业基础和资源条件，强化干线各城区和工业园的产业集聚和带动作用，选择1～2个特色产业进行布局，围绕主导产业发展配套的加工制造业，加速培育我市经济增长的“隆起带”。

(四)交通、旅游、邮电通信、金融、证券等服务业

1. 交通、邮电和旅游

2012年全年交通运输、仓储及邮政业增加值81.38亿元，比上年增长16.7%。

全市公路通车里程达到28 171.01 km。其中，高速公路(赣州境内)通车里程958.26 km。

2012年全年公路货物运输量17 266×10^4 t，比上年增长8.8%；旅客运输量9 153×10^4 人，比上年增长12.8%(表9.7)。铁路货物运输量1 278.0×10^4 t，比上年增长56.0%；旅客运输量1 302×10^4 人，比上年增长6.2%。民航货物运输量4 566.7 t，比上年增长54.9%；旅客运输量60.17×10^4 人，比上年增长16.8%。

2012年年末全市民用汽车保有量达到30.65×10^4 辆，比上年年末增长24.4%。年末私人汽车保有量26.40×10^4 辆，比上年增长30.0%。

表9.7　2012年公路运输量及周转量

指标	单位	指标值	比上年增长/%
货物运输量	×10^4 t	17 266	8.8
旅客运输量	×10^4 人	9 153	12.8
货物运输周转量	×10^8 t·km	227.85	30.7
旅客运输周转量	×10^8 人·km	78.95	25.1

资料来源：《赣州市统计年鉴—2013》。

2012年全年邮政业务总量4.66亿元，比上年增长33.5%；电信业务收入45.08亿元，比上年增长34.0%。年末全市固定及移动电话用户总数达到

604.21×10^4 户，比上年年末减少 1.77×10^4 户，其中固定电话用户 94.21×10^4 户，比上年减少 17.56×10^4 户；移动电话用户 510.0×10^4 户，比上年增加 15.79×10^4 户(图 9-10)。电话普及率达到 71.5 部/百人。互联网上网用户 67.90×10^4 户，比上年增加 17.87×10^4 户。

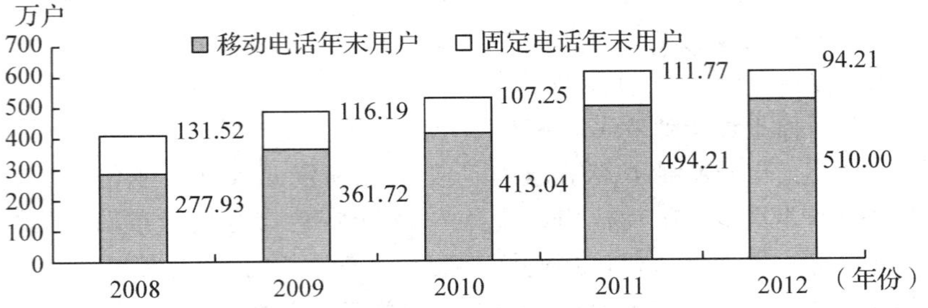

图 9-10　2008—2012 年年末电话用户数

（资料来源：《赣州市统计年鉴—2013》）

2012 年入境旅游人数 15.22×10^4 人次，比上年增长 15.8%；旅游外汇收入 4 674.97 万美元，比上年增长 30.7%。国内旅游人数 $2\ 131.51\times10^4$ 人，比上年增长 20.8%。旅游总收入 164.55 亿元，比上年增长 21.3%。

2. 金融、证券和保险

2012 年年末全部金融机构各项存款余额 2 268.74 亿元，比年初增加 421.14 亿元。其中，单位存款 892.64 亿元，比年初增加 181.21 亿元；储蓄存款 1 327.76 亿元(图 9-11)，比年初增加 227.38 亿元。各项贷款余额 1 283.18 亿元，比年初增加 247.76 亿元。其中，短期贷款 600.62 亿元，比年初增加 185.92 亿元；中长期贷款 669.12 亿元，比年初增加 59.00 亿元。

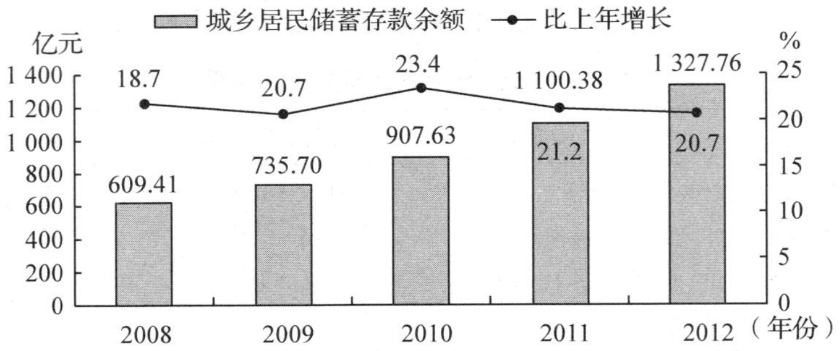

图 9-11　2008—2012 年城乡居民储蓄存款余额及其增长速度

（资料来源：《赣州市统计年鉴—2013》）

2012 年实现保费收入 41.86 亿元，比上年增长 11.4%。其中，财产险保费收入15.25亿元，比上年增长23.5%；人寿险保费收入26.61亿元，比上年增长5.5%。

全市7家证券营业部期末开户数16.83万户，其中新开户3 863户，比上年减少5 426户；证券交易成交量为805.77亿元，比上年减少393.49亿元，下降32.8%。其中，沪股及基金成交量351.38亿元，比上年减少263.04亿元，下降42.8%；深股及基金成交量366.57亿元，比上年减少154.21亿元，下降29.6%。

3. 服务业发展动态

(1)服务业规模不断扩大

2012年，赣州市服务业产值达到559.24亿元，同比增长13.2%(表9.8)；社会消费品零售总额高达432亿元，同比增长17.3%。同时，区域性金融中心、物流中心、旅游中心建设加速推进。这些数据都颇具代表性地说明，服务业在赣州经济发展中的作用和地位越来越突出，成为推动赣州振兴发展的主要力量之一。

表9.8 赣州市第三产业2008—2012年服务业产值及增长速度

指标	2008	2009	2010	2011	2012
服务业产值/亿元	303.00	346.71	410.88	472.14	559.24
增长率/%	11.70	12.40	15.50	12.40	13.20

资料来源：《江西统计年鉴—2013》。

(2)行业结构不断优化

从金融保险业方面来看，交通银行、兴业银行、招行银行、海通证券等金融机构进驻赣州，在各个县市，实现了小额贷款公司全覆盖。组建赣州农村商业银行获国家银监会批复。从商务服务业来看，特大型综合物流园区项目正式签约，投资总额超过100亿元。天虹、大润发等大型连锁购物中心相继入驻。从文化体育和服务业方面来看，2012年赣州新增4A级景区5个。瑞金、兴国两个国家级红色旅游标准化试点项目通过验收。

(3)贡献作用显著

2012年，赣州服务业的税收完成55.67亿元，比上年增长33.1%，占同年税收总额的49.4%。在2012年的《赣州市现代服务业2012年度工作要点》中，政府提出，在2012年，现代服务业的发展目标是服务业增加值同比增长13.5%，对经济增长的贡献率提高4%，服务业从业人员占全社会从业人员的比重达到30%以上，成为赣州就业的主要渠道之一。

(4)国家政策的大力支持

2012年，国家出台的《国务院关于支持赣南等原中央苏区振兴发展的若干意见》指出，要把支持赣南加快发展作为工作重点，协同推进原中央苏区整体振兴发展。在赣州发展重要的区域性综合交通枢纽和红色文化传承创新区，实现赣州基本公共服务水平接近或达到全国平均水平，与全国同步实现全面建设小康社会的宏伟目标。江西省人民政府办公厅发布的《江西省国民经济和社会发展第十二个五年规划纲要》指出，投入红色旅游重点景区二期建设工程，支持赣州交通建设重点工程，修建多条高速公路，并改扩建赣州机场和推进新建赣东南机场的前期工作等。国家在政策、经济等多方面对赣州的大力支持，将有效地带动赣州现代服务业的快速、高速发展。

4. 加快服务业发展的建议

(1)完善现代服务业的发展机制

政府牵头规范现代服务业发展的市场秩序，坚决打击生产、销售假冒伪劣等违法行为，保护现代服务业企业的合法权益。建立健全人才激励机制，积极引进国内外现代服务业的优秀人才，重视人才的开发和培养，为赣州现代服务业输送大批高素质的创新型专业人才。强化在税收、土地等政策方面的扶持力度，为现代服务业的发展创造更好的政府保障条件。

(2)引进和培养高端现代服务业

政府应注重引进一些高、精、尖的现代服务业优秀企业，让这些科技含量较高、行业间顶尖的和富有国际化水准的企业来带动其他现代服务业的发展和进步。用赣州的地域优势、政策优势、潜力优势吸引世界500强企业和国内大型企业进驻，大力发展高端现代服务业。

(3)适当引入竞争机制

为了充分地发挥现代服务业的功能，促使现代服务业健康快速发展，政府可考虑将部分现代服务业的项目推向市场。适度放宽某些垄断服务业的准入标准，吸引全社会甚至是全世界资本的投入，通过有序的市场引导来促进现代服务业的良性竞争，从而加强现代服务业的效能。

(4)“三产”联动，全面发展经济

不可否认的是，赣南现代服务业的发展水平与广州、上海等发达地区相比是存在一定差距的。发展现代服务业的目的是助推赣南经济的整体发展，不能为了发展现代服务业而发展现代服务业，还应通过第一产业、第二产业的联动效应和配合，来支持和加强现代服务业的发展。尤其值得指出的是，强大的第二产业可以作为现代服务业发展的基本保障之一。

(5)培育现代科技平台，创造节能型现代服务业

加强网络融合技术的应用，充分运用数字生活服务运营平台，推进科技和文化产业的融合，加快新技术的研究步伐。充分运用电子商务和现代物流业，为现代服务业的发展提供技术上的保障和支持。大力发展科技服务业及培育节能环保产业，实现赣州现代服务业的规模化、持续化、品牌化和科技化发展。

(6)强化区域合作

强化城市区域之间的合作，是提升赣州现代服务业的重要举措之一。目前，赣州已经建立香港工业园，要充分借助香港现代服务业的发展优势来加强服务专业人员之间的专业交流和沟通，通过合作来实现区域共赢和集群发展。

二、赣州市产业布局

(一)赣州市产业布局概况

赣州市紧靠“珠三角”“闽三角”。赣州市的产业布局紧紧围绕如何打造赣州中心城市地位而展开，其具体内涵是特大型、区域性、现代化中心城市和区域性综合交通枢纽、区域性金融中心，江西绿色崛起的重要一翼和生态经济、生态文明示范区，全国重要的钨产业、稀土产业战略基地和世界最大的优质脐橙产业基地。为实现该目标，在产业空间布局上，赣州市按照“以点带轴、由轴连圈”的发展模式，构建“一核二廊三圈”的区域发展格局。

“一核”即以赣州市中心城区为核心。“二廊”即由中心城区向南北延伸的赣粤产业走廊、向东西延伸的赣闽产业走廊。“三圈”即以中心城区为中心节点、瑞金和龙南两个次中心节点为核心的3个“半小时城市圈”。

在生产力布局上，按照高新技术产业和现代服务业向中心城区集中，资源型和劳动密集型产业向产业承接走廊集中的原则进行产业布局。其中，赣州中心城区以国家级开发区、出口加工区为龙头，按照集约化组团布局，专业化集群发展，打造钨和稀土等高新产业核心集聚板块以及现代物流、金融、旅游中心，加快形成江西对接珠三角、闽三角产业转移的桥头堡和沿海腹地核心城市，赣粤闽湘“四省通衢”的区域性现代化中心城市，全国钨与稀土产业战略基地。赣粤产业走廊以赣州香港产业园为龙头，以京九铁路、赣粤高速、赣大高速为南北纵轴，强化与珠三角的互动对接，重点发展稀土、钨等有色金属精深加工及应用、电子电器、现代纺织服装、机械制造等产业，打造稀土发光材料及节能灯具、机械制造等基地和一批特色产业园区，以产业集群提升经济核心竞争力，形成赣粤边际地区集散、口岸中心，成为京九经

济带的重要增长极和与珠三角对接的经济协作区。赣闽产业走廊以赣州台商创业园为龙头，以赣龙铁路、厦蓉高速、泉南高速为东西横轴，主动融入海西经济区，重点发展氟盐化工、新型建材、绿色食品、生物制药、信息服务等产业，打造国内一流的氟盐化工等产业基地和一批特色产业园区，成为承接闽东南产业扩散转移的前沿、连接赣闽台的特色产业承接基地、全国东南部现代物流配送中心及旅游休闲的后花园。

上述产业布局归结起来就是培育六大支柱产业、九大产业集群。其中，六大支柱产业为有色冶金及新材料业、非金属矿及新材料业、食品工业、机械制造业、轻纺工业和电子电器工业；九大产业集群为三个千亿级产业集群——稀土钨新材料及高端应用产业集群、新能源汽车及配套产业和铜铝钴锡大宗有色金属加工产业；三个五百亿级产业集群——电子信息、食品工业和轻纺服装；三个一百亿级产业集群——氟盐化工、机械制造和生物制药。

(二)赣州市产业布局的主要特点及成效

赣州市产业布局特点可以归纳为四个方面。

一是环城辐射。随着人口聚集与城市发展空间的扩展，中心城区企业不断向外迁移，工业园区和大型工业企业、高新技术产业环绕中心城区分布。

二是沿路发展，带状布局。赣州市除在中心城区布局高新技术产业、现代服务业外，其工业园区和工业企业均沿赣粤、赣闽铁路、高速公路和主要公路分布，呈现沿路发展、带状布局的特征。以京九铁路、赣粤高速、赣大高速为南北纵轴，日渐形成一条稀土、钨等金属精深加工及应用产业和先进制造业聚集的产业带。

三是以资源依托型产业布局为主。赣州稀土、钨、萤石矿产资源丰富，也是世界著名的脐橙产区，赣州的产业布局很大程度上是围绕这四大资源展开的。

四是产业布局以工业园区为主要载体，并明确每个园区的主导产业定位，着力培育特色产业集群。在提升传统的稀土、钨等产业附加值、延长产业链基础上，积极发展现代纺织服装、生物医药、电子电器、新型建材、现代服务等新兴产业，初步形成规模化、集群化、配套化发展格局。

赣州市产业布局主要在产业选择和产业分布两个方面成效显著。

首先，对赣州全区域进行功能划分，突出中心城区的作用。在中心城区，主要发展以高新技术为主要支撑的“科技型新兴产业”和现代服务业，产业布局呈现环城辐射趋势，从而形成金融、产业、城市相融合的发展格局。与此同时，赣州确立瑞金、龙南为副中心城市。在由中心城区向南北延伸的赣粤、赣闽产业带，发展资源型和劳动密集型产业。显然，不同功能区内的产业可以通过资源、产品、服务、知识的交流建立起产业链，进而形成产业网络。

其次，基于比较优势进行产业布局。这种比较优势体现在两个方面。一是基于自身特定资源的比较优势。由于在钨、稀土、萤石、脐橙方面具有明显的比较优势，赣州进行了培育四大产业集群(钨业产业集群、稀土产业集群、氟化工产业集群、赣南脐橙产业集群）的产业布局。二是基于区位优势的产业布局。赣州南接广东，东与福建为邻，具有承接珠江三角洲和闽江三角洲产业转移的区位优势。由此，赣州的产业布局沿赣粤产业走廊、赣闽产业走廊展开。

第四节　区域差异与可持续发展

一、区域发展差异

(一)以章贡区为核心的“1小时经济圈”

该区域是赣南三大经济区域中经济实力最强、工业基础最好、交通最为便利的地区，2012年该区域GDP比重占全赣州市的59.8%，财政收入占48.5%。除章贡区外，国内生产总值构成第二产业比重都在40%以上，且具有良好的农业基础和服务业发展潜力。同时，该区域还是赣州市钨矿分布最多的地区以及最早开发的地区，大余县、崇义县和上犹县是最主要的钨矿产区。此外，该区域中有三个县盛产稀土。因此，该区域在赣南大经济区中处于无可替代的领头羊位置。但是，不可否认，该区域是赣南三大经济区中区内发展差距最大的一个，既有章贡区这个全赣州市经济最发达的地区，人均GDP指数达到214%，又有总体发展比较落后的上犹、宁都、兴国等县。

(二)以龙南县为核心的南部经济区

该区域人均国内生产总值为全市最高，达到18 937.8元；财政收入比重为14.3%。

该区域虽然经济发展水平不如以赣区为核心的“1小时经济圈”，区域内发展差距也较大，但是该区域具有得天独厚的自然资源条件。赣南地区号称“稀土王国”，稀土的主要8个产区，就有5个在该区域，其中，三南(全南县、定南县、龙南县)还是赣南地区钨矿的主产区，其矿产资源开采所形成的一系列产业链条在全市占有举足轻重的地位。

(三)以瑞金市为核心的东部经济区

该区域人均国内生产总值最低，为11 791.75元；地方财政收入比重亦为最低，为14.1%。

该区域是三大经济区中经济发展水平最低的，是工业基础最薄弱的经济区，该区域除于都县第二产业比重达到51.5%以外，其他三个县都在50%以下；第三产业比重普遍较高，瑞金市更是达到了48%。事实上，该区域是一个具有良好旅游业发展前景的地区。

瑞金市是“红色故都”，原土地革命时期苏维埃政府所在地，那里有着众多的红色遗址；于都县更是“长征第一渡”，还有毛泽东旧居，江西第一、江南第二大高山草场——屏山牧场；会昌县是一个山清水秀的地方，有着“虔南第一山”和“江南小蓬莱”称誉的汉仙岩，其自然景观可以跟龙虎山和武夷山媲美，是镶嵌在闽粤赣三省边境上的绿明珠；石城县则是千里赣江的发源地，有着号称“千里赣江第一漂”之称的赣江源漂流，为亚洲最刺激的漂流之一，位于江西省赣江源自然保护区，漂流景区负氧离子含量达 10×10^4 个/cm^3，全球罕见，有天然氧吧之称。

二、赣南区域经济发展现状

赣州市是江西的南大门，下辖2区1市15县，简称赣南。长期以来区域经济发展较缓慢，区域空间结构不甚合理。因此，如何利用珠三角产业结构调整的契机，调整、优化赣南空间结构，为促进赣南区域经济发展、为决策部门制定更符合各地区的政策措施提供科学依据就成为一个新的课题。

(一)区域经济极核已经形成

极核对区域经济的影响是动态的，反映的是集聚与扩散的辩证统一关系。在发展初期，极核主要通过极化效应不断加强自身成长；在发展中后期，极核通过扩散效应刺激和带动周围地区发展。从赣南三大经济区的经济发展水平看，2012年各县市区中章贡区GDP、人均GDP指数、地方财政收入等主要经济指标在整个赣南区域占有较大比重，且远高于其他县市；以章贡区为核心的“1小时经济圈”已成为赣南区域的极核，尚处于发展初期阶段，其规模较小。

(二)区域交通发展较快

赣南区域经济轴线，即沿着交通运输线的经济走廊已基本形成。“京九铁路—赣龙铁路”形成“T”字形铁路结构，“赣粤高速—昆厦高速”构成“十”字形高速公路结构，105国道、319国道、323国道等一级公路在这里贯穿。此外，还有黄金机场和南康机场，以及比较成熟的赣江水运，初步形成了以铁路、公路、水运、航空等相结合的交通网络。赣南交通系统在近些年虽得到迅猛发展，但总体上看，沿交通运输线的经济轴线还处于起步阶段。

(三)产业结构进一步优化

从各县(市、区)的优势产业看，各优势产业多为矿产品及其加工、服装、食品等产业，特色产业的雷同造成了区域间的分工不明确，也制约了产业专业化的发展。除瑞金市第三产业所占比重(48%)较大，崇义、赣县、大余、南康三县一区第二产业比重在50%以上外，其他各县(市、区)三大产业中，第二、三产业发展较为缓慢，产业结构需进一步优化。

三、影响赣南区域经济发展的因素

(一)赣南地区区位日趋重要

产业在一定区域集聚与扩散具有辩证统一的规律，极核壮大到一定程度必定向边缘辐射。赣南区位随着周边区域的发展而日益重要。第一，珠三角大都市圈的经济发展对位于泛珠三角影响范围内的赣南具有一定的辐射带动作用。第二，赣南地处珠江三角洲和闽东南三角地区两个经济核心区的辐射交叉点上，是广东、福建等省的共同腹地，同时，又通过京九铁路、浙赣铁路、赣粤高速、昆厦高速以及赣江航运加强了与长江三角洲、闽东南三角地区和珠江三角洲的经济联系，也处于上海、江苏、浙江等省(市)的影响范围之内。第三，赣州位于赣粤闽湘边际地区，地处南昌、广州、厦门、长沙的几何中心，有发展成为特大城市的腹地条件和区位优势。第四，江西省强化南北双核作用凸显了赣南的门户地位。

(二)产业集群逐步增长

1990年，迈克尔·波特在《国家竞争优势》一书中首次提出产业集群一词，认为产业集群是指在某一特定领域中(通常以一个主导产业为核心)，大量相互关联的企业及支撑机构(如行业协会、金融机构、职业培训和科研机构等)在空间上集聚，并形成强劲、持续的竞争优势的现象。区域产业集群的发展不仅可以提高产业的整体竞争能力，还能加强集群内企业间的有效合作，增强企业的创新能力，促进企业增长以及发挥资源共享效应，有利于形成“区位品牌”。同时，产业集群对区域空间结构的形成起着积极的作用。

自2005年赣州政府提出培育产值超百亿元的钨产业、稀土产业、氟盐化工产业以及脐橙产业四大产业集群后，经过不懈努力，赣南已经成为国内外瞩目的钨产业、稀土产业、氟盐化工产业生产基地，大企业、大财团向往的投资地。据统计，2012年，这三大工业产业集群已累计完成规模以上工业总产值1 041.3亿元，同比增长18.7%。

(三)闽三角和珠三角产业转移的重要基地

伴随以香港、深圳、厦门等为中心，包括福州和泉州在内的闽三角经济中心的产业扩散以及包括惠州和东莞在内的珠三角东部经济中心的产业扩散，部分产业已经呈现出沿京九铁路、赣龙铁路、赣粤高速、昆厦高速向以赣州为中心的赣南转移的趋势。赣南地处江西的南大门，有可能形成对接深圳产业转移的赣深工业走廊及对接厦门的赣闽工业带。

四、培育赣南区域经济极核

(一)促进一级极核增长，培育二级或三级极核

作为整个赣南的经济、政治、文化中心的章贡区，在整个区域内经济发展水平最高，而且占有人才、资金及市场优势，已率先成为赣南区域的经济极核。根据赣南优势矿产资源分布特点及其发展基础、国家相关政策，赣南形成了五大矿业经济区，即三南矿业经济规划区(包括龙南、全南、定南三县及信丰、安远南部)，主要开发中稀土、重稀土、钽(铌)、钨、水泥灰岩、煤、地热、麦饭石、矿泉水等矿产资源。寻—会矿业经济规划区(包括寻乌和会昌南部地区)，主要开发锡、轻稀土等矿产资源。崇—余—犹矿业经济规划区(包括大余、崇义、上犹三县)，主要开发钨(锡、钼)、银(铅、锌)、水泥灰岩、硅石等矿产资源。于—瑞矿业经济规划区(包括于都、瑞金两个县市和会昌部分地区)，主要开发钨和水泥灰岩等矿产资源。兴—宁矿业经济规划区(包括兴国、宁都和于都部分地区)，主要开发金、银、钨、中稀土、水泥灰岩、透闪石、滑石等矿产资源。赣南已经成为国内外瞩目的钨、稀土、氟盐化工产业生产基地，包括脐橙产业在内的四大产业集群已逐渐形成规模，效益显著提高。因此，赣南应大力发展章贡区。由于地理空间上南康区、赣县距章贡区较近，因此，可将南康区、赣县与章贡区作为一个整体，成为区域的一级极核，并逐步培育龙南、瑞金、寻乌、崇义、兴国等二级极核，带动周边县区的发展，有望形成以唐江为代表的三级极核。

(二)构建与培育经济轴线系统

包括规划在内的高速公路，赣南形成了由铁路、高速公路组成的三横两纵的交通网络格局，三横为经由瑞金市、于都县、赣县、章贡区、南康区、上犹县、崇义县及大余县的交通线，经由石城县、兴国县的交通线，以及经由全南县、龙南县、定南县及寻乌县的交通线；两纵即经由章贡区、南康区、信丰县、龙南县的交通线以及宁都县、瑞金市、会昌县及寻乌县的交通线。考虑到区域空间结构发展的现状与趋势，以及各经济节点之间的相互作用与联系和交通网络的联结作用，可沿交通线构建赣南区域空间开发的经济轴线系统。经由瑞金市、于都县、赣县、章贡区、南康区、上犹县、崇义县及大余县的交通线及经由章贡区、南康区、信丰县、龙南县的交通线为一级轴线进行重点开发；经由宁都县、瑞金市、会昌县及寻乌县的交通线以及石城县、兴国县的交通线作为二级轴线进行重点培育；经由全南县、龙南县、定南县及寻乌县的交通线作为潜在的经济轴线进行开发。

第三篇　专　题

第十章　辉煌灿烂的文化

章前语

江西文化，又称赣文化、赣鄱文化，是指江西从古至今所创造的全部精神、物质文明成果。它是以江西人民的生产实践为基础、以赣鄱农业文明为核心，历经数千年发展起来的一种特色文化。

江西文化经历了先秦的“吴头楚尾”时期、秦汉到宋元的“百川奔流”时期、明清以来的“文化自酿”时期，在历史长河中推陈出新，逐渐形成了自己鲜明的特质，其精髓是“文、章、节、义”，形成了独特的江西文化特色。从地域角度看，江西文化包含浔阳文化、豫章文化、临川文化、庐陵文化、袁州文化、客家文化等诸多子系统；从社会的影响角度看，江西存在士文化、宗教文化和民间文化三支相对独立的文化系统。江西文化的形成与发展与其自然地理环境密不可分，江西三面环山，五河之水注入鄱阳湖后向北汇入长江，相对封闭的同时具有相当开阔的内部回旋余地，使江西文化最终形成以封闭内敛为基调兼具开放兼容性特征的赣文化，使其具有独特的精神内涵。

江西文化的另一重要成就是“红色文化”，它是中国共产党领导的群众性革命运动的产物，不仅生动地反映了中国共产党领导下的苏区政治、经济的特点和人民群众的精神面貌，而且在继承五四运动革命传统的基础上，引导开辟了我国新文化发展的正确方向和道路，是革命战争年代中国共产党人、苏区人民和进步人士共同创造、积淀的重要文化遗产。

关键词

江西文化；赣文化；地域文化；文化系统

第一节　赣文化起源与发展的地理环境分析

一、“赣文化”的提出与发展

“赣”作为江西的代称，起自近代，古史无载；“赣文化”则是更新的概念，由当代江西学者提出。20世纪90年代，京九铁路、浙赣复线的修建及江西经济的快速发展，掀起了“赣文化”的研究热潮。当时一个开创性的突破就是认为“以赣江为代表的江西地域文化即赣文化，是与吴越文化、荆楚文化、巴蜀文化相并列的范畴”。“赣文化”即“江西文化”，赣—豫章—江西虽然出现于不同的时代，但从文化的角度来看是现代提出来的，其内在联系早已存在。“江西”得名于唐代行政区划——江南西道，虽然江西文化不能说由唐代开始，“赣文化”也是新名词，但其文化渊源却是悠远绵长的，况且“赣”字作为江西的主要水系已有数千年的历史了。《山海经·海内东经》有“赣水出聂都东北，东北注江(长江)，入彭泽西”的记载。追根溯源，“赣文化”泛指赣地从古至今所创造的物质文明和精神文明的所有成果。赣文化在上古时代脱胎于越文化、吴文化，在两千多年中不断接受华夏文化的浸染，最终发展成江西本土文化。

随着建设鄱阳湖生态经济区上升为国家战略，用“赣鄱文化”指代整个江西地域文化的提法应运而生。用“赣鄱文化”来指代整个江西的文化，这意味着原先代表江西文化的赣文化要缩小内涵，其范围只限于赣江流域，而其他地区则统统归入“鄱文化”名下。“赣鄱文化”比“赣文化”更具地域代表性，因为其有利于红土地人民产生一致的身份认同，有利于他们选择共同的文化归宿。由此，江西的文化形态，其内部明显存在两个不同的文化系统，即鄱文化系统与赣文化系统。鄱文化是赣文化的母体，赣文化的勃兴与辉煌，有赖于鄱阳湖的浸染与滋润。赣鄱文化的融合，是一个文化整合的过程。

二、赣文化形成的地理因素

赣文化，从本质上看，是一支兼具开放兼容性与内敛封闭性历史特征的复合型、综合性的地域文化。这种文化的形成，是在一定的时空之中进行的，受其地理环境的影响与制约，打上了鲜明的地域印记。

(一)地理位置因素

江西地处长江中下游南岸，位于中国的东南部，四周以天然界线与邻省接壤：东依武夷山、怀玉山连闽浙，南负南岭山地邻广东，西傍罗霄山脉毗湖南，北隔长江水道接鄂皖。历史上称为“吴头楚尾，粤腹闽庭”之地，地理位置十分优越。赣江、修水、抚河、信江、饶河全都注入鄱阳湖，又与长江水汇合，浩浩荡荡流向东海，在水路交通极为重要的年代，成为贯穿南北、东西的枢纽，沟通全国各地。受地理位置因素影响，江西在春秋战国时期先后分属吴、越、楚管辖，秦朝开始基本上被纳入中原中央政权统一版图。优越的地理位置加上长期的隶属关系使得中原、吴、越、楚四种文化势力在赣境相互消长。赣文化接受了中原文化、楚文化、吴文化等多种文化的影响，既吸收其进步因素，又不断保持和发挥自身的优势，在交汇融合的过程中加以改造创新，逐步形成了富有兼容性、开拓性等浓郁地方特色的文化系统。

（二）自然环境因素

江西南窄北宽，整个地势南高北低，由周边向中心缓缓倾斜，形成一个东、南、西三面山地丘陵环绕，以鄱阳湖平原为底部的向北开口的巨大盆地。气候属亚热带季风气候，温和多雨；自然资源丰富，素有“物华天宝”的美誉。

江西北临长江天险，三面高山阻隔，使它显现出一种特有的安全感，广阔的沿河平原与滨湖平原又形成一种内部回旋余地相当开阔的环境。正是由于这样优越的自然环境，在公元 4 世纪以后多次遭受民族战争劫难的情况下，偏于一隅的江西却相对于他处少有战祸，自然成为中原人民南迁的一方乐土，这恰恰为保存和发展带正统性的中原文化提供了相当理想的基地。中原的先进技术、工具和先进的中原文化思想，随同中原人源源进入江西，并在江西这片土地上得以发展和弘扬。

另外，江西的自然环境也给这个文化系统的发展带来许多制约因素。东、南、西三面以及东北、西北均被群山阻隔，仅正北鄱阳湖一个水口通长江、连中原，太过局促，施展不开拳脚。江西优越的自然生态环境，使境内民众的生活无虞，使其逐渐积淀成一种安于现状的生活习性与比较凝固的思维方式，长时间小心谨慎且害怕动荡，加之封闭的大环境，使其这一心态代代相传，缺乏一种追求更高层次生活生存条件的动力机制，易于形成一种自然生产心态与文化心态的狭隘与自满。而中原文化过早地南下形成的强大冲击力，又使得江西上古时期萌生的较为脆弱的本土文化未能形成独特的文化形态。因此，赣文化又有很强的封闭性和保守型特征。

（三）人文地理因素

政治、经济、人口等人文地理因素在区域文化形成过程中发挥着重要作用，以人口迁移为例，当具有某种特定文化的人群在迁移时，会同时将原居住地的文化带到新的地区，这些文化特质不仅被移民所承袭，还会有一部分被当地人所接受，形成新的分布区，这种现象在文化地理学中称为迁移扩散。迁移扩散只有在大规模的移民运动中才能产生。

人口迁移对赣文化的影响是巨大的。14世纪中叶以前，北方频繁战乱，人口迁移的主流是由北向南，即从黄河流域迁至长江流域及更南地区，其中西晋末年永嘉之乱后、唐朝安史之乱后、北宋末年靖康之乱后的三次南迁对江西影响最大，移民人数最多。北方的人口顺着赣江这条天然而优越的水上通道进入江西，同时带来了北方先进的文化和经济技术，促使中原文化渗透进江西，并与江西本土文化不断融合。与此同时，封建国家的经济重心南移；大庾岭干道拓宽，打破了地势的封闭阻塞，成为中原与岭南沟通的要道；江南西道观察使的设立，江西辖境的郡县合成为一个行政统一体，所有这些都为赣文化的形成提供了有利条件。明末清初，又有大批闽广户返迁而来，于是江西的客家文化变得昌盛。一批又一批的人口迁入，造成文化在冲击之后的融合发展，文化日益扩充它的内涵和能量。外来者到来之后，入乡随俗，适应水土，共同创造出带着江西印记的物质文明和精神文明。事实证明，每一次移民潮，都给赣文化带来了当时较先进的文化，使赣文化不断地整合更新，最终形成富有区域特色的文化体系。

到了近代，我国工业首先在沿海兴起，全国经济和交通格局发生巨变，铁路和海运日益兴盛，内河航运地位日趋下降。第一次鸦片战争之后，先是五口通商，不久又开放10处口岸，各国船舰可以自由进入长江，上海取代广州成为中外交通贸易的首要港口，于是原来东南各省由赣江—大庾岭商道运往广州输出的丝茶等货物，改由上海出口，赣江鄱阳湖航道“向之冲途，今为迂道。货不至，税大绌”，航运贸易衰落，赣江的发展也进入了停滞期，由移民文化产生的优势逐渐失去，赣文化日渐衰落。江西“老表”总是陶醉于历史功绩之中，以“老革命”自居，不注意对现代科技文化与经济文化的吸收，致使本土文化走上了越落后就越封闭，越封闭就越落后这样一种恶性循环。与此同时，沿海地区却得风气之先而后开放，吸收了大量的外来文化，显现日新月异之势，赣文化则逐渐沦落为边缘文化。

地理环境能够塑造人，能够催生文化特色，赣文化的开放兼容性和封闭内敛性正是在赣鄱地区独有的自然地理环境和悠久的历史文化积淀以及长期的重农抑商的农业人文社会环境中孕育、演变而成的，它体现着赣鄱民众文化心态的价值观、思维方式、审美情趣和行为准则等，既有强烈的历史遗传性，又有鲜活的现实变异性。

三、赣文化的历史时期

从历史纵向来看，赣文化大致分为三个时期：先秦的“吴头楚尾”时期，这是赣鄱大地本土文化的发生期；秦汉到宋元的“百川奔流”时期，这一时期，中华大地上的主流强势文化奔流于赣鄱大地，赣鄱大地呈现出全面的繁荣昌盛；明清以来的"文化自酿"时期，这一过程延续至今，赣鄱大地则表现出全面的后发特色。

(一)先秦的"吴头楚尾"时期

20世纪的考古发现表明，赣鄱地区史前文明繁荣：旧石器时代文明距今四五万年。1962年在乐平县涌山岩遗址出土了许多动物化石和经过人工打击后的石片；1988年在安义县龙津镇的樟灵岗、凤凰山和上徐村北等地区，出土了大量的石器制品；这两处旧石器时代的文化遗址均充分说明距今4万～5万年前，江西就有人类居住，就有文化产生。新石器时代文明距今5 000年到1万年左右，考古表明万年仙人洞遗存是东南文化区内迄今发现的年代最早的新石器时代遗存；殷商青铜文明距今3 000多年，清江吴城商代遗存及与其性质相同的新干商墓的丰富的青铜资料则体现出赣鄱地区文明的状况和发达的青铜文化。赣鄱大地最早的本土文化当以此史前文明作为源头。春秋战国时期，赣鄱地理上处"吴头楚尾"，春秋中前期主要是吴越的属地，春秋中期以后，大体以鄱阳湖和赣江流域为界，其西多属楚，东则属吴，赣东及赣南则仍为越人活动地区。此后，越灭吴，楚灭越，全境属楚。并且，从历史的记载看，当地并未立国，还常为吴楚两国用兵之地。也有春秋时期赣鄱大地存在干越国和古艾国的传说，但是即便是史实，在"无义战"之时期，实难免迅速灭亡之命运。除受吴、楚两国频繁影响外，该地区还接触到先秦儒家文化。

可见，早在先秦时期赣鄱地区就深受中原文化、荆楚文化、吴越文化影响，而归属上的错综复杂则加剧文化特点的复杂和综合性，地理的"吴头楚尾"终致文化的"吴头楚尾"，而赣鄱人文的开放兼容性则使得本土文化在扬弃外来文化的基础上进一步得到了繁荣发展。

(二)秦汉至宋元的"百川奔流"时期

秦汉以降，赣鄱地区借地理优势，渐至经济文化发展的全面鼎盛。

从秦始皇斥军五十万戍守五岭，历汉武帝派兵出豫章、下横浦以平南越，赣鄱大地之交通地位逐渐被明确下来。公元4世纪以后，北方频繁的战争导致人口大规模、远距离迁徙，赣鄱大地或为其必经，或干脆就是其目的地。至唐宋，赣鄱大地更是成为南北东西交通之要塞，如连接关中及中原地区的路线为：从广州溯北江、浈水至南雄，陆路运输过大庾岭，至江西大余，接章水，通赣江，出鄱阳湖，沿长江顺流至扬州，上运河，就可顺利到达京师。临安与湖南、广西及四川各地联系的路线为：衢州陆路至玉山，改水路过信州(上饶)、贵溪、安仁(余江)入鄱阳湖，溯赣江于今樟树，折入袁水，经新余、袁州(宜春)到芦溪，弃舟取陆路过萍乡，入湖南。

中原汉人的迁入，给赣鄱大地带来了主流的文化，而赣鄱大地便利的交通更是加速了经济文化等方面的交流。时至唐宋，中华文化达到鼎盛时期，此时经济、政治的南移令朝廷不得不加强对南方的开发。从政治、经济、文化中心出发，无论要抵达粤地，还是要到湖南、四川等地，江西均是必经之路。雁过留声，作为四方交通要塞的赣鄱大地自然成为各类文化展示自己的舞台，进而形成“百川奔流”之势。

这一时期，赣鄱大地文化之发达，几乎使赣鄱地区成为中华的中心，所谓“江南人才之盛甲于天下，而饶人又甲于江南”(“饶”是当时对江西地区的指称)。文化之昌盛对于当地的影响，即便在明代国家重心北移之后其惯性仍然存在：汤显祖被后世誉为“东方的莎士比亚”，而宋应星则被李约瑟称为“中国的狄德罗”。

总之，秦汉以降，逮至宋元，外源性文化百川奔流于赣鄱大地，并得以充分发展，中华文化正是在这一时期得以丰满、成熟的。实际上，这时候赣鄱大地的文化就是中华主流文化，即孝悌忠信、修齐治平之儒家正统，其伦理纲常渗透于各个领域。而在另一侧面，赣鄱大地内生的本土文化未得以凸显。

(三)明清以后的“文化自酿”时期

少有地域附着性的儒家文化必然会随着政治的变迁而转移。明清以后，中华政治的中心再次回到北方，和政治有着千丝万缕关系的经济也随之北移。同时随着资本主义的萌芽，我国的经济中心开始转向沿海，江西经济地位显著下降，赣文化随之陷入沉寂。海运的兴起、铁路的修建对赣鄱大地而言则更如釜底抽薪。交通优势地位的失去，对赣鄱大地而言就相当于被遗忘、被抛弃。外源性文化终归不是真正属于自己的，它们留下的是曾经展示其辉煌的舞台，奔流的百川并没有在赣鄱大地汇聚成海。与此同时，邻近地区如湖湘大地、岭南地区等却悄然升起了它们自己的舞台，展示着属于它们自己的舞蹈。近代以来的赣鄱大地是无声的，不过在其内部极有可能在进行着内生性文化与外源性文化的交融，这就是“文化自酿”过程，这一过程将不断持续。

纵观赣文化历史发展过程可以发现，其开放兼容性与封闭内敛性特征贯穿始终，二者相互激荡，互为补充，显隐交替。如果说，赣文化在萌发期已基本确定了文化性格双重性的基调，且其内敛封闭性特征略显浓重，那么，秦汉以后随着中原汉人大批的迁入，赣鄱社会得到全面开发，赣文化因受到中原先进文化的强势辐射影响而被改造，至宋代，赣鄱大地成为儒学发达之区，开放兼容性成为赣文化中的主流，封闭内敛性略微淡化。至明清，尤其是清以后，赣文化的封闭内敛性因儒家文化发展阵地转移得到凸显并有强化的趋势，至此以封闭内敛性为基调兼具开放兼容性特征的赣文化最终得以形成。

四、赣文化的精神内涵

一种文化的命名，就在于它具有自身的特色和存在价值，而特定的社会历史环境，又孕育着文化区域个性。自汉代开始，经魏晋时期的迅速发展，到宋明时代的理学高峰，赣文化在历史长河中推陈出新，逐渐形成自己鲜明的特质，其精髓是“文、章、节、义”，形成了独特的赣文化特色。

(一)兼容并蓄，海纳百川

赣文化是一种以古越族文化为主轴，在形成发展过程中，保持和发挥自身优势的同时，通过对中原文化、楚文化、吴文化等多种文化的进步因素加以吸收和改造，逐步形成的富有浓郁地方特色的江西地域文化系统。肇始之时，赣文化就带有浓厚的兼容并蓄色彩。在此后漫长的发展历程中，西晋末年与唐安史之乱后的两次人口大迁徙，晋唐以后道教、禅宗的进入，宋代理学的兴盛，都在很大程度上影响和改造了原本土文化。这种文化的交融，使赣文化呈现出极大的包容性特点。赣文化的各个子系统文化，都既保持了本土文化的部分特色，又在很大程度上表现出受其他文化因素影响的色彩，形成了兼容并蓄、海纳百川的赣文化特征。

(二)才德并茂，文节俱高

中国传统文化“修身、齐家、治国、平天下”价值理念，在赣鄱文化中表现得淋漓尽致。“文节俱高”的文化精神，作为一种潜在心理意识，已经渗透到生活的各个方面，“养吾浩然之气”，“临大节而不可夺”。他们不仅以极高的文学或艺术成就享誉世间，更以“徐孺下陈蕃之榻”之节气、“不为五斗米折腰”之骨气、“人生自古谁无死，留取丹心照汗青”之正气，感染激励着后人，真正做到“富贵不能淫，贫贱不能移，威武不能屈”。高尚的操守，人格的力量，理想的志趣，凝练成了赣文化的价值理念，“文节俱高”的优秀传统价值取向已深深植入赣鄱人的头脑中，自古至今千余年不曾改变。

(三)敦厚质朴，务实求新

敦厚质朴、崇实达理是江西人民普遍的性格特征，埋头苦干，不尚空谈，已成为江西人民的基本品格。从大的方面讲，这是中华民族的一个基本品格，但由于江西受儒学、理学的影响更直接、更深远，这种务实的价值取向，长期以来显得十分突出。务实作为一种文化基质，已深深渗入赣文化之中。

文化的生命力，在于它的创造性。赣文化的求变、创新意识也有着突出的表现。这种创新意识，典型地体现于许多杰出人物上。汤显祖，挣脱封建礼教的镣铐，高扬“性灵”的大旗，创造出高歌人性美的“临川四梦”，他所创造的美，具有永恒的、世界的美学意义。中国11世纪的改革家王安石锐意改革，清代思想家陈炽、文廷式变法自救，近代江西人民全身心投入反帝反封建的革命运动，更是这种开拓进取、大胆创新精神的体现。

（四）尊师重教，勤奋笃学

尊师重教、竞知向学是赣文化蕴含的重要特征之一。赣文化的发展和繁荣与江西古代书院教育的发达有着密不可分的渊源。欧阳修曾惊叹“区区彼江西，其产多才贤”，以至明代成“翰林多吉水，朝仕半江西”的儒学教化兴盛之景况，而且宋代的历史文化名人多汇聚江西，尤其是与客家文化区相接壤的临川。可见，发源于江西，定型于江西的理学，对赣鄱社会的性格、思维模式及“耕读治家”生产生活方式等的形成有着深远的影响。大规模北民南迁入赣，“亦南亦北”“非东非西”的冲要区位，经济社会全面繁荣，更加剧了这一影响。

第二节　文化类别及其扩散

赣文化作为中华民族文化的子系统，经过长期发展，派生出了一系列文化分支，构成层次丰富、脉络清晰的网络。

从地域的角度，赣文化包含浔阳文化、豫章文化、临川文化、庐陵文化、袁州文化、客家文化等诸多子系统；从社会影响的角度，江西存在士文化、宗教文化和民间文化三支相对独立的文化系统。赣文化体系结构见表10.1。

表10.1　赣文化系统

分类角度	文化因子		
地域	浔阳文化、豫章文化、临川文化、庐陵文化、袁州文化、客家文化		
社会影响	士文化系统	文学	陶渊明、欧阳修、曾巩、王安石、黄庭坚、杨万里、文天祥、晏殊、晏几道、姜夔、汤显祖等
		理学	周敦颐、朱熹、陆象山、王守仁、李觏等
		科技	宋应星等
	宗教文化系统	佛教	净土宗、曹洞宗、杨岐宗等
		道教	灵宝派、龙虎山派、西山派、净明道派等
	民间文化系统	稻文化、铜文化、瓷文化、茶文化、书院文化、山水文化、苏区文化、饮食文化、曲艺文化等	

一、民间文化系统

(一)青铜文化

中华文明是以完全成熟和精妙绝伦的青铜器为其发端的。因此，中华文明的起点极高，而且夏、商、周“三代”承续，绵延不断。在人类文明史上，青铜器的出现，对社会进步有着巨大而深远的影响。江西的冶铜业源远流长，远在商周时期，江西的先民就创造出了灿烂的青铜文化。

20 世纪 70 年代初中期，在位于赣江中游的樟树市吴城乡吴城村，人们发现了商代遗址，这是一项重大的考古发现。吴城遗址面积达 4×10^4 km^2，为我们呈现出一座完整的城市，遗址发掘有青铜铸造和陶器制作的作坊遗存以及数量有限的青铜器。李伯谦在《试论吴城文化》中，依据考古学文化命名的一般原理，将以吴城遗址为代表的这一类型文化定名为“吴城文化”，从此，吴城文化便成了先秦时期赣鄱地区江南青铜文化的重要代表。

瑞昌市铜岭发现的颇具规模的殷周铜矿开采冶炼遗址，是我国发现的开采历史最早、延续时间最长、出土文物最全的矿冶遗址。

新干大洋洲商代大墓的惊人考古发现，更是震惊世界。大墓出土的文物千余件，其中青铜器 475 件，其数量之大、品类之多、造型之奇特、纹饰之精美、铸工之精巧令世人瞩目，尤其是一系列各类青铜器物的发现，填补了吴城遗址青铜器物无序之不足，成为吴城青铜文化一个有机的最重要组成部分。大洋洲商代遗址的发现，证明江西堪称“长江中游古代青铜王国”，是青铜时代又一重要文化中心。

在吴城文化新干商墓出土的 475 件青铜器，可以分为礼器、乐器、兵器、农业用具以及神杂器五大类。它们生动体现了李伯谦先生所说的“受中原文化强烈影响的土著青铜文化”。我们大致将赣鄱青铜器物的类型分为以下三大类。第一类，器物的造型与结构同中原河洛文化完全一样，即所谓的“中原型”，或称“殷商型”，如“扁夔足鼎”。第二类，器物的造型和结构基本来自中原河洛文化，但新添加了一些本土文化元素，即所谓的“融合型”，或称“混合型”。诸如虎耳方鼎、柱足圆腹鼎、兽面纹贯耳壶、兽面纹方鼎、假腹豆等，此类不仅数量最多，而且形制样式最为丰富。第三类，器物造型的结构和样式与中原河洛文化完全不同，在郑州二里岗和安阳殷墟中从未出现过，即所谓的“本土型”。这部分器物较少，但最值得我们注意与探寻。其突出者莫过于“提梁三足卣”，它的器身形制非常特别，犹如一个鱼篓形状的陶罐，三只椭圆形空心锥足外撇，显得格外醒目，绳索状提梁，有盖，颈和整个腹部满饰由较宽的平行线条构成的兽面纹。它在河洛“三代”全部的青铜器物中找不出一件类似的器物，因此没有可比性。

宋代是江西冶铜业也是中国冶铜业的重要发展时期，铅山场是当时全国三大铜场之一，而胆水浸铜技术成功地运用于德兴和铅山铜矿开采实践以及德兴张潜的《浸铜要略》专著问世，更是对世界化学史和冶金史的杰出贡献。矿冶业特别是铜矿的发展，为铸钱提供了充足的原料，使当地的铸钱业很快地发展起来。江西饶州永平监铸钱量稳步提升，确立了其铸钱基地中心的地位。

当下的鄱阳湖东北，作为亚洲最大的铜矿基地德兴，其铜矿储量约占全国的1/3。同一地区的贵溪，则拥有现代化程度很高的铜矿冶炼技术。江西铜文化的历史贯穿3 000余年的漫长岁月，至今仍熠熠生辉，这不是偶然的吻合。它显示了鄱阳湖平原矿脉地质构造内部运动的必然规律。在黄河流域华夏族先民奋发开拓中原大地的时候，江西先民也同样在赣鄱流域这块土地上辛勤劳作，用智慧的汗水创造了光彩夺目的青铜文化，在中华文明史上书写了浓墨重彩的篇章。

(二)农耕文化

赣鄱大地地势低平，气候温暖湿润，河网稠密，湖港众多，有着得天独厚的农业生产条件，有利于水稻的生长，成为历史悠久的稻作之乡。

被评为“中国20世纪100项考古大发现”的万年仙人洞与吊桶环遗址显示，江西地区在新石器时代早期，即距今约12 000年前，就已经出现了人工栽培稻。遗址中还出土了石斧、石斫、骨铲、石磨盘、磨棒等农业生产特别是谷物加工的工具，以及一定数量的原始陶片，充分证明江西是中国稻作农业的重要起源地之一，在中国乃至世界古代农业文明史上占有重要的地位。

至距今约6 000～4 000年的新石器时代中、晚期，赣鄱地区的原始先民已经以稻作农业为主要经济活动。在新余拾年山、修水山背、九江神墩、永丰尹家坪、樟树樊城堆、萍乡大安里等10余处遗址中都发现有稻秆或稻谷壳的痕迹，这说明水稻种植至少在赣中地区已经得到推广。到距今3 000多年前的商代吴城文化时，水稻种植又得到相当的发展。从吴城文化遗址及吴城文化诸遗存中出土的大批农业生产工具来看，铜制农具，特别是铜制的耜、犁、铧、锸等，对土质坚硬、高低阔狭不等的江南水田泥耕功效更高，可以看出当时水稻种植技术的进步。

春秋战国时期，中原地区铁农具的使用和牛耕的推广，逐渐影响到南方。在江西出土的铁镢等铁农具，是对原来的铜镢以及耒耜的改进，提高了开垦荒地和翻土耕作的效率，使深耕细作有了一定的技术保证。生产技术的提高，使得粮食储备成为可能。1975 年发现的新干县界埠战国大型粮仓遗址，就是有力的证明。到东汉，江西已逐渐发展成为江南的重要产粮地区。

隋唐时期，随着北方人口的大量涌入，江西平原及丘陵地区的土地被广泛垦殖，大规模的水利工程也开始出现。特别是鄱阳湖区的圩田建设和对丘陵山地的开发，先进的曲辕犁(江东犁)、秧马及筒车的普遍使用，使水稻栽培技术及生产率进一步提高，江西逐渐成为全国著名的稻作区及粮食供应地，并因此确立了其在全国经济重心南移中的重要地位。安史之乱后，江西成为唐王朝财赋重心之一，“朝廷倚为根本，民物赖以繁昌”。

随着北民举族不断向赣鄱流域的中南部迁徙，宋代，赣鄱地区的耕地已得到全面开发，尤其是赣中吉泰盆地的耕地已得到深度开发，泰和曾安止(1048—1098 年)的《禾谱》证明了这一点。《禾谱》是我国历史上第一部关于水稻品种的专志，它记载了吉泰盆地 40 多个水稻品种的名称、来源、特征以及播种、插秧、收割的时间和栽培技术、管理方法。此后，曾安止的后裔曾之谨又撰《农器谱》，以补《禾谱》之缺，直接影响到元代王祯《农书》的写作。

到了南宋，随着人口的急剧增加和耕地的不断扩大，向偏远山区要田成为必然趋势。开山岭为田成为赣鄱地区的普遍现象。与此同时，稻作的种植更加注重技术性与科学性。元、明、清三代，江西当地民众继续向丘陵山地要田。山区的开发，进一步加强了江西水稻主产区的地位。赣鄱农耕文明正是在这样一个特定的历史背景下开始了持续发展的新进程，其突破性的表现，是有关全面总结农耕文明实践经验的理论著作《天工开物》的问世。

以粮为主，多种经营，一直是江西传统农业的基本产业结构。水稻之外，江西的麦、豆等作物也有一定的种植面积。明末清初，番薯、玉米等高产作物在江西山区的推广种植，加强了江西作为粮食生产基地的地位。茶叶、苎麻、棉花、白莲、百合等经济作物的种植以及生猪的饲养、鱼类的养育，则使江西在农产品商品化方面在全国居于领先地位。

(三)陶瓷文化

陶瓷被誉为“中国新四大文明”之一，对世界文化和人类文明产生了深刻影响。陶瓷烧造是江西最具特色的传统手工业之一，从新石器时代的印纹陶器，到商周时期的原始青瓷器，陶瓷烧造完成了从陶到瓷的转变，至秦汉时期已能制造较为成熟的瓷器。江西陶瓷业历经千百年，在青山绿水间成长、发展，形成博大精深的江西陶瓷文化，景德镇陶瓷成为中国陶瓷的杰出代表。

20 世纪以来江西考古界震动全国的多项重大考古发现，几乎都与陶瓷有关。万年仙人洞出土了中国最早的陶片；吴城遗址中发现中国目前年代最早的原始瓷器和已粗备瓷器烧造条件的六座龙窑；鹰潭角山窑址分布面积达3 万余平方米，是至今我国最大的商代窑炉；丰城洪州窑，始烧于东汉，终烧于晚唐，是唐代六大青瓷名窑之一，其生产的青瓷器型种类繁多、装饰纹样新颖、装饰技法丰富、瓷釉玻璃质感强，是全国研究青瓷起源和发展的主要窑场之一，是江西青瓷成熟并发展到鼎盛时的窑场，为宋以后江西陶瓷精品的发展奠定了优良的工艺基础；吉州窑（也称永和窑）是宋代著名的兼收南北名窑制瓷技艺的综合性大瓷窑，其生产的黑釉瓷和彩绘瓷独具风格，其彩绘技术更是对景德镇元青花瓷的产生和发展起到了承前启后的作用。江西省境内，从先秦两汉开始，陶瓷的制作和生产从未间断。除了上述各窑外，全省还遍布大大小小的古窑址，并且不断有新的发现。由此可见，景德镇的制瓷业最终能够成为中国瓷器的集大成者，景德镇享有“中国瓷都”的盛誉而历久不衰，除了与其自身得天独厚的自然、社会条件，以及兼收并蓄、海纳百川，善于传承创新的文化精神有关外，还实与江西深厚的制瓷传统分不开。

景德镇地区的制瓷业，相传“始于汉世”，至唐初已声名鹊起。所制瓷器已显示出胎釉的优势，以轻薄透明类玉见长，有“假玉器”之称，武德年间，入贡朝廷，于是“昌南瓷名天下”。五代时景德镇为南方最早烧造白瓷之地，从而打破了“南青北白”的格局。景德镇瓷器能成为中国陶瓷的名品，得益于其得天独厚的高岭土原料在这一时期的大量开采。景德镇周围丰富的瓷土矿，洁白细腻，烧制的瓷器青白兼之，这在颜色釉尚寡之时是独具魅力的瓷器品种。

宋元之际，随着吉州窑窑工的大量迁入和高岭土的开发利用，景德镇瓷业在工艺技术上得到更为迅速的发展。元代景德镇成功地烧造了青花、釉里红、卵白釉瓷和高温颜色釉瓷，是陶瓷史上具有里程碑意义的成就。尤其是青花瓷烧造成功，更使景德镇瓷器抛开了其他名窑而在全国独占鳌头。到明代，景德镇已成为我国制瓷业的中心。明朝统治者在景德镇正式创办官窑“御窑厂”，烧造宫廷御用瓷。全国各地的制瓷高手云集景德镇，景德镇出现了“官民竞市”的空前繁荣景象。从明代开始，景德镇官窑在瓷器底部书写年款。瓷器的款式，反映了明清时期朝廷对瓷器生产的重视和垄断，凡御用瓷器民间是不可以随便烧制和使用的，即使烧坏的产品也不能流传到民间，必须砸毁掩埋。清代是我国制瓷史上的黄金时期，此时景德镇制瓷业发展臻于鼎盛，制瓷技艺达到了炉火纯青、出神入化的地步。特别是康、雍、乾三朝盛世，在器型、釉彩的工艺制作方面，均达到了历史最高水平。

至此，景德镇瓷器呈现出五彩缤纷、晶莹润彻的艺术效果，取得了举世闻名的伟大成就，同时创造出无与伦比、丰富多彩的陶瓷文化。

(四)俗文学与戏曲

唐代寺院盛行“俗讲”，这是佛教宣传教义的一种新方法。“俗讲”源于“倡导”，可直接追溯到东晋时期庐山东林寺创立净土宗的慧远法师。俗讲的内容，都是佛经里的故事，谓之“变文”。宋代，“俗讲”开始分化，走向两条不同的路途：一路从寺院彻底走向民间的瓦舍勾栏，演化为平话、小说、鼓子词、诸宫调等讲唱文学，我们称之为“俗文学”，佛教的意味逐渐淡化；一路则走上戏剧舞台，佛教的意味则进一步强化。

1. 俗文学

什么是“俗文学”？郑振铎《中国俗文学史》开宗明义便说：“‘俗文学’就是通俗的文学，就是民间的文学，也就是大众的文学。”

真正意义上的俗文学始源于唐代，由于被封闭在敦煌千佛洞藏书密室中，千余年来湮没不彰，直到 1907 年才被发现。唐代寺院盛行“俗讲”，这种专门讲唱佛经故事的表现形式，很快为民间文人所利用，让它从佛经故事中出来，用于讲唱民间传说故事。这是“变文”由寺院走向社会的重要一步。

唐代俗讲中的“变文”，是“俗文学”的初始，入宋后出现了一系列重大变化，如产生了诸多新文体，如鼓子词、诸宫调等；“俗讲”样式转变为“说唱”的文学样式；有了固定的演出场所与固定的创作队伍，促使平民社会产生一支庞大的平民观众群体，这是宋代俗文学成熟和系统化的一个显著标志。

在河洛俗文化传播的影响下，宋代赣鄱精英文学也开始俗化。两宋赣文学的作家群体，几乎都是开宗创派、领风气之先的人物。属于雅文学范畴的两宋赣文学，习惯称之为“精英文学”。在这批精英文学的作家群体中，不少士大夫文人与俗文学保持着一种密切的关系，他们从俗文学中汲取有益的鲜活的东西来丰富与润色自己的作品。欧阳修的鼓子词，黄庭坚的鼓笛令，曾布、董颖的大曲，洪迈的《夷坚志》等都是赣鄱精英文学俗化的有力证明。而庐陵罗烨的《醉翁谈录》则是两宋说唱文学带总结性的集大成的著作，它体现了中国说唱文学的最高境界，标志着赣鄱的说唱文学样式已经完全成熟并系统化。

2. 戏曲与弋阳腔

中国真正意义的戏剧始于《目连救母》，《目连救母》戏剧源自佛经的《盂兰盆经》，唐代衍变为《目连变文》。

源于浙江温州一带的南戏，形成于北宋徽宗宣和年间(1119—1125 年)的南渡之际，故又称“南宋戏文”，它源自南方的民间歌舞小戏。随着南戏与宋杂剧和其他民间技艺的不断磨合，在其逐渐走向成熟的同时，出现两种不同的路向：一路向城市发展；另一路仍流动于农村。长期流动在农村的这部分南戏，继承了南戏初始的优良传统，与群众保持着最广泛的联系，它于南宋中晚期，进入了江西的赣东北地区以及赣中的南丰县。弋阳腔继承了农村一路的南戏，其最基本的特质就在于世代积累型的民间艺人集体创作。

随着金兵入侵，北民南移，北宋汴梁目连戏亦随之流迁南下，在极短的时间内迅速在江南大地繁衍开来。由于南戏的结构样式、演唱方法与中原河洛目连戏的演剧特征一脉相承，因此，随着《目连救母》的南下，南戏很快便接受了这批长期在瓦舍勾栏中演出的目连戏艺人，同时也接受并掌握了目连戏的表演技艺。

而江西弋阳县自古以来习俗崇佛，至南宋中叶，当由农村一路南戏演出的《目连戏》进入江西，尤其是来到弋阳并在这一地区扎根时，受到弋阳广大民众的欢迎，最终促成了弋阳腔。弋阳腔继承了南戏固有的民间创作传统，同时也继承了北宋汴梁目连戏的表演技艺与表现形式，使其与生俱来地具备了适应性和灵活性等特质。

弋阳腔的形成，经历了一个复杂的过程，它是由地理位置、人文环境和宗教、艺术等因素聚合融会而成的产物。早期弋阳腔的演剧形态有武术杂技、民歌入腔、脚色行当、滚调等。

江西长期的自给自足的半封闭农耕文化形态，到了明代，发生了明显变化，在保留自给消费型农耕文化的同时，转向产品交换型的商业文化形态，从而出现了一支庞大的活跃在全国各地的江西商人，人们称之为“江右商帮”。一般而言，社会流动性最大的人有两种：一是商贾；二是戏班。俗谚“商路即戏路”，弋阳腔正是沿着赣商的足迹而走遍天下的。明初永乐年间(1403—1424年)，弋阳腔不仅盛于江西，而且流行于安徽、福建，甚至远播云南及贵州。到了明中叶，弋阳腔又流行于北京和南京，湖南、福建、广东也都留有它的足迹。弋阳腔在不同历史阶段的流动扩散，是那样的神速，几乎到了“令人骇叹”的地步。

弋阳腔形成后百余年，又将目连戏等历史故事连台本戏回流到河洛地区，从某种意义上说，实在具有一种“根性文化”回归的意味。

二、宗教文化系统

江西宗教繁盛，是佛、道两教的开源播流之地，多开宗创派的大家，形成了庞大的宗教派别体系。

(一)佛教文化

佛教自西汉末年由印度传入，其后迅速本土化，成为具有“中国特色”的宗教。至东晋时，高僧慧远于庐山倡导“净土”，实践念佛修持，声名远播，使庐山成为与长安遥相呼应的南方佛教传播中心。同时，慧远主持肇建并住持东林寺，后人推东林寺为中国净土宗祖庭，慧远也被尊为中国净土宗始祖。

隋唐时期，江西是佛教传播弘扬之要地，时有“求官到长安，求佛到江西”之说。智凯数度驻锡庐山，弘扬天台宗教义。禅宗三祖僧璨、四祖道信、五祖弘忍、六祖慧能等先后入赣弘法。青原行思在六祖慧能座下承法后，回住庐陵安隐寺(今吉安青原山净居寺)，光大南宗宗风，史称“七祖”。天宝年间，马祖道一入赣，至钟陵开元寺(今南昌佑民寺)，弘扬南宗禅法，创立丛林，门下徒嗣甚众，代相传承，形成“洪州宗”。其徒怀海，驻锡新吴城百丈山(今属奉新县)，实践农禅，制定丛林清规(人称“百丈清规”)，风行天下。唐代末年，慧寂承师说，创沩仰宗于袁州仰山(今属宜春)。良价和本寂，开法新昌洞山(在今宜丰)与抚州曹山(今属宜黄)，创立曹洞宗风。义玄在新昌黄檗山承法后，至河北镇州(今正定)开创临济宗风。云门宗师文偃、法眼宗师文益相继到赣参访弘法，鉴真和尚等也曾过化江西，与此同时，江西禅风也传至海东(今韩国)和交趾(今属越南)等地。

入宋以后，禅宗在江西的弘传尤为兴盛。临济门下有方会在杨岐山(在今萍乡)创立杨岐宗派，惠南在黄龙山(在今修水)创立黄龙派。杨岐、黄龙两支对临济宗的弘传建树不凡。净土、律宗、贤首诸宗在江西也有传承。元代统治时间虽然不长，但藏传佛教在江西的影响也不小，就连有曹洞宗祖庭之尊的建昌云居山真如禅寺(今属永修)，也一度改弘藏传佛教。到了明代，禅宗临济宗流传不衰，曹洞宗在江西得以中兴。常忠法承嵩山少林寺(今属河南)小山座下，返赣后开法新城(今黎川)寿昌寺与信州博山(今属广丰)能仁禅寺，代相传承，形成曹洞宗门下寿昌法系。明亡后，一大批宦官名士，遁入空门，聚集于赣中。庐陵青原山与安福武功山便成了佛法兴盛之地。戒显则弘法云居山真如禅寺，所著《禅门锻炼十三篇》，至今仍有“禅门兵法”之誉。

(二)道教文化

道教是中国本土产生的宗教。江西龙虎山是道教正一派的发源地，创始人为汉代张道陵及其曾孙张盛。张道陵被张盛尊为掌教、正一天师，为中国道教的鼻祖，因而正一派又称天师道或正一道。金、元以后，正一派与全真派南北对峙，在中国南方、港澳台地区及东南亚诸国，有着广泛的影响。灵宝派的祖庭在樟树阁皂山，祖师为葛玄。刘宋时与陆修静刊定了《灵宝经》35卷，编成灵宝科仪多种，于是灵宝派更为盛行，直至元代才归入正一派之中。晋代许逊(许真君)是位治水专家，受到江西老百姓的爱戴，各处建万寿宫祭祀，祈求风调雨顺，五谷丰登。凡有江西人到的地方，就有万寿宫的存在，尤其是明清时期，随着江西移民和江西商人的足迹，万寿宫遍布全国及东南亚，几乎成为江西的象征。许逊也被奉为“净明”道的师祖，其在江西的影响历久不衰。

三、士文化系统

(一)理学

儒学进入赣鄱地区最早可追溯到春秋时期孔丘弟子澹台灭明的到来，这是赣文化发展过程中不可或缺的一环，也是春秋战国时期赣文化在沉寂中的一个亮点。

宋代，人们的思想非常活跃，于是应潮流而动出现了一批“探索者”，冯友兰先生把他们称为“更新的儒家”，也即“儒学第二期的发展”。宋仁宗庆历五年(1045 年)，程珦来到南安(今江西大余)，与周敦颐交谈，程珦深知他是位“为学知道者”，因与为友，并将“二子”(即程颢、程颐兄弟，后人以“二程”呼之)托付给他，这直接影响到中国理学与心学的历史发展进程。周敦颐的学术思想集中在有关宇宙论的探讨。他将《周易》简化，只留下 5 个圈，著《太极图说》；他的另一著述《通书》，是一部阐释《易经》原理的重要著作。由此，理学的基本框架确立。“二程”继承了周氏的宇宙论，在此基础上对“理”做了进一步的阐发。程颐认为，“天下物皆可以理照，有物必有则，一物须有一理”；而程颢的思想更倾向于把理和“传心”联系起来。

到公元 11 世纪下半叶，更新的儒家分成两个不同的学派，分别以周敦颐的学生程颢、程颐两兄弟为创始人。弟弟程颐创立了自己的学派，由朱熹集大成，史称“程朱理学”，这一思想对文天祥的影响很大。朱熹是“二程”的四传弟子，他在人性论上强调“存天理，灭人欲”的对立，主张“性即理”。文天祥直呼天道，认为理学即“道学”，他的法天不息观，浩然正气的人生价值观，为他进步的政治思想、炽热的爱国主义情怀和崇高的人格尊严奠定了坚实的思想基础。他继承并发展了儒学文化系统，并将孔孟道德观升华到更加理性的高度。

哥哥程颢创立了另一个学派，由陆九渊和王守仁完成，史称“陆王心学”。陆九渊的“心学”是理学的一个分支，他的思想发展脉络是和理学紧密联系在一起的，所不同者在于，“心学”的出现，是理学系统中针对一些命题与概念所出现的不同看法，也可以说是陆九渊对程朱理学的一个回应。“心即理”是陆九渊的核心命题。陆九渊的“心即理”到了明代又有新的发展，它由王守仁继承和发扬，再一次冲破程朱理学的束缚，把心学的浪潮奋力推向顶峰，故后人称之为“陆王心学”。承认人的本性存在“良知”，是王守仁思想的核心理念。但良知在外物的诱惑下往往使本性昏蔽，于是王守仁提出“致”，要推行和达到这种“致良知”，必须采用存养和省察的方法。

王守仁虽然籍贯浙江，但他重大的学术活动却几乎都在江西进行，以至形成风靡天下的“江右王门”学派。黄宗羲说：“姚江之学，惟江右为得其传。”文化的延续不是静态的，而是一种生生不息的互补、互接、互融的动态进程，在这一过程中，又充满了文化的延续、再造与发展。由周敦颐开创的濂学而派生开创出的洛学，在中国理学发展进程中具有一种显著的不可忽视的历史地位。其重要性就在于它表达了“更新的儒学”的那种积极进取、勇于探索的精神。“更新的儒学”的一个鲜明特征就是开始注意吸收佛道两家有益的成分为我所用，形成以儒家思想为基础，融合释、道思想，阐发性理之学的一种不可逆转的趋势。

“二程”的学术思想，对后世理学的发展产生了不可估量的影响。“程朱理学”和“陆王心学”的出现，是一种“和而不同”的个性化的学术思想的充分展示，两派无论怎样辩难，在追求“道”的过程中那种把以生命为代价去努力实践作为人生的价值的观念，却是高度一致的。儒学极其重视“道德”培养，文天祥即是其中的典型范例。

（二）文学

江西教育发达，传统儒家思想根深蒂固，有“家孔孟而人阳明”之誉。江西多著名文人，拥有开创文体及流派的文学大家和齐整的文学家阵容。

以诗而言，东晋南朝时期的伟大诗人陶渊明开创田园诗派（或称隐逸诗派）；北宋黄庭坚创立了江西诗派，王安石创半山体，又称“荆公体”；南宋时期，杨万里创造诚斋诗体。此外，文天祥、刘辰翁等兴起爱国诗体；“元诗四大家”，江西虞集、范椁、揭傒斯即占三家；蒋士铨为“乾隆三大家”之一；陈三立兴起赣派同光体。

以词而论，《全宋词》收入江西词家174人，占全书作者的12%。“宋词四大开祖”晏殊、晏几道父子（并称“二晏”）居其二，晏殊更有“北宋倚声家初祖”之誉；南宋时期，姜夔创立格律词派，或称骚雅词派，与辛弃疾豪放派齐名。

以文而言，唐宋八大家江西就有三家，即北宋欧阳修、王安石，南宋曾巩；明代杨士奇为首开创台阁体；魏禧为清初“散文三大家”之一。

论戏曲，明代汤显祖开创临川派，以“临川四梦”（即四部剧作《牡丹亭》《南柯记》《紫钗记》《邯郸记》）著称于世；蒋士铨可称乾隆年间第一曲家。

（三）科技

自宋至明清，江西的事业成就多处于科举之士，因科举以诗文辞赋取人，故江西的科举人物中亦多散文家、诗人、词家、史学家。然赣文化的精英中另有异趋之士，尤其在明代，科举与儒术逐渐相离，有不少事功之才，他们并无显赫官位，有的乃一介布衣，但却成就了一番伟业。

宋应星，字长庚，江西奉新人，明末科学家，“五上公车不第”后转向重视实践，重视首创，写出了总结我国古代科技成就的伟大著作《天工开物》。《天工开物》分别对五谷、纺织、染色、谷物加工、制盐、制糖、陶瓷、冶铸、舟车、锤锻、煤石烧制、食油、造纸、五金、兵器、矿物颜料、酒曲、珠玉18个大类的原料品种、用量、产地、工具及工艺过程进行详尽的记述，尤其重视“乃粒”(谷物)和“粹精”谷物加工。《天工开物》是我国历史上第一部从专门的科学技术角度，对明代及之前的农业和手工业积累起来的技术经验作了较完整和系统的概括与总结的巨著。著名科学史学家李约瑟称《天工开物》为“17世纪中国工艺百科全书”，故宋应星被视为东方古代科技史代表而备受推崇。

江西古代历史上，文学家兼艺术家大有人在，但文学家兼科学家的著名人物并不多见。明清时期，中国的农业、手工业、商业有了较大的发展，资本主义萌芽，同时西学东渐，促使中国文人从封建主义的科举束缚中渐渐走向求实致用，越来越多的文学家转向天文、历法、农学、算学等领域，出现了文学家兼科学家的局面。此外，尚有不少并无文才的能工巧匠，成为功绩卓著的科技发明者。木匠出身却誉满京城的建筑师雷发达为京都宫殿、园林的营建设计者；出身婺源寒儒之家的江永，其对后世影响最大的研究成果在音韵学上，著有《古韵标准》《四声切韵表》《音学辨微》等，江永对天算也有精深的研究，著有《恒气注历辩》《冬至权度》等；清晚期婺源人齐彦槐在水利机械和天文学方面作出了令世人瞩目的成就，著有《天球浅说》《中星仪说》《北极经纬度分表》等，研制了“龙尾”“恒升”农用提水擦车，具有很高的科学实用价值，对当时的农业灌溉和农业抗旱发挥了巨大作用，此外，他还改进日晷，创造了一种可以调节使用的双面活动晷，可以在不同地点使用而准确无误。

第三节　赣文化的影响及历史地位

赣文化作为一个博大精深的区域文化系统，是江西几千年历史与现实社会发展的汇集与总合。从历史角度看，赣文化源远流长，在中华民族发展史上，曾有过灿烂和辉煌的历史。历史证明，赣文化历经四五千年的发展，一直有着自己的特色，在中华民族文明史上，具有重要的地位和深远的影响。

在宋代，赣文化作为中华民族文化的主要代表，屹立于世界的东方。江西经济繁荣，科技发达，文学艺术创作领一代风骚，哲学思潮、宗教学派空前活跃，教育事业极为昌盛。影响中国文化史发展的几个重大变化即儒家思想的哲学化、佛教的中国化、道教思想的世俗化，均在江西得以完成。这个时期的赣文化，为中华民族文化的发展、提高、定型，作出了重大贡献。进入现代，江西人民对中华民族文化发展所作出的贡献，更是有目共睹。井冈山革命精神、中央苏区的光荣传统等，开创了中国社会发展新纪元，为中华民族的独立与解放，作出了不可磨灭的贡献。

一、民间文化

（一）青铜文化

赣鄱地区大量青铜器与铜矿遗址的发现，使赣鄱这块很不起眼的区域突然被放在极其重要的位置而引起世人的关注。江西发现商周时期青铜器物，打破了人们的传统观念束缚——把古代的南方设想为荒蛮之地，逐渐揭开了事实的真相，使南方的古文明史重现其应有的光辉。这是引领赣鄱地区进入文明的重要标志。商周青铜文化分布的赣中、赣西北是具有一定优势的地区，与中原王朝有密切的文化交流关系，处于南北交通的中心位置，是南北的“通衢桥梁”。这不但改变了我们对这一地区古文明的理解，而且在很大程度上改变了我们对南方以至整个商周文明的图景认识。

赣鄱地区从新石器晚期开始所进行的南北文化交流贯穿数千年的历史，为中华民族“多元一体”文化格局的最终形成，发挥了它不可替代的巨大作用。与此同时，从青铜器时代到今天，江西铜的生产与使用，在国民经济生活中一直占有重要地位。

（二）陶瓷文化

在英文中，“china”有两个意思：首字母大写为中国，首字母小写即指陶瓷、瓷器。“中国”与“瓷器”相提并论，瓷器在世界上已成为中国的代名词。中国瓷器饮誉四海、闻名遐迩。陶瓷文化是中国文化中最悠久最独特的物质文化之一。

1982 年，在国务院公布的首批 24 座国家级历史文化名城中，景德镇是唯一一座以单一传统手工业著称的城市。景德镇陶瓷历史文化的独特价值，不仅在于已经出土和仍然埋藏着的极其丰富的古瓷资源，而且在于这里至今还遗存着庞大完整的古瓷业体系。它是中华民族古代文化的一个精湛的典型，也是人类文明史上一颗不断放射光芒的明珠。景德镇以生产瓷器而蜚声世界，是中国古代的瓷都，现在仍然是生产瓷器的重要工业都市。

中国瓷器在世界各地的广为流传，不仅启迪、影响了全世界陶瓷技术的发展，而且广泛而深刻地影响了人类的物质文明与精神文明。

（三）农耕文化

张佩琪认为："如果说中国北方人文起源地只能是北京周口店的话，那么长江流域的水稻起源地就只能是江西万年仙人洞了。"这段话揭示了赣鄱流域在中国乃至世界稻作起源的研究中具有的不可忽视的作用。同时，也确立了江西农耕文明起源的历史地位。

从石器时代的原始社会，到夏、商、周三代的文明社会，鄱阳湖平原已经发展为农耕文明开发区，不仅有了居民聚落，而且原始种植业也已越过萌芽阶段。但鄱阳湖平原的农耕文明自进入春秋战国时期，在很长的一个历史阶段却似乎止步不前，甚至销声匿迹了。直到唐宋以后，历史迎来南北文化大交流大融合，江西才开始成为全国重要的产粮区之一。

赣鄱流域古称"天下粮仓"，其最大的特征就在于巨大的漕粮征收量，这是一个矛盾的统一体，由于这种矛盾的"相互激荡"，加上地理环境与自然生态环境等有利因素的调节作用，赣鄱流域的粮食产量在江南地区始终处于前列，江西作为国家农业基地的地位，非常牢固地确立下来且持久不衰。

二、儒佛道三教文化

儒、佛、道三教是中国传统文化和民族精神重要的组成部分，它们在不同时期以不同的方式发挥其不同的社会功能。三教哲学中古老的人生智慧、博大精深的教义，成为中国传统文化的精神动源。三教既相互冲突，又相互兼容，对中国人的生活方式、文化心态、民族性格的形成与演变，产生过重要影响。千百年来，赣境民众依附着三教建构自己的精神家园和心理境界。

秦汉大一统后，汉朝崇尚儒经之风很快播及江西。东汉时，江西已是名儒硕学竞相传习之地，接着佛道两教也进入江西人民的生活之中。在江西这片土地上，儒佛道各家都有极其重要的地位。儒佛道文化广为传播，达于鼎盛，渐渐成为赣境人民精神生活的一部分，在人与神的文化积淀中以儒养德、以道养生、以佛修心，形成人神杂糅的精神文化。

儒学至宋代，在江西发展形成理学。理学与江西的儒佛道环境有着千丝万缕的关系，江西这块浸润过儒学、佛学、道学的土地和儒佛道深厚的文化，对理学的形成和发展产生过重要影响。

中国封建社会的教育基本上是儒学的教育。自汉武帝罢黜百家以后，历代儒家学者为适应各个时期封建统治阶级的需要，总是从孔子的学说中去演绎出各种应时的儒家学说，如两汉的经学和谶纬之学，魏晋的玄学，儒化以厚德载物造就了中国历史上的一代代儒雅之士。宋代，朱熹的理学替代了传统的儒学教育，成为中国封建社会后期教育的基本内容。为了传播理学，朱熹不遗余力地创办书院，江西书院的发展兴衰与理学和陆王心学的传播密切相关。书院教育在江西这块儒学沃土中率先兴起，并逐渐向全国发展，成为中国封建社会后期教育的一个重要组织形式，开创了中国封建社会后期教育的先河。江西书院的数量、质量、规模、影响均为全国之首，成为研究中国文化的不可忽视的奇景。

宋代理学家朱熹的哲学(唯心主义哲学体系)统治了后期中国封建社会思想界达700年之久，为封建统治阶级所利用，对中国社会产生过巨大的影响，甚至对日本、朝鲜乃至欧洲的思想文化也产生过一定影响。

纵观中华民族文化史，对今天中华民族文化心理结构形成、发展、定型产生主要影响的，是宋明以后在中国哲学占主导地位的程朱理学、陆王心学、南禅佛学与老庄道学。直至今日，这四种子思想体系在中国人心灵上打下的烙印，随时可在一些中国人的言谈举止、音容笑貌中看出。

三、红色文化

“红色文化”是一种新的革命意识形态，是中国共产党领导的群众性革命运动的产物，不仅生动地反映了中国共产党领导下的苏区政治、经济的特点和人民群众的精神面貌，而且在继承五四运动革命传统的基础上，开辟了我国新文化发展的正确方向和道路，是革命战争年代中国共产党人、苏区人民和进步人士共同创造、积淀的重要文化遗产。红色赣文化则是在赣鄱大地上形成的红色文化。

(一)五大革命摇篮——红色赣文化的载体

包括赣文化在内的一切文化都来源于社会实践，是对社会存在和社会生活的具体而抽象的反映。进入新民主主义革命时期，江西成为赣文化与马克思主义相结合的天地——从毛泽东等去安源“点火”创建“安源路矿工人俱乐部”，到成立中国产业工人最早的中共支部；从“从前是牛马，今天要做人”大罢工的爆发，到建立“中国的小莫斯科”，安源成为中国现代工人运动的“策源地”。从周恩来为“坚定的主义去奔走”，到南昌城头响起武装反抗国民党反动派的第一枪；从共产党人在“四面白色恐怖包围”中首次实践“革命的中心任务和最高形式是武装夺取政权”，到“于是有了秋收起义、广州起义，进入了创造红军的新时期”，南昌成为“军旗升起的地方”。从“秋收时节暮云愁，霹雳一声暴动”去“当革命的山大王”，到“黄洋界上炮声隆，报道敌军宵遁”；从“分田分地真忙”，到“边界红旗始终不倒”，井冈山成为“革命的圣地”。从古柏等人组建寻乌“平民合作社”和创办中山学校，到寻乌“三二五”农民武装暴动；从毛泽东坚信“中国革命斗争的胜利要靠中国同志了解中国情况”开展实地调查，到《寻乌调查》报告诞生，寻乌成为党的思想路线的“发源地”。从苏维埃“唤起农民千百万，同心干”，到土地革命、武装斗争、根据地建设三位一体“工农武装割据形成”；从“创造第一等工作”于政治、经济、军事、文化、教育诸方面，到将苏维埃政权打造成为“中国的莫斯科”“红色的华盛顿”，瑞金成为党执政为民的“红都”。

党在江西创建的五大革命摇篮，都具有首创意义和里程碑式地位，体现出马克思主义与中国革命具体实际相结合的发端、发展的过程，为赣文化的整体意识、忧患意识、民本意识和心理意识的质变奠定了坚实的基础。

(二)五大原创精神——红色赣文化的魂魄

党的十六大报告指出：“民族精神是一个民族赖以生存和发展的精神支撑。一个民族，没有振奋的精神和高尚的品格，不可能自立于世界民族之林。”民族精神是一个有着丰富历史内涵的与时俱进的概念，是历史性和时代性的有机统一。毛泽东指出：“自从中国人学会了马列主义以后，中国人在精神上就由被动转为主动。”由五大革命摇篮派生而来的安源精神、八一精神、井冈山精神、寻乌调查精神和苏区精神，是对包括赣文化在内的中华民族优秀文化最近、最直接的继承和弘扬，它不同于封建社会农民起义和资产阶级民主革命中形成的精神，而是紧扣20世纪中国争取民族独立和解放、实现祖国统一和现代化历史主题展现出来的不甘沉沦、积极进取、奋发有为的精神境界、精神风貌、精神力量和人格。时代主题的变化和社会潮流的进步，是民族精神和区域文化发展的坐标，更是无产阶级革命精神和时代精神的源泉和酵母。

红色赣文化由此成为当代赣文化的核心和主体，它是国家文化软实力和江西省情在思想意识形态领域中的具体体现，具有政治品牌、教育品牌、思想品牌、道德品牌和形象品牌功能，对构建社会主义核心价值体系和建设社会主义全面小康社会具有重要意义和作用。

赣文化的核心，是传统文化中的精华部分与革命文化的组合。研究赣文化最重要的任务，就是吸收和借鉴人类社会创造的一切优秀文明成果，用体现出鲜活的时代气息的传统文化精华与革命精神武装人、引导人、鼓舞人、塑造人，为社会主义现代化建设作出贡献。

第十一章　特色鲜明的旅游业

章前语

江西是一片美丽而又神奇的土地。大自然的鬼斧神工为赣鄱大地造就了秀美山川，历史的长河为这片土地沉积了深厚的文化内涵。在江西 16.69×10^4 km^2 的土地上，分布着庐山、井冈山、龙虎山、三清山等 14 个国家级风景名胜区，南昌、景德镇、赣州、瑞金 4 个国家级历史文化名城和 46 个国家级森林公园，各类风景名胜区(点)近 400 处，使赣鄱大地处处都有景，季季皆可游。“红色、绿色、古色”，是江西省旅游资源的主要特色，也是江西省旅游的精华。英雄城南昌，因“八一”起义而闻名中外，是“军旗升起的地方”“中国人民解放军的摇篮”；井冈山是中国第一个农村革命根据地，是“中国革命的摇篮”；瑞金诞生了中华苏维埃共和国临时中央政府，被誉为“共和国的摇篮”；萍乡安源是现代工人运动的策源地，是“中国工人运动的摇篮”。江西也因此成为当之无愧的“红色摇篮”。在“红色”的辉映下，江西又是一片温馨的绿色家园。江西的森林覆盖率居全国前茅，处处青山滴翠，绿水潺潺，自然景观美不胜收，令人流连忘返。而在每一处景观的背后，又都蕴藏着赣文化的灿烂光华。江西自古学风鼎盛，人才辈出。欧阳修、王安石、曾巩、文天祥、陶渊明、黄庭坚、汤显祖等名垂青史的名字，为赣文化的旌旗涂上了亮丽的色彩。红色摇篮、绿色家园、古色文化“三色”交相辉映，江西旅游如同五彩缤纷的动人画卷。由于多方面的原因，江西旅游业还有相当大的潜力没有得到充分发挥。本章主要分析江西旅游业的发展条件，回顾旅游业的发展历史，展望旅游发展前景，揭示旅游发展的区域差异，介绍主要旅游区的分布与特点。

关键词

江西省；旅游资源；旅游开发；区域差异；旅游布局

第一节　旅游业发展条件分析

江西旅游资源种类多、品位高，拥有国家旅游资源标准分类的 8 大类 155

种中的153种。名山秀水与名胜古迹交相辉映，历史文化与民俗风情相映成趣。江西省旅游线路图见图11-1。

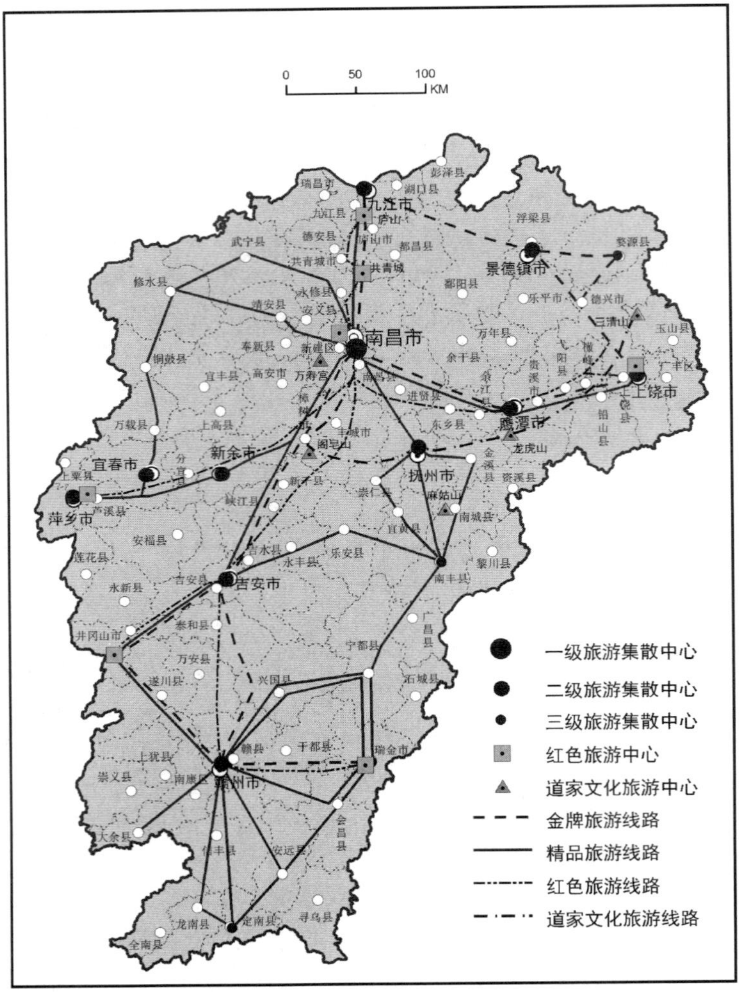

图 11-1　江西省旅游线路图

一、丰富的旅游资源

(一)自然旅游资源

1. 基本情况

江西地形以丘陵、山地为主，盆地、谷地广布，江湖众多，赣江、抚河、信江、鄱江、修水汇入鄱阳湖，构成以鄱阳湖为中心的向心水系。“绝特山水”是江西最具特色、在国内乃至世界上能排得上、叫得响的自然旅游资源。“绝特山水”是指江西山水风光秀美，独具特色，而且具有许多天造地设、惟妙惟肖的绝境。江西群山环耸，江湖纵横，山水景观非常奇特，尤以庐山、井冈山、龙虎山、三清山和鄱阳湖四山一湖最为突出。庐山风景区绝就绝在高山峙立于江湖之间、山江湖城融为一体，丰厚的历史文化与秀丽的自然风光完美结合，秀美典雅的东方园林与精湛细腻的西方建筑艺术和谐统一；鄱阳湖绝就绝在交汇长江，匡庐倒影，珍禽聚集；井冈山风景区绝就绝在其遍地的红军胜迹与群峦、奇峰、幽谷、飞瀑、野生动植物等壮丽风景完美统一，红花与绿叶交相辉映；龙虎山风景区绝就绝在源远流长的道教文化与秀丽的自然景观熔于一炉，绚丽的碧水丹山与罕见的春秋战国崖墓合二为一；三清山风景区绝就绝在绝特的高山奇峰与丰厚的道教遗存巧妙结合，惟妙惟肖的怪石浑然天成。

2. 形成原因

江西地跨扬子陆块和南华褶皱带两大构造单元，受地质构造的控制，区内古地貌具有长时期、多阶段的演化特征。边缘山地丘陵及其他地貌的发育，基于元古代基底褶皱和古生代的盖层褶皱之上，受控于历次构造运动，并随着地史演化过程而发育形成。燕山运动开始发育地貌格架的雏形，喜山运动奠定了全省地貌的基本轮廓。

在早古生代志留纪之前，赣中南区仍呈现一片海区地貌景观，今武功山所在地，当时只是伸入“赣湘岛海”中的一座半岛；赣北区在中元古代经晋宁运动褶皱回返，步入了陆块发展时期，并伴随形成规模巨大的复式九岭花岗岩体，构成赣北区时代最古老、地势最高峻的古地貌九岭——高台山山地。印支运动结束了江西境内海侵的历史，开始了以陆地为背景的地史演化时期。这时，在太平洋板块、欧亚板块、华北板块和华南板块的共同作用下，江西一些古地貌不断抬升受剥蚀，造就了一系列北东向的山脉，并先后形成一些镶嵌在古山地丘陵间的断陷盆地。

中生代燕山造山运动早期，在构造活动的强烈作用下，一些古老山地进一步抬升，并解体形成起伏较大的九岭、怀玉山、武夷山等边缘山地以及其间的一些河谷平原；一些印支期形成的北东向盆地，受断裂的改造与制约，逐渐造就呈北北东向山间盆地；鄱阳、宜丰、新余、弋阳、吉安、赣州、宁都、瑞金等一些断陷盆地，堆积了巨厚的红色陆相碎屑岩沉积建造，并伴有岩浆侵入和喷发活动。至燕山运动晚期，一些早期形成的盆地，范围不断扩大，位置也由东向西移；鄱阳盆地因受湖口—赣江、丰城—余干、萍乡—上饶等断裂活动影响，其范围进一步扩至包括鄱阳湖、清江、抚州、余江在内的广大区内，并奠定了鄱阳湖区四周山地丘陵的盆状地貌轮廓。喜马拉雅期(简称喜山期)的断块式差异垂直升降运动使燕山期隆起的山地再度上升，而山前和山间低洼地再次相对沉降，从而造成该区地势起伏高低对比较为强烈。例如，驰名中外的庐山是在燕山期整个地盘上升的基础上，受喜山运动期断裂的控制，快速抬升形成的断块山；而庐山外围地区却再度下降，鄱阳湖断陷盆地进一步发展。

第三纪末期以来的新构造运动是一种以继承性的断裂断块差异升降为主要表现形式的构造运动。这一运动加速了江西现代地貌的发育过程，并对地震活动与温泉分布有重要影响。

在新构造运动的影响下，自新第三纪晚期以来，省内大部分地区长期处于抬升状态，地面营力以侵蚀—剥蚀为主。赣中南与赣东北区以大面积整体缓慢抬升为主，地貌起伏反差小，第四纪沉积物厚度不大，多为 20～30 m；赣西与赣西北山地，山体强烈抬升，河流深切，切割深度可达 500～700 m；赣北地区断块差异升降活动较为明显(尤以庐山地区更为突出)。由于断块差异性升降活动，庐山断块上升，鄱阳湖盆地则断陷下降，从而形成现今山地与平湖紧相挨随，地势高低起伏对比强烈的地貌景观，并循活动断裂带伴有温泉出露(如星子温泉)。

新第三纪晚期至第四纪早更新世，新构造运动表现较为强烈，燕山期形成的断裂均有程度不同的复活，断块活动强度与间歇性抬升幅度均较大。例如，赣南区的赣县砾石层组成的第三级阶地，被抬高到 40～50 m(局部达到 70 m)；赣西北武宁一带的阶地抬升至 80 m；鄱阳湖盆外围区再度缓慢上升，并不断被侵蚀夷平，形成海拔 80～90 m 的山原面；沿湖口—清江大断裂和宜丰—景德镇断裂带分别发育了古赣江与古昌江，并汇入鄱阳湖断陷，经星子—湖口“狭谷”注入长江；在今赣江的清江大桥至进贤一带，发育了古赣江冲积平原，并于古赣江下游的荣塘、前坊等地，局部形成湖沼地貌景观；在武夷山西麓，断块山继续上升，断陷盆地不断下降，形成以山高谷深为特征的现代地貌。

中更新世时期，新构造运动进入相对稳定阶段，省内广大地区的地貌过程以剥蚀—夷平为主，地貌从陡峭渐变为平缓，造就了起伏和缓的丘陵、岗地与谷地。在赣中、赣北区，受高温多雨的影响，发育了厚层的红土风化壳；一些河谷区早更新世堆积物遭破坏，形成基座阶地或河谷冲积平原；在古赣江下游区，差异性沉降和流水沉积的叠加，发育了埋藏阶地或洪积扇。此外，古鄱阳湖盆地进入向心状水系发育全盛时期，除早已形成的古赣江与古昌江进一步发育外，古抚河、古信江、古乐安河、古锦江、古修水等河流也相继发育，逐步发展为完整的鄱阳湖水系，并造就了广阔的古鄱阳湖冲击洪泛平原。

晚更新世以来，新构造运动又趋于活跃。赣南区以大面积缓慢上升为主，赣北区较为稳定，但鄱阳湖地区仍继续下降。全新世，赣南处于稳定中略有缓慢上升；赣北则大面积持续下降。自全新世末期至今，全省其他地区均趋于稳定。

江西境内盆地众多，成因各异，但多与新构造运动有密切的关系。如赣南的留车、孔田、龙迴、安息、龙源坝、凤仙圩，赣北的葛源、上清、周坊、山口、新泉等地的侵蚀盆地，多发育在新构造运动处于较稳定的地段，或在整体缓慢间歇性上升的地区，经流水沿软弱岩层和构造裂隙侵蚀切割形成；赣南的石城、会昌、寻乌，赣西北的安义、武宁、修水的三都与渣律等继承性盆地，发育形成于燕山期，受新构造运动断裂继承性的影响，这些盆地至今仍在断续发展之中。

新构造运动也影响着江西的地震活动和温泉区域分布。从地震的区域性来看，历史上的强震或现今的弱震，绝大多数发生于断裂与断块差异活动较强的新构造区(诸如赣西北断块差异上升区、赣南断块差异上升区、南武夷断块掀斜隆升区等)；且历史上的地震集中分布于石城—寻乌、九江—靖安两个活动断裂带上，条带性分布明显。另据统计，全省已知有温泉近百处，主要分布于幕阜山、九岭山、九连山等新构造活动带，且出露地点多沿断裂带分布，或在断裂带端点，或在几组断裂复合交会的中心部位。例如，宜春温汤及其附近温泉群，出露于北北东向与北北西向断裂交合部；修水黄沙汤桥温泉，出露于北北东向断裂的端点；星子隘口温泉，处于北北东向与近东西向断裂复合交会部位等。

经过漫长的地质构造运动，最终形成了今天的江西地貌——江西省境边陲的东、南、西三面群山环绕；北部有鄱阳湖及其低平的滨湖平原；中南部零山纵裂，丘陵起伏，盆地纷杂其间。全省地势南高北低，边高中低，由南向北，从外朝内徐徐倾斜，构成一个不规则环状地貌——朝北敞口的巨大盆地。与此同时，江西境内还形成了丰富多彩的自然景观。

3. 主要类型

大体上，可以把江西自然旅游资源分为名山风光、岩溶奇观、河流风光、湖泊景观、瀑布景观、名泉风光和其他七大类。

(1)名山风光

①砂岩名山风光

庐山　又名匡山、匡庐。庐山北濒长江，东南临鄱阳湖，京九铁路沿北部山麓而过，椭圆形的山体呈北东—南西走向，长约 25 km，宽约 10 km，总

面积约 300 km^2，域内 90 余座山峰绵延相连，形成峰峦叠嶂，泉瀑飞流，茂林幽深，云海苍茫的秀丽风光，主峰大汉阳峰海拔 1 474 m。庐山是一座地垒式断块山，受水流、冰川侵蚀，四周崖壁陡峭，峡谷幽深，瀑布飞泻，而山上则相对高度较小，谷地宽广，地势起伏不大，形成外陡里平的奇特地形。庐山岩性复杂，山体以南华纪砂岩为主，其次为变质岩，东麓有花岗岩出露。根据著名地质学家李四光等的研究，庐山在第四纪冰川时期，曾经历了 4 次冰川作用，形成王家坡东谷、西谷等“U”形谷地，以及飞来石等冰川遗迹。

庐山拥有 12 大景区，474 个景点。唐代大诗人白居易以“匡庐奇秀甲天下”道出了庐山的秀美与品位。庐山是我国第一批国家级风景名胜区，1991 年入选“中国旅游胜地四十佳”，1996 年联合国教科文组织世界遗产委员会第 26 届会议一致通过并批准庐山作为“世界文化景观”列入《世界遗产名录》。庐山先后被批准为国家地质公园和世界地质公园，被评为“全国文明风景旅游区示范点”。庐山是江西旅游和中国旅游的精品，是蜚声海内外的旅游胜地。庐山与近现代中国政治结下了不解之缘。蒋介石以庐山为“夏都”，先后 18 次登山避暑，1937 年从周恩来上山与蒋介石进行第二次国共合作谈判，到蒋介石宣布对日全面抗战的“庐山谈话会”，是庐山历史的光辉之页。新中国成立后，毛泽东曾三上庐山，庐山会议会址、美庐别墅等建筑，至今仍无言地叙述着当代中国的命运和历史。

此外，名列四大书院之首的庐山白鹿洞书院是中国古代教育活动的典范。宋代理学家周敦颐所创办的九江濂溪书院是庐山另一处培养人才的学堂。

井冈山　地处江西西南部，湘赣交界处的罗霄山脉中段。有峰峦、山石、瀑布、云海、溶洞、温泉、珍稀动植物、高山田园风光 8 大景观类型，分为茨坪、龙潭、黄洋界、主峰、笔架山、桐木岭、湘洲、仙口、茅坪、砻市、鹅岭 11 大景区，76 处景点，460 多处景物景观。井冈山夏无酷暑，冬无严寒，气候宜人，春可赏杜鹃，夏可观云海，秋可眺秀色，冬可览雪景，四季宜游，是革命传统教育、观光度假、科学考察的好去处。井冈山不仅自然景色秀美，而且是中国第一个红色革命根据地所在地，是中国革命的摇篮，是发展红色旅游，进行革命传统教育、爱国主义教育的基地。1962 年朱德同志重游井冈山后题字“天下第一山”，郭沫若同志也曾赞咏“井冈山下后，万岭不思游”。井冈山是中国首批国家级风景名胜区，1991 年入选“中国旅游胜地四十佳”，1999 年被评为首批“中国优秀旅游城市”。

井冈山群山逶迤，地势复杂，岩性主要为泥盆纪砂岩，其次为花岗岩、变质岩。井冈山中部为崇山峻岭，两侧为低山丘陵，从山下往上望，巍巍井冈如一座巨大的"城堡"，五大哨口是进山的必经之路。

井冈山具有良好的自然生态环境，素有"绿色宝库"之称，全境保留有7 000 hm^2 的原始森林，植物种类达3 800多种，其中珍稀物种达200余种。800多种动物资源中有国家一、二级保护动物20多种。气候属中亚热带季风气候，温和湿润，7月平均气温24℃，是生态旅游、度假避暑旅游的理想之地。

②火成岩名山风光

三清山　位于德兴与玉山两县交界处。因玉京、玉虚、玉华三峰峻峭挺拔，宛如道教玉清、上清、太清三位尊神列坐山巅而得名。主峰为玉京峰，海拔1 819.9 m。景区共划分为梯云岭景区、玉京峰景区、三清宫景区、西华台景区、玉灵观景区、冰玉洞景区、仙桥墩、西海岸景区、东海岸景区9大景区。1988年经国务院批准为国家级风景名胜区。三清山集奇特的自然景观和神秘的道教文化于一身，素有"江南第一仙峰，天下无双福地"的美誉。三清山东险西奇、南绝北秀，尤以奇峰、古松、响云、彩瀑、神光最为奇特，被誉为滨西太平洋最美的花岗岩地貌景观。

景区内奇峰林立，怪石峥嵘，全山有名可考的山峰48座，怪石52处，景点、景观300余处。"巨蟒出山""东方女神""观音听琵琶"被誉为"三清三绝"，是三清山景观的形象代表。其他重要景点还有"老子看经""仙人锯板""万笏朝天""老道拜月"等。三清山森林覆盖率高达86%，拥有丰富的动植物资源，全山松多且美，并有彩瀑、扬清瀑、石鼓岭瀑等数十处飞瀑流泉。

西海岸景区将自然绝景云集的南部诸景区和人文荟萃的北部三清宫道教文化景区连为一体，沿途有花果山、猴王观宝、观音送子、飞仙谷等稀世景观，是观看壮阔云海、连绵群峰、恢宏晚霞和俯瞰原始森林、大峡谷的最佳位置。西海岸景区游步道完全由高空栈道构成，全长4 km，架设在海拔1 600余m的悬崖上。

梅岭　位于南昌市西北部的湾里区，距市中心约15 km。2004年被批准为国家级风景名胜区，亦为国家级森林公园。

梅岭总面积约150 km^2，主峰罗汉岭海拔841 m，共有元生代花岗岩组成的大小山峰99座，天然和人工湖泊50余个，还有奇石、泉瀑、幽谷、云海佛光、古树名木等，处处皆景，融雄、秀、奇、幽于一体，使之成为南昌市郊自然风光最胜之处。梅岭森林覆盖率达67%，夏季平均气温为22℃～25℃，向有"小庐山"之称，也是游人避暑度夏的良好去处。

梅岭山山相连，层峦叠嶂，众多风化剥蚀形成的花岗岩倒石堆地貌，以狮子峰、潘阳洞景点为代表，形态各异，给人以无尽的想象空间。景区内溪流、泉瀑密集，如铜源港瀑布群，在 2 km 的河段上，落差达 240 余 m，形成数十个瀑布，极为壮观，加之这段水港密布着数百个水碓，更添壮色。神龙潭瀑布落差 30 余 m，水量丰沛。据统计，景区内有古树名木 300 余株，其中尤以千年银杏、盆景樟、石中兰等梅岭“植物三绝”最为著名。梅岭也是观赏云海、日出、雾凇、雪景、南昌夜景的理想地点。

主要游览点有：洪崖丹井、妙济桥、翠竹山庄、方志敏烈士墓、皇姑墓、宁王朱权墓、洗药湖、狮子峰、铜源港瀑布群、神龙潭瀑布、梅岭头、紫清山等。

武功山　位于吉安市安福县、宜春市袁州区、萍乡市芦溪县等县、区交界处，属罗霄山脉北支，古时曾为“江南三大名山”之一，2005 年被批准为国家级风景名胜区和国家地质公园。

武功山景区面积 297 km^2，是以高山草甸、陡崖峰林、千瀑之山、千古祭坛、地热温泉、生态奇境、禅宗祖庭、文化荟萃为主要特色，以观光游览、避暑度假、生态教育、保健休闲、科普活动、宗教祭祀和革命传统教育为主要功能的山岳型大型风景名胜区。

武功山景区划分为九龙山、金顶、发云界、羊狮幕、明月山、太平山、仰山、玉京山、吉见峰、大王庙 10 大景区和由温汤温泉、文家温泉和万龙山温泉组成的温泉带，有景观、景点 380 余处。全山海拔 1 000 m 以上山峰有 70 余座，主峰白鹤峰(金顶)海拔 1 918 m。武功山在海拔 1 600 m 以上处，形成绵延 40 km^2 的高山草甸和 40 km 的陡崖峰林带。金顶、发云界、观音宕、太平山等景点，都是观赏高山草甸的好地方。金顶分布 4 组古代祭坛，是古代老百姓进行祭天活动的重要场所，距今已经有 1 700 多年的历史。

三爪仑　位于靖安县境内，九岭山脉东段，总面积 121.3 km^2，为国家级示范森林公园。

三爪仑森林公园是九岭山脉中最具旅游开发价值的区段之一，其境内山清水秀，林海茫茫，竹林万亩，风光旖旎，森林覆盖率达 95.7%，气候冬暖夏凉，7 月平均气温为 27.5℃。三爪仑拥有极为优良的生态环境，空气负氧离子含量平均高达 21 377 个/cm^3，空气中饱含着富有杀菌作用的植物精气，使部分区域的空气含菌量下降为零，大气环境质量远远优于国家一级标准，可以认为整个森林公园都达到了“森林医院”的标准。

三爪仑境内丽山秀水，动植物资源丰富，有况钟园林、宝峰寺、三爪仑、盘龙湖四大景区，主要游览点有倒天崖、狮子口瀑布、仙女浴瀑布、北河漂流、观音崖、虎啸峡、骆家坪等处。

③丹霞地貌名山风光

江西丹霞地貌名山，主要分布于中新生代红色盆地边缘，由白垩纪红色砂砾岩组成。

龙虎山　位于鹰潭市郊西南 20 km 处，是中国道教正一派的祖庭所在地，国家级风景名胜区，国家地质公园，国家级森林公园。风景区面积 200 多 km^2，包括上清宫、龙虎山、仙水岩、马祖岩、洪五湖、应天山 6 大景区，共有 99 峰、24 岩、108 处景点。源远流长的道教文化，天造地设的丹崖碧水，千古难解的悬棺之谜，构成了龙虎山景观的“三绝”。

龙虎山原名云锦山，是道教第三十二福地。东汉中叶，道教创始人张道陵在此肇基炼九天神丹，“丹成而龙虎见”，山因得名。天师府是历代天师生活起居之所，经历朝维修重建，现有房舍 500 余间，占地面积 5×10^4 m^2。天师府是一座王府式建筑，规模宏大，层层叠叠，呈八卦形布局，院内古木参天，丹桂飘香，有“南国无双地，西江第一家”之称，吸引了国内外众多的游览者。泸溪河由南而北似一条玉带把上清宫、龙虎山、云锦石、板栗洲、无蚊村、仙水岩等景点串联成一条最佳自然景观水上游览线。游客在上清镇乘上竹筏，顺泸溪河而下，沿途丹崖碧水，山水相映，四野美景，迎面扑来，其终点站为仙水岩景区，是龙虎山观赏自然景观的精华所在。这里景点集中，怪石遍布，山水皆成妙景，24 岩个个令人拍手叫绝。仙水岩顶上是观赏仙水岩美景的最佳地点之一，登顶远眺四野，山环水绕，龙腾虎跃之雄俊景色尽收眼底。

仙水岩景区临水的悬崖峭壁上布满了各式各样的岩洞，其中散布着 100 多座 2 500 多年前春秋战国时期古越人的崖葬墓，其年代之久远，数量之多，位置之险，造型之奇特世所难觅。现在，模拟悬棺安葬已成为景区的固定表演项目。

龙虎山重要的游览点还有象鼻山、排衙峰、九曲洲、金枪峰、天门山、金笼峰、杵臼石、无蚊村、镇妖井等。

龟峰　又名圭峰，位于弋阳县西南部，总面积 135 km^2，国家级风景名胜区。风景区内自然景观与人文景观交相融合，佛、道、儒文化交相融合，景区内既有古代江南重要名刹南岩寺，又有道教重要遗址葛仙观，还有象征儒学兴盛的叠山书院。丹霞美景、文人胜迹、商周文化遗址、革命史迹等各类景观相互映照，具有较高的旅游发展潜力。

龟峰风景区有“三奇”：龟形丹山之奇、洞穴佛龛之奇、仁人志士之奇。以此三奇为主要特色分为三大景区。

一景区龟峰，面积 28 km^2，远望似一只昂首的巨龟，是龟峰丹霞地貌自然景观的荟萃之地，自古以 36 峰 8 大景著称。步入景区，各种象形石栩栩如生，尤其是近千只象形石龟，大小不一，动静皆有，惟妙惟肖，无奇不有，情侣龟、母子龟、缩头龟、探海龟、昂首龟等，可谓无石不似龟。

二景区由南岩、龙门岩、双岩及龙门湖共同组成。三岩坐落在风光秀丽的龙门湖畔，岩体中洞穴星罗棋布，现在开放、开发的就有 23 个之多，洞穴大者可容千人，冬暖夏凉，洞外风光明媚，有较高的旅游开发价值。南岩寺为二景区的精品，在一处高约 30 m、宽 70 m、深 30 余 m 的巨岩石洞穴中，百余尊完成于唐、宋时期的石刻佛像依岩环列于石壁之上，实属江南罕见，人们誉之为“江南第一佛窟”。近年在南岩寺附近，充分利用山势走向，修凿的龙门卧佛景点正式向游人开放，这座卧佛佛身宽 68 m，头部长 50.5 m，嘴宽 12.3 m，全长 416 m，被我国佛教界权威人士、十世班禅亲赐画师尼玛泽仁称为是世界上最长的卧佛。

三景区以方志敏纪念馆、叠山书院、龟峰文化森林公园等共同组成。

南武当山 位于龙南县城南 50 km 处，与广东相毗邻。南武当山面积 13.5 km^2，主峰海拔 813 m，众石峰拔地而起，奇石突兀，千姿百态。上南武当山只有一条羊肠小道，因山势陡峭，只可攀链登上峰顶，顶峰及周围有景点 16 处，山上建有山门、庵堂，上面各有一副数百年的石刻楹联，皆取“武、当”两字作联首，历来为游人所称道。

翠微峰 位于宁都县城梅江镇西北 5 km 处，景区面积约 20 km^2，最高峰海拔 488.5 m。景区内有山峰百余座，其中险峻秀丽者 12 座，被称为“金精十二峰”，峰以翠微峰为首，洞以金精洞为最。金精洞是由披发峰与石鼓峰相夹而成的天然石洞，它是古金精山区的中心腹地，是全国道家七十二福地之第三十五福地，这里险峰、幽洞交汇成自然美景，并保存有一批历代名人题刻。

翠微峰因山势陡峭、关隘险要、易守难攻而成为历代兵家争战之地。1949 年，数千国民党残部踞顶顽抗，后被解放军智取强攻，一举全歼。故事片《翠岗红旗》就是以此事为故事，以此地为背景摄制的。

汉仙岩 位于会昌县南部筠门岭镇，因相传八仙之一的汉钟离在此得道成仙而得名，总面积 48 km^2。汉仙岩风景名胜区由红色古镇、汉仙岩、盘古山、羊子岩、羊角古城、会仙温泉、肖帝岩、紫云山等景区构成。文化内涵十分丰富，包括古镇文化、八仙文化、桃源文化、盘古文化、客家文化、温泉文化、书院文化、佛教文化等多种类型。汉仙岩四周有奇峰异石，巍峨险峻，堪称鬼斧神工，共有景观 36 处。汉仙岩壁上留存着历代文人墨客的大量题刻，如“汉仙岩”“虔南第一山”等，气势磅礴，已被列为省级重点文物保护

单位。

通天岩　位于赣州市西北 12 km 处，是一处丹霞地貌发育良好的风景区。风景区分东岩、西岩两大部分，由 3 个石坳、4 条山背和 10 余处岩穴组成，从唐末开始，这里就开凿石窟造像，一直延续至北宋，众多的古代摩崖造像和题刻均集中在东岩的忘归、观心、龙虎、通天、翠微 5 处岩穴之中，共计有唐、宋造像 358 尊，北宋至民国的题刻 128 品，是江西省最大的古代石窟群。1988 年被列为全国重点文物保护单位。

风景区内岩深谷邃，树木参天，气候温凉宜人。主要游览点有阳公祠、广福禅林、漏米洞、象鼻山、通天湖、阳孝本墓、一滴泉、群玉阁等。

近年又开发了以休闲娱乐为主要功能的通天岩西岩新游览区，整个景区面积由原来的 0.5 km^2 扩展到 5 km^2。2000 年，通天岩景区被评为国家 4A 级旅游区。

(2)岩溶奇观

石钟山　位于鄱阳湖出口，长江南岸，地属湖口县双钟镇。石钟山三面环水，形如半岛，全山分上、下两部分，面南临湖的是上石钟山，靠北临江的是下石钟山，两山面积各约 10×10^4 m^2，园林建筑面积超过 1×10^4 m^2。石钟山相对高度只有 50 余 m，但悬崖峭壁，插湖锁江，气势不凡。

北魏地理学家郦道元在《水经注》中解释石钟山因微风鼓浪、水石相激、声若洪钟而得名。北宋文学家苏东坡当年曾亲自夜乘小舟探访石钟山，并写下了千古名篇《石钟山记》，使石钟山名扬四海，其实，石钟山既有钟声，又有钟形，是一座声形兼备的袖珍名山。

登临石钟山，凭栏远眺，浩渺的鄱阳湖与滔滔的长江交汇之处，一条数公里长的分界线清浊分明，向远方延伸，合流近 25 km 而不混，可谓天下奇观。石钟山历为兵家必争之地，素有“江湖锁钥”之称，历史上在此曾发生过多次激战，如朱元璋与陈友谅之战，太平军与曾国藩水师之战等。山水名胜古迹众多，主要有苏轼夜泊处、半山亭、怀苏亭、归去亭、江天一览亭、船厅等 30 余处。

龙宫洞　位于彭泽县西南的乌龙山麓，包括毗邻的玉壶洞、雷公洞、观音洞、仙真岩，形成一大型溶洞群。龙宫洞全长 1 900 余 m，面积为 2.44×10^4 m^2，洞体高大，造型奇特，气势雄伟，洞中长年恒温 18℃，有大量钟乳石柱、石幔、石花、石笋，景象千姿百态，酷似传说中的东海龙宫。全洞分为龙门、前宫、东宫、西宫、后宫等部分，主要景观有定海神针、龙门、龙钟、寿星迎宾、天河飞鹤、托塔天王等。

从龙宫洞后宫洞口出来，相距数百米即为玉壶洞，该洞入口处大厅高 10

m，面积 3 100 m²，冬暖夏凉，已辟为天然电影院，曾多次在此举行过全国性篮球比赛，已被列入世界吉尼斯纪录大全。入得洞内，左为旱洞，长 500 m，右为水洞，长 350 m，可乘小舟沿途观赏岩溶胜景。

孽龙洞 又名神龙洞，位于萍乡城北 15 km 的杨岐山山麓中，因传说许真君为民除害，与孽龙恶战，孽龙负伤遁入此洞而得名。全洞长 4 200 m，有景观 70 余处，洞中地势起伏不平，宽窄不一，既有宽敞宏伟的千人厅，也偶有需游人贴身擦过的小缝隙，一条小河相伴始终，沿途钟乳石造型千姿百态，栩栩如生。主要景观有千丘田、仙女湖、迎客厅、龙牙穴、擎天柱、鸳鸯池、童子拜观音、洞中瀑等。孽龙洞被人们誉为“天下第一洞”。

洪源洞 又名洪源仙境，位于乐平市东北 38 km 处。洞体全长 1 620 m，洞室面积 8×10^4 m²。洞中遍布钟乳石，有 58 m 高的擎天柱、惟妙惟肖的姜太公钓鱼等景观，堪称鬼斧神工。飞天瀑、震天雷、仙人田、水中天被誉为洞中“四绝”。其中飞天瀑落差 30 m，为世所罕见。洪源洞与附近的独秀峰、翻花井、历居山等共同组成省级风景名胜区。

灵岩洞群 位于婺源西北古坦乡通元观村，在 2.5 km² 的范围内，密集分布着 36 个溶洞，为国内所少见，其中自唐、宋以来就被人们探游并记载的名洞有 6 个，即琼芝洞、卿云洞、凌虚洞、涵虚洞、莲花洞、萃灵洞。6 大名洞中至今仍保存着唐、宋至清代名人题刻 2 000 多处，此中岳飞、朱熹的遗迹弥足珍贵。已开发的名洞内钟乳石景观栩栩如生，或洞中连洞，犹如迷宫，或广厅深邃，迂回曲折，美不胜收。

(3)河流风光

风景河段 江西数千条秀丽的河流中，蕴藏着巨大的江河观光旅游开发潜力，如千里赣江万安段的九曲十八滩，两岸高峡矗立，河床狭窄，水流湍急，尤其是其中的惶恐滩，因文天祥的不朽诗篇，而为人们所熟知。随着万安水电站大坝的兴建，昔日的险滩变通途，高峡出平湖，呈现另一番水上风光。赣江至峡江旧县城巴邱镇附近，四山对峙，水势奔涌，号称“千里赣江最狭处”，颇有三峡风光。其他如定南的九曲河，两岸黄竹摇曳，犹如凤尾，景色如画；奉新的潦河，鹰潭的信江，乐平乐安江的泪滩，婺源的古坦水等河段皆具观赏性。但江西旅游开发程度高，景色秀丽，最为著名的风景河段当属龙虎山泸溪河。

漂流河段 漂流是一项集惊险、刺激、娱乐、参与性于一体的水上旅游项目。

江西有许多适合漂流，旅游开发价值大的河段，但目前大多仍藏在深山人未识，靖安三爪仑森林公园中的北河、南河漂流，井冈山朱砂河漂流、泰和楠木林漂流、武宁武陵岩漂流、上犹五指峰漂流经开发已形成一定接待规模。南丰紫宵溪、龙南龙头滩、大余河洞、南昌梅岭、贵溪冷水大峡谷、庐山桃花源等多处也均有较高漂流旅游开发价值。

(4)湖泊景观

江西多湖泊，全省有大小天然湖泊100多个，主要分布于赣北地区，如鄱阳湖、军山湖、青岚湖、瑶湖、赛城湖、甘棠湖等。江西还有数以千计的大小人工湖——水库，充分利用水库资源，开发旅游项目是江西旅游业的特色。其中旅游开发较好的有新余仙女湖、上犹陡水湖、永修和武宁的柘林湖、新建栖霞湖、安远东风湖等。此外万安水库、贵溪硬石岭水库、安福社上水库、乐平共产主义水库、宜春飞剑潭水库、大余油罗口水库、兴国长岗水库、宁都团结水库、玉山七一水库、高安上游水库、丰城潘桥水库等也均有较高的旅游开发价值。在全国首批139个国家级水利风景名胜区中，江西占有9个，分别是：高安市上游湖、宜春市飞剑潭、吉安市白鹭湖、南城县麻源三谷、乐平市翠平湖、南丰县潭湖、井冈山市井冈湖、贵溪市白鹤湖、景德镇市玉田湖。

鄱阳湖　鄱阳湖是东亚地区最大、最典型的一块湿地，为越冬候鸟提供了丰富的食物及理想的栖息环境，每年10月中旬至次年3月中旬，大批来自北方的候鸟经长距离迁徙，来到鄱阳湖越冬。据统计鄱阳湖自然保护区中鸟类达310种，其中白鹤、黑鹳、大鸨、天鹅等国家一、二级保护鸟类达55种，全世界98%的白鹤在此越冬，鄱阳湖是世界上名副其实的白鹤乐园、珍禽王国。鄱阳湖越冬候鸟主要观赏地有永修县吴城、永修县和星子县共有的南湖、星子县的沙湖和沙湖山、都昌县松门沙山、新建区南矶山、九江赛城湖、余干县康山等。

鄱阳湖是古代从中原进入江西，转入岭南的要道。周瑜曾在此操练水师，朱元璋、陈友谅在湖上决战，太平军在湖上重创曾国藩水师，李烈钧在湖口誓师，发起“二次革命”。王勃名句“渔舟唱晚，响穷彭蠡之滨”描绘的就是湖上景色。

鄱阳湖边可供旅游开发的名山秀岭，比比皆是。以吴城镇为中心的鄱阳湖自然保护区，是观赏越冬珍禽的理想之地。湖中的鞋山岛，又叫大孤山，景色秀丽，被人们誉为“湖上天然盆景”。被称为湖上“魔鬼三角”的都昌老爷庙水域，留下了许多传说与民俗。此外，湖口的石钟山、都昌的南山、星子的落星墩、新建的南矶山、共青城等均为鄱阳湖的重要景区。

仙女湖　又名江口水库，始建于1958年，位于新余市西郊16 km处，是江西著名的湖泊型旅游胜地，国家级风景名胜区。仙女湖得名于东晋文学家干宝《搜神记》中记述的“毛衣女”下凡新余的故事，这为景区抹上了一层神秘而圣洁的色彩。湖区水面约 50 km^2，景区面积 175 km^2。仙女湖自西向东划分为 3 个景区，上游铃阳湖景区面积 2 000 多 hm^2，烟波浩渺，水天一色；中游钟山峡景区有长约 3 km 的高山峡谷，钟山峡、牛栏峡、吕山峡呈弧形弯曲，蜿蜒如带，被誉为“小三峡”；下游为舞龙湖景区，面积 2 000 余 hm^2，湖面呈枝杈状多向延伸，湖湾、岛屿星罗棋布，是仙女湖的核心景区。仙女湖共有岛屿 133 座，全景区以“情”为主题，开发有傣族度假村、蒙古包、蛇岛、龙王岛戏猴、白鹭山庄等景点。风景区内及其周围可游览的景点还有唐代状元卢肇的读书台、明朝宰相严嵩为家乡兴建的大型石拱桥“万年桥”、淹没于湖底的原分宜县城遗址、相传为葛洪修道之地的大型溶洞“洪阳洞”等。

柘林湖　位于永修县西北部，地跨永修、武宁两县，是江西最大的一座秀美壮观的人工湖。湖区总面积 308 km^2，蓄水量多达 70×10^8 m^3，湖内含有大小不等的岛屿 900 多个。湖区大坝建成于 1972 年，长 630 m，底宽 425 m，高 72.5 m，是亚洲第一大土坝，集发电、航运、灌溉、养殖于一体，兼有良好的水域旅游开发价值。柘林湖万顷碧波，景色秀美，这儿有明朝魏源墓、乾隆皇帝留下的诗刻、易家河温泉、落差 30 余 m 的黄荆洞马尾水瀑布、狮子岩、莲花寺、滴水洞、雪公洞等众多景点可供观赏。湖中众多岛屿现已逐步进行了旅游开发，如百鸟岛、猴岛、飞龙岛、孔雀岛、湖滨游乐场、密宝岛等。柘林湖正成为江西新的水上旅游热点。

(5)瀑布景观

江西知名的瀑布有成百上千处之多，其中位于九岭山脉的奉新即有瀑布近百处，安远三百山也初步查明有瀑布 50 余处。庐山、井冈山、三百山、梅岭、武功山、三清山向以瀑多、瀑美而著称，是江西观赏瀑布的主要地区。其他经初步旅游开发的瀑布有靖安三爪仑森林公园飞瀑数十处，其洪屏狮子口瀑布空气含菌量检测为零，空气中负氧离子含量达 69 140 个/cm^3，全国难有媲美者。武功山号称“千瀑之山”，其中白水滩瀑布长 120 m，明月山云谷飞瀑长 160 m，均为江西落差较大的瀑布。崇义聂都山的瀑布帘，8 条水流从一道平整似墙的百米悬崖上飞流直下，堪称奇观，全县已查明瀑布 17 处。上犹查明有 6 处较大型瀑布，大余丫山腹地的龙山瀑布群，4 km 左右的峡谷中，大小 20 余处瀑布阶梯状排列，非常壮观。云居山五龙瀑，五瀑注入一潭，好似五龙戏水。遂川白水仙瀑群三叠而成，落差近 200 m。兴国的仙人瀑、陡水的西龙瀑、浮梁窑里的南山瀑布、乐安的金竹瀑布、铜鼓天柱峰的九龙瀑、全南的龙潭瀑、宁都翠微峰的八瀑，均具有良好的观赏性。当然，江西更多的瀑布尚藏在深山，有待人们去探索与开发。

（6）名泉风光

江西自古出名泉，“茶圣”陆羽在《茶经》中评定天下名泉有二十，江西独占其五，分别为“天下第一泉”谷帘泉、第四泉上饶陆羽泉、第六泉庐山招隐泉、第八泉梅岭西山瀑布水（现洪崖丹井）、第十泉庐山天池水。庐山北麓的报春泉每年立春时辰方会窜出泉水来，人称“神泉”。杨岐山子午泉，水势涨退极有规律。宜春珠泉、南城沸珠泉、峡江汉帝金井，泉水清澈甘洌，时有气泡嫣然上升，好似珍珠串串。麻姑山有名泉 12 眼，其中神功泉深不及一尺，大小刚能入勺，终年不涸，勺之不尽，清洌甘甜，又名“一勺之多”。

江西现已查明的温泉有 94 处，主要分布于赣南地区，仅寻乌县就有 14 处。江西重要的温泉有星子温泉、临川温泉、宜春温汤、安远虎岗温泉、资溪法水温泉、奉新九仙汤、遂川汤湖、遂川热水洲温泉、永修柘林易家河温泉、铜鼓天柱峰温泉、武宁上汤温泉等。

（7）其他

生物景观　生物景观主要指动植物景观。动植物是自然风景的重要构景要素，也是人们观赏的重要对象。江西地处亚热带东段的湿润地区，光热条件良好，地形地貌复杂，拥有丰富的动植物资源，加之江西大部分地区未受到第四纪冰川的影响，保留下大量古老的珍稀动植物物种，更为江西旅游开发提供了丰富的动植物资源。

不少动物与旅游相结合，已成为江西一道以动物观赏为主体的风景线，如鄱阳湖越冬候鸟、桃红岭野生梅花鹿、婺源鸳鸯湖、象山白鹭群等。

江西以植物为主体的自然景观主要有庐山植物园，赣南植物园，井冈山杜鹃林，大余梅花、瑞香，以及众多的自然保护区、森林公园等。

气候与天象景观　气候是一地长期天气状况的综合。江西气候特点与旅游业有密切联系。江西名山众多，且海拔多在千米以上，夏季各旅游名山凉爽宜人的气候，形成一个个“凉岛”，吸引前来避暑度假的游客；冬季的庐山、井冈山常常银装素裹，江南雪景为粤、港、澳地区的居民提供了最近赏雪的理想之地。气候同时又造成了以山水观光型为主体产品的江西旅游业具有明显的季节性，淡、旺季交替。

气候也是江西自然景观中重要的构景要素。温暖湿润的气候，充沛的水汽、繁茂的植被，使江西气候景观占有重要地位，庐山、井冈山、三清山的云雾千姿百态，变幻无穷，茫茫云海令人拍手叫绝。各旅游名山冬季披上雪景分外妖娆。三清山的响云、神光、彩瀑天下闻名。庐山的佛灯、雾有声、雨倒行，素称“三奇”，激起多少游人探奇的兴趣。庐山含鄱口、武功山金顶的日出壮景，滕王阁“落霞与孤鹜齐飞，秋水共长天一色”的暮色、庐山月松林的月景等天象奇观，无不使游人为天地之幻化而感慨万千。

(二)人文旅游资源

1. 基本情况

江西人文旅游资源以“红色摇篮”和“古色文化”旅游资源特色闻名全国。“红色摇篮”是指江西红色旅游资源丰富。南昌因“八一”起义而闻名中外，是“军旗升起的地方”“中国人民解放军的摇篮”；井冈山是中国第一个农村革命根据地，是“中国革命的摇篮”；瑞金诞生了中华苏维埃共和国临时中央政府，被誉为“共和国的摇篮”；萍乡安源是现代工人运动的发源地，是“中国工人运动的摇篮”；江西还有众多的革命旧址，是进行爱国主义教育的重要基地。“古色文化”是指赣文化沉淀丰厚，独树一帜。同时，江西又是青铜王国、陶瓷之都、文献之邦和佛道源流之地，闪耀着古文化的灿烂光华。除此之外，江西省现有 4 个国家历史文化名城以及多个中国历史文化名镇、中国历史文化名村。

2. 形成原因

江西历史悠久，向以经济繁荣、文化发达而享有“物华天宝，人杰地灵”之誉，是名副其实的“江南昌盛之地”和“文章节义之邦”。在中华文明的历史长河中，江西人才辈出，陶渊明、欧阳修、曾巩、王安石、朱熹、文天祥、宋应星、汤显祖、詹天佑等若群星般灿烂，光耀史册。江西还是个富有革命斗争传统的省份，特别是在现代民族解放和革命战争中，曾作出过巨大贡献。中国共产党老一辈的革命家和领导人，多数都曾在江西从事过多年的革命工作，组织领导了著名的安源路矿工人运动、八一南昌起义、湘赣边界秋收起义等，建立了井冈山革命根据地及以瑞金为中心的中央革命根据地，粉碎了国民党反动派的多次军事围剿，还有震惊世界的二万五千里长征等，给后人留下了许多宝贵的历史、文物资源，是进行爱国主义教育、革命传统教育的理想佳地。

赣剧是本省主要的地方戏。地方特产有名茶“宁红”“婺绿”以及竹编工艺品、景德镇瓷器等。景德镇素称“瓷都”。景瓷以其“白如玉、明如镜、薄如纸、声如磬”蜚声中外。

3. 主要类型

大体上，可以把江西人文旅游资源分为革命遗址类、古城镇与古村落、古代书院、古遗址、古代建筑、宗教与民俗活动场所六大类。

(1)革命遗址类

江西的革命遗址有明显的阶段性特征。以此划分有旧民主主义革命遗址、江西早期党团组织活动遗址、早期工农运动遗址、北伐战争遗址、工农暴动遗址、共产党独立领导武装斗争遗址、土地革命遗址、庐山谈判与新四军成立遗址、抗日战争遗址、解放战争遗址。

南昌八一起义纪念馆　位于南昌市市中心中山路西端洗马池，原是江西大旅社，建成于1924年，是当时南昌首屈一指的高大建筑。1927年7月下旬，起义部队到达南昌，包租下了这座旅社，成立了以周恩来为书记，李立三、恽代英、彭湃为委员的中国共产党前敌委员会。江西大旅社成为领导起义的指挥中心。1927年8月1日凌晨2时，在周恩来、贺龙、叶挺、朱德、刘伯承等的领导指挥下，具有伟大历史意义的南昌起义爆发了，打响了反对国民党反动派的第一枪，这是中国共产党独立领导武装斗争和创建人民军队的开始，1956年在旧址建立“南昌八一起义纪念馆”。门前悬挂的“南昌八一起义纪念馆”为陈毅手书。二楼、三楼辟有4个陈列室和1个题词纪念室，内有大量的文献资料、图片、照片、文物以及参加南昌起义老同志的题词，生动地再现了南昌起义的光辉历程。此外，按原貌恢复了当年举行领导起义会议的喜庆厅、周恩来工作过的25号房间、林伯渠的办公室兼卧室的20号房间、军事参谋团的办公地点9号房间、部分领导人住过的10号房间，以及在一楼天井两侧的警卫连和卫生处的部分住房，三楼的展厅还陈列了一组周恩来生平的照片。1961年，经国务院批准，南昌八一起义总指挥部旧址被列为全国重点文物保护单位。后又被列为全国百家爱国主义教育示范基地。

方志敏烈士陵园　坐落于南昌西郊的梅岭山麓，距南昌市区10 km。陵园背依青山，面向东方，建于1959年8月，占地10余亩。墓前有台阶12层，170余级，两边青松翠柏环抱，庄严肃穆。墓为汉白玉砌成，大理石碑上面刻有方志敏简历。墓碑正中镌刻毛泽东题词“方志敏烈士之墓”。陵园内现建有方志敏烈士事迹陈列室。一幅幅图片，一件件文物，再现了伟大的无产阶级革命家、军事家、杰出的农民运动领袖，土地革命战争时期赣东北和闽浙赣革命根据地党政军的创建人方志敏同志的英雄事迹。

小平小道　坐落在江西省新建区望城镇省庄村境内，原名新建县拖拉机修配厂，是伟人邓小平同志1969年10月至1973年2月期间工作和生活过的地方，也是小平同志设计中国改革开放和现代化建设的重要思想的地方。为了纪念邓小平同志，他当年劳动和生活的地方被开辟为“小平小道”和“小平楼”，对后来者进行爱国主义教育，让人们永远铭记这位世纪伟人。

叶坪革命旧址群　位于赣州市瑞金城东北5 km处，是第二次国内革命战争时期中央工农民主政府所在地。1931年9月28日，毛泽东、朱德指挥根据地军民粉碎国民党军队一次、二次、三次“围剿”后，来此领导各项工作，巩固和发展了中央革命根据地。旧址群现主要有：毛泽东、朱德、周恩来、任弼时、王稼祥等人的办公室和旧居，中央工农民主政府旧址，红军检阅台，红军烈士纪念塔(塔高 10 余 m，造型为子弹形圆锥体，塔身镶着无数小石块，象征无数革命先烈的鲜血)，公略亭(纪念红军将领黄公略)，博生堡(纪念红军将领赵博生)等。其中砖木结构的旧祠堂，原是谢氏祠堂，约 600 m^2，为 1931 年 11 月召开的中华苏维埃第一次全国代表大会会址，当时出席会议的代表有 610 人，会议选出 63 人组成中央执行委员会，毛泽东为执行主席。大会闭幕后会址则被用作中央工农民主政府总办公厅。变为办公厅后的草坪有红军检阅台，原为竹木的便台，1933 年改为土木结构，长征后被毁，1955 年按原貌恢复。大草坪中心有红军烈士纪念塔，塔上有毛泽东、朱德、博古(秦邦宪)、周恩来、项英等的题词，塔前用煤炭铺着"踏着先烈的血迹勇敢前进"的标语。红军烈士纪念塔，1933 年 8 月 1 日动工，1934 年 2 月 2 日举行揭幕典礼。

于都县红军长征出发地　位于江西省于都县贡江镇。1934 年 7 月中共赣南省委、赣南省苏维埃政府在雩都(1957 年"雩"改"于")贡江城东北成立后，9 月毛泽东从瑞金到此，住在何屋，这是清末宣统二年(1910 年)建的砖木结构悬山顶两层楼房，占地 636 m^2，毛泽东住东厢房，10 月从此出发长征。中央红军集结红军主力 8 万余人从于都河(贡江)上 8 个渡口渡河，踏上举世闻名的二万五千里长征路。当时还没有于都大桥，于都人民支援红军搭浮桥、摆渡船，把红军送上征程。现在县城的于都河畔建立了于都长征第一渡纪念碑。

永新县三湾改编旧址　1927 年 9 月 29 日至 10 月 3 日，毛泽东在江西省永新县三湾村，领导了举世闻名的"三湾改编"，从政治上和组织上保证了党对军队的绝对领导，是我党建设新型人民军队最早的一次成功探索和实践，标志着毛泽东建设人民军队的思想开始形成。三湾改编初步解决了如何把以农民及旧军人为主要成分的革命军队建设成为一支无产阶级新型人民军队的问题，保证了党对军队的绝对领导，奠定了政治建军的基础。同时，三湾改编的三项重要内容之一——实行民主主义，也对团结广大士兵群众、瓦解敌军起到了巨大作用，从这个意义上说，三湾改编又丰富了我党早期的统一战线思想，从理论和实践上对统一战线工作作出了很大贡献。为了利用三湾改编这个具有重大历史意义的题材对广大人民群众进行教育，永新县通过多方筹资，在枫树坪东侧改建了三湾改编纪念馆，汇集史料界人士丰富和充实了三湾史迹陈列内容，采用声、光、电高标准、高档次的陈列形式。纪念馆总投资 600 万元，规划用地 5 000 m^2，中心大楼面积 1 203 m^2，建筑面积 2 377 m^2。一楼设置三湾改编史迹陈列、影视厅、休息室，二楼设置贺子珍和永新籍将军展两个附属陈列、文物库房、办公室等。三湾改编旧址群作为一个爱国主义教育基地，作为人民军队的新生地，接待了各级党和国家领导人，每年接待观众几十万人次。其中，国防大学、南昌陆军学院、长沙政治学院等多所军队大专院校学员每年必前来参观学习。

(2)古城镇与古村落

明清时期，得益于商品经济的发展和水路交通的便利，江西形成了景德镇、河口镇、樟树镇和吴城镇四大古镇。除了四大古镇外，江西历史上还形成了一些规模较大的村落，村落或因科举而兴、或因经济而盛、抑或二者兼有之，在众多名村中，流坑古村、婺源古村、青原渼陂村、安义古村是其中的代表，这些村落因为历史上的繁荣而留下了大量精美的建筑、雕刻、彩绘等艺术，令后世叹为观止。

流坑古村　位于乐安县城西南 38 km 处。流坑处在东南山区向西部中低丘陵的过渡地带，四面青山拱挹，中间一方盘地自成一方。乌江由东南方崇山峻岭中逶迤而来，自村南经村东，绕至村北向西北流去，汇入恩江，注入赣江，使得流坑三面环水，一面依山，加之所掘的龙湖，流坑成为一个山水环抱的胜地。流坑繁荣了 500 余年。其选址、布局都经过总体规划，是按照古代风水理念设计的大型古村。流坑的建筑是典型的明清时期民居格式。如今，流坑古村仍保存古民居、祠庙、文馆戏台和古建筑遗址 260 处，多为明清风格的建筑。其中，属于明代的建筑 19 处。还有 100 多幅楹联、400 余块匾额，大多出自名家之手。有宋代朱熹，明代大学士杨士清、董士标等题写的匾联。随着时代的进步，村民大多过上了富足的生活，也保持着传统的民俗文化，尤其是民间传统节庆活动的傩舞(当地人称为“玩喜”)游菩萨和灯彩等更是透出浓浓的古风古韵，不可不看。

婺源古村　婺源是江西省一个历史悠久的古县，历史上曾属安徽管辖。是古徽州一府六县之一，是南宋著名理学家朱熹的故里和中国铁路之父詹天佑的祖籍。婺源被称为“中国最美的乡村”，以山、水、竹、石、树、木、桥、亭、涧、滩、岩洞、飞瀑、舟渡、古民居为组合的自然景观，有着世外桃源般的意境，犹如一幅韵味无穷的山水画，形成一个独特而美丽的田园风光游览区，给人一种回归自然和超凡脱俗的感觉。“古树高低屋，斜阳远近山；林梢烟似带，村外水如环。”婺源是一首人与自然和谐相处的抒情诗。恬美和谐的家园，源自婺源对“绿”的呵护。始创于婺源的群众性自然保护区已发展有自然生态型、珍稀动物型、资源保护型等 6 类，6 000 多株名木古树建档挂牌。泰山归来不看岳，婺源归来不看村。婺源家园的美，美在与环境浑然天成的和谐。“青山向晚盈轩翠，碧水含春傍槛流。”民居、村落都非常注意人和天、地、山、水的环境的关系，或枕山面水，或临溪而居，山山水水都是

“家”，形成此间，村村是画，步步是景。粉墙黛瓦的村落被青山和绿水所环绕，加上缥缈朦胧的薄雾、古意盎然的石径和廊桥，全然是水墨丹青的韵味。村如诗画，城亦诗画。婺源县县城是现代都市与山水乡村完美结合的城市。清幽典雅的兰桂花园、玉宇花园等极富现代气息的生活小区点缀山城；清逸俊秀的虹井公园、滨江公园，以星江河为天然景致，依城而落，就水城而成；占地105亩的婺源大型文化生态广场，具有浓郁的地方民俗风情和时代气息，集休闲、集会、旅游于一体，体现文化、生态、生命、环境、绿色的和谐。婺源，一座人文山水相辉映、文化生态共繁荣的山水文化旅游城市日益凸显出其魅力。

青原渼陂村　坐落于吉安东南富水河畔，属青原区文陂乡，距吉安城区30 km。这里山环水绕、天然形胜，儒昌商盛、人文荟萃。由于“绿色家园”“庐陵文化”“红色井冈”三大品牌的独特魅力，渼陂村被授予江西省爱国主义教育基地、江西省首批历史文化名村、中国历史文化名村等多项称号。古村的名称与水有关，村里有一条小河叫渼水，陂是河岸的意思，渼陂就是渼水岸边的一片绿洲。南宋绍兴年间，绅公梁仕阶看中这块福泽之地，带领族中子孙徙居于此。渼陂是一块“天人合一”的风水宝地，山峦起伏、河塘密布。古村中不仅聚敛着灵秀之气，还有水脉贯通的财路。渼陂是一座保存完好的庐陵古村，积存着丰富的文化内蕴，在约1 km^2 的村盘里，青砖老屋、八卦巷道、河塘水系、陂头古街等错落有致，仍然保持着清代中晚期的总体格局。全村有比较完整的清代建筑367栋，占现有建筑的62.9%，其中宗祠、民居、书院、店铺、牌坊、码头、寺庙、教堂等一应俱全。除了丰富的地面遗迹，这里还珍藏着大量的谱牒撰著、楹联牌匾、格言警句、古玩字画等，在这个村子里处处可以感受到墨香弥漫、文彩斑斓的文化气息。

安义古村　距南昌西南60 km处，坐落在西山梅岭脚下。安义古村落群始建于明正德十三年(1518年)，距今有500余年历史，“小小安义县，大大罗田村”，这是流传在古时安义的一句俗语，可见古村在历史上有过辉煌的一面。主要旅游有八大景观、六大遗迹。其古建筑群主要分布于罗田、水南和京台三大自然村，三村呈“品”字排列，互为鼎足之势。其历史可追溯至唐代，融古郡风韵与田园风光于一体，是古代意向文化和意向商文化的完美结合。安义古村被誉为中国历史文化名村、全国农业旅游示范点、江西十大最美乡村之一。古村群中至今保存完好的明清古宅有100多栋，以士大夫第、曦庐为典型代表，古村群中古牌楼、古门楼、古戏台、古街、古巷、古井、古塘、古树星罗棋布，弥散着赣派古民居的建造理想。

(3)古代书院

江西古代书院文化发达，不仅是中国古代书院文化的发祥地，而且其建筑数量之多居全国首位。据统计自唐至清代江西先后拥有书院1 071所。江西书院的学规之完备、办学质量之高，为时人交口称赞。特别是在宋代，江西成为全国兴学最早、学院数量最多的地区，白鹿洞书院为当时全国四大书院之首，其他如鹅湖书院、白鹭洲书院、象山书院、濂溪书院等在全国亦享有盛名。至明、清时期，原有著名的书院得到修建，同时又兴办了新的著名书院，如清代的南昌豫章书院，它与庐山的白鹿洞书院、铅山的鹅湖书院和吉安的白鹭洲书院一道被誉为“江西四大书院”。

白鹿洞书院　位于庐山五老峰南麓西山谷中，距秀峰10余km，四山会合，似一天然山洞，院内一水中流，古木参天，环境优美。为宋代著名书院之一，原为李渤、李涉兄弟隐居读书之处。李渤养白鹿自娱，人称白鹿先生。白鹿洞书院始建于南唐升元年间(940年)，是中国首间完备的书院。南唐时建成“庐山国学”(又称“白鹿国学”)，为中国历史上唯一的由中央政府于京城之外设立的国学。宋代理学家朱熹知南康军时，重建书院，亲自讲学，确定了书院的办学规条和宗旨，并奏请赐额及御书，名声大振，成为宋末至清初数百年中国一个重要的文化摇篮。白鹿洞书院与岳麓书院、应天书院、石鼓书院并称北宋四大书院。

南昌豫章书院　位于南昌府进贤门内(南昌第十八中学)，书院始建于南宋，为清代江西省城书院。先后以理学祠、孝廉堂、书院等形式出现，为古代江西传播学术思想、培养人才的著名官学机构。豫章书院源于江西豫章罗氏，汉惠帝时大农令罗珠奉守九江郡，郡人张交献地，乃与灌侯筑新城，并在沟内手植豫章树，豫章郡因此而得名。罗氏此后以豫章为堂号显于天下，各地的豫章书院基本都由罗氏后人创建。此后，豫章书院随罗氏家族文化名人的致力推广，很快在全国发展，形成以江西豫章书院、黔东豫章书院、广东豫章书院、福建豫章书院四大豫章书院为主体的全国性的书院体系。

鹅湖书院　位于上饶铅山县鹅湖山麓，为古代江西四大书院之一，占地8 000 m^2，书院四周有山有溪，环境优雅，院内建筑错落有致。鹅湖书院聚居过许多学者，曾经是一个著名的文化中心。南宋理学家朱熹与陆九渊等人的鹅湖之会，成为中国儒学史上一件影响深远的事。淳熙十年赐名文宗书院，后更名为“鹅湖书院”。书院自南宋至清代，800多年来，几次兵毁，又几次重建。其中清代康熙五十六年(1717年)整修和扩建的工程规模最大：新筑山门、牌坊、大堂、浮池、拱桥、碑亭、御书楼；两侧更修建厢房数十间，作为士子读书之所。康熙皇帝还为御书楼题字作对，门额题为“穷理居敬”，联语为“章岩月朗中天镜，石井波分太极泉”。至今牌坊、泮池、后殿、厢房等建筑保留完好；泮池两侧的厢房内，尚存明、清两代古碑13块，是研究这座书院历史的珍贵资料。书院历经数百年沧桑，风貌依旧，格局完整，原状留存，是天下名书院实物遗存中，得以完整原貌保存至今的一处。书院占地面积8 000 m^2，设有《鹅湖之会与鹅湖书院》《辛弃疾与铅山》等固定的展览、陈列。书院平均每年接待参观人数达6万多人次，其中仅接待海外专家学者及文化团体就达1万人次。

白鹭洲书院　位于吉安市东赣江的白鹭洲上。白鹭洲是赣江中的一块梭形、似白鹭的绿洲，芳草秀美，竹木葱茏，又曾有白鹭栖息，故名白鹭洲。历来是吉安的一处风景名胜区。“白鹭洲书院”五字为宋理宗御赐。书院兼为县学，尽集吉州的俊杰，1256年有39位同登进士榜，文天祥更是高中状元，书院一时名声大噪，与庐山的白鹿洞书院、南昌的豫章书院、铅山的鹅湖书院合称江西四大书院。此后一直为学府所在地，今为白鹭洲中学。

白鹭洲书院，经历代修葺，古迹犹存。风月楼(清风阁)高3层，雕梁画栋，雄伟壮观。还有云章阁等古建筑。立于书院顶端俯瞰赣江，江流浩荡，令人心旷神怡。

(4)古遗址

先人在江西土地上创造了灿烂的青铜文化。江西瑞昌铜岭铜矿遗址是全国最早的铜矿遗址。吴城商代遗址出土4座龙窑，是我国一项重大发现。新干大洋洲商代墓是全国居第二、江南第一的商代大墓，墓中出土了大量各类青铜器。其数量之多，品类之众，堪称江南商墓之冠，在全国也属罕见。此外，江西还有灿烂的瓷器文化，有丰城的洪州窑址、吉安的吉州窑址、景德镇的湖田古瓷窑址和御窑遗址。

瑞昌铜岭铜矿遗址　位于江西北端的瑞昌市夏畈镇的幕阜山东北角，为商周时期的遗址，以极为丰富的资料证明了中国大规模开采铜矿的历史至少已有3 000余年，是中国迄今发现的矿冶遗址中年代最早、保存最完整、内涵最丰富的一处大型铜矿遗存，是中国青铜文明的象征之一，对研究中国青铜文明的发展进程有着特殊的作用。对探寻中国高度发达的青铜铸造业原料来源的问题，对于研究中国冶金史及文明史都具有极其重要的价值。

吴城商代遗址　位于樟树市西南44 km的山前吴城村、肖江上游的丘陵坡地上。它是在江南首次发现的较大规模的商代文化遗址。考古界将其称为“吴城文化”。遗址中心在吴城村土城内。1973年修水库时，被民工发现，后经6次发掘。遗址面积达61.3×10^4 m^2，清理出房基2座，灰坑和窑地55

个，墓葬16座，陶窑2座，出土较完整的石器、铜器、玉器、牙雕等900余件。这些遗迹、遗物的发现，为探讨江西地区商周青铜文化面貌提供了重要的实物资料。樟树市博物馆陈列有部分实物和资料，供游人参观。

新干大洋洲商代墓　中国商代晚期的墓葬。位于江西新干县大洋洲。1989年发掘。该墓的发现，反映出江西地区在约3 000年前已有发达的青铜文明。该墓处于沙土下，棺椁均已腐朽。椁室长8.22 m，宽3.6 m，棺床位于椁的中部偏西处。墓主骨骼朽烂，仅在棺外椁内发现人牙24枚，经鉴定，可能是殉葬人的牙齿。随葬铜器多在棺外椁内，玉器大部分放在棺内，陶器则多放在东侧的二层台上。墓中总计出土铜器480余件，包括鼎、鬲、甗、豆、簋、罍、壶等礼器，镈、铙等乐器，以及工具、兵器等。玉器数量很多，共1 000余件，种类有礼器、仪仗器和装饰品。另还有陶器350余件。随葬品既包含中原商文化的因素，又有浓厚的地方特色。研究者认为墓主人很可能是赣江流域扬越人奴隶制国家的统治者。

洪州窑址　唐代六大青瓷名窑之一。窑址位于唐洪州(今江西南昌)一带，故称洪州窑。现已发现的窑址主要位于距南昌南郊30 km的江西丰城市，另外，南昌县冈上乡也发现有窑址。洪州窑始于东汉晚期，终于五代。以烧青瓷为主，釉色一般较淡，青中泛黄；色调较深沉发褐色。也有黄褐釉瓷，胎体加工不细，与陆羽《茶经》中描述的“洪州瓷褐”相符。还有一种青绿釉瓷，色调较深，灰青明亮。洪州窑讲究装饰，多刻印花朵、图案形花叶，沿器物周壁对称排列。考古资料证实，洪州窑始烧于东汉晚期，兴盛于两晋至中唐，晚唐五代渐趋衰退而终烧，比“瓷都”景德镇还要早1 000余年。此项发掘被评为1993年“全国十大考古新发现”。1996年，经国务院批准，洪州窑窑址被列为全国重点文物保护单位。

(5)古代建筑

建筑是人类创造的最古老的艺术形式之一，是一种实用性的艺术。前人留下了亭台楼阁、桥梁古塔、名人别墅等大量的建筑艺术。

亭台楼阁。最著名的当属江南三大名楼之一的滕王阁，琵琶亭、郁孤台、浔阳楼当属各类代表，此外孺子亭、烟水亭、牡丹亭、八境台、大观楼、龙珠阁都是此类建筑的代表。

桥梁古塔。江西著名的桥梁有庐山栖贤谷的观音桥，赣州架设在章、贡两水上的浮桥，位于婺源清华镇的彩虹桥，古塔有西林寺千佛塔、净居寺七祖塔、能仁寺大胜塔、南昌市绳金塔。

名人别墅。江西庐山是中国著名的避暑胜地，庐山别墅群是江西特有的人文景观。从19世纪末西方列强开始在庐山兴建别墅至今，庐山共有别墅

800余栋，它们风格各异。其中最为著名的要数美庐别墅。1934—1948年，美庐别墅是蒋介石在“夏都”庐山的官邸。1949年以后，包括毛泽东、宋庆龄、尼泊尔王子在内的众多国内外领导人均曾下榻于此。

(6)宗教与民俗活动场所

江西自古乃文化昌盛之地，又兼山水空灵，成为宗教文化滋生繁衍的一方沃土。佛教、道教在江西发展历史悠久，流传广泛，境内佛、道名山星罗棋布，宗派林立，留下了大量的宗教活动场所。东晋时，慧远在庐山开创的东林寺，成为佛教净土宗祖庭。在佛教众多宗派中，禅宗最能代表中国佛教特色，江西是禅宗发展的重要地区，禅宗派系多与江西有关，丰洞山和宜黄曹山为曹洞宗的创立地，唐代马祖在洪州佑民寺设道场，开创洪州禅，宜春仰山为禅宗沩仰山发扬光大之地，宜丰黄檗寺为临济宗主要思想形成地，萍乡杨岐山为杨岐宗的创立地，修水黄龙山为临济宗又一分支黄龙宗的创立地。此外，永修云居山的真如寺、吉安青原山净居寺、九江能仁寺、靖安宝锋寺、奉新百丈寺都是江西著名的寺庙。江西山川秀美，是中国道教起源地之一，道教胜迹遍布全境。江西道教圣地中最著名的莫过于龙虎山。龙虎山因张道陵创教传道炼丹，其曾孙张盛来龙虎山定居，世袭天师道，成为天师道祖庭。晋代许逊在南昌两山建立万寿宫，创立净明派。东晋时葛洪在三清山结庐炼丹，著书立说，宣扬道教教义，使三清山成为道教名山。樟树阁皂山因传葛巢甫在此得道成仙而成为灵宝派的本山。庐山因传南朝著名道士陆修静在此隐居修道而成为道教名山。在道教关于洞天福地的理论系统中，江西总共有5小洞天，12福地。基督教、伊斯兰教传入江西时间相对较晚，但发展迅速。社会影响较大，因此也留下了一批具有突出价值的文化遗产。江西较为著名的教堂有南城天主堂、抚州天主堂、余江锦江天主堂和南昌松柏巷天主堂等。其中，南城天主教堂始建于1630年，是江西修建最早的天主教堂。抚州天主教堂始建于1908年，为哥特式建筑风格，规模名列全国第三位。南昌松柏巷教堂始建于1922年，属罗马式建筑风格，为江西郊区主教座堂。江西较为著名的清真寺有南昌醋巷清真寺、九江城外清真寺、景德镇清真寺和赣州清真寺等。其中，醋巷清真寺是南昌市伊斯兰教协会所在地。

二、良好的旅游资源开发条件

(一)旅游资源丰度和品质突出

江西省具有世界一流的山水、乡村生态旅游资源和丰富的历史文化、城镇旅游资源，旅游资源丰富，拥有国家旅游资源标准分类8大类155种基本景观中的153种。截至2015年，江西省有世界遗产4处、世界地质公园3个、国际重要湿地1处，国家级风景名胜区14个、国家级森林公园46个、国家级自然保护区14个、中国历史文化名城4个、全国重点保护寺观5处、中国红色旅游经典景区5处、国家非物质文化遗产70项。截至2015年，江西省成功创建了中国优秀旅游城市9个、中国旅游强县1个、A级旅游景区223个(其中5A级8个)、全国文明旅游景区2个、全国爱国主义教育基地32处、全国工农业旅游示范点29个以及一大批省级乡村旅游示范点。

(二)生态环境得天独厚

景区旅游环境承载力是评价旅游资源开发条件的重要考虑因素。江西省地处中亚热带，地貌类型有山地、丘陵、岗地、平原和湖泊水系等，生态系统较齐全，生物资源丰富，全省分布5 000余种高等植物，高等植物种类占全国种数的16.35%，野生植物种类约占全国种数的17%，珍稀树种种类占全国种数的19.7%，珍稀植物种类占全国种数的19.2%；有845种脊椎动物，脊椎动物种类占全国种数的13.4%，珍稀陆生动物种类占全国种数的24.8%；有4 500余种昆虫。

(三)区位优势明显

江西的地理位置优越，是全国范围内唯一一个与三个三角洲(长江三角洲、珠江三角洲和闽南三角区)均毗邻的一个省，具有非常明显的区位优势。江西又是泛珠三角经济区域合作的成员之一，是长江综合经济带和京九沿线经济带的交汇集中区，其地位在中部地区不同于其他省区。江西省交通便捷，全省以京九、浙赣、皖赣、鹰厦、武九5条铁路为骨干，另有横南、向乐、分文、弋樟、张塘、张建、新泰等支线。环鄱阳湖城际铁路、昌九城际铁路、昌赣城际铁路也拉紧了江西城市间的交流。高速公路通车总里程约为4 260 km(截至2012年年末)，居全国前列。民用航空运输发展迅速，已形成了一个以南昌为轴心，自北向南，以九江、樟树、泰和、吉安、景德镇、赣州连接全国和世界各地的航空运输网。

(四)市场空间广阔，发展潜力巨大

江西省地处华东地区与华南地区的交界区域，面向广东珠江三角洲、苏浙沪的长江三角洲和福建福州及闽南三角地带三大经济发达地区；贯穿江西省全境的京九线，密切了江西与环渤海湾地区、珠江三角洲地区的社会经济交流。经济的发展使发达地区人们的旅游需求不断增强，江西省的旅游业客源市场不断扩大。加上江西省人口数量大，自身也是一个巨大的潜在客源市场。

第二节　旅游发展的历史回顾与展望

一、旅游发展的历史回顾

(一)古代江西旅游

古代江西旅游起源于何时并无专门记载。人们较为一致地认为，人类旅游活动至少在原始社会解体、奴隶社会形成的时候就产生了。古代江西旅游的产生应该也不会例外。进入商朝以后，江西交通便捷，农业、手工业都很发达，商旅活动应是很频繁的。在3 400年前的商代中期，江西鹰潭一带已有了贸易化性质很强的专业陶器生产基地，其生产和交换的规模已经非常宏大。此时，江西也有了大规模开采的铜矿，生产的铜不可能由江西自己消耗，远销外地是必然的选择，这些都是江西商旅活动存在的证明。

古代没有航空，也没有铁路，旅游交通主要依赖水运和驿道。古代的江西在这一方面颇具优势。赣江几乎贯通江西南北，江西其他河流也多是呈向心状汇入鄱阳湖或赣江，这使得江西省内水上交通四通八达。而出省的交通也很便捷，向北可从赣江进入鄱阳湖，再进入长江，向南可通过大庾岭的驿道进入广东。便捷的交通不仅方便了商旅活动，也方便了旅游活动。根据现有资料考查，从汉朝至清朝的2 000多年中，有很多名人都在江西境内留下游踪，主要有灌婴、司马迁、张道陵、周瑜、许逊、王羲之、慧远、陶渊明、陆修静、谢灵运、魏征、王勃、鉴真、李白、颜真卿、白居易、李璟、范仲淹、欧阳修、周敦颐、曾巩、王安石、苏轼、黄庭坚、米芾、岳飞、陆游、朱熹、陆九渊、辛弃疾、文天祥、朱元璋、解缙、王守仁、李时珍、汤显祖、徐霞客、宋应星、朱耷、王士祯、蒋士铨、石达开、文廷式、康有为等。当时江西各地有很多驿馆或客栈，为游客提供吃、住或向导服务。此外，遍及江西各地的寺庙也是当时接待游人的主要场所之一。

古代史上江西最有名的旅行家应该算汪大渊。汪大渊是江西南昌人，元代著名航海家，被西方学者称为“东方的马可波罗”。1330年，年仅20岁的汪大渊搭乘泉州的远洋商船，从泉州港出海，穿越南海、印度洋和地中海，到达非洲西北部的摩洛哥，一路游历，直到1334年才返回泉州。1337年，汪大渊第二次从泉州出发游历世界，两年后才返回泉州。汪大渊远航回国后，便着手编写《岛夷志》，把两次航海所看到的各国社会经济、奇风异俗记录成章。后来又将《岛夷志》节录成《岛夷志略》，在南昌印行。汪大渊的远航，比明朝郑和的远航早了75年，他到过的最远的地方比郑和下西洋到的地方还要远。

他对世界历史地理的伟大贡献，为中外学者所公认。汪大渊的远航是江西古代旅游史上的里程碑。

与全国其他地方一样，古代的江西只有旅游活动，还没有形成一个旅游行业。

(二)近代江西旅游

近代是江西旅游业的起步时期。

在清朝末年，江西庐山成了国际旅游名山。当时有杂志记载：1907 年，到庐山避暑的外国人来自 10 多个国家，“人数以千计”。庐山开始出现山轿和翻译(时称“通司”)。昔日荒草丛生的庐山牯岭也成了繁华热闹的云中山城。

在旅行社产生以前，来江西的游客多由当地旅馆或寺庙接待。19 世纪 20 年代末期，中国第一家旅行社，总部设在上海的中国旅行社在南昌、九江设立分支机构，主要接待到庐山避暑的外国人和社会各界人士，这是江西境内最早的专营或兼营旅游接待服务的机构。

20 世纪 30 年代前中期，庐山一度成为中国的政治中心之一，国内军政要员、各界名流和外国政要、使馆官员等纷纷齐聚庐山。20 世纪 20 年代，江西省政府在庐山设管理局，管理庐山各山地风景名胜事宜。20 世纪 30 年代，与英国驻汉总领事签订《牯岭产业交还江西省政府协定》，收回鸦片战争后租借给英国人作避暑的山地，并由国民政府拨款兴建公园，庐山始出现接待旅游机构，提供各种代办性服务。20 世纪 30 年代末期，日军入侵江西，赣北赣东相继沦陷，刚刚起步的旅游业即遭厄运。

1946—1948 年，江西旅游再度复兴，庐山再度成为旅游热点，九江、庐山的旅游接待规模和服务体系初步形成。当时，中国旅行社九江分社、九江社会服务处等旅游专营、兼营机构主要接待中外游客和社会各界人士，地方政府及励志社九江分社主要接待国内外政要。

(三)现代江西旅游

1. 国内旅游

新中国成立初期，江西省人民政府设交际处，负责内外宾的接待工作；在旅游基础设施建设方面，从抓基础设施建设方面入手，开发庐山；同时，在全省各地(重点是井冈山)对革命遗址加以保护，组织力量收集革命文物；先后建成庐山、井冈山的登山公路；在南昌、九江(庐山)、井冈山等地改造旧旅社，营建江西宾馆和一些招待所及旅游配套设施。

20 世纪 50 年代末期开始，自发性的国内旅游活动在江西境内出现，一般是单位组织集体游览，以参观革命胜迹为主，兼带游览风光古迹，由各地旅社、餐馆和招待所接待。1966 年 5 月，“文化大革命”开始后，全省旅游活动被迫停止。

20 世纪 70 年代初期，江西省自发性的国内旅游活动开始复苏，但直到 70 年代末，江西都没有全省性的国内旅游统计资料。据地方性的不完全统计，1950—1980 年，庐山共接待国内客人 970×10^4 人次，井冈山于 1960—1980 年 7 月，共接待国内群众 320×10^4 人次。

20 世纪 80 年代初期以后，江西的国内旅游活动迅速发展，旅游人数激增。全省各旅行社积极开展国内旅游业务，旅游饭店、旅游参观和旅游商店大量出现，旅游接待服务大为改善。1980 年，全省主要风景名胜区接待国内游客约 100×10^4 人次。1992 年，全省接待国内游客 870×10^4 人次。2014 年，全省接待国内游客 $31\ 134.47\times10^4$ 人次，同比增长 25.31%；完成国内旅游收入 2 615.17 亿元，同比增长 40.33%。

2. 入境旅游

新中国成立初期，江西的接待机构是各级政府内设的交际处，主要接待应邀来访的友好国家的旅行团体。据省交际处 1957 年的统计，全年共接待来自 27 个国家的旅行团体 256 人次。

1958 年 1 月，国务院通知开放南昌、九江两城市供自费旅行的外宾参观。当年，中国国际旅行社南昌分社成立，在省政府外事部门的领导下，具体负责旅游外宾的接待工作，这是新中国成立以来江西成立的第一家旅行社。据不完全统计，1958—1965 年，全省外事、旅游部分接待外宾 3 000 多人次，有一部分是自费旅游者。

1966—1968 年，因“文化大革命”，全省国际旅游接待活动被迫停止，外事接待活动时断时续。1969 年和 1970 年，外事接待活动也基本停止。1971 年，外事接待工作又开始恢复。

1972 年，随着中美关系正常化和中日建交，海外游客渐多。1973 年 1 月，中国国际旅行社南昌分社恢复，1974 年又恢复江西省华侨旅行社，并增挂江西省中国旅行社的牌子。1971—1974 年，全省外事、旅游接待的外国人约 2 000 人次，华侨和港澳同胞 3 000 多人次。随后，海外游客逐年递增，1977 年 1 月至 1978 年 10 月，全省共接待自费旅游的海外旅游者 7 781 人次。

1978 年，我国实行改革开放。此后，来赣的海外游客剧增。1992 年接待海外旅游者达到 66 881 人次。2014 年，全省接待境外游客 171.68×10^4 人次，同比增长 4.93%；完成旅游外汇收入 5.57 亿美元，同比增长 6.05%。

二、旅游资源开发的 SWOT 分析

运用 SWOT 分析，对江西省旅游的优势(Strengths)、劣势(Weaknesses)、机遇(Opportunities)和威胁(Threats)进行全面的分析。

(一)旅游资源开发的优势与劣势分析

1. 优势分析

(1)旅游资源条件好，具有较高开发价值，资源优势奠定了江西旅游开发的基础条件

江西拥有丰富多彩、开发价值极高的旅游资源。江西省地处中国东南长江中下游南岸，山河壮丽，历史悠久，2013年森林覆盖率达63.1%，居全国第二，自然环境优越。旅游资源丰富多样，品位较高。

(2)经济社会发展态势良好，发展环境不断优化

近几年，江西经济社会发展取得了一定的成就，具备了进一步发展的基础和潜质。在各级政府和组织的共同努力下，在交通、通信、能源、供求、旅游设施等方面取得较大改善。

(3)江西区位优越、交通便利，外部交通明显改善

江西，东邻浙闽、南接广州、西毗两湖、北与安徽共同沿江，为长江三角洲、珠江三角洲和闽南三角洲地区的腹地，与上海、广州、厦门、南京、武汉、长沙、合肥等的直线距离，大多为600～700 km。主要出省通道全部高速化。京九线、浙赣线纵横贯穿全境。航空和水运便捷。

2. 劣势分析

(1)旅游管理体制不完善

旅游管理体制不完善主要反映在多头共抓、权责不明、条块分割、决策分散、效率低下以及行业管理力度不够等。

(2)江西处于中国中部地区，经济基础薄弱，属于经济欠发达地区

江西经济文化滞后，致使投资环境差。尽管近几年江西发展较快，经济社会发展取得了一定的成就，具备了进一步发展的基础和潜质，但是，其经济总量依然偏低，人均水平也较低，基础弱、发展后劲和内在增长动力不足的局面未从根本上改变，江西作为欠发达地区的地位依然没有改变，属于经济弱省。

(3)入境旅游发展缓慢，旅游基本消费比重过大，旅游产业内部结构需要优化

旅游产品结构还不够丰富，新型旅游如康体健身旅游、体验旅游产品不足，单一的观光旅游产品难以满足国内外游客的多种需求，观光旅游的经济效益不高，人均停留时间短、消费水平低，大量的花费倾斜于交通运输，加剧了交通的紧张程度。

(4)江西多丘陵地形，内部交通不便

一些地区旅游客流与交通仍然是制约发展的突出“瓶颈”，部分重点旅游

景区可进入性不强，内部旅游交通设施需要加强建设。

(二)旅游资源开发的外部机遇与威胁分析

1. 外部机遇分析

当前旅游产业的发展正面临前所未有的契机。

第一，作为国家重点扶持新兴产业和经济的新增长点，旅游业将得到国家的更多资金投入和更多政策支持。

第二，“中部崛起”战略将对江西旅游业的快速全面发展起到强有力的推动作用。

第三，面对拥有的丰富旅游资源，各级政府正在采取有力措施，积极把资源优势转变为产品优势。

第四，国家积极发展红色旅游，在政策上为江西省更好地发挥资源优势提供了良好条件。

第五，泛珠三角区域合作以及中国—东盟经济一体化等为开拓入境旅游市场提供了极好的发展机遇。

2. 威胁分析

旅游竞争激烈，江西省旅游资源的开发面临着“不进则退，慢进也退”的严酷形势，它的发展现状远未达到与其丰富的旅游资源和良好的区位优势匹配的水平，潜力远未充分发挥。面临的威胁主要有以下几点。

第一，江西旅游资源开发虽取得了长足发展和进步，呈现了良好发展势头，纵向比较成果喜人，但是，江西省的旅游与周围各兄弟省份相比，仍有较大差距，发展速度仍然较慢，发展水平比较落后。

第二，入境旅游商品及旅游线路匮乏，对外旅游人力资源薄弱，在全国旅游业发展大格局中处于相对弱势，形成入境旅游的“盆地”状态。

第三，旅游资源的开发与周边省份的著名旅游地和重点旅游区不能充分对接和互动，区域合作途径较少。

第四，旅游行业中，管理人才特别是高级管理人才短缺，约有60%～70%未达大专水平，一线服务人员基本是初中文化，而且有相当数量的人员未经专业训练，难以适应旅游业工作要求。

第五，就市场而言，旅游开发企业是主体，但江西旅游企业实力不强，缺乏龙头企业拉动，尚未形成行业实力，基本上处于低水平竞争状态。旅游企业呈现“弱、散、小、差”的状况，缺乏对国际国内市场影响大的旅游集团，整体素质低下。

通过SWOT分析发现，江西省在解决旅游开发与管理的问题上，是优、劣势并存，机遇和挑战同在。

三、旅游资源开发与管理遵循的原则

为了使旅游资源的开发取得较好的经济、环境和社会效益，必须遵守以下原则。

(一)发挥资源优势，注重特色原则

江西旅游资源的开发，应重点突出特色，充分发掘和发展其本身独树一帜的特征，有机地把各项旅游资源结合起来，形成一个主题，来树立江西的特色旅游形象。有特色、有个性，就容易在旅游者或潜在旅游者心目中造成强烈的意向，就有吸引力，也就有了竞争力。所谓特色原则，是有意识地开发、创造一个与众不同的形象，使其具有特有风格和特别形象，以具有更强的吸引力。

(二)市场原则

江西开发旅游资源要以旅游市场需求变化为根据，以最大限度地满足游客需求为标准。由于游客的旅游动机与旅游需求不断变化，旅游资源在市场竞争中将随时面临着过时或入时，以及丧失或提高吸引力的情况，因而开发旅游资源，应注重旅游市场，预测游客需求，并根据市场的变化选择产品的开发重点，减少盲目开发。

(三)效益原则

开发旅游资源，要注重提高其吸引能力和使用价值，应以较少投资和较短周期的建设，产生较大经济效益。旅游资源开发效益与其吸引旅游者的数量和质量成正比。因此，旅游资源开发过程中必须做到：

第一，优先开发地理位置优越，易于前往的旅游资源，以便其尽快产生出效益。

第二，充分利用已有资源，提高利用率。

第三，密切关注供求关系，稳步地、循序渐进地开发。开发中还要随时根据市场情况进行调整。

旅游资源投资开发的效益评价，表现在开发需要的投资、资金的来源、建设周期和投资回收程度的评价上，这四者一般可用投资回收年限这一综合指标来衡量。回收年限短，说明供求对口，投资回收快，经济效益就好。

(四)保护与利用并举的原则

无论哪类旅游资源，在被开发的过程中，都会受到不利因素影响，因此要特别注意资源保护和新建资源环境保护，必须明确旅游资源的开发是为了利用，而对资源及其周围环境的保护也是为了更好地利用资源。如果在开发中不注意保护环境和资源，破坏性地开发利用，轻则会使旅游资源质量下降，重则会使旅游资源毁于一旦而不复存在。因此，在任何资源开发之前，都必须认真进行科学研究，制订保护资源的切实方案，防止资源原貌和环境受到任何破坏。

(五)综合原则

旅游资源往往类型繁多，要通过综合开发，把吸引力不同的旅游资源结合成一个旅游产品群，使游客能从不同角度、不同方面对其进行观光、欣赏，从而提高旅游产品品位，在市场竞争中获得较高知名度。综合原则还表现在开发时，要考虑旅游者食、住、游、娱、购、行，以及通信等方面的需求，提供相关配套设施。

四、旅游业的发展方向和重点

(一)发挥区位优势，加强区域旅游合作

江西省区位优势明显，与珠江三角洲、长江三角洲相毗邻，客源市场广阔。公路、铁路、航空、水路四通八达，交通可进入性强。在旅游资源方面，江西与周边地区存在较强的互补性，这些为开展区域旅游合作奠定了基础。可与周边地区进行资源组合，开发多项旅游产品。如与西南旅游资源区联合开发红色旅游、民俗风情旅游等。

(二)加强资源整合，提升产品竞争力

江西省具有旅游资源优势，但目前旅游项目普遍缺乏体验性、参与性和娱乐性。如最具优势的红色旅游资源，多以纪念馆或遗址参观为主，展品大多为简单的图片展示和橱窗式的文物陈列，解说单调、生硬，大多缺少沙盘模型、人物蜡像及声光电设备，游览内容雷同，缺乏吸引力。加之旅游资源大多分布在“老少边穷”地区，区内交通、通信等基础设施落后，制约了旅游业的发展。故应加强红色旅游资源与绿色(自然山水)旅游资源、民俗风情旅游资源的有机整合，丰富旅游产品的活动内容，增强其体验性和娱乐性，将资源优势转化为产品优势，提升产品竞争力。

第三节　旅游区域差异及旅游区分布

一、旅游区域差异

(一)赣北、赣中南和赣西的差异

以京九线、浙赣线为界，将江西分为赣北、赣中南和赣西三部分。

赣北部分基本是鄱阳湖生态经济区，包含中国最大淡水湖——鄱阳湖，也是世界自然基金会划定的全球重要生态区，是生物多样性非常丰富的世界六大湿地之一，也是中国唯一的世界生命湖泊网成员，集名山(庐山)、名水(长江)、名湖于一体，其生态环境之美，为世界所罕见。该地区结合赣北环鄱阳湖五彩精华旅游线和主要旅游资源的分布状况，以生态文明与旅游经济协调发展为主线，以生态旅游项目建设为重点，创新发展理念，转变发展方式，抢占发展先机，按照湖体原生态体验旅游圈、滨湖观光休闲度假旅游圈和赣北环湖五彩精华旅游圈的空间结构，构建鄱阳湖生态旅游区。优良的生态环境使得赣北成为全省旅游产业发展中的先导、示范地区，为鄱阳湖生态经济区和江西旅游产业大省建设作出重要贡献。

赣中南部分有八一起义纪念馆、井冈山革命根据地、红色故都瑞金等丰富的红色旅游资源，该地区以赣中南红色经典旅游线为基础，完善旅游六大要素，强化旅游服务功能，建立旅游产业体系，打造赣中南红色经典旅游圈。重点提升一批成熟的红色旅游产品品质，以高标准抓好重点红色旅游景区和线路的开发建设，把南昌人民军队摇篮之旅、井冈山中国革命摇篮之旅、瑞金共和国摇篮之旅和于都长征起点之旅等红色旅游产品打造成国内一流的红色旅游特色线路；加强圈内各类景区和各种旅游产品的组合相融，包装红色摇篮绝特山水游、红色故都客家摇篮游、英雄名城动感之都游等各具特色的旅游产品并推向旅游市场。加大赣州千年宋城文化与客家风情以及抚州才子之乡文化胜境与南丰橘乡傩乡民俗风情的开发，打造文化旅游新亮点。

赣西部分的自然环境条件较其他地区好，该地区以发展绿色旅游为主，突出自然生态、月亮文化、禅宗文化、休闲运动和养生度假等特色，打造赣西绿色精粹旅游圈。深入挖掘月亮文化、禅宗文化与农耕文化，将明月山温泉风景区建成以月亮文化为特色的全国著名的生态旅游区、休闲度假区和疗养胜地；充分发挥武功山高山草甸生态资源优势，策划建设一批高品位的休闲运动项目，提升景区知名度和吸引力；深入挖掘仙女文化和爱情文化，全面推进仙女湖旅游产品转型升级，把仙女湖建成国内知名的山水旅游休闲运动度假胜地；加快开发赣西北九岭山脉沿线禅宗文化和山城乡野生态旅游资源，并将其有机融入赣西绿色精粹旅游圈。

(二)地级市的区别

改革开放以后，江西省各地市的旅游业得到长足发展，旅游业被各地政府作为支柱产业予以发展。但是由于旅游资源禀赋、经济发展水平等因素的不同，各地市之间的旅游业发展很不平衡。

从发展水平来看，江西省的旅游业大体上可以分为三个层次：九江、上饶、南昌属于高层次，三地接待国内旅游总人数约 12 878.55×10⁴ 人，约占全省 41.36%，年国内旅游总收入达 1 149 亿元，约占全省 43.93%，入境旅游人数和外汇收入占全省的比重都在 43%以上。吉安、赣州、景德镇属于中间层次，各地年接待国内旅游人数在 2 500×10⁴ 人次和 4 000×10⁴ 人次之间，年国内旅游收入在 20 亿和 300 亿元之间，入境旅游人数和国际旅游外汇收入也较多。其余的萍乡、宜春、鹰潭、抚州和新余属于低层次，这些地市不论国内旅游或入境旅游都欠发达，与其他地市有明显差距，旅游收入也不高。

A 级景区的数量和级别是旅游景区质量和档次的体现，反映了旅游景区的景观质量、环境质量和服务质量，体现了旅游资源开发和旅游地建设的水平。截至 2014 年，江西省共有 A 级景点 182 处，其中 5A 级 6 处，4A 级 64 处，3A 级 61 处，2A 级 51 处。从 A 级景区数量来看，也分为三个层次：吉安、宜春、上饶、赣州数量最多，均在 19 个以上，其中吉安有 31 处；九江、景德镇、南昌、抚州属于中间层次，均有 16 个左右；萍乡、新余和鹰潭的 A 级景区数量最少。从景区水平来看，赋予不同级别景区不同权重，级别越高景区权重越大，结果发现赣州、上饶、吉安三地得分最高，其次是九江、宜春、景德镇和南昌，萍乡、抚州、鹰潭和新余得分最低。从发展潜力来看，3A、4A 景区是带动地区 A 级景区发展的中坚力量，江西省 A 级景区的发展基本上也围绕如何更合理地打造和创建这两类景区。赣州、上饶和吉安的此类景区数量最多，其次是九江、景德镇、南昌和宜春，以萍乡、抚州、新余和鹰潭的数量最少，说明赣州、上饶和吉安三地的 A 级景区发展潜力最大，萍乡、抚州、新余、鹰潭最小。

从旅游发展环境来看，星级饭店作为提升城市美誉度和打造旅游接待形象的重要设施，在改善地方旅游环境、投资环境，满足消费需求方面发挥着重要作用，同时也在一定程度上反映了当地经济发展的良好态势与市场前景，故星级饭店的数量能够较为全面地反映当地城市发展旅游的环境。截至 2014 年年底，江西省共有星级饭店 455 个，九江、赣州、上饶、南昌的星级饭店数量在 50 和 80 之间，累积比例约占全省 57%；其次是吉安、宜春、抚州，数量在 30 和 50 之间，约占全省 28%左右；其余地市数量在 10 和 27 之间，数量较少，远远低于全省星级饭店数量的均值。

二、主要旅游区分布

(一)鄱阳湖生态旅游区

鄱阳湖生态旅游区整体构建“129”的空间结构，即“一核两圈九片区”的空间布局形式。

一核：鄱阳湖核心生态旅游区。

两圈：湖滨生态旅游圈、环湖生态旅游圈。

九片区：鄱阳湖国际湿地生态旅游片区、庐山国际山水休闲度假旅游片区、南昌国际都市文化生态旅游片区、景德镇世界陶瓷文化生态旅游片区、婺源中国乡村风情生态旅游片区、三清山世界峰林景观生态旅游片区、龙虎山道教养生生态旅游片区、抚州临川文化生态旅游片区、新樟丰特色产业生态旅游片区。

将"天人合一、道法自然"的道家理念与"人与自然和谐、尊重自然"的生态理念相结合，以鄱阳湖为核心区域，形成九宫格模式的九个生态旅游片区。象征九宫的空间布局中，赣、抚、信、饶、修五河辐聚鄱阳湖，正中心的鄱阳湖国际湿地生态旅游片区构成核心。婺源片区、三清山片区、龙虎山片区构成重要的生态旅游发展轴；庐山片区、景德镇片区、婺源片区构成文化生态、休闲发展轴；庐山片区、南昌片区、新樟丰区则构成城市生态、休闲发展轴；新樟丰片区、抚州片区、龙虎山片区构成山水、科普、文化休闲发展轴。（表11.1）

表 11.1　江西鄱阳湖生态旅游区空间结构

空间结构	功能布局	
一核	滨湖生态旅游圈	鄱阳湖国际湿地生态旅游片区
	环湖生态旅游圈	庐山国际山水休闲度假旅游片区 南昌国际都市文化生态旅游片区 景德镇世界陶瓷文化生态旅游片区 婺源中国乡村风情生态旅游片区 三清山世界峰林景观生态旅游片区 龙虎山道教养生生态旅游片区 抚州临川文化生态旅游片区 新樟丰特色产业生态旅游片区

资料来源：《鄱阳湖生态旅游区规划》，2011 年 8 月。

1. 鄱阳湖国际湿地生态旅游片区

该片区以鄱阳湖水体和湿地为中心，包括沿湖的新建、永修、共青城、庐山、湖口、都昌、鄱阳、余干、万年等生态游览区。突出湿地生态特色，重点建设湿地公园、森林公园、自然保护区实验区等景区景点，着力打造湖光览胜、科考科普、候鸟观赏、渔俗体验等旅游产品，建成全国湿地生态旅游示范区和世界著名的湿地生态旅游区。

2. 庐山国际山水休闲度假旅游片区

该片区主要包括一个代管市(瑞昌市)、两区(浔阳区、庐山区)、四县(九江县、永修县、武宁县、修水县)。本片区可划分为庐山世界文化景观生态旅游区(九江东部以庐山为核心)、西海国际养生休闲度假旅游区(武宁、永修)、修河生态度假旅游区三个旅游区。

该片区以九江为旅游集散中心，聚集多类型、多等级的旅游资源，呈现出一幅千崖竞秀、万壑争流、梵宇巍峨、胜迹如林的山水画卷，形成以庐山、浔阳古城为主体的庐山世界文化景观生态旅游区，以西海温泉为核心的西海国际养生休闲度假旅游区，以及以修河流域原生态为特色的修河生态度假旅游区。

3. 南昌国际都市文化生态旅游片区

该片区以南昌市区一江两岸游览区为中心，包括东湖区、西湖区、青山湖区、青云谱区、湾里区、南昌县、新建、进贤、安义、靖安、奉新、丰城、樟树、高安等生态游览区。突出都市文化和自然山水特色，重点建设现代都市和山江湖城等景区景点，着力打造都市观光、革命教育、文化研修、休闲娱乐、健身运动、综合购物、农业休闲、生态养生等旅游产品，建成全国著名的都市文化旅游区。

4. 景德镇世界陶瓷文化生态旅游片区

该片区包括景德镇所辖的昌江区、珠山区、浮梁县、乐平市以及上饶市所管辖的万年县。划分为景德镇陶瓷文化生态旅游区及乐万乡村生态旅游区。

景德镇陶瓷文化生态旅游区以景德镇市区为中心，包括乐平、浮梁、昌江区、珠山区等生态游览区。突出陶瓷文化特色，重点建设世界瓷都、艺术之城、千年名镇、生态家园等景区景点，着力打造陶瓷文化、瓷都风情、瓷艺研修、特色购物、乡村度假、自然观光等旅游产品，建成世界陶瓷文化休闲旅游中心。

乐万乡村生态旅游区具有鲜明的农业生产优势，依托乐平无公害蔬菜生产基地、裴梅贡米源产地、万年湖云乡珍珠主产地，开展农业观光、采摘，建设有机旅游食品和土特产品基地。

5. 婺源中国乡村风情生态旅游片区

该片区包括江西省上饶市的婺源县全境。分为婺东徽居古村旅游区、婺北山乡风情旅游区和婺南田园水乡生态度假区三个部分。

婺东徽居古村旅游区以李坑、江湾、汪口、晓起、江岭等古徽村落为核心，大力提升乡村生态文化旅游产品。

婺北山乡风情旅游区依托大鄣山、灵岩洞、理坑古村、思溪延村、严田和彩虹桥景区等，开展观光、休闲、度假、访古等旅游活动。

婺南田园水乡生态度假区利用鸳鸯湖、月亮湾优美的水体资源及田园景观，开发高品质的乡村生态休闲度假产品。

6. 三清山世界峰林景观生态旅游片区

该片区位于鄱阳湖东部三清山世界自然遗产区域。主要包括三清山、怀玉山、灵山、铜钹山、大茅山、葛仙山、鹅湖山等景区，主要集散城市为上饶。其所辖市县包括玉山县、铅山县、横峰县、广丰区和德兴市。划分为两个旅游区：三清山奇峰胜景生态旅游区及上饶文化生态旅游区。

三清山世界峰林景观生态旅游片区是鄱阳湖东部最具发展潜力和辐射带动作用的生态旅游片区。旅游业是该片区的支柱产业。该片区是融合山地生态观光、科普教育、挑战及探险、文化探寻、山前农业观光、乡村度假等生态旅游深度体验的综合片区，重点发展与生态旅游密切相关的远足、露营、山地自行车、攀岩等户外运动。

7. 龙虎山道教养生生态旅游片区

该片区主要包括鄱阳湖东南部龙虎山、龟峰、阳际峰国家级自然保护区、方志敏故居、武夷山自然保护区等。主要集散城市为鹰潭，次级接待中心为贵溪。龙虎山、龟峰虽同为丹霞地貌，但两个景区在自然和文化资源特征方面各具特色。因此将该片区分为龙虎山碧水丹崖生态旅游区和龟峰福寿养生生态旅游区。

龙虎山道教养生生态旅游片区是鄱阳湖东南部最具吸引力的生态旅游片区。旅游业是该片区的支柱产业。该片区是中国最美丹霞区域，也是融合生态观光、科普教育、道教溯源及养生、挑战及探险、乡村度假等生态旅游深度体验的综合片区。

8. 抚州临川文化生态旅游片区

该片区包括抚州市的临川区、金溪县、资溪县和东乡县，按资源分布特点和开发重点将片区划分为抚州才子文化生态旅游区和资溪山水体验生态旅游区。

抚州历史悠久，人文鼎盛，人才辈出，成为著名的“才子之乡”，孕育了灿烂悠久的临川文化，而才子文化是临川文化的内核。河流纵横，山川锦绣。“全国生态示范区”资溪县生态环境良好，森林覆盖率高达87.1%，马头山、大觉山、清凉山、方家山，生态环境优美，是开发生态旅游的佳地。抚州区域历史文化厚重，在江西省乃至全国具有较高的文化地位，然而文化旅游发展氛围不浓，是江西省文化旅游的“洼地”。整体形成“一乡(抚州才子之乡)、一山(资溪大觉山)”的资源特色和未来开发重点。

9. 新樟丰特色产业生态旅游片区

该片区以樟树市、丰城市、新余市为主，辐射新干县。本片区包含三个旅游区，分别为樟树药都养生旅游区、新余湖泊与生态工业旅游区、丰城富硒康疗旅游区。

该片区有1处A级景区，即仙女湖4A级景区，显性优势旅游资源相对有限。另外，片区内的三个旅游区各有特色鲜明的地方优势产业：樟树为药业、酒业、盐业；丰城为富硒农业和农产品加工业；新余为以光伏产业、风电产业和节能减排设备制造业为标志的现代生态工业。在全面提升传统优势景区的同时，大力推进旅游业与特色地方产业的融合，使之成为旅游业未来发展的主要方向。

(二)新余中国现代工业生态旅游区

该旅游区以渝水区为中心，包括仙女湖、分宜、新干等生态游览区。突出新兴生态工业城市特色，重点建设钢铁工业、光伏产业、夏布工艺、新能源科技等工业旅游和生态山水景区景点，着力打造工业观摩、商务考察、休闲购物、亲水休闲等旅游产品，建成中国知名的现代工业旅游目的地。

(三)赣东南中国风物风情旅游区

该旅游区以南丰为中心，包括南城、广昌、黎川、宜黄、乐安等游览区。突出橘都莲乡、傩艺古风特色，重点建设橘乡荷塘、民俗古村、文化山水、革命遗址等景区景点，着力打造橘园采摘、莲乡风情、民俗体验、红色文化等旅游产品，建成中国著名的风物风情旅游胜地。

(四)井冈山中国革命摇篮旅游区

该旅游区以井冈山为中心，包括遂川、永新、万安、泰和等游览区。突出革命摇篮与高山美景相结合的特色，重点建设革命遗迹、自然山水等景区景点，着力打造红色文化体验、山水休闲度假等旅游产品，建成全国最具影响、国际知名的红色旅游目的地。

(五)吉安千年庐陵文化旅游区

该旅游区以吉安市区为中心，包括吉安县、吉水、峡江、永丰等游览区。突出庐陵文化与宗教文化特色，重点建设名人故里、仙山灵境等景区景点，着力开发文化研修、名人寻踪、福地探秘等旅游产品，建成全国知名的传统文化景观旅游区。

(六)赣州江南宋城客家风情旅游区

该旅游区以赣州市区为中心，包括赣县、南康、上犹、崇义、大余等旅游区。突出千年宋城、客家摇篮与华夏梅国特色，重点建设客家风情、名胜古迹、森林公园、湖泊休闲等景区景点，着力打造文化休闲、民俗体验、森林养生、亲水度假等旅游产品，建成国际知名的客家文化旅游区。

(七)瑞金红色中华故都旅游区

该旅游区以瑞金为中心，包括宁都、石城、于都、兴国、会昌等旅游区。突出红色故都、将军县、长征始发地等革命历史文化特色，重点建设革命旧址、丹霞地貌等景区景点，着力打造红色文化体验、丹霞山水休闲等旅游产品，建成国内一流、国际知名的红色旅游目的地。

(八)三百山东江源自然生态旅游区

该旅游区以三百山为中心，包括安远、寻乌、定南、龙南、全南、信丰等游览区。突出东江源头和自然生态特色，重点建设灵山秀水、瓜乡果都、客家围屋等景区景点，着力打造江水源头探秘、原始森林观光、古建民俗体验等旅游产品，建成珠江流域最具特色的自然生态旅游区。

(九)明月山泉乡月都生态旅游区

该旅游区以明月山为中心，包括袁州、宜丰、万载、铜鼓、上高游览区。突出月亮文化、禅宗文化与山城乡野特色，重点建设高山明月、禅宗圣地、自然山水、富硒温泉等景区景点，着力打造文化休闲、山水观光、宗教朝觐和养生度假等旅游产品，建成全国著名月亮文化旅游胜地。

(十)武功山中国休闲运动旅游区

该旅游区以武功山为中心，包括安源、湘东、芦溪、上栗、莲花、安福等游览区。突出高山草甸与革命历史文化特色，重点建设高山胜境、红色经典等景区景点，着力打造山水观光、户外运动、绿色休闲、红色体验等旅游产品，建成全国著名的休闲运动旅游区。

第十二章　培育长江中游城市群重要一极

章前语

江西省自古就有“吴头楚尾，粤腹闽庭”的美誉，作为长三角、珠三角和闽三角的腹地，一直在为区域经济发展贡献着一份力量。2013 年 3 月，长沙、合肥、南昌、武汉四省会城市达成《武汉共识》，联手打造以长江中游城市群为依托的中国经济增长“第四极”。江西省作为长江中游城市群重要一极，在整个“中三角”经济发展中的作用日益凸显。2012 年，全省生产总值突破 1 万亿元，达到 12 948.5 亿元，增长 11%，占整个“中三角”地区经济总量的 17.4%。简政放权，开放搞活，提高收入，加快江西省经济发展，培育长江中游城市群的重要一极已刻不容缓。本章在探讨江西城市化过程及其特征的基础上，针对城市化发展过程中遇到的问题提出相关的发展建议，然后分析了鄱阳湖生态经济区的建设，着重论述这一地区的产业发展的布局和规划，最后结合增长极的相关理论概念，分析打造南昌核心增长极的意义，并深刻探讨南昌核心增长极构建过程中的相关策略。

关键词

长江中游城市群；城市化；鄱阳湖生态经济区；核心增长极

第一节　城市化过程及城市建设

一、江西城市化发展的历程概述

新中国成立以来，江西城镇化进程虽然呈现出不断加快的基本态势，城镇人口由 1949 年的 124.83×10^4 人增加到 2014 年的 $4\ 542.2\times10^4$ 人，但城镇化受各个历史时期政治、经济形势的影响，其发展经历了一个曲折历程，归纳起来大体分为开始起步、震荡停滞、稳步发展和快速发展四个阶段。

在1945—1957年城镇化开始起步阶段，江西城镇人口迅速增加，城镇化率明显提高。1957年全省城镇人口比1949年增加100.36×10^4人，城镇人口增长率是同期总人口增长的0.97倍，城镇化率由1949年的9.5%上升到12.2%。1958—1977年江西经历了“大跃进”、三年困难时期和“文化大革命”，其间国民经济起伏很大，城镇化建设一波三折，进入震荡停滞阶段。这一阶段江西城镇化水平波动较大，在经过前期非正常发展之后，1962—1977年全省城镇化基本处于停滞状态，这个时期城镇人口的增长主要来自城镇人口的自然增长，与城镇化没有多大关系。受这一时期自然灾害、经济和政治环境影响，1966—1977年全省城镇人口仅增加139.53×10^4人，城镇化率在15.4%和17.9%之间徘徊。

从1978年中共十一届三中全会到2000年，江西城镇化步入稳步发展阶段。改革开放以后，城市经济体制的改革大大加快了江西的经济发展，使之成为城镇化的重要推动力，加上国家和江西省出台了一系列户籍制度改革政策，城乡之间人口流动的壁垒逐渐松动，有些地市还采取了不少灵活措施，形成了城市经济体制改革与城镇化相互促进的良好局面。2000年全省城镇人口达$1\,148.73\times10^4$人，比1978年的533.12×10^4人增长115.47%；城镇化率达27.7%，比1978年的16.8%提高10.9个百分点。进入21世纪，江西制定了加速城镇化发展的总体战略，把促进城镇化又好又快发展作为贯彻落实科学发展观的重大课题进行研究部署，使城镇化进入到快速发展阶段。2014年与2001年相比，全省城镇人口增加$1\,008.2\times10^4$人，城镇化率提高22.5个百分点。

总体来看，60年来，江西省城市发展虽然历经曲折，但总体方向没有变化，特别是21世纪以来，各城市基础设施投入大幅度增加，城市功能不断提升，城市发展与建设进入持续发展轨道。

二、城市化特征

（一）城镇化率低于全国平均水平

近年来，江西经济社会步入快速发展的轨道，呈现城镇化进程不断加快的良好态势，但若把江西城镇化发展放到全国发展的大格局中来审视，与发达地区或周边发展较快的邻省相比，江西城镇化水平仍然滞后。从江西城镇化历程来看，江西城镇化率一直低于全国平均水平。1978年江西城镇化率为16.8%，比全国城镇化率17.9%低1.1个百分点，到2014年江西城镇化率虽然提高到50.2%，但全国城镇化率为54.7%，与全国城镇化率的差距扩大到

4.57个百分点，这说明江西与全国城镇化差距呈扩大趋势。

(二)城镇化水平地域差异显著

江西城市化水平在空间分布上处于不平衡状态，赣北和赣南地区的城市化水平差异显著，突出表现为各设区市之间的城镇化发展极不平衡。南昌市作为省会所在地相对其他城市而言，其对流动人口有较大的吸引力，具有更强的吸收转移人口的能力，2014年南昌市城镇化率为70.81%，比2000年提高30.2%，比全省平均水平高19.83%。城镇化水平最低的是宜春市，2014年城镇化率仅为43.28%，与城镇化率最高的南昌市相比，两者城市化率竟相差27.58个百分点。2014年与2000年相比，城镇化率提高最快的是萍乡市(城镇化率由28.47%提高到64.61%，提高36.14个百分点)，城镇化率提高最慢的是宜春市(城镇化率由23.66%提高到43.28%，提高19.62个百分点)，两者城镇化率提高幅度相差16.52个百分点。2014年11个设区市中仅有南昌市、景德镇市、萍乡市、新余市、鹰潭市的城镇化率超过全省平均水平。同时，县域城镇化率差距较大、发展不平衡的矛盾依然突出，具有自身特色的城镇不多，县级城镇之间缺乏明确的分工和协作关系，造成许多同构性浪费和低水平的自我竞争局面，未能依托新兴产业形成先进的现代产业和较强的区域经济竞争力。全省城镇化地域差异，形成不平衡的区域经济格局，给整体推进江西现代化进程带来很大压力。

(三)城镇化发展滞后于经济发展

城镇是工业化的载体，按照城镇化、工业化发展规律，城镇化要与工业化发展相适应。从发达国家城镇化进程来看，其城镇化水平往往高于工业化水平，目前国际上多数发展中国家也是如此。根据钱纳里模型，当人均GDP达到1 000美元时，城镇化率会领先工业化率近30个百分点。江西城镇化建设在一定程度上促进了工业发展，但没有像多数国家和地区那样带来人口和产业的大规模集中，其结果造成城镇化进程滞后于全省经济发展水平。2014年全省实现地区生产总值15 714.63亿元，按当年全省年末常住人口4 532.1×10^4人计算，人均生产总值约合5 643美元(按当年汇率换算)。当年江西工业化率为43.58%，按城镇化率领先工业化率30个百分点计算，全省城镇化率应在73.58%左右。然而，当年江西城镇化率仅为50.2%，仅高于工业化率6.62个百分点。城镇化发展滞后于全省经济发展，不仅不利于城镇吸纳农村人口，而且会阻碍工业现代化及其经济效益的提高，使科技、教育、文化、卫生、社会保障等社会各项事业的发展受到限制，人口素质难于提高，从而阻碍整个国民经济的健康发展。

(四)城镇辐射能力存在差异

城镇体系内部各个城镇之间都是相互联系、相互影响的。要保证城镇整体功能的正常发挥,该体系应具备规模结构的完整性和衔接性,形成由小到大、层次分明、各级城镇相互支持的网络结构。江西的城镇体系缺少这种层次上的合理性。在现有城市中,省会南昌市属于特大城市,但只有九江这一个大城市与之相匹配,中等城市也仅有8个,综合性功能较明显的只有赣州市,大城市与小城镇之间缺少一个适当的联系纽带,结构很不合理,使省会南昌市处于鹤立鸡群、孤掌难鸣的境地。南昌市在全国省会城市中排名第21位,辐射能力小,很难辐射到整个省域范围,而且在一定程度上形成了以省会为中心的核心边缘结构,即以省会城市为中心,其经济发展水平呈现随距离递减的规律,距离省会城市越远,其经济发展水平越低,在省的边缘地区,往往是全省经济最不发达的地区。

三、城市化发展存在的问题

(一)城镇整体质量低,布局不够科学

尽管近年来江西城镇数量不断增加,规模也不断扩大,但基本属于外延式扩张,内涵式扩张相对缓慢,整体质量不高。首先,江西城镇体系缺少层次上的连续性。例如,省会南昌进入了特大城市行列,但却缺少大城市与之相匹配,使得特大城市与中等城市无法连接。在几个中等城市中,综合性功能较明显的只有九江市和赣州市,而萍乡、景德镇和新余市基本上还属于工矿型城市,对地区经济的综合影响力不大。其次,城镇规模构成存在明显的衔接缺陷,南昌作为特大城市,从省际经济的交往中获得的大量社会经济信息和能量不能有效地辐射到省内城镇网络中并转化为效益,阻碍了特大城市中心功能的正常发挥。最后,江西城镇群体的空间结构具有南北差距明显,呈南稀北密的特点。以浙赣铁路线为界,纵观全省的城市空间分布,该线以北的地区,城市有16座,而土地面积却不到40%,在该线以南占60%的面积上却只有5座城市,南北差异十分明显。从城镇化水平来看,北中部城镇化水平为54.03%,南部为44.06%,北中部比南部高出9.97个百分点。

(二)小城镇发育不充分,功能相同,缺乏特色

江西省小城镇发展能力不足,经济特色不突出,人口聚集程度不高。全省建制镇平均建成区面积0.67 km^2,平均镇区人口8 841人,镇区人口在3×10^4人以下的建制镇数量约占全省全部建制镇的50%,镇区人口1×10^4人以上的建制镇仅120个。全省70个县城,人口规模在50×10^4人以下的约占67%。这表明,全省小城镇的发育很不充分,即便是县城,规模也偏小。原因是长

期以来形成了小生产的经济格局，同时，由于交通、通信等条件的限制，小城镇经济实力弱。此外，小城镇的功能建设倾向于朝“小而全”的方向发展，结果不能形成代表本镇经济发展的鲜明特色，不能形成小城镇之间明确的分工和协作关系。这不仅分散了发展力量，造成许多同构性浪费，而且形成低水平的自我竞争局面，未能形成较强的辐射能力和较高水平的专业化分工，更难形成较先进的现代产业和较强的区域经济整体竞争能力。

(三)城乡二元结构严重，限制整体发展

江西城镇化水平低、发展缓慢的一个重要原因是农村发展缓慢，突出地表现为农村人口比重过大，大量的劳动力滞留在劳动生产率相对较低的农村和农业，城乡居民收入水平、消费水平、生活质量等各方面差距都还比较大，城乡之间发展不平衡还很严重。这种城乡二元经济结构是阻碍江西城镇化发展的重要原因。农村人多，农民收入低，几乎没有消费能力，与此同时，城市没有大量高素质的劳动力、消费品市场和优质的资源，所以城乡间不能快速协调发展起来。

(四)环境污染严重，能源、资源消耗存在浪费

江西城市污水和垃圾处理率低，严重影响城镇化发展和城镇居民的生产和生活水平。主要表现为：第一，城市排水管网不配套，已建污水处理厂不能很好地发挥污染治理作用；第二，污水处理厂建设没有考虑污泥的出路问题，正逐步成为二次污染隐患；第三，全省大部分垃圾填埋场是简易填埋场或堆放场，方式单一，技术落后，收集转运能力不足，造成严重的土壤污染和水污染；第四，污水处理费和垃圾收费不足以处理城市污水和生活垃圾，地方财政负担沉重。另外，随着工业、交通运输等事业的迅速发展，向空气中排放的有害废气日渐增多，城镇地区空气质量下降。南昌日益严重的城市大气污染问题已引起国家环保部门的关注，2003 年，南昌等城市被列为全国城市大气污染防治重点城市。与此同时，城镇是能源资源消耗最多的地区，无论可再生还是不可再生资源能源，绝大部分都被城镇地区消费。城镇能源浪费现象也很普遍，许多建筑物没有采用节能设计，内部能耗巨大。

四、城镇布局的主要特征

江西省城镇发展按照“龙头昂起、两翼齐飞、苏区振兴、绿色崛起”的区域发展格局，以鄱阳湖生态经济区为依托，以沪昆线和京九线为主线，聚集优势产业，提高规模效应，着力培育和发展以南昌市为核心的南昌大都市区，加快发展赣州都市区、九江都市区，构筑以“一群两带三区”为主骨架的省域城镇空间结构体系，从而促进大中小城市和小城镇协调发展。

一群：鄱阳湖生态城镇群。建设以鄱阳湖和赣、抚、信、饶、修五条水系廊道为生态本底，以网络化、开放式的交通体系为骨架，以(南)昌九(江)城镇走廊地带为重点，景德镇市、鹰潭市、新余市及其他县(市)域中心城市为支撑，以滨湖田园风光城镇为补充的鄱阳湖生态城镇群。

两带：分别为沿沪昆线、京九线的两条城镇发展带。

沪昆城镇发展带：以沪昆线上的中心城市为核心，东段积极培育和发展以上饶市、鹰潭市为核心的赣东城镇密集带；西段积极推进以新余市、宜春市、萍乡市为复合中心的赣西城镇密集带发展。

京九城镇发展带：以京九线上的中心城市为核心，自北向南加快培育和发展九江市、南昌市、吉安市、赣州市等区域中心城市，积极培育共青城市、丰城市、樟树市等重要城市。

三区：在一群两带格局的基础上，培育发展南昌大都市区、赣州都市区、九江都市区。

南昌大都市区：以南昌市中心城区为核心周边 100 km 范围的区域，包括南昌市中心城区、抚州市中心城区、南昌县、新建区、安义县、奉新县、高安市、丰城市、樟树市、进贤县、东乡县、余干县、永修县等的“1 小时经济区”。把南昌打造成鄱阳湖生态经济区和全省经济社会发展的核心增长极、国家综合交通枢纽、全国低碳经济示范城。

赣州都市区：包括以赣州市中心城区、南康区、赣县、上犹县为主要载体的核心区及其辐射范围内的赣南苏区地区性中心城市和人口规模较大的县城。充分发挥其生态、资源和人文优势，使之成为赣南苏区振兴发展的主要平台和城乡统筹协调发展的示范区域。

九江都市区：以九江市中心城区为核心，强化长江沿岸 152 km 的城镇发展和资源要素集聚，沿江联动瑞昌市、九江县、湖口县、彭泽县，形成沿江城镇发展带；向南联动德安县、共青城市、永修县、庐山市、都昌县，强化昌九城镇走廊，整合环庐山地区资源，建成现代化港口旅游城市、区域性物流枢纽和长江沿岸重要工业基地。

五、加快推进新型城镇化和城市建设

(一)城镇化建设目标

截至 2014 年年底，全国的城镇化率为 54.77%，比江西省的城镇化率高了 4.57 个百分点，加快提高城镇化率仍然是当前和今后一段时期江西省城镇化发展的首要任务。因此，须坚持“加速与提质并举，突出重点，多元驱动，分类推进，特色发展”的思路，全力推进城镇化加快发展。具体来看，南昌大都市区、九江都市区、赣州都市区以及总人口在 100×10^4 以上的市(县、区),城镇化率年均规划提高 2 个百分点;新余等现有城镇化水平较高、基础较好的地方要继续走在全省前列;上饶、宜春等所辖区域较大的设区市以及总人口在 60×10^4 人至 100×10^4 人的市(县、区),城镇化率年均规划提高 1.8 个百分点;总人口在 60×10^4 人以下的市(县、区)的增长水平应不低于全省平均增长水平。

(二)城镇化发展策略

1. 建立地区间城市化发展协调机制,促进大、中、小城市协调发展

江西城市结构方面的问题,突出表现为大城市不大、中小城市不强、小城镇没有特色。要保证城市协调健康发展,就必须关注城市结构问题。通过编制科学合理的省域城镇体系规划,引导省内各大、中、小城市协调发展,形成规模结构上大、中、小城市比例合理,在城市职能分工上各有侧重、优势互补的有机城镇体系,充分发挥城市群体的综合发展优势,带动全省实现全面小康社会。

2. 大力推进都市圈(群)建设,增强城市辐射带动功能

大城市不仅具有吸纳人口的可能性,而且对于提高资源配置效率、增强江西国民经济综合竞争力具有长远的战略意义。江西要精心打造城市圈(群),着力调整城市行政区划,提高城市规模效益与积聚效益,增强城市的竞争能力,推动农业结构调整和农业产业化经营,以促进劳动力的转移。

3. 深化户籍制度及其配套制度的改革

取消原有的省会以下城市的户籍管理制度,放开对农民进城的落户限制,实行新的按居住地划分城乡人口、按职业确定农业与非农业身份的户籍登记制度,并最终用身份证管理制度代替户籍管理制度。同时,还应该对诸如进城农民的医疗、社会福利、社会保障、子女在城市的就学问题等相关的配套制度进行改革。

4. 加快基础设施和生态环境建设,夯实城市建设的基础

要把基础设施放在一个十分突出的位置。城市要亮化、绿化、美化,但关键是基础要夯实。加快城市基础设施建设和生态环境建设,是提高城市发展水平、实现城市可持续发展的可靠保证。应特别关注城市的交通问题、污水处理问题、垃圾处理问题、供水问题和城市的绿化问题。

5. 拓宽城市建设融资渠道,深化投融资体制改革

积极探索多元化的城镇投资建设方式。一是改革城市财政支出结构,减少和取消竞争性项目的投资建设,把财政支出的重点放在基础设施、公用事业及公益性项目上;二是推行基础设施和公用事业项目投融资方式多元化,

包括财政投资、银行融资(特别是政策性银行的低息贷款)、证券融资、项目融资、利用外资和吸收民间资本投资(关键是扩大对外商和民营企业的开放)等；三是通过土地批租、拍卖经营许可权等城市有价资源和无形资产，城市在经营中发展，但值得注意的是，过度依赖出让土地和征收各科费用，将导致房价上涨，提高农民进城的门槛，这与加快城镇化是背道而驰的；四是加快投融资体制改革和金融体制改革，允许城市发行市政建设债券，并建立相应的偿付机制，加强管理监督。

6. 创新就业机制和社会保障制度

要深化城镇就业制度改革，打破城乡就业壁垒，实行城乡统筹的就业制度。要取消各地针对农民工和外地人口的限制性就业政策，实行同工同酬(包括各种应有的社会保障和福利)；要建立统一开放、竞争有序、城乡一体的劳动力市场，实行城乡、本外地人员平等的用工政策，规范企业用工行为，取消不合理的招工前置条件，在城镇普遍执行劳动预备制度，加强农村剩余劳动力进城就业的职业培训和职业教育，积极推行非全日制工、季节工、短期工、临时工以及弹性工作制度等灵活多样的就业形式。深化社会保障制度改革，将进城农民纳入社保范围。建立全社会统一的社会保障制度。

(三)大力发展城市经济，加快城市建设

在扩大城市规模的同时，也要更加注重做强做大城市经济，推动农村人口向城镇有序转移。城镇化的进程主要依赖经济发展，没有经济大发展作为支撑，城镇化加速发展是不可持续的。对此，必须坚持把做强做大城市经济作为加速城镇化的主要动力，通过把城镇经济的总量做大、质量提高、实力增强，积极创造就业岗位，扩大城镇就业容量，引导农村人口向城镇有序转移。

第二节　鄱阳湖生态经济区建设

一、区域范围

鄱阳湖生态经济区地域范围涉及濒临鄱阳湖的南昌县、新建区、进贤县、德安县、星子县、永修县、湖口县、都昌县、九江庐山区、共青城市、鄱阳县、余干县，以及环鄱阳湖的南昌市区(东湖区、西湖区、青云谱区、湾里区、青山湖区)、景德镇市区(珠山区、昌江区)、九江市区(浔阳区)、鹰潭市区(月湖区)、新余市区(渝水区)、抚州市区(临川区)等设区市市区和安义县、浮梁县、乐平市、贵溪市、余江县、九江县、彭泽县、武宁县、瑞昌市、东乡县、丰城市、樟树市、高安市、万年县、新干县，共38个县(市、区)。土地面积5.12×10^4 km^2，约占全省总面积的30%。

二、地域优势

(一)经济社会发展条件较好

1. 综合经济实力较强

2012年前三季度，鄱阳湖生态经济区生产总值达5 236.2亿元，同比增长10.9%，比全省生产总值增速高出0.3个百分点；占全省生产总值的比重达58.2%，比去年同期提高0.4个百分点；财政总收入788.04亿元，同比增长23.2%，增幅比全省高0.1个百分点，其中，地方财政收入534.94亿元，同比增长36.6%，增幅比全省高3.6个百分点，地方财政收入中完成税收收入392.27亿元，同比增长25.3%；区内计划总投资500万元及以上项目固定资产投资完成总额4 577.40亿元，占全省比重达56.5%，同比增长31.0%，增速比上半年提高0.7个百分点；社会消费品零售总额1 620.68亿元，占全省的比重为58.1%，同比增长16.6%，增速比全省高1个百分点；区内进出口总额达到166.90亿美元，比上年同期增长13.7%。较强的经济实力为建设鄱阳湖生态经济区奠定了良好的经济基础。

2. 工业发展基础雄厚

生态区工业发展强劲，2012年前三季度，规模以上工业实现增加值1 972.99亿元，同比增长13.0%，拉动全省工业增长7.7个百分点，贡献率达54.7%。其中，区内工业园区实现增加值1 363.35亿元，同比增长14.9%，较上半年提高1.8个百分点。全省7 976家规模以上工业企业中，有40%以上集中在这个区域，工业园区实现主营业务收入5 815.22亿元，同比增长15.4%，增速比上半年提高2.7个百分点；实现利税498.76亿元，同比增长19.2%，增速比上半年提高8.4个百分点。区内已初步建立了以汽车、航空及精密仪器制造、特色冶金和金属制品加工、中成药和生物制药、电子信息和现代家电产业、食品工业、精细化工及新型建材等为核心的产业体系，新型工业初具规模。南昌作为全省政治、经济、文化中心和最大的制造业基地，具有较强的辐射功能；九江作为港口城市，成为其他城市大宗原材料和产品进出的集散地和全省重要的能源、化工、纺织、造船等制造业基地；景德镇的飞机、汽车、电子、陶瓷等产业优势明显；鹰潭的有色冶金、精密仪器，上饶的精密机械加工等，几乎集中了全省工业的精华。且生态区产业结构各具特色、经济外向度较高，分工合作紧密，经济互补性较强。

3. 农业生产条件优越

鄱阳湖生态经济区由于长期的泥沙淤积作用，形成了土质肥沃的鄱阳湖平原，土壤肥沃，光照充足，耕作条件好。农产品量多质优，是我国重要的优质农产品生产供应基地。2012 年前三季度，鄱阳湖生态经济区油菜籽总产、单产双超历史，产量达到 42.86×10^4 t，比去年同期增长 2.75%；肉类总产量 94.33×10^4 t，比去年同期增长 4.6%；全区实现农林牧渔业总产值 640.50 亿元，同比增长 4.1%。生态绿色食品具有明显的优势，棉花、油料、蔬菜等经济作物产量一直位居全省前列，形成了许多省优、部优免检产品，注册了一系列著名品牌或商标。多项产品荣获国家“无公害农产品”称号。

4. 城市发展优势突出

鄱阳湖生态经济区是我国最大的环湖经济带，也是江西省城镇化发展最快的地区，区域内城镇密度为 10.8 个/千平方千米，区域内每千平方千米城镇比全省平均水平多 1.64 个，是江西城镇化发展最快的地区。区域内人口众多，科技教育水平较高，劳动力资源丰富，消费市场广阔，存在着巨大的发展潜力。南昌中心城区人口有 230×10^4 人，九江中心城区的人口超过 60×10^4 人，景德镇中心城区也进入大城市行列，联动发展浮梁、鄱阳、万年和乐平，形成以景德镇为中心的赣东北城镇群。鹰潭通过对周边县城的整合，具备了大城市的集聚功能，逐步向建设世界铜都、赣东北物流中心和道教文化旅游城市发展。各中心城市的协调互动、优势互补，加快了鄱阳湖生态经济区城市发展新格局的形成。今后相当长的一个时期内，鄱阳湖生态城市群的发展将成为区域城市化的一个亮点，将对全省乃至跨省区域加速推进城市化进程起到重要的引领作用。

5. 自主创新优势强劲

随着“科教兴赣”战略的实施，鄱阳湖生态经济区的创新资源和创新实力优势日益显现，高新技术产业发展迅猛。该地区拥有全省 74%的科研院所和 75%的大、中专院校，聚集了全省 70%的科技人员和 76%的高校在校学生。全省 70.3%的研究与试验发展经费落实在该区域，占区域生产总值(GDP)的 1.0%，高于全省平均水平。全省 12 家研究与试验发展支出在 5 000 万以上的工业企业中，有 10 家落户在该区域。鄱阳湖生态经济区 42 个工业园区中，新材料、生物医药、光机电一体化构成了区域高新技术产业的三大主导产业，南昌市高新技术产业开发区的企业数量、总产值和增加值均超过全省的三分之一，成为全省高新技术产业发展的“领头羊”。根据全省科技进步统计监测，鄱阳湖生态经济区的南昌市、景德镇市和鹰潭市三市科技综合实力排位连续三年位居全省前列。

4. 沿江临港生态工业产业带

该产业带包括九江区域、长江沿岸两区三县一市，长 152 km，自西向东涉及九江码头、城西、金安、金沙湾、银沙湾和彭泽等若干临港产业区，以长江航运通道为平台，整合原有企业，承接东部沿海产业转移，发展石油化工及精细化工、钢铁和铜冶金、造船、汽车、电力建材、大型设备制造等大运量、大耗水的产业，拓展配套物流产业规模，形成临港产业聚集带。

5. 环鄱阳湖生态农业产业带

鄱阳湖生态经济区各地应根据不同的地理条件和资源优势发展生态农业。鄱阳湖平原重点建设粮、油、棉、蔬、果无公害和绿色食品生产基地，形成以种植业为主体的生态农业产业链；环湖低山区建设茶、果、药绿色和有机食品生产基地，形成以种植业为主体的生态农业产业链；环湖平丘地区建设猪、牛、羊、鸡、鸭、鱼绿色食品基地，形成以畜、禽、鱼养殖为主体的生态养殖产业链；环湖丘陵地区发挥地域优势，建设特色食品和有机食品基地，形成以特色养殖为主体的生态产业链；环湖五河沿河流域建设特色水果产业及反季节蔬菜绿色食品基地。

6. 环鄱阳湖生态旅游产业带

鄱阳湖生态经济区以山、水、城为依托，整合旅游资源，面向国际市场，高起点规划，建设生态旅游产业带。鄱阳湖核心区，重点开发以湖泊、湿地、候鸟等为依托的湖区生态观光旅游。庐山、三清山、龙虎山等国家自然保护区，重点发展以温泉、高山峡谷、森林、河流为依托的生态度假旅游。鄱阳湖平原及婺源、浮梁等丘陵地区，发展以沙地运动、地质景观、观光农业、乡村旅游为重点的生态休闲旅游。南昌、九江、景德镇、上饶、抚州、鹰潭等市及所辖市县区均可开展生态文化旅游，发展城区古建文化、陶瓷文化、名人故居文化，以青阳腔、采茶戏及黄梅调为特色的地方戏文化以及宗教文化。

(二)产业规划

1. 发展高效生态农业

大力发展现代农业。坚持用现代手段装备农业，用现代科技改造农业，用现代经营形式发展农业，巩固和加强粮食主产区地位，大力发展高产、优质、高效、生态、安全的现代农业。加强农业基础设施建设，大力推进农业综合开发、基本农田整治和农田水利设施建设，落实国家支农惠农政策，完善各项补贴，开发绿色有机农产品，创建一批规模化的绿色食品原料标准化生产基地。

推进农业产业化经营。着力推广“企业＋合作组织＋基地＋农户”的农业产业化经营模式，完善企农利益联结机制。做强做大龙头企业，推进农产品精深加工，延长产业链条，提高农业综合效益；加强农产品品牌建设，并促进特色资源农产品进行地理标志登记，强化农产品注册商标和地理标志保护，加大品牌整合和推介力度，培育一大批影响力大、竞争力强、具有鄱阳湖地域特色的农产品品牌；建立生态农业服务体系，加快培育适应区域化、专业化、规模化发展要求的农民专业合作组织，培养专业化服务人才。

2. 创建新型工业体系

大力发展循环经济。淘汰高耗能落后装备，抓好资源综合利用，按照资源—产品—废弃物—再生资源的反馈式循环利用模式，全面改造工业制造、矿山开发等方面的流程工艺，大力推广清洁生产。

改造提升传统优势产业。加快运用高技术和先进适用技术改造传统产业，实施传统产业信息化工程，促进工业结构调整和节能减排。依托景德镇陶瓷传统优势，充分利用现代科技，大力促进艺术陶瓷精品化，提升建筑陶瓷和日用陶瓷的市场竞争力。依托永修星火有机硅基地、樟树和新干盐化工基地，重点发展有机硅深加工产业，积极培育盐化工、氟盐化工产业链。依托纺织服装特色工业园区，积极承接产业转移，加快技术进步，培育自主品牌，扶持发展一批服装设计机构，振兴南昌、九江、抚州三个纺织工业基地。加快发展绿色、智能型家电，建设南昌家用电器制造、出口基地。

大力发展先进制造业。加强信息技术、生物技术、现代管理技术与制造业的融合，按照环境友好、集群发展的要求，重点在特种车船、装备制造、高精铜材、光伏产业等领域实现突破。

加快发展高技术产业。坚持全面提升与重点突破相结合，突出自主创新，加快科技成果产业化，依托南昌生物产业国家高技术产业基地，发挥生物医药的比较优势，着力抓好传统中药的二次开发、创新药物的研发及产业化，争取在新型中药制剂、治疗艾滋病新药、抗癌原料药和医疗器械等领域取得新突破，开发一批具有国际领先水平的新产品。依托大型航空工业集团以及重点研究所，积极发展民用飞机，研制开发高级教练机、多用途直升机，积极参与我国大飞机部件研制和生产，提高飞机部件专业化生产能力，大力推进南昌航空高技术产业基地建设。

3. 培育现代服务业

适应经济社会发展的需要，加快发展现代服务业，改造提升传统服务业。发挥鄱阳湖地区生态资源优势和交通区位优势，依托中心城市，重点发展节能环保、生态旅游、特色文化、商贸物流、金融保险等服务业，不断提高服务业的比重，充分发挥服务业配套、支撑和引领作用。

积极培育节能环保服务业。加大政策支持力度，积极培育、扶持节能、环保服务企业和机构发展，提升专业化、社会化服务水平。推行合同能源管理，加快发展能源审计、节能项目设计、节能咨询等服务业。积极推行污染治理特许经营，大力发展环境保护技术科研开发、环境保护产品经销、环境工程及环境保护技术咨询等服务。积极培育环保产品市场、环保技术市场、环保人才市场、环保资金市场，促进生产要素的合理流动与组合，逐步构建环保服务产业体系。支持一批技术先进、管理科学、竞争力强的环保服务企业加快发展，努力打造一批具有影响力的服务品牌。鼓励、加强同国际组织、学术团体和企业的环保科技交流与合作，提高环保服务业技术水平。

着力发展旅游业。按照政府引导、社会参与、市场运作的原则，加强旅游要素配套建设和管理与服务平台建设，全面提升旅游产业竞争力。突出“红色摇篮、绿色家园”整体形象，进一步做大红色旅游品牌，大力开发湿地生态游、珍禽观赏游、文化山水游、休闲度假游、科普科考游、陶瓷艺术游、乡风民俗游、健身养生游、宗教朝觐游等旅游产品，在南昌、九江、鹰潭、抚州等地建设环鄱阳湖生态旅游商品研发基地。推进旅游资源整合，强化区域协作，开发旅游精品线路。

努力打造特色文化产业。充分挖掘陶瓷文化、稻作文化、戏曲文化、中药文化、茶文化等特色文化资源，培育一批特色文化产业品牌，实施精品工程和名牌战略。大力发展景德镇陶瓷文化创意产业、鹰潭道教文化以及广播影视、文娱演艺、新闻出版、动漫游戏等文化产业，开发具有核心竞争力的特色文化产品和文化服务项目，做大做强一批特色文化产业集团，形成若干具有较强竞争力的特色文化产业集群。

大力发展商贸物流业。以水运为基础，航空口岸物流为重点，铁海联运为突破口，建立全方位、多层次、立体式的口岸物流平台，形成铁路、航空、水运、公路多式联运的口岸物流商贸网络群。依托交通干线和重要枢纽，充分发挥长江和鄱阳湖水系航运作用，加快南昌中心物流枢纽和九江、鹰潭等区域物流基地建设，提高区域内物流的组织化、集约化程度，实现流通环节全过程管理。

大力拓展金融服务。以拓宽融资渠道和扩大融资规模为重点，大力引进境内外银行和股份制金融机构，发展地方性金融机构，促进为中小企业和“三农”服务的新型金融服务机构发展。规范发展区内证券、期货、信托、租赁等机构。完善外汇管理制度，推进区内现代支付系统、同城票据交换系统、银行卡系统建设，建立健全社会信用体系和信用担保体系，优化金融服务环境。

四、区域功能分区

根据自然生态系统的不同特征和经济地域的内在联系，将鄱阳湖生态经济区划分为湖体核心保护区、滨湖控制开发带和高效集约发展区。依据各区域资源环境承载能力、发展现状和开发潜力，界定区域功能，明确区域发展方向。

(一)湖体核心保护区

湖体核心保护区范围为鄱阳湖水体和湿地，以1998年7月30日鄱阳湖最高水位线(吴淞高程湖口水位22.48 m)为界线，面积5 181 km^2。区域功能是：强化生态功能，禁止开发建设。基本要求是：稳定湖体水质，维护湿地功能，改善候鸟栖息环境；规范采砂、捕鱼、养殖等经济行为，严格执行采砂管理的相关规定，全面取消湖泊禁养区的围网养殖、肥水养殖，严禁围湖造田、围湖养殖；认真执行封洲禁牧各项措施，切实控制血吸虫病；加强旅游和船舶污染防治，各类旅游设施必须配备污水及污染物处理装置，入湖机动船舶必须按标准配备使用防污设备，集中停泊区必须设置污染物收集处理设施。

(二)滨湖控制开发带

滨湖控制开发带范围为沿湖岸线邻水区域，以最高水位线为界线，原则上向陆地延伸3 km，核定面积3 746 km^2。区域功能是：构建生态屏障，严格控制开发。基本要求是：加强尾闾疏浚，提高行洪能力；推进植树造林，建设环湖防护林，开展水土流失综合治理，减少泥沙入湖；限制施肥量大的农业生产活动，严禁施用高毒、高残留农药，防治农业面源污染；提高工业企业污染排放标准，加强污染综合防治，依法依规强制淘汰落后生产能力，鼓励控制开发带内现有企业搬迁、异地改扩建。

(三)高效集约发展区

高效集约发展区范围为区域其他地区，面积4.22×10^4 km^2。区域功能是：集聚经济人口，集约高效开发。基本要求是：稳定提高生态空间，集约整合生活空间，优化拓展生产空间。遵循主体功能区的理念，科学划分生态保护区域、农业发展区域、城镇建设区域和产业集聚区域；严格保护自然保护区、自然文化遗产、风景名胜区、森林公园、地质公园以及饮用水源地、水源涵养区，积极建设沿河、沿湖、沿路生态廊道和城市公共绿地；严格保护基本农田，大力提高粮食综合生产能力，促进优势农产品布局区域化、种养标准化、生产规模化、经营产业化；大力推进新型工业化、新型城镇化，促进人口向城镇集中、产业向园区集中、资源向优势区域与优势产业集中，从严控制“两高一资”项目，积极发展生态产业、推广低碳技术，加快形成并壮大产业集聚区和特色块状经济；全面推进对外开放，积极承接国际国内产业、技术、资金和人力资源转移，大力提高参与国际国内分工与合作的能力和水平。

五、区域协调发展

充分发挥鄱阳湖生态经济区的龙头作用，以长江、浙赣铁路和京九铁路为依托，以沿江、沿线城市为支撑，形成“干”字形区域发展格局，引领带动周边地区和革命老区快速发展。

（一）发挥中心城市的辐射带动作用

以省会城市为核心，区域内其他5个中心城市为重点，加快构建鄱阳湖城市群，形成以点带轴、以轴促面的城镇集群发展模式。

南昌：全面提升中心城区的高端要素集聚、科技创新、文化引领和综合服务功能。强化昌北经济开发区、高新技术开发区和出口加工区的引领作用，重点发展汽车、航空、医药食品、电子信息、新型材料等产业，全面提升先进制造业基地水平；加快发展金融、商贸、物流、会展、旅游、服务外包等现代服务业，建设区域性商贸物流、金融、旅游集散中心，全国重要的服务外包示范基地。加快形成“南昌1小时经济圈”，联动发展新建、安义、进贤、余干、南昌县城和丰城、樟树、高安市区。

九江：进一步发挥通江达海的区位优势，加快临港产业开发，积极发展商贸旅游业，建成赣北区域中心城市、现代化港口旅游城市、区域性物流枢纽和长江沿岸重要工业基地。以九江城区为中心，联动发展瑞昌、沙河、湖口、彭泽沿江城镇板块以及德安、共青、永修、庐山、都昌南部城镇板块。

景德镇：依托千年瓷都的产业基础和品牌优势，积极推进资源枯竭城市转型，大力发展功能陶瓷、结构陶瓷、生物陶瓷、工艺陶瓷和精品建筑陶瓷，培育陶瓷文化创意产业，建设世界瓷都、赣东北工业重镇和文化生态旅游城市。以景德镇城区为中心，联动发展浮梁、鄱阳、万年县城和乐平市区，形成以景德镇为中心的赣东北城镇群。

鹰潭：发挥铜产业基础、交通枢纽、旅游资源优势，建设世界铜都、赣东北物流中心和道教文化旅游城市；依托中心城区，向东逐步与贵溪城区连接成片，向南逐步发展宝山片区，进一步建设余江县城。

新余：着力发展光伏、钢铁和旅游产业，建设光伏产业基地、特种钢材制造基地和赣西区域中心城市；以主城区为依托，重点建设下村、罗坊工业基地。

抚州：大力发展特色农产品加工、医药轻纺和文化产业，创建工业新城和文化生态旅游名城；以新城区为依托，联动建设东乡县城，加快融入“南昌1小时经济圈”。

进一步加强各中心城市的协调互动，开展工业园区和产业基地共建，加强上下游产业的配套协作，推进市场体系、基础设施、体制机制对接，打造鄱阳湖城市群。积极推动鄱阳湖城市群与省内其他城市的联动发展，推广生态经济区成熟的经验和做法，增强辐射带动作用，形成优势互补、各展所长、协同发展的新格局。

(二)统筹城乡发展

按照构建新型工农、城乡关系的要求，以城乡规划、产业布局、基础设施建设为突破口，促进公共资源在城乡之间均衡配置、生产要素在城乡之间自由流动，推动城乡经济社会发展融合。

推进城乡一体化发展。统筹土地利用和城乡建设，实行城乡建设用地增减挂钩试点，合理安排市县域城镇(农场)建设、农田保护、产业聚集、村落分布、生态涵养等空间布局；统筹城乡基础设施建设，大力提升农村公路的通行通达能力；统筹城乡产业发展，优化农村产业结构，发展农村服务业和乡镇企业，引导城市资金、技术、人才、管理等生产要素向农村流动；统筹城乡劳动就业，加快建立城乡统一的人力资源市场和公平竞争的就业制度；统筹城乡社会管理，推进户籍制度改革，放宽中小城市落户条件，促进农民向城市有序转移。

提高基本公共服务均等化水平。把社会事业建设的重点放在农村，全面提高农村公共事业财政保障水平；促进城乡教育均衡发展，完善农村义务教育经费保障机制，提高义务教育经费保障水平，加大投入力度；以农村为重点，大力发展职业教育，逐步实现农村中等职业教育免费。重点加强农村中小学教师队伍建设，提高教学质量，妥善解决农村留守儿童教育问题；进一步加强农村医疗卫生服务体系建设，着力提高乡镇卫生院服务能力和水平；加快构建覆盖城乡的公共文化服务体系，推进文化信息资源共享工程，加强县级图书馆和文化馆、乡镇综合文化站、社区文化中心和村文化室等的建设；建立健全公共文化服务运行保障机制。完善农村困难群体帮扶机制，加快乡村敬老院建设；加快中心村镇体育设施建设，开展农民健身活动。

壮大县域经济实力。把发展县域经济作为实现城乡统筹的基本载体，大力改善县域基础设施条件，着力提升工业园区发展水平，不断提高公共服务水平和行政效能，营造良好的发展环境。全面推行财政省管县，建立县级财政稳定增长机制，促进财力与事权相匹配，赋予县级更大发展自主权；加快新型工业化步伐，着力壮大资源加工型、劳动密集型、产业配套型和科技应用型的工业企业，不断提高资源利用效率，特别注重生态环境保护，形成特色明显、竞争有力、前景广阔的产业支撑体系。

第三节 打造南昌核心增长极

一、打造南昌核心增长极的理论依据

“增长极”的概念和理论最早是由法国经济学家弗朗索瓦·佩鲁于 1955 年提出的。该理论认为，一个国家、一个地区要实现经济快速发展，必须建立增长极，并将增长极定位在一定区域内具有发展优势、能够对这个区域经济发展起支配和推动作用的地区或产业，而“核心增长极”就是在若干增长极中最有发展优势、能够起到核心带动作用的地区或产业。这种理论实质是强调区域经济发展的不平衡性，主张尽可能把有限的稀缺资源集中投入到发展潜力大、规模经济和投资效益明显的少数地区或行业，使主导部门或有创新能力的企业或行业在一些地区或大城市聚集，形成高度集中、具有规模经济效益、自身增长迅速并能对邻近地区产生强大辐射作用的增长极，通过具有增长极的地区的优先增长带动相邻地区共同发展。增长极理论已成为许多国家用来解决区域发展和规划问题的重要理论依据。20 世纪 80 年代，增长极理论开始进入我国，在增长极理论基础上演化出了众多区域发展理论，也成为构建南昌市核心增长极的一个重要理论依据。

二、打造南昌核心增长极的内在优势

(一)区位优势

南昌地处长江中下游，濒临鄱阳湖西南岸，具有流域中心城市的一般区位特点，自古就有“吴头楚尾，粤腹闽庭”之称，是京九、浙赣铁路的交会点，也是京九线上唯一的省会城市。南昌现辖三县(南昌、进贤、安义)，五区(东湖、西湖、青云谱、湾里、新建、青山湖)，两个国家级开发区(高新产业开发区、经济技术开发区)、一个省级开发区(桑海开发区)和红谷滩新区，总面积 7 402 km^2，总人口 507.87×10^4 人。随着城区路网的完善和进出城快速通道的建设，南昌承东启西、沟通南北的区位优势日益明显，6 h 可通达 8 个省会城市，区位交通优势得到很好彰显。

(二)产业优势

南昌市在做强纺织服装、冶金、家电、机电制造、食品等传统产业的基础上，全力发展光伏光电、航空及零部件、汽车及零部件、服务外包、生物和新医药五大战略新兴产业。现代制造业重要基地初具成效，集聚了一大批大企业、大产业，已有多家世界 500 强企业和国内 200 强企业落户，初步形成了汽车航空、光伏光电、生物医药、软件与服务外包等一批主导产业集群。

(三)经济优势

2012年，南昌市地区生产总值3 000.52亿元，比上年增长12.5%；规模以上工业增加值967.26亿元，增长14.8%；500万元以上固定资产投资2 623.03亿元，增长31.0%；社会消费品零售总额1 116.54亿元，增长15.2%；2012年财政总收入500.16亿元，增长21.6%；地方财政一般预算收入240.02亿元，增长28.3%；海关出口总额64.65亿美元，增长14.4%；实际利用外资23.21亿美元，增长9.7%。但是，纵向看成就、横向比差距。把南昌放到全省、全国层面考察，它与其他发达城市相比还存在不小的差距，还有较大的潜力。

(四)政策优势

江西省第十三次党代会提出："鼓励支持省会南昌创新发展体制机制，大力提升综合实力和竞争力，成为带动全省发展的核心增长极。"江西提出举全省之力把南昌建设成全国重要的先进制造基地、综合交通枢纽、宜居都市以及商贸物流中心，打造成带动全省发展的核心增长极。这是南昌的一次战略发展机遇。南昌市聚集政策，针对产业发展、企业需求等，一方面向上积极争取政策，另一方面市里和有关县区陆续出台相关的政策支持，包括重大发展政策、重大投资政策、重大基础设施建设政策、财税政策、金融政策以及产业政策等，通过各种政策效应的叠加，形成更具吸引力的优惠政策。

三、打造南昌核心增长极的外部需求分析

(一)南昌在长江中游城市群当中的地位分析

长江中游城市群即"中三角"，是呼应长江三角洲和珠江三角洲，以武汉、长沙、南昌三个中心城市为核心，包括武汉城市圈、长株潭城市群、鄱阳湖经济圈等中部经济较发达地区，以浙赣线、长江中游交通走廊为主轴打造的国家规划重点地区和全国区域发展新的增长极。"中三角"包括湖北武汉城市圈(武汉、黄石、黄冈、鄂州、孝感、咸宁、仙桃、天门、潜江)、湖南长株潭城市群(长沙、岳阳、常德、益阳、株洲、湘潭、衡阳、娄底)和江西环鄱阳湖城市群(南昌、九江、景德镇、鹰潭、上饶、新余、抚州、宜春、吉安)。

构筑长沙—武汉—南昌大都市圈、打造中国经济增长第四极的"中三角"是中部崛起的一个重要选择。南昌作为"中三角"的"一角"，与武汉、长沙相比，其主要指标的绝对值和占全省的比重都处于落后位置。如2012年南昌市GDP为3 000.52亿元，人均GDP 5.91万元；武汉市GDP为8 003.82亿元，人均GDP 7.91万元；长沙市GDP为6 399.91亿元，人均GDP 8.96万元。

南昌市 GDP 占全省的比重是 23%，武汉市 GDP 占全省的比重是 38%，长沙市 GDP 占全省的比重是 28%。从与武汉、长沙的对比看，南昌作为“中三角”的“一角”，是一个矮点。如果南昌不聚焦推动、加速发展，那么“中三角”就不是一个平面，而是一个斜面，很可能因为南昌的矮化而导致这个斜面“塌陷”。因此，南昌必须努力打造成中部发展的战略支点，在长江中游经济区的发展中、在带动全省融入国家战略中发挥核心作用。

打造南昌核心增长极是提高江西省核心竞争力的迫切需要，也是大都市圈建设的需要。区域之间的竞争，首先是区域中心城市的竞争，南昌作为全省唯一的特大型城市，是全省竞争力最强、带动力最大、辐射范围最广的中心城市，在全省经济社会发展中占据“龙头”地位。南昌兴则全省兴，南昌强则全省强，支持南昌加快发展，就是推动全省加快发展，把南昌打造成核心增长极也就是增强全省在全国区域竞争中的核心竞争力，为都市圈经济乃至全国经济发展作出更大的贡献。南昌应充分发挥省会城市要素集聚、经济带动、城市辐射、改革示范作用，着力打造带动全省发展的核心增长极。

(二)利用外部条件，建立先导区，打造南昌核心增长极

国内外城市发展及城市群崛起的经验证明，由于资源和社会经济结构的差异，经济增长不可能平均地出现在每一个地区，经济增长往往是在少数成长中心的龙头带动作用下开始的，经济圈的形成和圈内城市之间的分工、合作与竞争将主导区域发展新格局。2009 年 12 月 12 日，国务院批准《鄱阳湖生态经济区规划》，鄱阳湖生态经济区建设正式上升为国家战略。规划指出，以省会城市为核心，区域其他 5 个中心城市(九江、景德镇、鹰潭、新余、抚州)为重点，加快构建鄱阳湖城市群，形成以点带轴、以轴促面的城镇集群发展模式。2011 年《十二五规划纲要》要求，加快构建“沿长江中游经济带”，加强与周边城市群的对接和联系，重点推进鄱阳湖生态经济区、武汉城市圈、长株潭城市群等区域发展。武汉城市圈、长株潭城市群、鄱阳湖生态经济区加强联系，建设以武汉、长沙、南昌为核心的长江中游城市集群成为必然。这意味着南昌必须承担起推动鄱阳湖生态经济区以及国家中部崛起战略的历史使命。

建立先导区是实施国家重大区域发展战略的一条基本经验。2010 年，由武汉城市圈、长株潭城市群和鄱阳湖生态经济区构成的“长江中游地区”被列为“国家层面的重点开发区域”。鄱阳湖生态经济区涉及 9 个设区市、共 38 个县(市、区)，面积共有 5.12×10^4 km²。在这么大的一个区域内，必须有一个先导区，通过“先行先试，科学发展”的一系列积极的探索和实践，总结经验、展示成效，实现快速发展。这正是增长极理论的实践和探索。打造南昌核心增长极，是建设鄱阳湖生态经济区先导核心的需要。切实增强南昌的要素集聚、经济带动、城市辐射、改革示范作用，才能引领鄱阳湖生态城市群的快速崛起，促进全省加速发展、加快转型、实现跨越。

四、打造南昌核心增长极的意义

(一)打造南昌核心增长极，是加快江西经济发展的必然选择

世界经济发展的规律表明，区域经济发展必须要有一个核心增长极，这个增长极就是大城市或核心城市。大城市或核心城市是区域发展的重要动力和引擎，能够对周边地区经济发展起到辐射和集聚作用，并带动区域经济快速发展。当前，江西正处于加快发展的极为重要、极为关键的历史性关口，做大做强南昌这个核心增长极，对江西实现科学发展、进位赶超、绿色崛起目标具有重要的战略意义。

(二)打造南昌核心增长极，是提升江西综合竞争力的重要途径

经济全球化、区域经济一体化态势表明，区域间的竞争已在很大程度上演化为核心增长极之间的竞争，核心城市的形成、崛起及其带动作用，已经成为推动一个国家或地区经济发展的强大动力。江西要实现科学发展、进位赶超、绿色崛起，就必须顺应区域经济发展规律，抓住机遇，集中优势资源，在一定范围内实现资源要素的整合，不失时机地发展、壮大区域中心城市，增强区域中心城市的综合竞争力，形成区域经济的增长极、集聚中心和辐射中心，以区域中心城市的大发展带动区域经济整体竞争力的提高，带动区域经济共同发展。

(三)打造南昌核心增长极，是实现江西区域协调发展的有效手段

区域经济发展的实践经验证明，加快区域发展必须遵循不平衡发展规律，坚持科学规划、分类指导，在条件好、潜力大、对全局和长远发展有重要影响的大城市，通过不平衡发展战略，促使其率先发展，尽快实现资本集聚、人口集聚、规模效应和辐射带动效应，成为区域经济发展的核心增长极，推动区域优势整合，形成区域内设施共建、产业互动、市场联动的新格局，促进区域经济协调发展。

(四)打造南昌市核心增长极，是实现江西经济发展方式转变的强大动力

构建核心增长极，有利于促进经济发展方式的转变。南昌市作为鄱阳湖生态经济区建设的“核心”城市，作为中部崛起战略“中三角”(武汉、长沙、南昌)的“支点”城市，作为江西省经济发展的“龙头”城市，它在促进区域经济协调发展中的地位与作用都是非常重要的。努力打造南昌市核心增长极对加快区域经济发展方式转变具有重要作用。

转变经济发展方式的一项主要内容就是扩大内需，包括投资需求和消费需求。培育和发展南昌市核心增长极是构建增长极的先期过程，是大规模建设基础设施的过程，大项目、大投入能迅速增加投资需求。作为投资增长的先导指标，新开工项目数和新开工项目计划投资的高增长预示着未来投资高增长的可能性和持续性。由于投资的惯性作用，新开工项目数和新开工项目计划总投资的高增长，将会使未来一段时间内的投资保持在较高水平。构建南昌市核心增长极除了能扩大固定资产的投资需求外，还能够创造对原材料产品、制造业产品以及其他各类中间投入品的巨大需求，投资需求的增长最终会从投资领域流动到消费领域，从而加大了消费需求的增长空间，其结果是区域范围内的投资与消费需求的整体增长。

优化产业结构是转变经济发展方式的核心内容。许多国家或地区通过优化产业结构，科学地选择主导产业，实现了经济发展方式的转变，提高了经济增长的质量。构建南昌市核心增长极首先要确立推动型产业(推动型产业是指规模较大、增长速度较快、与其他部门的相互关联效应较强的产业)，它不仅能迅速增长，而且能通过乘数效应推动其他产业的增长。推动型产业或有创新能力的大企业在南昌市核心区内集聚，导致资本与技术的高度集中，容易形成规模经济和相关的外部经济。南昌市核心增长极通过自身迅速的增长会对周边地区产生强大的扩散作用，带动相邻地区共同发展。构建南昌市核心增长极实质上是为推进型产业(主导产业)的成长提供必要的地理空间。

技术创新是加快转变经济发展方式的科技支撑和核心推动力。各类创新资源的聚集和相互作用，产生了新思想、新技术、新工艺和新产品，使增长极成为创新的源泉。南昌市核心增长极内的企业或产业通过技术创新活动，使企业核心竞争力得到加强，当产出增长率、投资回报率远远高于周边地区同类企业时，会引起周围其他企业的学习和效仿。企业之间的技术交流以及共同承担新产品开发的投资规模扩大，又可形成更大的原材料的市场需求量和所生产产品的市场供给量，增加了经济活动的活跃度。当某一技术成为一般技术时，又促使企业继续研发新技术、新产品，形成良性循环，最终实现区域范围内整体技术水平的良性提升。

五、构建南昌市核心增长极的发展策略

2009 年 12 月 12 日，国务院批准《鄱阳湖生态经济区规划》，鄱阳湖生态经济区建设正式上升为国家战略。在这一规划中，以省会城市为核心，区域其他 5 个中心城市为重点，加快构建鄱阳湖城市群，形成以点带轴、以轴促面的城镇集群发展模式的清晰表述，意味着南昌迎来前所未有的发展机遇，

同时也必须承担起推动鄱阳湖生态经济区乃至国家中部崛起战略的历史使命。

(一)加大投入、做大总量，快速提升南昌的综合竞争力

1. 培育壮大制造业集群

以龙头企业为依托、以技术创新为动力、以集聚集群为路径，尽快实施一批重大项目，积极推进跨区域产业联合重组，建设一批具有较强影响力、竞争力的优势产业基地。切实加大支持力度，帮助解决土地、融资、劳动力、技术等要素问题，着力打造汽车、新材料、食品及生物医药三大千亿产业和航空制造、纺织服装、电子信息、机电、新能源五大500亿产业，形成一批具有全国影响力的制造业基地。

2. 加快形成现代服务业集聚区

大力发展生产性和生活性服务业，提升服务业对国民经济的支撑水平。加快培育形成金融、服务外包、文化创意、总部经济、商贸流通、旅游、会展七大服务业集聚区，提升服务业对国民经济的支撑水平。

3. 做优做强农业特色基地

提升产业化经营水平，扶持、培育和引进龙头企业，建设特色农业示范区。重点建设一批产区型、地理标志型、城乡保障型、区域辐射型、都市休闲型农业特色基地，提升现代农业发展水平。

4. 加速构建现代综合交通运输枢纽

大力发展多式联运，促进铁路、公路、港口、机场、城市公共交通的有效衔接，形成南昌到省内设区市2 h、到周边省会城市3 h的交通格局，构建高效便捷的交通运输体系。

5. 着力建设现代化大都市

加快新城区建设和老城区改造，提升城市功能品位，完善城镇体系，把红谷滩新区打造成为现代大都市的标志性区域。加快昌东新区、昌南新区建设，有序推进瑶湖生态科技新城、昌南现代综合新城、九龙湖现代综合新城、乐化空港新城、梅岭休闲度假新城5个功能组团建设。

(二)改革创新、扩大开放，增强超常规发展内生动力

1. 建立鄱阳湖生态经济先导区

在南昌市九龙湖新城沿赣江下行到鄱阳湖区域，设立鄱阳湖生态经济先导区，赋予区域更大的改革发展权和先行先试权。以昌九工业走廊和赣江黄金水道为主轴，重点布局先进制造业集聚区、现代服务业发展集聚区、综合交通枢纽区、生态环境保护区、都市农业区和生态旅游区，构建先导区“一轴六区”发展格局。

2. 加快体制机制创新

深入推进资产资本化，开展体育、文化、人防等公共设施产权制度改革试点。稳步推进户籍制度改革，把有稳定劳动关系并在城镇居住一定年限的农村居民逐步转为城镇居民。深化行政管理体制改革，开展城市组团、产业集聚区和经济发达镇管理体制改革试点。加快投融资体制改革，做强做大市政控股、城投公司、水投集团、昌工控股、轨道交通等投融资平台，鼓励和支持民间资本进入公共事业、基础设施、社会事业、金融服务等领域。

3. 强化科技支撑

整合优化科技资源配置，集中力量把南昌国家高新技术产业开发区打造成全省科技创新的集聚地。鼓励和支持国家科研院所、高等院校设立分支机构、科研基地和技术转移中心，并与企业建立多种形式的战略联盟。加快科技集聚区建设，鼓励和引进具有一流水平的技术研发分支机构，培育壮大技术中心和技术交易市场，大力引进高层次科技人才。

4. 加强高校园区建设

进一步完善前湖、瑶湖两大高校园区基础设施和配套服务设施。不断提升高等教育质量，大力发展中等职业教育，加强学科、专业设置与产业发展对接，建设一批国内一流的重点学科和紧缺型人才培养基地。深化与省内外知名高校的合作，形成产学研集合优势，加快高新技术研发基地和产业孵化基地建设，提升教育服务产业的发展水平。

5. 提升对外开放水平

创新招商方式，搭建招商平台，加大招商引资力度，深化与各方的合作。充分发挥南昌在鄱阳湖城市群中的龙头作用，进一步推进鄱阳湖城市群与武汉都市圈、长株潭城市群之间的经贸合作。加强与央企的合作，创新利益分配机制和管理机制，与发达地区合作共建产业转移园区。

(三)加强区域协作，实现与外围分工联动，强化南昌辐射带动作用

充分发挥南昌市核心增长极作用，加强与省内其他地区联动，建立更加紧密的经济联系。充分发挥南昌市示范引领和辐射带动作用，加强与赣南城市群、吉泰工业走廊、信江河谷经济带、赣西城市群等江西省其他重点地区的联动发展。开展工业园区和产业基地共建，促进上下游产业配套，实现优势互补、分工协作、多方共赢，带动周边地区加快发展，促进全省区域协调发展。

(四)加大政策支持力度，为打造核心增长极提供保障

江西省有关部门统筹力量，在先行先试、财税、金融、产业发展、投资、土地、人才等方面给予支持，为打造核心增长极提供坚实保障。鼓励南昌先行先试，专项资金重点向南昌倾斜，搭建全方位融资担保平台；重大产业项目优先落户南昌，重大项目享受优先审批、优先申报、优先争取；省级新增建设用地年度计划指标向南昌倾斜，重点支持南昌申报引智等项目。建立人才引进绿色通道，设立高级人才创业支持基金，帮助企业引进高级人才。鼓励高等院校、科研机构的各类人才到南昌企业兼职，高层次人才带技术、带项目创业。建立高位推进机制、联席协作机制、考核督查机制等协调推进机制。举全省之力，根据南昌打造核心增长极所处的不同阶段，制定相应的扶持政策，形成政策叠加效应。

六、打造核心增长极需正确处理好的几个问题

南昌紧紧围绕打造核心增长极这个主题，牢固树立"等不起"的发展意识、"慢不得"的危机意识、"坐不住"的责任意识，以更加开放的姿态聚焦产业、做大总量、提升质量，强力推进大投入、大建设、大发展，掀起了新一轮经济建设的热潮。但是，南昌作为江西的省会城市，在打造核心增长极的过程中，必须统揽全局，通盘考虑，以带动和引领全省的经济发展作为落脚点和归宿，正确处理好产业承接与产业转移、聚集核心与辐射周边、经济发展与生态环境保护之间的关系。

（一）正确处理好产业承接与产业转移的关系问题

产业发展是南昌打造核心增长极的重要支撑，通过聚焦产业，不断做大经济总量，提升经济质量，是南昌打造核心增长极必经的现实途径。在聚焦产业发展的过程中，产业结构的调整尤为重要。但是，随着土地、劳动力等要素成本上升压力增大，南昌在有限的城市空间内进行产业结构调整，实现产业的转型升级，无论改造提升传统优势产业，还是大力发展战略性新兴产业，抑或是承接沿海发达城市产业转移，都需要对市区产能相对落后的传统产业尤其是加工制造业进行"腾笼换鸟"，甚至是整体搬迁，为产业结构优化升级提供更为广阔的空间。这就要求在南昌加大招商引资力度、积极承接沿海发达城市产业梯度转移的同时，市区内产业要有计划地进行梯度转移，将市区内的部分企业转移到周边市辖县区，或者转移到外县市，甚至到省外，发展"飞地经济"，以缓解城市中心区域的要素制约，实现市区产业结构的优化升级。

（二）正确处理好聚焦核心与辐射周边的关系问题

提升城市功能，增强辐射带动能力，是打造核心增长极的重要标志之一。打造核心增长极，需要大手笔，只有大投入，才有大产出，才能支撑大建设、大发展，才能实现城市功能的大提升。南昌采取"区域聚焦、产业聚焦、政策

聚焦、资源聚焦”的办法，以集中力量主攻工业、服务业、城市建设、城市管理、社会事业、民生实事等重大重点项目为先导，加大投入，不断提升南昌的城市功能，推动南昌经济总量聚集。

核心只有聚集一定能量才能形成辐射。目前南昌还处于产业聚集能量的发展过程，辐射区域范围还较小，辐射能级还较低，带动能力还不强。但是，当南昌打造核心增长极达到一定程度，产业集聚达到一定能量，其经济辐射带动面就能完全覆盖和超出现有行政区划。这就要求，南昌在规划好、建设好、管理好城市的基础上，除了辐射带动市辖各县区的经济发展外，还要按照城乡统筹、区域发展的要求，站在省会城市的高度上，从全省角度出发，扩大辐射半径，把大周边带动起来，在鄱阳湖生态经济区城市群中强化自身的辐射带动作用，使南昌真正成为带动全省经济发展的辐射核心。其辐射带动作用可通过市区产业的转移或再转移、发展“飞地经济”、周边县市发展下游配套产业、延伸产业链条等方式，辐射和带动周边县区乃至整个江西经济的超常规、跨越式发展。

(三)正确处理好经济发展与生态环境保护的关系问题

南昌打造核心增长极必须在江西推进鄱阳湖生态经济区建设的框架下进行。然而，打造核心增长极，发挥产业的支撑作用，规模是基础，总量是前提。核心增长极一个重要的指标就是要求经济规模上的增长和经济总量的扩张。从一定意义上说，南昌需要用无数个第一来支撑，才能成为核心增长极。但是，如果我们片面地追求规模增长和总量扩张，就很容易陷入先污染后治理、重总量轻质量的发展误区。打造核心增长极，绝不能以牺牲环境为代价，换取一时的发展，要在保护好生态环境的前提下，广泛调研、科学决策，在加快做大做强核心的同时，尽可能保护生态环境，实现可持续发展。

一方面，要牢固树立“在发展中保护、在保护中发展”的理念。另一方面，要在制度层面为承接产业转移铺就“绿色通道”。只有把承接产业转移与产业优化升级结合起来，把政绩考核与绿色 GDP 结合起来，在可持续发展的前提下，实现规模的增长和总量的扩张，才能真正保证南昌打造核心增长极符合鄱阳湖生态经济区建设的要求，才能真正推动鄱阳湖生态经济区良性、健康、快速发展，才能使南昌真正成为鄱阳湖生态经济区建设的“领头羊”。

第十三章　实现赣南等原中央苏区振兴发展

章前语

作为共和国的摇篮，中央苏区为中国革命作出过重大贡献和巨大牺牲，但受历史、自然、资金等条件的限制，总体发展还比较滞后，全面建设小康社会的任务非常艰巨。在新的历史条件下，从国家层面上推动以赣南为主体的原中央苏区振兴，既是贯彻落实科学发展观、推进全面建设小康社会的客观要求，也是改善贫困地区生产生活条件、加强特殊类型地区生态保护、促进区域全面协调发展的又一次全新探索，具有重要的现实意义和长远意义。

江西是中央苏区的主体，加快江西省原中央苏区发展振兴，促进经济社会又好又快发展，是实现整个苏区发展振兴的重要一环。2014 年 3 月，国务院批复了《赣闽粤原中央苏区振兴发展规划》，江西省范围包括赣州市、吉安市、新余市全境，抚州市黎川县、广昌县、乐安县、宜黄县、崇仁县、南丰县、南城县、资溪县、金溪县，上饶市广丰区、铅山县、上饶县、横峰县、弋阳县，宜春市袁州区、樟树市，萍乡市安源区、莲花县、芦溪县，鹰潭市余江县、贵溪市。

本章由三个部分构成，一是从气候、地形、土壤、水资源、生物资源、矿产资源、旅游资源几个方面介绍区域资源和环境特征；二是从区域发展地位、现状、背景、发展条件、发展意义以及发展定位几个方面系统地介绍区域开发背景；三是从区域农业、工业、基础设施建设、县域经济发展四个角度对区域经济和社会发展进行了分析。

关键词

赣南；中央苏区；振兴发展

第一节 区域资源和环境特征

一、气候温暖湿润，水热资源丰富

本区地处江西省中部、南部地区，位于亚热带季风气候区的中南部。境内东、南、西三面环山，东界以武夷山与福建省相连，南端以九连山与广东省接壤，西面和西南面以诸广岭及大庾岭同湖南及广东为邻，北面毗邻鄱阳湖平原。本区地貌以山地丘陵为主。受东亚季风环流形势的影响，本区亚热带季风湿润气候十分明显。冬季，受蒙古高气压中心的控制，来自北部大陆的干冷气流，由赣北长驱直入，进入本区，本区基本上盛行偏北风；夏季，受太平洋副热带高压的控制，来自低纬洋面上的暖湿气流源源不断地登陆本区，本区盛行偏南风。

本区气候特点为冬季较温暖、有效积温多、无霜期长、降水充沛，农业气候条件较为优越。全年平均日照时数为 1 473～1 978 h，日照百分率为 33%～44%，同时地区间差异较大，其中以崇义县的 1 473 h 为本区最小值，也是江西省日照时数最小值，而以会昌县的 1 978 h 为本区最大值。本区年平均气温为 17.0℃～19.5℃，最冷为 1 月份，气温为 4.7℃～8.5℃，最热为 7 月份，气温为 26.9℃～29.5℃；冬季极端最低温低于－10℃，夏季极端最高气温超过 40℃，但总体来看，冬季较为温和，夏季较为酷热。区内日平均气温超过 10℃的天数为 245～275 d，积温为 5 330℃～6 300℃。年平均降水为 1 200～1 900 mm，其降水过程不仅受“南岭静止锋”的影响，而且也易受台风和夏季山区地形雨的影响。总体来看，降水能够满足双季稻生长的需要，但降水主要集中在 4—6 月早稻生长期间，易造成洪涝灾害。在一些水利设施较差的地区常发生干旱危害。

本区主要的气候灾害有低温、洪涝和干旱。区内春季回暖较早，一般来说日平均气温开始超过 10℃的时间为 3 月中下旬，但强冷空气南下后依然容易形成春寒，对农作物生长影响较大。洪涝以山洪为主，5—6 月份的夏洪和 8 月份前后因台风引起的秋汛比较明显。由于降水集中，地势高差大，加上不少地方森林覆盖率低，在暴雨之后容易暴发山洪，洪涝灾害对本区工农业生产的危害较大。本区四季都可能发生干旱，其中以春旱和伏秋旱危害最为严重，如 1962 年、1963 年、1965 年，春旱突出，这 3 年 1—3 月份总降水量均在 188 mm 以下，1962 年最少，仅有 72 mm，育苗、插秧缺水，给农业生产带来很大的危害。

二、山地、丘陵广布

本区位于鄱阳湖平原东南缘与武夷山、九连山、大庾岭、罗霄山脉等山地内侧之间，为山地和平原的过渡地带，地形以丘陵为主。丘陵在整个区域分布范围很广，几乎每个县市的全部或者部分都有分布，约占整个区域土地总面积的80%。由于整个丘陵区红色岩系遍布，故有“红色丘陵”之称。

区内岩性复杂多样，除白垩系上统、上元古界、震旦系等地质年代形成的红色砾岩、砂砾岩遍布外，还伴有多期岩浆侵入岩类，包括晚志留世、早侏罗世、中晚侏罗世、早白垩世等侵入岩类。由于岩性软硬有别，抗侵蚀能力不同，松软岩层抗侵蚀能力弱，往往形成波状丘陵岗阜，坚硬岩层抗侵蚀能力强，多形成峰脊突出的山岭，最终形成较多的地貌类型，如低山、高丘、岗地、中低山等。

纵列于中南部丘陵中的雩山山脉，呈北东—南西向伸展，山体发育于罗霄—雩山褶皱带中的雩山—九连山隆起区北段，主要由震旦系的变质砂岩、板岩等构成，并有三叠纪的钾长花岗岩，早侏罗世的黑云二长花岗岩，中侏罗世的黑云二长花岗岩、二云钾长花岗岩，晚侏罗世的二云二长花岗岩，早白垩世的碎斑花岗斑岩、碎斑熔岩等岩类侵入。该山脉地势峻拔，主峰军峰山(位于宜黄、南丰间)，海拔1 761 m。其他山峰也多超千米，如宜黄境内的鱼牙嶂，海拔1 468 m；永丰、宁都间的灵华山，海拔1 455 m；兴国、吉安间的大乌山，海拔1 204 m；泰和、万安间的天湖山，海拔1 152 m等。

在整个丘陵地形中，除了中低山、高丘、低丘和岗地等地貌类型外，还错落分布着较多不同大小的盆地。盆地主要由红色砂页岩或石灰岩组成，其中面积较大的有吉泰盆地(4 500 km^2)、清江盆地(3 600 km^2)、宜黄盆地(2 880 km^2)、赣州盆地(1 570 km^2)、南丰盆地(1 230 km^2)等。这些盆地镶嵌于丘陵之间，并形成多列丘陵(或山地)与盆地(或谷地)呈北东或者北北东向的相间排列，这是本区地貌格局的最大特点；各个盆地形态各异，大小悬殊，海拔多在50 m和100 m之间；盆地内水泊交错，耕地连片，历来是粮油的重要生产基地，城镇、聚落和人口集中之地，也是经济较为发达的地区。

组成丘陵的岩层多为砂页岩，易受风化和侵蚀。同时页岩透水性差，地表径流易产生散流，加强了坡面侵蚀，因而形成和缓的坡面。红岩丘陵中的谷地一般比较开阔，有较大的冲积平原。丹霞地貌则发育在盆地中具有厚层砂岩、砾岩分布的地区。这种岩层性质坚硬，垂直节理发育，透水性强，在河流、沟流侵蚀和崩坍作用下，常形成顶部平坦、崖壁陡峭的台地、方山和石峰，千姿百态蔚为壮观。较典型的有赣州的通天岩、宁都的翠微峰、南丰的戈廉石、南城的麻姑山等，均因丹霞地貌发育，地貌形态独特，自然景观神奇而成为著名的风景区。

三、过渡性的亚热带土壤

本区占优势的地带性土壤是红壤和黄壤。凡海拔500～900 m以下的低山丘陵多属红壤和山地红壤分布之所在，黄壤则散见于较高山地。本区水稻栽培历史悠久，平原河谷地区都有水稻土分布。本区地处亚热带季风气候区的中南部，山地土壤的垂直地带性显著，大多数山地地区自下而上依次为红壤、山地红壤、山地黄壤、山地黄棕壤、山地棕壤和山地草甸土。山地红壤分布高度可达900 m甚至1 000 m。

在本区，从低海拔的平原河谷地区到较高海拔的山地、丘陵地带，均有红壤的分布，而且以丘陵区分布最广。红壤成土母质类型多样，主要有泥质岩类风化物、酸性结晶岩类风化物、石英岩类风化物、红砂岩类风化物以及第四纪红色黏土母质。红壤的形成是富铝化和生物富集两种过程长期作用的结果。脱硅富铝化是红壤的主要成土过程。表现为土体中的硅酸盐类矿物质强烈分解的同时，硅和盐不断淋失，而铁、铝等氧化物则明显聚积，黏粒与次生矿物不断形成。生物富集过程则表现为土壤中形成了大量的凋落物，加速了养分循环。

本区红壤土层深厚，剖面发生土层分化明显。在森林植被良好的情况下，土层上部常有一个不厚(约1 cm)的枯枝落叶层。红壤酸性较强，交换性铝离子多，pH值都在4.5和5.5之间，同时交换性和水解性酸含量也很高，交换性酸中主要是Al^{3+}，占交换性酸总量的90%以上。红壤自然肥力的高低因不同地貌部位而异。一般情况下，红壤有效养分少，磷素缺乏，土壤胶体所吸附的植物能利用的营养元素很少，磷素不仅含量少，而且大部分为难溶解状态的磷酸铁、磷酸铝，不能被植物吸收利用，其有机质、氮素常因植被不同而有较大差异。土壤质地以黏质土为主，其黏粒含量高达40%～60%。红壤孔隙度低，容量值增大，土壤膨胀性大，水分性质不良，田间持水量小，有效水范围窄，凋萎系数为12%～21%。红壤土质黏实板结，抗蚀性差，当有一定坡度时易遭到冲刷。

四、河流众多，为区域性河流的发源区

本区的地势为全省最高，成为江西省赣江、抚河和广东省珠江支流东江的上游区或源头。赣江上游有众多的支流从东、南、西三面呈向心状汇集于赣州盆地的中心——赣州市，然后集成一支流流出该区，进入吉泰盆地。有

两大支流汇集于赣州，即东支贡水和西支章江。

贡水发源于石城县与福建省交界线上鸡公山的西麓，流经瑞金市、会昌县、于都县、赣县和赣州市，长约 260 km。会昌以上称绵江，会昌以下接纳湘水、远安江、白沙江、平江和桃江 5 条支流。流经地区多为变质岩、花岗岩构成的山地峡谷与红色盆地。岩石风化较甚，冲刷严重，河道日益淤塞。

章江发源于崇义县聂都山，流经大余县、赣县，于赣州市与贡水汇合。章江流域内多山地和狭长盆地，分布着变质岩、花岗岩和红砂岩，其尾闾进入赣州盆地。从源头到大余县城，河道曲折多石滩。大余县城以下，地势开阔，河道顺直。西华山地区的河段，因开采钨矿，矿尾余碴溢入河道，致使河床抬高，水质受到污染。章江最大的支流是上犹江，其发源于罗霄山脉，长约 200 km。

贡水和章江在赣州市汇集成赣江后流出该区，进入吉泰盆地，经万安县、泰和县、吉安县、吉安市、吉水县和峡江县等县市。赣江在万安县境内的河道狭窄，宽度仅为 100～400 m，河床多滩礁，形成十八滩，俗称“万安十八滩”。而今在万安县城之南的河道上建成装机容量 50×10^4 kW，年发电量 15×10^8 kW·h 的万安水电站。赣江纵穿吉泰盆地而过，到峡江县境内两岸山丘对峙，河道又一次紧缩至宽度不到 200 m。出境之后，河道宽展，一般在 600 m 和 800 m 之间。吉泰盆地区域的赣江东西两侧有众多的支流汇入。东侧支流较西侧支流短小。东侧支流大多源出于该区的边缘山地，近乎东西向汇入赣江。较大的支流有泷江和恩江。赣江西侧有 2 条大的支流：遂江和禾水。赣江像一条中轴线穿过吉泰盆地，东西两侧的支流像众多的脉络向东、西方向穿切平原、低丘、岗地伸向外围的中山地带。

该区的广昌县是抚河的发源地，源头位于广昌县、石城县、宁都县交界处的荣华峰。上游由千善港、长桥水、古竹港、尖峰港、头陂港、石梁港、塘坊港等小支流汇合而成。向东北流经广昌县，再向北流至南城县、抚州市临川区，在抚州市下源村附近纳入宜黄水和宝塘水之前称为盱江，之后称为抚河。

东江上游有 2 条支流都源出于本区。位于寻乌县境内的鸡笼嶂是它们的源头所在。鸡笼嶂东侧的一支称寻乌江，自北至南流经寻乌县后流入广东省；鸡笼嶂西侧的一支称定南河，自北至南从安远县流入定南县，再出境至广东省。两支流在广东境内呈包抄形势汇为东江。

五、生物资源多样

本区是我国商品林基地和重点开发的林区之一。植物区系具有种类繁多、成分复杂、起源古老等特点。本区保留了大量的第三纪植物区系，是古老植物种属的“避难所”，是东亚植物区系的发源地之一，还是我国特有植物、珍贵树种较多的地区。在动物地理区划上，本区属东洋界华中区东部丘陵平原亚区，有较多森林野生动物(昆虫)种类分布在境内各地。西南部的九连山，是我国中亚热带南缘东端自然生态系统保存最完整的地段，保存了一些野生动植物活化石和珍贵树种。

本区有高等植物3 000余种，其中蕨类植物31科74种，裸子植物9科29种，被子植物180科2 195种。在这些植物中，有乔、灌、藤本树种1 600～1 800种，已掌握的有134科1 736种，采集有标本的126科384属1 170余种，其中，乔木树种500余种，灌木(含藤本)树种650余种，竹类20余种；有珍稀濒危树种124种，南方红豆杉、伯乐树、苏铁、银杏、香果树、香樟、福建柏、金钱松、华南五针松、穗花杉、榧树、白豆杉、厚朴、凹叶厚朴、半枫荷、金荞麦、红豆树、花榈木、毛红椿红椿、长序榆、任豆、伞花木、榉树、苦梓、楠木、野大豆、水杉、杜仲、长柄双花木、蛛网萼、天竺桂、银种花、红豆树、乐东拟单性木兰、浙江浦、青檀、银鹊树、长叶榧树等40余种树种被列为国家保护树种。

本区地形复杂，地域差异大，森林树种垂直分异比较明显。海拔500 m以下丘陵岗地的林木树种多为马尾松、杉木、油茶、毛竹、黄竹、茅栗、白栗、樟树、苦槠、银木荷、南岭栲、红楠等；海拔500～700 m的低山多为壳斗科的麻栎、锥栗、丝栗栲等，以及黄檀、拟赤杨、马尾松、毛竹、杉木、泡桐、漆树、深山含笑、乌桕、观光木、茶梨、猴喜欢、天料木、苦梓、杜英属、小山竹、黄樟、大叶楠、厚皮树、枫香等树种；海拔700～1 000 m的山地多为甜槠栲、钩栗、山合欢、椴树、冬青、光皮桦、化香、竹柏、黄杨、枫香等树种；海拔1 000 m以上低中山地多为天然灌木类，如杜鹃、乌饭、檵木、小叶石楠、马银花、猴头杜鹃、野山茶、吊钟花、冷剑竹等树种。尽管本区林地纬度相差2°～3°，但林木树种水平分布差异不大，树种分界线不明显。

本区生态条件较好，为野生动物提供了良好的栖息场所。动物资源中有哺乳类、鸟类、两栖类、爬行类、鱼类、软体动物、浮游动物等。经济价值较高的和稀有的有华南虎、金钱豹、云豹、梅花鹿、金猫、黄腹角雉、白颈长尾雉、猕猴、水鹿、水獭、苏门羚、平胸龟、白鹇、穿山甲、棘胸蛙、蟒蛇以及全省仅本区特有的黑熊、红腹锦鸡。良好的生态环境使资溪县成为全国仅有的两处华南虎野化放归基地之一。

六、矿产资源丰富

本区特有的成矿地质条件、多期构造运动，孕育了丰富的矿产资源。本区的矿产资源种类繁多，有色金属和稀土资源尤为丰富，钨、稀土和铀等战略资源储量大。赣州市探明离子型稀土资源储量居全国第一，黑钨保有储量居全国同类矿首位，素有“世界钨都”和“稀土王国”之称；抚州铀储量亚洲第一，是我国重要的核工业原材料基地，为相关产业发展提供充足的资源保障。

本区矿产资源有四大特点：一是矿产种类多，配套较齐全，特别是钨、锡、铋、稀土、钽等矿产储量极为丰富；二是矿产资源分布相对集中，钨、锡、稀土三种矿产探明储量的70%～90%集中在大中型矿区，有利于规划和规模生产；三是金属矿床共伴生矿产多，综合利用价值高，已经回收的有钨矿中的锡、铋、钼、铍、铜，铅锌矿中的银、钨，金矿中的银、铅，锡矿中的铜；四是地热和矿泉水分布广泛，本区仅赣州市就有地热点 25 处，其中高温热泉 5 处，总自流量 6 769.3 t/d，天然饮用矿泉水 16 处，总自流量 1 092 t/d，医疗矿泉水 13 处，总自流量 8 626 t/d。

本区已发现矿种超百种，查明资源储量的有 80 余种。其中有色金属 10 余种，包括钨、锡、钼、铋、铜、铅、锌、锑、镍、钴等，黑钨矿在全国范围内具有优势。稀有金属亦有 10 余种，包括铌、钽、稀土、锂、铍、锆、铪、铷、铯、钪等，其中稀土在世界范围内具有优势。贵金属有金、银、铂等。黑色金属 4 种，分别为铁、锰、钛、钒。放射性矿产有铀，乐安县在 4.5 km^2 范围内有 40 多个矿床，属超大型铀矿床。非金属矿产有石墨、花岗岩、瓷土、石英石、石膏、萤石、滑石、盐、硫、白云岩、石灰岩等。本区的能源资源相对较少，主要有煤、泥炭、油页岩、石油等。此外，在赣州境内发现的砷钇矿、黄钇钽矿为我国首次发现的矿物。1983 年国际矿物协会新矿物与矿物命名委员会审查通过并正式确认的赣南矿，为世界首次发现的新矿物。

七、旅游资源特色鲜明

温暖的气候条件、特有的地貌类型、多样的植被景观、悠久的历史文化、丰富的民俗资源以及良好的地理位置，构成了本区极具开发潜力的旅游资源。赣州被国务院批准命名为“国家历史文化名城”“中国优秀旅游城市”。吉安市为“中国优秀旅游城市”。截至 2014 年，本区有国家级文物保护单位 22 处，省级文物保护单位 131 处；有国家级风景名胜区 3 处(井冈山 、三百山、龙虎山)，国家级自然保护区 8 处(井冈山、九连山、齐云山、阳际峰、马头山、武夷山、赣江源、铜钹山)，国家级森林公园 20 个，国家 5A 级旅游区 2 处

(井冈山、龙虎山)，国家 4A 级旅游区 21 处(通天岩风景名胜区、宝葫芦农庄、崇义阳岭、瑞金叶坪红色旅游景区、瑞金中央革命根据地历史博物馆、五龙客家风情园、龙南关西新围、安远三百山、定南九曲旅游度假村、赣县客家文化城、大余丫山风景区、兴国三僚景区、石城通天寨景区、会昌汉仙岩景区、宁都翠微峰景区、吉安庐陵文化生态园、吉安天祥景区、吉安市渼陂古村、资溪大觉山自然景区、吉安青原山景区、赣州陡水湖景区)。

赣南等原中央苏区旅游资源总体特征如下：

自然旅游资源丰富且品位较高。本区自然旅游资源丰富，以山脉为主，山上植被茂盛，又与水库、河流、湖泊、瀑布等相结合，可谓山清水秀。

红色旅游资源具有品牌效应。以瑞金、井冈山为代表的红色旅游资源在全国具有很高知名度，它们是具有相对垄断性和独特性的旅游资源，可以借助红色旅游发展的良好契机，成为本区旅游发展的亮点和突破口。

新、奇、特旅游资源种类丰富，品位较高。兴国的三僚村有“中国风水文化第一村”的称号；蒋经国遗迹对台湾游客具有很强的吸引力；通天岩被誉为“江南第一石窟”；大余西华山废弃的钨矿生产基地可开发成国际流行的工业遗产旅游项目；赣南脐橙资源已成为本区的又一张“名片”。

客家文化资源底蕴深厚。赣县的白鹭村、寻乌的周田村、瑞金的密溪村等都是历史悠久的客家古村落。龙南的关西新围、燕翼围、乌石围及分布于定南、安远、全南、信丰等地的客家围屋民居建筑，具有浓厚的地域特色，它们是珍贵的客家历史文化遗产。第十九届世界客属恳亲大会已正式确定赣州“客家摇篮”的地位，为赣州客家文化旅游开发提供了新的契机。

新型社会旅游资源异军突起，潜力巨大。经济社会的快速发展在不断创造和产生新型的社会、产业旅游资源，如以购物、娱乐、餐饮为主要业态的都市休闲业，日新月异的城市面貌，逐步壮大的会展经济，基础雄厚的农业观光和工业旅游资源等。

但同时，本区在旅游资源开发的过程中也面临一些问题，如旅游资源分布密集性不高，整合困难；大部分旅游资源还处于待开发或初始开发阶段；资源同质性问题严重等。

第二节　区域开发背景

赣闽粤原中央苏区是第二次国内革命战争时期中国共产党在以瑞金为中心的赣南、闽西和粤北建立的革命根据地，是当时全国 13 块革命根据地中最大最重要的一块，是中华苏维埃共和国临时中央政府所在地和中华人民共和国的摇篮，是井冈山精神和苏区精神的主要发源地，为中国革命作出了重大贡献和巨大牺牲。

新中国成立特别是改革开放以来，原中央苏区发生了翻天覆地的变化。但由于战争创伤的影响，以及自然地理等多种原因，迄今为止，原中央苏区特别是赣南地区，经济发展仍然滞后，民生问题仍然突出，贫困落后面貌仍然没有得到根本改变。加快原中央苏区振兴发展，既是一项重大的经济任务，又是一项重大的政治任务，对全国革命老区加快发展具有标志性意义和示范作用。2012 年 6 月 28 日，《国务院关于支持赣南等原中央苏区振兴发展的若干意见》出台，这是党中央、国务院站在全国区域协调发展和全面建设小康社会的战略高度作出的重大决策，开启了原中央苏区振兴发展的崭新篇章。

一、在全国区域协调发展格局中的地位

本区作为东南沿海向中西部内陆延伸的过渡地带和建设海峡西岸经济区、鄱阳湖生态经济区的纵深发展区域，具备加快发展的良好基础和条件，加之集中连片的区位特征、得天独厚的战略资源以及独具特色的客家文化，使得本区将在全国扶贫开发、区域协调发展和全面建设小康社会进程中发挥特殊的作用。

（一）承东启西和沟通南北的区位优势

本区处于长江三角洲、珠江三角洲、海峡西岸经济区、鄱阳湖生态经济区等的接合部。本区东邻发展势头强劲的闽东南沿海发达地区，西与长株潭城市群相接，北与鄱阳湖生态经济区相连，南与珠江三角洲相融，也是与南海、台湾海峡直线距离最近的内陆地区之一，加上区内京九铁路以及大广、京珠、济广、厦蓉、福银高速等交通主干道带来的较为便利的交通运输条件，使得本区在全国国土开发格局中具有承东启西、沟通南北的“桥梁”和“纽带”作用。本区的快速发展和振兴，有助于更好地将东部地区的政策优势、经济优势和中部乃至西部地区的资源环境优势、后发优势紧密结合起来，促进东中西部地区互动协调发展。

（二）全国集中连片特殊困难地区扶贫开发的龙头

原中央苏区是一个集革命老区、贫困地区、深山石区、客家人居住区等于一体的特殊区域，是我国全面建设小康社会的重点和难点。根据国家划分的 11 个集中连片特殊困难地区，原中央苏区为罗霄山区连片特困地区，集中体现区位型贫困、资源型贫困、基础型贫困、观念型贫困等全国各贫困类型，是我国特殊类型地区开发和集中连片扶贫开发的重大战略区域，加快本区的发展振兴将为我国探索集中连片特殊困难地区扶贫开发新路子、新模式提供

重要的示范。

(三)全国资源高效集约利用的先行示范

本区矿产资源富集，铜、铁、铌钽等金属和稀土、钨、铀等稀有金属以及其他矿产蕴藏量较为丰富。赣州市离子型稀土资源探明储量居全国第一，黑钨保有储量居全国同类矿首位，素有“世界钨都”和“稀土王国”之称；抚州铀储量亚洲第一，是我国重要的核工业原材料基地，为相关产业发展提供充足的资源保障。探索如何将这些优势资源进行高效利用，是实现本区经济社会可持续发展的重要前提，同时也将对全国同类资源富集区域实现资源的高效集约利用起到先行示范作用。

(四)构筑国家生态安全的重要屏障

原中央苏区是典型的多重生态界面，享有“绿色宝库”“南方林海”等美誉。国家主体功能区规划将赣南、粤北部分地区划定为南岭山地森林及生物多样性生态功能区，武夷山是中亚热带生物多样性宝库。同时，本区境内河流众多，为东江、赣江、抚河的源头地区，对保障流域中下游地区经济社会发展具有重大影响，特别是东江，承担着保障深港饮用水安全的重要功能。独特的水源地涵养、生物多样性保护等生态功能优势构筑了我国南方地区的天然绿色屏障，决定了本区在全国生态文明建设中具有战略地位，并且这种战略优势是自然赋予的，也是其他区域所不可替代的。

(五)全国红色旅游和生态旅游的重要部分

原中央苏区是我国新兴旅游区，是新崛起的红色和生态旅游胜地。以苏维埃革命遗址群、起义指挥部旧址、“将军县”、“红军乡”等为代表景点的“红色之旅”独具影响力和感召力；以龙南的关西新围、燕翼围、乌石围及分布于定南、安远、信丰等地的客家围屋民居建筑等为代表景点的“客家之旅”和武夷山、井冈山、三百山等为代表景点的“绿色之旅”，同样享誉海内外。

二、区域发展现状

(一)经济总量不断壮大，但总体发展较为滞后

改革开放特别是实施促进中部地区崛起战略以来，在党中央、国务院的亲切关怀和广大干部群众的艰苦奋斗下，原中央苏区经济社会发展取得了巨大成就，人民生活显著改善。但受自然、历史、资金、政策等多方面因素制约，原中央苏区发展总体上还比较滞后，制约发展的深层次矛盾和问题并未从根本上消除，贫困落后仍是原中央苏区最根本的特征，经济社会发展与全国的差距仍在拉大，主要人均经济指标只有全国平均水平的三至四成。

（二）工业化和城镇化步伐加快，但自我发展能力普遍较低

近年来，原中央苏区工业化进程快速推进，赣州、吉安、抚州等已经成为重要的区域性新兴工业城市，初步形成以有色金属加工、化工、建材、电子信息、医药等为主体的工业框架。同时，城市建设力度不断加大，赣粤闽三省通衢区域性城市框架初步形成，城镇化进入了较快发展阶段。但与全国相比，工业化和城镇化基础薄弱的状况没有根本改变，“小马拉大车”的现象也未得到有效改观，且县级城镇之间缺乏明确的分工和协作，未能形成现代产业体系和较强的区域经济竞争能力，严重制约了自我发展能力的提高和经济社会的快速发展。

（三）基础设施建设有效推进，但发展后劲仍然偏弱

原中央苏区已初步形成公路、铁路、水运、航空等多种运输方式，基本已通过交通主干线与长三角、珠三角、海西实现对接，进一步凸显了对内联结、拓展腹地的功能。但基础设施建设整体处于落后状况，跨省区综合交通运输尚未形成网络，农业基础设施抵御各种自然灾害的能力偏弱，因灾返贫现象时有发生。如赣南苏区还有的县不通高速、国道，正常情况下50%以上的电力要依靠省电网输入，70%左右的水库亟须除险加固。

（四）人民生活水平稳步提高，但公共服务能力严重不足

近些年来，原中央苏区城乡居民收入稳步增加，居民生活质量明显提高，各项社会事业取得明显进步，群众生活总体上已逐步由温饱型向小康型迈进。但原中央苏区大部分是财政转移支付县，财政总收入偏低，乡村两级负债较重，导致对社会事业、公共设施、农村民生工程、教育文化卫生等的投入很少。此外，贫困地区的基本生产条件尚未得到根本改变，吃水难、行路难、上学难、看病难的问题还没有彻底解决。2011年，赣南苏区仍有国家扶贫重点县8个，省级扶持贫困村1 119个。按国家最新的2 300元贫困线标准，仅赣州市就拥有贫困人口约 215.46×10^4 人，占全市农村人口总数的29.9%，高出全国平均水平16.5个百分点，农村仍有 223.8×10^4 人面临饮水安全问题。

（五）可持续发展能力不断增强，但生态环境压力不容忽视

本区森林覆盖率平均在70%以上，主要河流监测断面均达到Ⅲ类水质以上，城市空气质量均达到国家二级标准。但作为东南沿海生态屏障的重要防线，其生态环境也十分脆弱，环境容量十分有限。承接产业转移力度的不断加大，给区域资源环境带来一定的压力。赣江、东江、抚河等部分河段受污染程度较大，且水源涵养能力有所下降；区域稀土资源由于长期以来的粗放开发，不仅附加值低，而且对生态环境带来了严重伤害。加上国家加强资源节约、集约利用，高度重视生态环境保护与建设和节能减排工作，中央苏区加快资源开发、实现发展振兴形成了较大挑战。

三、区域发展背景及发展条件

(一)本区发展的宏观背景

1. 全球范围金融危机效应继续蔓延

2008年以来，美国次贷危机爆发所引发的国际金融危机影响仍未消除。一方面，国际金融危机反映了现有的全球产业结构存在一些问题，如虚拟经济过度发达，实体经济相对衰落，高新技术产业效益下降等。在此背景下，原中央苏区的发展面临诸多挑战，如空间利用效率不高，经济发展方式尚未根本转变，资源要素流动不畅，资源环境问题日益突出等，应对这些挑战需要推行较大力度的改革创新。另一方面，国际金融危机也会影响世界经济格局，实体经济比重将呈上升趋势，虚拟经济发展将呈下降趋势，现代制造业和高新技术产业将重新受到青睐。在此背景下，原中央苏区又被赋予了新的发展契机，随着苏区振兴计划的推行，以及外部动力的不断注入，将促使原中央苏区产业结构调整升级、产业空间格局重构，从而实现竞争力的整体提升。

2. 经济全球化与区域一体化趋势明显

进入21世纪以来，随着世界经济进入新一轮相对平稳的发展期，经济全球化的步伐进一步加快，跨国公司成为全球化的主要引领者。然而，全球化并不排斥本地化。相反，本地化是全球化的基础。对地方而言，通过嵌入全球生产网络来促进区域发展已成为共识，这也是提升区域竞争力的有效途径。原中央苏区未来应当注重从政策、法律与规则等的制定层面来应对全球化的影响，并通过采取引进外资、吸引跨国企业、鼓励当地企业嵌入全球生产网络等积极措施，来提升当地经济的全球化水平。

受经济网络化的影响以及高度发达的交通网络和通信网络的支撑，区域一体化正成为世界各国、各地区经济发展的主要趋势。我国已有多个地区实施了区域一体化战略，如泛珠三角区域合作、海峡西岸经济区、粤东闽西南赣东南经济协作区等。在这种新趋势下，原赣南苏区要实现区域经济一体化，一方面各级城镇间要紧密联系、协调发展，加强区域性合作，实现资金、技术、人才、资源和市场的合理流动和优化配置，以带动整体效益的良好发挥。另一方面要合理规划地区产业分工，培育地方生产网络，并在更大范围内整合生产要素资源，消除市场壁垒，扩大市场规模。

3. 知识经济时代的兴起

随着知识经济的到来，知识和信息在城市经济发展中的地位日益凸显，城市职能将发生新的分化和整合。城市将由生产型转变为经营服务型，知识、信息资源成为新的生产要素，城市生产职能呈现分散化，生产和管理在空间上也逐步分离。城市群的地位和作用在知识经济时代也将会得到加强。

由于知识技术在经济中占据重要地位以及技术创新日益受到重视，“十七大”提出了国家创新系统，赣南苏区也应当围绕国家创新系统，发展适合自身条件和环境的区域创新系统，以支撑和引领区域经济的发展。

(二)本区发展机遇与优势分析

1. 本区发展机遇

(1)泛珠三角区域协作对中央苏区的影响

泛珠三角区域包括福建、江西、湖南、广东、广西、海南、四川、贵州、云南九个省区和香港、澳门两个特别行政区，简称“9＋2”。推进泛珠三角区域合作与发展，将有利于实现东、中、西部经济优势互补、协调发展。

原中央苏区位于泛珠三角东部赣闽粤三省交界地区，在泛珠三角加强东、中、西部的协调发展的形势下，中央苏区在产业梯度转移及基础设施的对接方面将迎来发展机遇。在珠江三角洲地区和海西经济圈的辐射和带动之下，中央苏区应该抢抓新机遇，主动融入泛珠三角区域经济一体化进程，积极承接发达地区产业要素的梯度转移，加强与赣闽粤等地区的协作，形成分工合理的区域协作体系，成为沿海地区的原料及农产品供应基地、现代制造业基地、区域商贸物流中心和红色旅游休闲度假区。

(2)海西经济区发展为中央苏区带来的潜在机遇

海西指台湾海峡西岸，海西经济区以福建为主体，包括周边地区，南北与珠三角、长三角两个经济区衔接，东与台湾岛隔海相望，西与江西的广大内陆腹地贯通，涵盖福建、广东、江西三省的部分地区。

中央苏区地处赣闽粤三省交界，也是最大的客家人聚集地，地理位置独特。海西经济区纳入国家重点发展战略区后，将获得包括政策、资金、项目等许多优惠，也将会在一定程度上促进赣闽粤地区区域性的联系，进一步促进区域间的协作及产业、物流、基础设施的对接，原中央苏区与赣、闽、粤及海峡西岸的经济联系会相对加强。

2. 本区发展优势

(1)区域基础设施为空间布局提供支撑

原中央苏区的交通设施建设有明显提升，已初步拥有集机场、铁路和较密集的高速交通于一体的立体交通网络体系，这在一定程度上能改善原中央苏区由地理区位、自然环境带来的不足。在未来大力发展基础设施的形势下，本区将会加大机场和港口建设、轨道交通和高速公路建设的力度，加强与珠江三角洲、海西经济圈、长三角城市群以及中原城市群的连接，为原中央苏区的发展振兴提供基础保障。

(2)生态环境是区域战略下中央苏区发展的基础保障

原中央苏区地处赣闽粤山区，与经济快速发展地区的沿海地区相比，山区县市的生态环境是产业高速发展下的重要资源。因此，原中央苏区应起到生态协作和生态屏障作用。同时，这种生态资源作为一种资本，在自身发展的基础上，又为区域提供了旅游资源、宜居生活的良好环境。从长远来看，这也为本区提供了在区域发展的竞争中可持续的基础保障。

(3)区域文化成为中央苏区发展的新动力

在全球化背景下的世界城市网络中，以规模生产为主导的一些工业城市开始不断衰退，而随着城市化的快速推进，某些新型产业的发展带来的不确定性、创造力和偶然性为一些城市或区域提供了成为网络节点的机会。红色文化和客家文化作为中央苏区的特色资源，随着全球文化产业的兴起和快速发展，中央苏区也应突出历史红色文化和客家文化，塑造中央苏区品牌，以特色地域文化的视角发挥城市网络体系中价值节点的作用，成为中央苏区振兴的新动力。

(4)特色鲜明的产业为中央苏区发展打下良好基础

赣南脐橙种植规模和产量全国第一，在国内外市场占有较大份额。稀土和钨精深加工产业发展迅猛，产业集中度较高。电子信息、生物医药、机械制造等产业规模不断扩大，具有广阔发展前景。以井冈山、瑞金为代表的红色旅游品牌效应影响深远，对经济的贡献不断增强。这些产业也为中央苏区发展打下了良好的基础。

(三)本区发展挑战与劣势分析

1. 区域合作、产业转移与周边竞争日趋激烈

随着产业转移企业进驻中央苏区，中央苏区与珠三角及台海地区的产业合作开始紧密起来，特别是在机械制造和电子信息两方面，未来中央苏区与珠三角、台海地区的产业转移分工联系将更为紧密。但是，从区域产业发展竞争方面看，原中央苏区和周边地区相比并不占优势，潮汕地区、福建东部以及赣北地区沿海或沿江位置优越，经济发展水平也更高，交通、能源等基础设施建设也能满足产业发展的需求。因此，位于赣闽粤三省边缘地带的中央苏区，在区域的产业发展上，与周边地区存在较为激烈的竞争。中央苏区应从自身特点出发，寻求更好的产业发展路径，大力改善基础设施条件，为在区域中更好地发展找好定位。

2. 中央苏区自身社会经济基底比较薄弱

中央苏区经济基础薄弱，人口多，产业结构层次低，贫困面积较大，部分地区为国家扶贫开发重点县。总体来说，中央苏区的社会经济发展水平不高，低于江西省平均水平。从产业结构看，第一产业仍占很大比重，第二产业中资源开发型产业占绝对优势，同时产业间关联程度低，企业规模偏小，第三产业发展滞后，基础设施赶不上经济大规模开发需要。从劳动力结构看，仍以第一产业配置为主，第二、第三产业服务劳动力的能力差，劳动力资源仍被束缚在土地上，形成大量的剩余劳动力，而且劳动力受教育程度不高。另外，中央苏区由于地处内陆山区、内部地区差异大、居住分散、交通落后、经济不发达等，没有形成一个能够凝聚和带动经济社会发展的中心区域，也没有形成一个实力较强的中心城市。

四、区域发展战略意义

加快中央苏区发展振兴，是贯彻落实科学发展观的具体行动，也是基于现实基础，加快转变发展方式，走出发展新道路的又一次全新探索，对促进全省区域协调可持续发展、走共同富裕道路具有重大意义。

有利于打造赶超发展的战略支点。中央苏区总体发展水平偏低，与全省相比差距较大，把加快发展摆在首要位置，全力以赴推进工业化、城镇化，加快承接产业转移，加快优势资源精深开发，有助于形成鄱阳湖生态经济区、中央苏区南北呼应、共同崛起的区域发展新局面，为实现全省进位赶超战略目标提供强有力的支撑。

有利于增强生态文明的保障能力。中央苏区是赣江、抚河、东江的源头所在地，生态功能重要，强化中央苏区生态环境保护，加快转变发展方式，走经济社会与生态环境协调统一的科学发展道路，为保障全省乃至长江和珠江的中下游生态安全发挥更大作用，为全省经济社会发展提供了更加广阔的发展空间。

有利于奠定全面建设小康社会的坚实基础。中央苏区地处山区、丘陵地区，基础设施建设滞后，经济发展的“历史欠账”较多，人民生活水平相对较低，是我省扶贫攻坚的主战场，加大对中央苏区的扶持力度，改善公共服务条件，将切实提高人民群众生活水平，加快进入小康社会的步伐。

有利于树立多彩江西的崭新形象。中央苏区既是我国重要的红色旅游圣地，也是重要的风景名胜集中区，同时，还是中华民族大迁徙的重要中转站，是客家文化的摇篮。整合革命传统、历史文化和自然生态资源，打造区域旅游品牌，促进“红色、绿色、古色”多元旅游互动发展，不断丰富文化载体，将有助于塑造江西新形象。

五、区域发展战略定位

(一)全国革命老区扶贫攻坚示范区

集中力量打好新阶段扶贫攻坚战，大力实施罗霄山片区区域发展与扶贫攻坚规划，统筹推进深山区、库区、地质灾害频发区等其他贫困地区加快发展。以增强中央苏区自我发展能力为核心，以改革创新为动力，加大扶持力度，改善发展条件，提高公共服务水平，走出一条跨越发展与转变发展方式同步、生态与经济双赢的新路子，为全国革命老区扶贫开发、群众脱贫致富、全面建设小康社会积累经验，提供示范。

(二)中西部地区连接东南沿海的重要通道

加快现代综合交通体系和跨区域快速通道建设，推进中西部腹地与闽粤两省、港澳地区陆路交通对接，促进现代物流业与交通融合发展；建设赣州市区域综合交通枢纽和商贸物流中心，优化吉安、抚州等中心城市的交通格局，促进内陆与沿海地区联动发展。

(三)绿色农产品重要输出基地

按照优质、高产、高效原则，优化农林牧渔生产空间，走集约化、规模化、品牌化道路，整合一批规模大、技术好、市场开拓能力强的生产加工基地，加快特色产业标准体系建设和关键技术开发，加强商贸物流体系建设，提高产业市场竞争力，建成立足全省、放眼粤港澳的农业绿色产品、无公害产品重要输出基地。

(四)全国稀有金属产业基地、先进制造业基地和特色农产品深加工基地

建设具有较强国际竞争力的稀土、钨稀有金属产业基地。依托本地资源和现有产业基础，大力发展新材料和具有特色的先进制造业。提高产业准入门槛，推广高标准的生产经营模式，采取高水平的市场运作手段，大力开发下游产品，延伸产业链，培育产业发展的整体优势，培育和壮大龙头企业，鼓励和引导相关产业项目落户，打造高起点的特色产业基地，把资源优势转化为技术创新优势、产业竞争优势和发展带动优势。建设世界最大的优质脐橙产业基地和全国重要的特色农产品、有机食品生产与加工基地。

(五)我国南方地区重要的生态屏障

把维护生态功能摆在重要位置，加大森林植被保护与恢复力度，加快矿山地质环境修复治理，推进南岭、罗霄山、武夷山等重点生态功能区建设；以提升水源涵养能力为重点，确保源头地区水质安全，严控污染物排放量，确保源头出水水量不减、水质不降，加强赣江、抚河、东江源头保护和江河

综合整治，切实增强可持续发展能力；以生态补偿为重点，探索建立生态环保新机制，提升生态环境质量，切实保障我国南方地区生态安全。

(六)红色文化与客家文化传承创新区

充分挖掘红色文化和历史文化等资源，加强文化资源保护与开发，加快文化传播体系建设，创新文化管理和推进模式，推进文化产业化、品牌化、标准化、国际化，创新以旅游、影视、报刊、书籍等多种载体共同承担的文化发展模式，建立以红色为中心，自然、历史、民俗等多位一体的文化创新改革区域，促进革命传统文化、客家文化、庐陵文化、临川文化等区域特色文化繁荣发展。打造全国爱国主义教育和革命传统教育基地、全国著名的红色旅游目的地和富有特色的历史文化旅游中心。

第三节　区域经济和社会发展

赣南等原中央苏区是中华人民共和国的摇篮和苏区精神的主要发源地。近年来，随着区域优势资源的进一步整合和开发，本区经济持续稳定增长，综合经济实力不断增强。本区已成为农业比较发达、工业具有一定基础、经济发展潜力较大的区域生产综合体。但与全省相比，第一产业所占比重明显偏高，而第二、第三产业所占比重较低。因此，本区应充分认识自身的资源优势和市场需求变化趋势，大力推进产业结构的战略性调整，在保证农业稳定发展的同时，加快发展第二、第三产业，逐步缩小与全省的差距。坚持以工业化为主导，以城镇化为支撑，以推进农业现代化为基础，统筹城乡发展。

一、着力提升现代农业

(一)粮食生产稳定

吉泰盆地、赣抚平原是江西重要的商品粮基地，加强粮食生产重大工程建设，不断提高粮食综合生产能力，是实现人民群众生活和社会稳定的重要保障。全面落实强农惠农政策，严格执行基本农田保护政策，不断加快高标准基本农田建设，加大对“冷浆田”等中低产田改造投入，积极推行“单改双”，稳定提高了粮食播种面积，粮食总产量得到提高。2014 年，赣州市粮食播种面积为 $51.2\times10^4\ hm^2$，吉安市为 $65.2\times10^4\ hm^2$，抚州市为 $40.7\times10^4\ hm^2$；赣州市粮食作物总产量为 285.4×10^4 t，吉安市为 374.7×10^4 t，抚州市为 293.1×10^4 t。大力发展现代种业，加快良种繁育体系建设。扩大对种粮农民直接补贴和农资综合补贴规模，扩大良种补贴范围。不断落实国家将适宜丘陵山区的柴油机、拖拉机、农用水泵及农用运输车等中小型农机具纳入农机购置补贴范围的政策，促进并提高赣州、吉安、抚州市农业机械化水平。积极探索农业科技服务体系建设，加快对新技术、新品种的引进和推广。

(二)特色农业发展迅速

优化农产品区域布局，推进农业结构调整，加快发展特色农业，建设面向东南沿海和港澳地区的重要农产品供应基地，是苏区农业发展的另一个策略。

赣州市培育壮大以脐橙为主的农业主导产业。加强赣南脐橙产业的战略性研究，科学制定发展规划，加快产业现代化进程，加强标准化基地建设。调优品种结构，重点发展晚熟脐橙、杂交脐橙，扩大产业规模。加快中国(赣南)脐橙研究院、国家级脐橙工程技术研究中心建设。大力发展加工、贮藏、物流等配套产业，建设赣南脐橙产业科技示范园。深度开发国内外市场，建立基本覆盖国内 10×10^4 人以上城市和全球主要消费市场的营销体系。2011年，“赣南脐橙”荣获中国驰名商标称号。第四届中国赣州国际脐橙节成果丰硕，赣南脐橙价格提高、品牌提升、丰产丰收。同时，培育壮大生猪、花卉苗木、蔬菜、油茶、工业原料林等主导产业，建设粤港澳优质商品猪、南国特色花卉苗木、精品蔬菜、高产油茶等生产加工基地。2012 年，生猪出栏 593×10^4 头，增长 7.81%。中心城区新建 100 亩以上商品蔬菜供应基地 32 个，全市蔬菜种植面积 162.3×10^4 亩。新造高产油茶林 10.17×10^4 亩，实施油茶林低改 10.2×10^4 亩。建设花卉苗木基地 12.4×10^4 亩，工业原料林基地 32.9×10^4 亩。脐橙种植面积扩大到 178×10^4 亩。年销售收入 500×10^4 元以上农业龙头企业 425 家，新增 14 家；农民专业合作社 2 575 个，新增 401 个；省级现代农业示范区 8 个，新增 6 个，赣县成为国家现代农业示范区。

吉安市突出特色，提高效益，不断推进农业现代化。加快现代农业示范区建设，大力发展特色产业，提高农业产业化水平，用先进技术装备农业，加快推进传统农业向现代农业转变。注重调整优化农业结构，大力发展井冈蜜柚、高产油茶、绿色蔬菜、花卉苗木、珍贵楠木、有机茶叶六大特色产业。2012 年，全市新增井冈蜜柚 6.6×10^4 亩、高产油茶 11.1×10^4 亩、绿色蔬菜 5×10^4 亩、花卉苗木 5.2×10^4 亩、珍贵楠木 6.8×10^4 亩、有机茶叶 2.8×10^4 亩，永丰、新干、峡江被列为全国蔬菜生产重点县。农业产业化进程加快，全市新增农村土地流转面积 46.6×10^4 亩，新增市级龙头企业 25 家、省级龙头企业 19 家，总数分别达到 271 家和 62 家；新增农民专业合作社 484 个，达到 2 080 个，产业化经营水平提高。井冈山农业科技园升级为国家级农业科技园，“狗牯脑”茶叶获上海世博会绿茶类金奖。

抚州市积极调整农业产业结构，着力发展生态农业、有机农业，促进该市农业向专业化、集约化、规模化、标准化和品牌化发展。切实加强蜜橘、白莲、麻鸡、油茶、白茶、淮山、食用菌、蜜梨、西瓜、蔬菜等优质农产品基地建设，抓好临川、南丰、广昌3个省级农业示范区建设。按照“北有寿光，南有抚州”的设想，把抚州打造成为南方重要的蔬果产业基地，重点建设2×10^4亩蔬菜标准化生产基地、20×10^4亩无公害蔬菜基地。大力发展农产品加工业，扶持龙头农业企业发展。2012年，新增市级以上农业产业化龙头企业25家，达到302家，年销售收入超亿元的龙头企业超过30家。新增农民专业合作社320个，达到820个，带动农户6.5×10^4户。新增无公害农产品35种，达到129种，新增绿色农产品6种，达到65种，新增有机农产品11种，达到38种。农业部认定农产品地理标识6个。

二、做大做强特色优势产业

(一)积极推动优势矿产业发展

1. 钨产业

抓住国家加强钨等战略性资源管理和整治整合的有利机遇，瞄准全球产业结构加速调整、战略性新兴产业加快发展为钨产业带来的广阔市场，推动资源重点向产业后端深度加工的科技型、创新型企业配置，推动资金向前端研发和后端加工环节流动，推动产业由主要生产初级产品、中间产品向生产高附加值的终端应用产品升级。以江钨控股集团、江钨有限公司、章源钨业、耀升工贸等骨干企业为龙头，着重发展亚微和超细硬质合金、高冲击韧性和高耐磨性硬质合金采掘工具、硬质合金涂层加工工具、硬面材料、钨合金新材料等系列产品。鼓励钨新材料项目向赣州开发区、崇义和大余等县集中，打造具有国际竞争力的钨产业基地。到2010年年末，赣州市钨产业集群产值占全国的份额达到35%，成为全国钨冶炼加工产品主产区和集散地。

2. 稀土产业

重点发展稀土永磁、发光、储氢材料以及中重稀土合金产品，鼓励相关项目向赣州市集中，把赣州市打造成世界知名的稀土磁性材料及永磁电机、发光材料及绿色光源基地。2010年年末，赣州市稀土产业实现主营业务收入149.6亿元，产业集群产值占全国份额上升至40%，成为继钨产业后的第二个过百亿元的优势产业集群。赣州被中国产学研合作促进会认定为“中国(赣州)稀土产学研合作创新示范基地”，享受国家高新技术产业园区和新型工业化产业示范基地扶持政策。2012年，赣州被列为全国唯一的稀土开发利用综合试点城市。培育壮大精深加工企业，深入推进稀土行业整合，以赣州稀土集团公司为主体，打造中国南方大型稀土企业集团，建设赣州稀土交易中心和集散中心。积极探索建立国家级稀土工程研究中心，提高稀土开采冶炼和应用技术水平。国家稀土开采和出口计划向赣州市倾斜，鼓励稀土这一优势出口产品抢占国际高端市场。支持江钨控股集团、江钨有限公司发展稀土产业。

3. 铜产业

以江西铜业集团为依托，发展铜材精深加工，重点围绕电子、家用电器、电力电气、交通运输、建筑行业用铜方向延伸产业链。推动贵溪市建设中国铜基新材料产业基地、国家级“城市矿产”示范基地，建立铜循环经济产业园，在鹰潭、赣州、抚州设立铜拆解基地。建立废铜收购交易中心，建设铜金属交易平台，增强资源保障能力。推进吉安市思瑞铜业、华邦铜业等铜加工企业发展精深加工。

4. 其他矿产业

发挥萤石、岩盐储量优势，加快以有机硅、有机氟、丙烯酰胺等为基础的系列新材料生产技术开发；合理开发石灰石资源，发展新型玻璃、新型建材产业。引导项目向园区集中，开展集中式废弃物整治，切实减少环境污染，提高资源循环利用效率。

(二)加快提升制造业发展水平

坚持品牌化、高端化、链式化发展思路，依托现有产业基础，大力发展电子信息、现代轻纺、机械制造、生物医药、新型建材、节能照明、精细化工等产业，积极培育新能源汽车及其关键零部件、节能环保、高端装备制造等战略性新兴产业，加快培育发展关联配套产业。赣州市宜全面推进稀土、钨、萤石资源整合。出台分类扶持措施，大力推进铜铝有色金属产业、新能源汽车及其配套产业以及氟盐化工、电子信息、现代轻纺、食品工业、新型建材、生物制药、家具等产业上规模、上水平。吉安市加快吉泰走廊产业集聚，努力把吉泰走廊打造成电子信息及通信终端产业基地，新能源、新材料及节能技术产业基地，生物新医药产业基地。抚州市重点推进生物医药、机械制造、纺织服装、化工建材、食品加工和有色金属加工六大产业。加快科技创新，整合科技资源。加快实施国家重大科技专项，加强电子信息、生物医药、节能照明优势产业领域共性、核心技术的研发推广，形成一批具有自主知识产权的技术和产品。加强技术引进和消化吸收，改造提升机械制造、汽车、装备制造等生产工艺。强化企业技术创新的主体地位，支持和引导企业与科研院所、高校共建技术中心，加大创新投入，建设国家级检验检测技术研发服务平台。

(三)促进红色文化旅游产业繁荣

增强红色旅游吸引力。实施赣南等原中央苏区革命遗址保护规划，加强革命遗址(旧居旧址)、烈士纪念设施等的保护和修缮，加快建设中央苏区历史博物馆、中央苏区烈士陵园、东固革命烈士陵园、广昌保卫战纪念馆等红色文化教育基地。加大第二次国内革命战争时期党史、军史、中华苏维埃共和国史等史料整理力度，深入挖掘红色资源，促进红色文化出版业发展，创作一批红色经典，建设一批红色文化创意园。

夯实旅游发展基础。不断加快通达景区公路及景区游步道、旅游综合服务区及景区内公共服务设施建设，实施瑞金中央苏区、井冈山红色旅游二期建设工程等。大力发展井冈山红色旅游，拓展红色经典培训和会展经济，深度开发绿色生态休闲旅游产品，推进井冈山旅游上市，支持申报世界自然和文化遗产。支持省级风景名胜区完善基础设施和配套服务设施，挖掘文化内涵，提升景区品位。高起点建设一批精品景区和经典线路，建立无障碍旅游区。支持赣州、吉安和抚州在全国重要城市设立推介机构，开展宣传促销活动，开拓旅游客源市场。

促进旅游融合发展。加快区域内红色、绿色、古色旅游资源综合开发，推广红色摇篮游、名山生态游、水上欢乐游、温泉度假游、客家风情游、乡村休闲游等复合型旅游产品，打造一批特色旅游区。大力发展井冈山红色旅游，拓展红色经典培训和会展经济，深度开发绿色生态休闲旅游产品。深化旅游合作，整合旅游资源，促进旅游产品联合开发与营销，联合举办旅游节事活动。依托本土优势企业，组建大型旅游企业集团，提高企业整合旅游资源能力和企业竞争力。加快建设赣州、吉安国家旅游扶贫试验区。

(四)大力发展现代服务业

培育金融服务业。健全金融服务组织体系，完善金融机构、金融市场和金融产品。赣州市推动建立赣闽粤湘四省边际区域性金融资源共享机制，以高标准规划建设金融商务核心区和总部经济区。积极引进境内外金融机构，推动地方法人金融机构加快发展。探索设立地方法人保险、信托、金融租赁、期货机构，支持设立金融控股公司，发展小额贷款公司、融资性担保公司。鼓励各类金融机构开展产品和服务创新，增加融资总量。吉安市进一步优化金融生态环境，大力开展金融招商，金融业快速发展，争取交通银行等商业银行落户吉安，支持各商业银行在各县(市、区)设立分支机构。加强银企对接，鼓励和支持各类金融机构开展业务创新，扩大信贷规模。进一步发挥担保公司作用，扩大融资担保规模。发挥政府六大投融资平台作用，通过债券、基金等方式积极融资。积极利用海外银行和国际金融组织的信贷资金。抚州市加快发展金融服务业，加快抚州农村商业银行组建步伐，鼓励发展村镇银行，新增一批小额贷款公司，力争新引进外埠银行业金融机构，积极推动市金融中心建设，加快推动保险和证券业发展。创新开展农村信用体系示范点建设，增强信贷担保能力。鼓励银行业机构加大对实体经济的支持力度，优化信贷结构。

发展商贸物流业。加大物流基础设施建设，优化现代物流空间布局和网络体系，降低物流成本，提高物流效率。推动综合物流园区建设，完善集仓储、装卸、运输、配送于一体的现代物流配送体系，推进流通领域公共信息服务平台建设，构建赣州、抚州、吉安区域性物流中心。推动赣州、吉安、抚州创建现代物流技术应用和共同配送综合试点城市，率先开展农产品现代流通综合试点。支持广昌建设物流仓储配送中心。培育建设一批产地型专业市场和批发市场；推进县城和中心镇菜市场、农贸市场标准化改造。完善城市社区商业网点布局和农村市场流通网络体系，加快实施“万村千乡市场工程”。

扶持新兴服务业。把新兴服务业发展作为新的增长点，鼓励发展科技研发、工业设计、文化创意和服务外包，规范发展法律咨询、信用评估、科技中介、广告会展、培训认证等商务服务业。推动赣州建设服务业发展示范基地、中国服务外包示范城市和电子商务示范基地，建设吉安国家电子商务示范城市。积极发展社区服务、家政服务、养老服务、病患陪护服务、社区照料等家庭服务业。

三、加快基础设施建设

(一)完善交通运输体系

建设赣州综合交通枢纽。编制赣州市综合交通枢纽规划，加快构建综合交通运输体系，加强与周边城市和沿海港口城市的高效连接。打通赣州至珠三角、厦漳泉和鄱阳湖生态经济区的快速铁路通道，加强赣州至湖南、广东、福建等周边省份的铁路运输通道的改造升级和规划研究，提升赣州在全国铁路网中的地位和作用。赣龙铁路扩能改造和赣韶铁路建设稳步推进，昌吉赣客专项目前期工作取得较快进展，积极争取建设赣州到深圳快速铁路。研究建设航空口岸，改扩建与特大城市相匹配的黄金机场。扩大直线航空试点城市效应，重点培育赣州至北京、上海、深圳航线，并适时将赣州黄金机场列为两岸空中直航航点。加快赣江航道建设，结合梯级开发实现赣州—吉安—新干三级通航，加快建设赣州港，把赣州建成我国重要的区域性综合交通枢纽。

完善交通运输网络。构筑“三纵三横”干线铁路网。研究瑞金火车站升级改造、吉安火车站扩建等重要铁路客运场站建设。构建“三纵五横”高速公路网，瑞赣、石吉、鹰瑞、抚吉、吉莲等高速公路建成通车，加快建设寻全、乐安—宁都—于都、兴国(宁都)—赣县高速、永新—井冈山—遂川高速、抚州—金溪—资溪—光泽等高速公路，实现县县通高速。加大国道、省道干线公路改造力度，重点推进通县二级公路建设。加快推进连接中心城区的快速通道和国家公路运输枢纽站场建设。支持上饶三清山、瑞金通勤机场新建工程，扩建吉安井冈山机场、赣州黄金机场，研究建设赣东南机场。加快赣江航道建设，建设一批客货运码头。

(二)提高能源保障能力

电力建设。研究论证瑞金电厂扩建项目，加快建设抚州电厂，规划建设神华吉水、新干火电项目等电源点项目。加快推进国电井冈山水电站前期工作。建成赣州南 500 kV 等 8 个输变电工程，建设赣州东(红都)500 kV 输变电工程和抚州至赣州东(红都)500 kV 线路。加快城乡电网升级改造，建设石城、崇义、安远、广昌等县 220 kV 变电站，实现县县有 220 kV 变电站。

能源通道建设。建成西气东输二线江西境内工程，配合建设西气东输三线、新粤浙线工程，大力推进省天然气管网一期工程支线项目、二期工程及各县级城市天然气管网工程建设，配套建设天然气储备设施。推进樟树—吉安—赣州、泉州—赣州、揭阳—梅州—赣州等成品油管道项目建设。依托蒙西至华中电煤运输通道建设，争取蒙西煤运通道南延至赣州，解决赣州、吉安、抚州地区煤运问题。建设赣州天然气及成品油仓储基地，提高油气供应能力。

新能源开发利用。加强新能源资源调查和评价，优先开发技术比较成熟、可规模化发展和产业化前景比较好的新能源。积极推动风能规模化开发，加快推进一批风电示范项目。加快核能、生物质能、太阳能等的开发利用。

(三)加快水利设施建设

农田水利。根据农业生产需要，分类推进灌区新建、续建配套与节水改造，开展中小型灌溉排涝泵站更新改造，发展节水灌溉。逐步扩大小型农田水利重点县建设覆盖面。实施小水窖、小水池、小塘坝、小泵站、小水渠“五小”水利工程。

防洪减灾。加快推进高良坑、寒信、茅店、白鹅、桐木堑、疏山、花桥等水利枢纽建设，实施城镇防洪、江河治理和山洪灾害防治工程。赣州、吉安、抚州等中心城市防洪标准提高到 50 年一遇以上，黎川、石城、吉水、广丰、贵溪、寻乌等重点城镇防洪标准提高到 20 年一遇以上。完善山洪灾害监测预警预报体系和水文站网，建设水文水资源巡测基地、防汛抗旱水文预测预报中心。

城市供水。推进水资源配置工程，加强赣州等中心城市和县城应急备用水源地建设，逐步采用水库供水替代河水供水。强化水源地保护，合理开发水资源，实现可持续利用。严格水资源管理，发展高效节水产业，完善城市饮用水的灾害应急供应机制。

(四)提升信息化水平

加快城市信息基础设施建设。加强数字城市建设，深入开发利用地理信息资源，加快“天地图”建设，搭建电子政务网络、应急系统和行政服务平台，提升地理信息公共服务水平。支持在赣州、吉安、抚州等中心城市开展宽带、新一代移动通信网络和广播电视网络“三网融合”试点。加强信息安全保密基础设施建设，健全信息安全管理体系。

提高农村信息化水平。加快乡镇远程教育、远程医疗、远程培训设施建设。积极推进广播电视村村通工程，加强广播电视无线发射台站基础设施建设，提高城乡均等化公共服务水平。实施光纤延伸工程，实现所有乡镇、行政村都有互联网宽带接口，在人口集中的村庄发展无线网络。强化邮政基础网络建设，提高邮政普遍服务水平，实现村村通邮。加快农业技术、农产品市场信息等支农信息网络建设，提升信息技术服务农业能力。

四、做大做强县域经济

(一)打造特色县域板块

坚持特色引领，找准路径引领县域经济发展。各地根据自身优势，找准产业定位，找准发展路径，探索符合自身发展的新路子。充分发现、挖掘和放大比较优势，发展特色经济，做大特色产业，走差异化竞争、错位发展、竞相发展之路。支持粮食主产县、中心城市近郊县、产业强势县、资源富集县发挥比较优势，壮大特色主导产业，形成优势品牌和产品。支持中心城区周边县发挥区位优势，主动对接主导产业，着力发展现代服务业，加速融入中心城区经济圈。支持矿产资源优势县发展高端矿产产业，以资源引项目，以资源兴产业，推动资源优势加速转化为产业优势。支持生态环境优越县和文化资源丰富县，在保护好青山绿水、保护好历史文化的同时，发展生态文化旅游业，加速将生态优势转化为经济优势。支持人口大县向人力资源大县转变，以人力资源优势创造竞争优势，大力承接产业转移。支持传统产业优势县(市、区)做大做强机械制造、电子信息、现代轻纺、矿山机械、食品、家具等各具特色的传统产业，加快转型升级步伐。支持各地发展农业优势产业，使农业大县变成农业强县。

(二)加快小城镇建设

将中小城镇建设作为统筹城乡一体化发展的重要抓手，进一步加快推进县(市)城区道路、市政管网改造升级，加强县(市)城区供水、供电、供气等基础设施以及教育、卫生、体育等公共服务设施建设，加快商贸、宾馆等服务业发展，切实提高城关镇人均道路面积、镇区绿地率和居民集中供水率，有效增强县(市)城区承载力。按照高起点、高标准的要求，突出为农服务，彰显地方文化特色，抓紧完成乡镇发展规划编制。依托重点示范镇，打造一批重点旅游名镇、工业强镇和商贸特色镇，增强大中城市与小城镇的产业联系，提高小城镇参与区域分工的能力。改善集镇人居环境，在保护原有自然地理风貌和历史人文景观的基础上，实施绿化、亮化工程。城关镇和人口较多的集镇对基础设施、市场、工业园区和住宅小区的建设实行综合开发、配套建设，提高土地利用效率。建设100个中心示范镇，切实增强联系城乡的纽带功能。

(三)统筹城乡发展

坚持统筹城乡发展，大力发展现代农业，用工业的理念谋划农业，用工业园区的理念建设农业产业园，加快形成以城带乡、以工促农、城乡互动、协调发展的城乡一体化新格局。推动城镇道路、生态、环保等基础设施向农村延伸，加快构建城乡一体的基础设施体系。建立新型农村社会养老保险制度，全面推进城镇基本医疗保险市级统筹。推动城乡教师合理流动，加快农村居民聚集区的文化设施建设，实现城市公共服务向农村有效拓展。加快户籍制度改革步伐，逐步建立城乡统一的户籍制度。推动公共资源城乡均衡配置、生产要素城乡自由流动，促进城乡基本公共服务均等化。深化社会主义新农村建设，打造一批文化新村、产业新村、生态新村、旅游新村、文明新村。

思考题

1. 如何理解江西省的地理位置与区位条件？
2. 简述江西省旅游资源的特点。
3. 简述江西省经济发展与交通之间的关系。
4. 简述江西省文化历史的变迁及特点。
5. 分析江西省地理区位与经济开发的关系。
6. 结合行政区划沿革理解江西省在历史上的地位。
7. 简述江西省地貌特征与空间分布格局。
8. 简述江西省气候特征与空间差异性。
9. 简述江西省矿产资源的结构特征与开发利用状况。
10. 江西省有哪些土壤类型？对应的典型植被有哪些？
11. 江西省土地资源利用面临哪些问题？
12. 如何认识经济发展与生态环境之间的关系？
13. 试述各时期江西农业发展的特点。
14. 江西的农业区有哪些？各农业区有什么特点？
15. 试述江西农业经济现状及未来发展方向。
16. 试述江西近代工业滞后的原因。
17. 试述改革开放以来至“十一五”时期江西的工业化发展特点。
18. 江西的六大支柱产业有哪些？
19. 试述各时期江西交通的发展和变化。
20. 江西地形地貌分区有哪些？
21. 江西非地带性分异主要体现在哪里？
22. 试述江西人口的分布特征。
23. 试述江西人口发展的基本特征。
24. 江西有哪些方言区？
25. 试述江西区域经济发展差异形成的基础原因。
26. 简述赣东北区的区位条件。
27. 简述赣东北区近代商品经济的兴衰。
28. 简述赣东北区的地貌特征。
29. 简述赣东北区陶瓷业发展的有利条件和限制因素。

30. 简述赣东北区农业生产结构与空间分布状况。
31. 简述赣东北区有色金属工业基地建设条件与发展重点。
32. 论述赣东北区旅游业可持续发展的战略措施。
33. 赣西北地理环境有哪些突出特征？对其经济发展有何影响？
34. 如何评价赣西北地区的土地、矿产和生物资源？
35. 简述赣西北地区农业基地建设条件、农业生产结构与空间分布状况。
36. 简述赣西北地区的工业生产结构与主要工业部门的空间布局。
37. 试述赣西北地区旅游业发展特征与问题。
38. 与其他分区相比，赣西北区经济发展存在哪些问题？有哪些解决的措施？
39. 如何理解环鄱阳湖区的地理位置和区位条件？
40. 试述环鄱阳湖区水资源现状特征与开发利用状况。
41. 简述环鄱阳湖区历史聚落的时空演变过程。
42. 如何理解五大河流域的地理特征？
43. 如何理解环鄱阳湖地区经济分布特点？
44. 简述赣中区地理位置与区位条件。
45. 简述赣中区地貌特征及分布格局。
46. 简述赣中区气候特征。
47. 简述赣中区立体农业发展模式。
48. 简述赣中区工业生产结构与主要工业部门的空间布局。
49. 简述赣中区庐陵文化的特征及弘扬庐陵文化的意义。
50. 如何促进赣中区新型工业化的发展及城乡一体化的建设？
51. 评价赣南地区的区位条件。
52. 分析赣南地区自然与经济社会环境的地域特征。
53. 简述赣南地区的工业生产结构与主要工业部门的空间布局。
54. 简述赣南地区特色农业基地建设的类型、空间布局与建设方向。
55. 简述赣南地区土地退化类型与防治措施。
56. 简述赣南地区水土流失综合治理的对策措施。
57. 简述赣南地区资源的空间分布。
58. 如何发挥赣南地区的矿产资源优势，并将资源优势转化为经济优势？
59. 简述赣文化的历史时期及其具体表现。
60. 分析赣文化形成的地理环境。
61. 简述赣文化的精神内涵。
62. 从社会影响的角度分析赣文化的体系结构。
63. 简述江西农耕文化的发展历程及成就。
64. 简述江西陶瓷文化的发展历程与成就。
65. 论述红色文化在赣文化中的历史地位及其影响。
66. 如何将赣鄱地区的文化优势转化为经济优势？

67. 江西省丰富的旅游资源的形成原因是什么？
68. 江西省旅游资源的开发条件主要分为哪几个方面？
69. 到现代，江西旅游的发展情况怎么样？
70. 江西省旅游资源开发的优劣势是什么？
71. 在旅游资源的开发与管理过程中，应当遵循什么样的原则？
72. 在分析江西省旅游业的情况后，其发展方向和重点是什么？
73. 江西省旅游资源的区域差异是否明显，请作简要分析。
74. 与其他省区相比，江西省城市化发展有哪些特点？在城市化发展过程中面临哪些问题？
75. 请简述江西省城镇布局的主要特征并阐述“一群两带三区”的内涵。
76. 面对江西省城镇化发展水平还较低的现实，如何加快江西省的城镇化发展，提升地区经济实力？
77. 简述鄱阳湖生态经济区的地域优势。
78. 由于各地区经济发展的差异，鄱阳湖生态经济区各市(县)在产业结构上存在一定的梯度差距，你如何理解这种差距？对于缩小区域内差异，实现地区的多方共赢你又有什么建议？
79. 请简要说明“增长极”的内涵并从内外因的角度分析打造南昌核心增长极的原因。
80. 在构建南昌核心增长极的过程中会面临哪些问题，如何解决这些问题？
81. 随着长沙、合肥、南昌、武汉四省会城市达成《武汉共识》，以长江中游城市群为依托的中国经济增长“第四极”正在迅速发展。请从地理学和经济学的角度分析江西省在长江中游城市群中的区位优势和经济发展的作用，然后结合第十二章内容阐述提升江西省在“中三角”地位，培育长江中游城市群重要一极的相关策略。
82. 试述赣南等原中央苏区的自然地理特征及其对当地经济发展的影响。
83. 分析赣南等原中央苏区发展的机遇与挑战。
84. 分析赣南等原中央苏区摆脱发展落后局面的主要途径及关键举措。
85. 以赣州市为例，论述打造地方经济增长极对带动区域发展的必要性及可行性。
86. 赣南等原中央苏区存在哪些资源优势？如何将其转化为经济优势？
87. 如何看待赣南等原中央苏区的“绿色宝库”地位与地方经济发展之间的关系？

参考文献

[1]《吉安年鉴》编辑委员会．吉安年鉴(2012)[M]．北京：中华书局，2012．
[2]《江西省情汇要》编辑委员会．江西省情汇要(1949—1983)[M]．南昌：江西人民出版社，1985．
[3]陈德强，钟业喜．江西省区域经济空间结构演变分析[J]．特区经济，2010(3)．
[4]陈晓鸣．中心与边缘：九江近代转型的双重变奏(1858—1938)[M]．北京：经济日报出版社，2008．
[5]陈谊，李美菊．鄱阳湖区域生态安全浅析[J]．江西化工，2004(4)．
[6]程彤．红壤丘陵生态系统恢复与农业持续发展研究——纪念千烟洲试验站建站十周年[J]．资源科学，1998(S1)．
[7]邓盛平，金绮．江西城市化发展的比较分析和建议[J]．江西省人民政府公报，2005(24)．
[8]邓水兰，屠建洲．江西省区域经济协调发展探析[J]．江西社会科学，2007(11)．
[9]丁啸．江西旅游资源开发与发展模式研究[D]．南昌：南昌大学，2010．
[10]杜国平，杨李红．江西省城市化研究[J]．商场现代化，2007(29)．
[11]甘筱青，黄建新，谌贻庆，等．为了鄱阳湖的明天——鄱阳湖生态保护与综合开发[M]．北京：中国经济出版社，2004．
[12]甘云清．鄱阳湖生态经济区建设分析[J]．合作经济与科技，2012(13)．
[13]龚国光．河洛文化与赣鄱文化[M]．郑州：河南人民出版社，2012．
[14]农工党中央．关于支持赣南中央苏区发展振兴的建议[J]．前进论坛，2012(6)．
[15]洪饶云．汉长昌地区经济空间结构研究[D]．南昌：江西师范大学，2012．
[16]侯军俊．赣文化时空演替和区划研究[D]．南昌：江西师范大学，2009．
[17]胡萍．绿色崛起新跨越——“十一五”我省交通运输事业发展回眸[N]．江西日报，2011-01-24．
[18]胡卫星．近代江西新式交通发展与社会经济变迁[D]．南昌：江西师范大学，2010．
[19]胡振鹏．鄱阳湖流域综合管理的探索[C]//江西省政协人口资源环境委员会．内陆湖泊暨鄱阳湖可持续发展研讨会文集．江西省政协人口资源环境委员会，2006．
[20]黄国勤，王晓鸿，刘宜柏．论鄱阳湖区农业可持续发展[J]．江西农业大学学报(社会科学版)，2005，4(2)．
[21]黄明亮，万剑敏，喻峰．趣闻江西[M]．北京：旅游教育出版社，2006．

[22]黄远水．中国旅游地理[M]．北京：高等教育出版社，2010.
[23]吉安市人民政府．吉安市国民经济和社会发展第十二个五年规划纲要[R/OL](2013-09-24)[2019-12-20]．http：//www．jian．gov．cn/news-show-19877．html.
[24]季晓燕，卢锦萍，谢珈．梦回桃花源：江西古村镇旅游[M]．南昌：百花洲文艺出版社，2009.
[25]江西省赣州地区志编纂委员会．赣南概况[M]．北京：人民出版社，1989.
[26]江西省赣州地区志编纂委员会．赣州地区志[M]．北京：新华出版社，1994.
[27]江西省高安县史志编纂委员会．高安县志[M]．南昌：江西人民出版社，1988.
[28]江西省吉安市人民政府．吉安地区志[M]．上海：复旦大学出版社，2011.
[29]江西省上饶市政协．关于鄱阳湖水草资源开发利用的调研报告[C]//江西省政协人口资源环境委员会．内陆湖泊暨鄱阳湖可持续发展研讨会论文集．江西省政协人口资源环境委员会，2006.
[30]江西省水利厅．江西水利概况[EB/OL]．[2019-12-20]．http：//slt．jiangxi．gov．cn/col/col27163/index．html? index=2.
[31]江西省统计局，国家统计局江西调查总队．江西统计年鉴—2011[M]．北京：中国统计出版社，2011.
[32]江西省统计局，国家统计局江西调查总队．江西统计年鉴—2012[M]．北京：中国统计出版社，2012.
[33]江西省统计局，国家统计局江西调查总队．江西统计年鉴—2013[M]．北京：中国统计出版社，2013.
[34]江西省统计局，国家统计局江西调查总队．江西统计年鉴—2014[M]．北京：中国统计出版社，2014.
[35]江西省统计局，国家统计局江西调查总队．江西统计年鉴—2015[M]．北京：中国统计出版社，2015.
[36]国家统计局农村社会经济调查司．中国建制镇统计年鉴—2012[M]．北京：中国统计出版社，2013.
[37]国家统计局农村社会经济调查司．中国县域统计年鉴—2015[M]．北京：中国统计出版社，2015.
[38]江西省统计局人口和就业统计处．2010年江西省第六次全国人口普查主要数据公报[R/OL]．(2011-05B11)[2019-12-20]．http：//tjj．jiangxi．gov．cn/id _ OLDCOLUMN17211/news．shtml.
[39]江西省统计局国民经济综合统计处．江西省2011年国民经济和社会发展统计公报[R/OL]．(2012-04B01)[2019-12-20]．http：//www．jxstj．gov．cn/id _ OLDCOLUMN2028043/news．shtml .
[40]江西省统计局国民经济综合统计处．江西省2012年国民经济和社会发展统计公报[R/OL]．(2013-03-22)[2019-12-20]．http：//www．jxstj．gov．cn/id _ OLDCOLUMN3087668/news．shtml .

[41]《江西省文化艺术志》编纂委员会. 江西省文化艺术志[M]. 北京：新华出版社，1999.
[42]《江西省行政区划志》编纂委员会. 江西省行政区划志[M]. 北京：方志出版社，2005.
[43]江西省玉山县志编纂委员会. 玉山县志[M]. 南昌：江西人民出版社，1985.
[44]《江西省自然地理志》编纂委员会. 江西省自然地理志[M]. 北京：方志出版社，2003.
[45]焦宣. 绿色崛起筑通途——江西交通运输"十一五"发展综述[J]. 当代江西，2011(2).
[46]江西省靖安县志编纂委员会. 靖安县志[M]. 南昌：江西人民出版社，1989.
[47]勒系琳. 推进城乡一体化打造核心增长极——南昌城乡一体化建设问题思考[J]. 企业经济，2013(2).
[48]冷淑莲，冷崇总. 江西工业园区发展现状调查[J]. 中国经济周刊，2007(15).
[49]佚名. 萍乡煤炭工业未来发展战略定位的思考与建议[EB/OL]. (2010-06-26)[2019-12-20]. http：//www. jxpxzx. gov. cn/? p=1263.
[50]李辉，李长安，张利华，等. 基于MODIS影像的鄱阳湖湖面积与水位关系研究[J]. 第四纪研究，2008，28(2).
[51]李新玉，曹清华. 加强生态环境保护全面建设小康社会[J]. 国土资源，2003(12).
[52]李中兰，梅勇文. 赣南钨矿分布规律及隐伏矿床预测[J]. 江西地质，1999，13(4).
[53]梁睿. 吉泰经济走廊挑起赣中经济大梁[N]. 经济日报，2011-09-19(12).
[54]梁玉红，张相林. 对构建南昌市核心增长极促进发展方式转变的思考[J]. 求实，2012(11).
[55]林联盛，任盛明，林瑛. 改善鄱阳湖湿地生态系统管理的对策刍议[J]. 江西水利科技，2003，29(3).
[56]刘长根. 江南丘陵立体农业开发的典范——千烟洲[J]. 中学地理教学参考，2009(9).
[57]刘善庆，柯芳，刘孔柏，等. 江西原中央苏区产业布局现状分析[J]. 江西师范大学学报(哲学社会科学版)，2012，45(5).
[58]刘诗中. 江西仙人洞和吊桶环发掘获重要进展[N]. 中国文物报，1996-01-28.
[59]刘寿礼. 苏区"红色文化"对中华民族精神的丰富和发展研究[J]. 求实，2004(7).
[60]刘义程. 发展与困顿近代江西的工业化进程[M]. 南昌：江西人民出版社，2007.
[61]刘义程. 抗日战争时期江西工业发展考察[J]. 抗日战争研究，2010(3).
[62]刘镇，黄晗. 江西工业化进程三十年——战略思路的演进与发展对策的探索[J]. 江西财经大学学报，2008(5).
[63]刘宗彬，任燕平. 吉安方言中的古语拾零[J]. 吉安师专学报(哲学社会科学)，1995(S1).
[64]龙波舟. 加快井冈山旅游业发展调研报告[J]. 江西省人民政府公报，2012(2).
[65]卢兵，程时长. 鄱阳湖自然保护区生态环境分析[J]. 海洋湖沼通，2003(3).
[66]陆玉麒. 流域中心城市的区位特征——以南昌为例[J]. 人文地理，2011(4).
[67]吕飞前. 江西城市和城镇建设中的几个问题[J]. 江西社会科学，1984(3).
[68]罗光旺. 浅谈赣南等原中央苏区振兴发展上升为国家战略的重要意义[J]. 经济师，2012(10).

[69]罗世勇．江西省区域经济差异及其协调发展研究[D]．南昌：南昌大学，2006.
[70]罗小平，吕建星，齐述华，等．江西区域中心城市建设研究[J]．江西农业大学学报(社会科学版)，2007(3).
[71]马俊．铁路网与地区经济增长的关系——以江西为例[J]．北京交通大学学报(社会科学版)，2010，9(2).
[72]马逸麟，梅丽辉．鄱阳湖区水土流失及其防治措施[J]．地质灾害与环境保护，2003，14(3).
[73]闵骞．鄱阳湖围垦的洪水位效应[J]．环境与开发，1998(2).
[74]莫明浩，叶滢．江西区域文化的特征及其形成的地理因素[J]．江西师范大学学报(自然科学版)，2004，28(6).
[75]农业部发展计划司．优势农产品区域布局规划汇编[M]．北京：中国农业出版社，2005.
[76]欧一智，张飞．鄱阳湖生态经济区农业优势产业布局研究[J]．江西农业大学学报(社会科学版)，2011，10(4).
[77]彭道宾，彭地．江西电子信息及家电产业发展研究[J]．金融与经济，2003(9).
[78]彭崑生．江西生态：第一卷(基础卷)[M]．南昌：江西人民出版社，2007.
[79]邱梅香，黄晓．为打造南昌核心增长极作出积极贡献[J]．理论导报，2012(10).
[80]舒惠国．江西农业全书[M]．南昌：江西高校出版社，1994.
[81]谭其骧．中国历史地图集(光盘版)[M/CD]．北京：中国地图出版社，1982.
[82]屠建洲．江西省区域经济差异与区域协调发展研究[D]．南昌：南昌大学，2008.
[83]王德平，肖云，白晓松．江西城市群发展中存在的问题及对策[J]．企业经济，2006(5).
[84]王辉，苗红．中国旅游地理[M]．北京：北京大学出版社，2010.
[85]王苏民，窦鸿身．中国湖泊志[M]．北京：科学出版社，1998.
[86]王晓鸿，鄢帮有，吴国琛．山江湖工程[M]．北京：科学出版社，2006.
[87]王晓鸿．鄱阳湖湿地生态系统评估[M]．北京：科学出版社，2004.
[88]王新宁．加强南昌原动力建设打造全省核心增长极[J]．时代金融，2012(35).
[89]卫斯．关于确定中国稻作起源地“三条标准”的补充——续说中国稻作起源于长江中游[J]．农业考古，2000(1).
[90]吴君晓．江西文脉与人文旅游资源[J]．大江周刊(论坛)，2010(7).
[91]吴良成，吴赟．论近代赣东北商品经济的发展[J]．上饶师范学院学报，2011，31(4).
[92]吴文峰，梅毅．游遍江西500问[M]．南昌：江西人民出版社，2002.
[93]席鹭军，邓燕萍．生态与经济协调发展视角下鄱阳湖生态经济区产业布局构想[J]．九江学院学报(哲学社会科学版)，2011(1).
[94]夏雨，蔡哲，林波．利用湿地对鄱阳湖水环境生物修复的探讨[J]．江西科学，2004，22(4).
[95]肖兵．吉安地区农业产业化经营情况调查[J]．江西行政学院学报，1999(3).
[96]肖勇，刘志军，吴满芳．精细化工发展趋势与江西精细化工发展战略选择[J]．江西

化工，2002(4).
[97]谢华忠，黄涌．产业集群：提升吉泰工业走廊产业竞争力和实现可持续发展的路径选择[J]．江西农业学报，2010(12).
[98]谢秀文．试论吉安地区旅游资源及开发[J]．江西师范大学学报(自然科学版)，1997，21(3).
[99]许怀林．江西历史上经济开发与生态环境的互动变迁[J]．农业考古，2000(3).
[100]叶桉．略论五大革命摇篮和红色文化品牌与江西的崛起——兼谈红色赣文化在建设社会主义核心价值体系中的地位[J]．江西科技师范学院学报，2009(3).
[101]宜春市地方志编纂委员会．宜春市志[M]．海口：南海出版公司，1990.
[102]佚名．江西通志[M]．清光绪刻本，1881.
[103]佚名．铅书[M]．明万历刻本，1618.
[104]尹洪妍．城市群战略对江西区域经济发展影响因素分析[J]．科技广场，2008(2).
[105]尹小悦，胡雯，陈龙暄．以现代服务业助推赣南苏区振兴发展[J]．中国—东盟博览，2012(12).
[106]俞勇军，陆玉麒．江西省区域经济发展空间差异研究[J]．人文地理，2004(3).
[107]虞国庆．魅力江西：江西省情教育读本[M]．南昌：江西人民出版社，2008.
[108]曾巧生，黄毓哲．论核心增长极与外围的分工联动——以南昌为例[J]．江西行政学院学报，2012(4).
[109]张本．鄱阳湖区国土资源综合评价和开发整治战略[J]．自然资源学报，1988，3(3).
[110]张本．鄱阳湖渔业当前存在的主要问题及其对策[J]．赣江经济，1983(11).
[111]张本．鄱阳湖自然资源及其特征[J]．自然资源学报，1989，4(4).
[112]张晶，段江婷．吉安市坚持走可持续内涵发展之路[EB/OL]．人民网，2012-12-29.
[113]张佩琪．论中国的驯稻——江西万年仙人洞是水稻起源地[J]．农业考古，1998(1).
[114]张泰城，曾光．吉泰工业走廊：改善江西空间经济结构的战略选择[J]．江西社会科学，2009(7).
[115]张翊华．赣文化纵横说[M]．北京：中国文联出版社，2000.
[116]章刚勇，尹继东，万宏．江西省区域经济差异分析及原因探究[J]．江西社会科学，2008(9).
[117]章新根．打造核心增长极必须正确处理好的几个问题[J]．中共南昌市委党校学报，2012(5).
[118]赵利民．旅游资源概论[M]．北京：北京理工大学出版社，2010.
[119]赵其国，黄国勤，钱海燕．鄱阳湖生态环境与可持续发展[J]．土壤学报，2007，44(2).
[120]中华人民共和国国家统计局．2010 年第六次全国人口普查主要数据公报(第 1、2 号)[R]．中华人民共和国国家统计局，2011.
[121]中华人民共和国国务院办公厅．国务院关于支持赣南等原中央苏区振兴发展的若干意见 [R/OL]．(2012-07-02)[2019-12-20]. http：//www. gov. cn/zwgk/2012－07/02/content _ 2174947. htm .

[122]钟业喜，刘影．从生态环境角度论鄱阳湖区农业可持续发展[J]．四川环境，2003，22(1)．
[123]钟业喜，陆玉麒．鄱阳湖生态经济区区域经济差异研究[J]．长江流域资源与环境，2010(10)．
[124]周国兰，季凯文．赣南等原中央苏区在全国发展格局中的战略定位及发展建议[J]．江西社会科学，2012(10)．
[125]周绍森，尹继东，等．江西在中部地区崛起方略[M]．南昌：江西人民出版社，2002．
[126]朱丽萌，姜宝华．江西城市化三十年的成就、问题与对策[J]．江西财经大学学报，2008(5)．
[127]朱再昱，陈美球，曹建华，等．基于产业集群理论的鄱阳湖生态经济区工业产业空间布局[J]．改革与战略，2009(5)．
[128]邹凤琼，陈龙泉．赣南区域空间结构优化研究[J]．牡丹江教育学院学报，2009(5)．